KB092215

서당,
　전통과
근대의
갈림길
에서—

서당, 전통과 근대의 갈림길에서

한국 근현대 학교 풍경과 학생의 일상 01

초판 1쇄 인쇄 2018년 4월 25일 ＼**초판 1쇄 발행** 2018년 5월 1일
지은이 송찬섭 ＼**펴낸이** 이영선 ＼**편집 이사** 강영선 김선정
주간 김문정 ＼**편집장** 임경훈 ＼**편집** 김종훈 이현정 ＼**디자인** 김회량 정경아
독자본부 김일신 김진규 김연수 박정래 손미경 김동욱

펴낸곳 서해문집 ＼**출판등록** 1989년 3월 16일(제406-2005-000047호)
주소 경기도 파주시 광인사길 217(파주출판도시) ＼**전화** (031)955-7470 ＼**팩스** (031)955-7469
홈페이지 www.booksea.co.kr ＼**이메일** shmj21@hanmail.net

송찬섭 © 2018
ISBN 978-89-7483-931-4 94910
ISBN 978-89-7483-896-6 (세트)
값 25,000원

이 도서의 국립중앙도서관 출판시도서목록(CIP)은 e-CIP 홈페이지(http://www.nl.go.kr/ecip)에서
이용하실 수 있습니다.(CIP제어번호: CIP2018012761)

이 저서는 2013년 대한민국 교육부와 한국학중앙연구원(한국학진흥사업단)의
한국학총서 사업의 지원을 받아 수행된 연구임(AKS-2013-KSS-1230003)

進賢
한국학

한국 근현대
학교 풍경과
학생의 일상
01

송찬섭
지음

서당,
전통과
근대의
갈림길
에서

서해문집

오늘날 한국의 교육은 1876년 국교 확대 이전 전통시대 교육과는 판이하다. 19세기 후반부터 오늘날에 이르기까지 일본을 거치거나 직접 들어온 서구의 교육이 미친 영향이 적지 않기 때문이다.

이러한 교육은 한국인의 물질적 생활방식을 바꾸었을 뿐더러 가치관마저 송두리째 바꿨다. 그것은 오늘날 학교의 풍경과 학생들의 일상생활에서 엿볼 수 있다. 매일 일정한 시각에 등교해 교사의 주도로 학년마다 서로 다르게 표준화된 교과서를 학습하고 입시를 준비하거나 취직에 필요한 역량을 키운다. 또한 복장과 용모 지도에서 볼 수 있듯이 여전히 남아 있는 일제 잔재와 군사문화의 일부가 학생들의 일상생활을 통제한다.

그러나 한국의 교육은 서구의 교육과는 동일하지 않다. 그것은 단적으로 해방 후 한국교육의 양적 성장에서 잘 드러난다. 초등교육은 물론 중등교육·고등교육의 비약적인 팽창은 세계교육사에서 유례를 찾아볼 수 없을 정도로 엄청난 규모를 보여 준다. 그리하여 이러한 경이적인 팽창은 한국의 경제성장에 기여했을 뿐만 아니라 사회 전반에 걸친 압축적 근대화에 견인차 역할을 수행했다. 아울러 이러한 성장은 직간접적으로 국민들의 의식에도 영향을 미쳐 산업화와 함께 민주화의 동력이 되었다.

그런데 오늘날 한국교육은 급속한 양적 성장을 거친 결과 만만치 않은 과제를 안고 있다. 사회의 양극화와 더불어 교육의 양극화가 극심해져 교육이 계층 이동의 사다리이자 자아실현의 디딤돌이 되기는커녕 사회의 양극화를 부채질하고 학생들의 삶을 황폐화시키고 있다. 고등학생은 물론 초등학생·중학생들도 입시 준비에 온 힘을 기울임으로써 학생은 물론 학부모, 학교, 지역사회의 일상생활이 입시전쟁에 종속되어 버렸다.

도대체 1876년 국교 확대 이후 한국의 교육에서 어떠한 변화가 일어났기에 오늘날 이러한 현상이 일어났는가. 한국의 교육열은 어디에서 그 기원을 찾아야 하는가. 고학력자의 실업률이 나날이 증가함에도 이른바 학벌주의가 여전히 기승을 부리는 이유는 무엇인가. 그럼에도 야학으로 대표되는 제도권 바깥 교육이 비약적인 경제성장에도 끈질기게 살아남으며 한국교육에서 차지하는 비중이 낮지 않음은 무슨 까닭인가. 또 이러한 비제도권 교육은 한국의 압축적 근대화에 어떻게 영향을 미쳤으며, 비제도권 교육의 양적·질적 변동 속에서 학생들의 일상생활은 어떻게 변화했는가. 그 과정 속에서 학생들은 어떻게 자신의 꿈을 실현했으며, 한편으로는 어떻게 좌절했는가. 아울러 한국의 교육 현상은 유교를 역사적·사상적 기반으로 하는 동아시아 각국의 교육 현상과 어떻게 같고 또 다른가.

이 총서는 이러한 문제의식에서 역사학자·교육학자 10명이 의기투합해 저술한 결과물로서 다음과 같은 점에 중점을 두었다. 먼저 근현대 학교의 풍경과 학생의 일상생활을 공통 소재로 삼아 전통과 근대의 충돌, 일제하 근대성의 착근과 일본화 과정, 해방 후 식민지 유제의 지속과 변용을 구체적으로 고찰함으로써 한국적 근대성의 실체를 구명하고자 했다. 더 나아가 한국의 교육을 동아시아 각국의 근현대교육과 비교하고 연관시킴으로써 상호작용과 반작용을 드러내고 그 의미를 추출하고자 했다.

따라서 이 총서는 기존의 연구 성과를 디딤돌로 삼되 새로운 구성방식과 방법론에 입각해 다음과 같은 부면에 유의하며 각 권을 구성했다. 첫째, 한국 근현대교육제도의 변천 과정을 통시적으로 고찰하면서 오늘날 한국교육을 형성한 기반에 주목했다. 기존의 한국 근현대 교육사에 대한 저술은 특정 시기·분야에 국한되거나 1~2권 안에 개괄적으로 정리하는 것이 보통이었다. 그러나 이러한 저술은 한국근현대교육의 흐름을 파악하는 데 도움을 줄 수는 있으나 자료에 입각해 통시적이고 종합적으로 이해하기에는 아쉬운 점이 적지 않았다.

특히 대부분의 저술이 초등교육에 국한된 나머지 중등교육과 고등교육, 비제도권 교육에 대한 서술을 매우 소략했다. 그리하여 이 총서에서는 기존 저술의 이러한 한계를 극복하기 위해 일반 대중의 눈높이를 염두에 두면서 초등교육은 물론 중등교육·고등교육을 심도 있게 다루었다. 다만 대중적 학술총서의 취지를 살려 분량을 고려하고 초등교육·중등교육·고등교육 각각의 기원과 의미에 중점을 둔 까닭에 개괄적인 통사 서술 방식에서 벗어나 특정 시기를 중심으로 구체적으로 서술했다.

둘째, 이 총서의 가장 큰 특징은 기존 연구에서 거의 다루지 않은 학생들의 일상을 미시적으로 탐색하면서 한국적 근대의 실체를 구명하는 데 있다. 따라서 이 작업은 교육제도와 교육정책에 치중된 기존 연구 방식에서 벗어나 삶의 총체성이라 할 일상 문제를 교육 영역으로 적극 끌어들였다고 하겠다. 물론 학생의 일상은 교육사 전체에서 개관하면 매우 작은 부분일 수 있다. 그러나 이들 학생의 일상은 국가와 자본, 사회와 경제 같은 거대한 환경에 따라 규정될뿐더러 학생이 이러한 환경과 상호작용하면서 자신의 체험을 내면화함으로써 새로운 세계를 열어가는 기반이라는 점에서 그 의미가 적지 않다. 그리하여 한국 근현대 시기 학생의 일상에 대한 서술은 일상의 사소한 경험이 사회 구조 속에서 빚어지는 모습과 특정한 역사 조건 속에서 인간 삶이 체현되는 과정으로 귀결된다. 나아가 이러한 서술은 오늘날 한국인의 심성을 만들어낸 역사적·사회적 조건을 구명하는 계기를 제공할 것이다. 이에 이 총서는 문화연구 방법론을 활용하기 위해 기존 역사 자료 외에도 문학 작품을 비롯해 미시적인 생활 세계를 담은 구술 채록과 증언 자료, 사진, 삽화 등을 적극 활용했다.

셋째, 이 총서의 마무리 저술에서는 학제 작업의 장점을 살려 일본·타이완과 같은 동아시아 국가의 교육과 비교·연관함으로써 동아시아적 시야 속에서 한국 근현대교육의 위상과 의미를 짚어보고자 했다. 왜냐하면 일본과 타이완, 한국은 유교를 기반으로 하면서도 각각 제국주의와 식민지라는 서로 다른 처지에서 전통과 다르면서도 공히 자본주의 체제를 내면화하면서 급속한 경제성장과 정치적 권위주의의 병존, 1990년대 이후의 민주화 여정에서 볼 수 있듯이 서구와 서로 다른 동아시아적 특색을 구비했기 때문이다. 따라서 동아시아 속에서 비교·연관을 통한 한국 교육에 대한 재검토는 이후 한국 교육의 방향을 국민국가 차원에서 벗어나 동아시아적·지구적인 차원에서 모색하는 데 중요한 시사점을 제공할 것이다.

그럼에도 이 총서는 기존 연구 성과를 밑거름으로 삼아 집필되었기 때문에 각 권마다 편차를 보인다. 지금에서야 새롭게 주목받기 시작한 일상생활 영역과 오래 전부터 연구돼 온 영역 간의 괴리로 인해 연구 내용과 자료가 시기마다, 학교급마다, 분야마다 균질하지 않기 때문이다. 다만 총서의 취지와 주제를 적극 살리기 위해 이러한 차이를 메우려고 노력했다는 점도 부기하고자 한다. 그리하여 이 총서가 한국 근현대교육사를 한때 학생이었던 독자의 눈과 처지에서 체계적으로 이해할뿐더러 학생의 일상과 교육의 상호작용을 구체적으로 묘사하는 데 중요한 문화 콘텐츠로 활용되기를 기대한다. 또한 이 총서는 총10권으로 방대하지만 독자들이 이러한 방대한 총서를 통해 한국 근현대교육사의 속내를 엿보는 가운데 한국교육의 지나온 발자취를 성찰하면서 오늘날 한국교육이 나아가야 할 방향을 모색하는 데 기꺼이 동참해 주기를 고대한다. 이 자리를 빌려 이 총서를 발간할 수 있도록 지원해 준 한국학중앙연구원 한국학진흥사업단에 감사의 말씀을 드린다.

끝으로 총서 작업을 해오는 과정에서 저자들에 못지않게 교열을 비롯해 사진·삽화의 선정과 배치 등 온갖 궂은일을 도맡아 주신 출판사 편집진의 노고에 감사의 뜻을 표한다. 아울러 독자들의 따뜻한 관심과 차가운 질정을 빈다.

저자들을 대표해 김태웅이 쓰다

머리말

교육은 한 시대의 중심 문화를 유지하고 나아가 확대재생산하므로 교육제도를 잘 살펴보면 그 시기 사회의 수준과 품격을 찾을 수 있다. 조선시대 대표적인 교육기구인 성균관과 사부학당·향교는 관리 선발을 목표로 했기 때문에 전체를 위한 교육일 수 없었다. 민간에서 만들어진 서당은 부족한 교육제도를 보완하는 모세혈관으로서 국가에서 만든 유교윤리를 사회 구석구석까지 전파하는 역할을 했다. 나아가 생활 규범이나 기본 생활 지식, 근거리 커뮤니티 등이 백성에게 구석구석 스며들게 했다. 따라서 서당은 오늘날 교육기관 이상의 의미가 있다.

서당이라고 하면 일반인에게는 한때 유행했던 아동만화 〈맹꽁이 서당〉이나 교과서에 담긴 김홍도의 〈서당도〉가 가장 친숙하지 않을까 한다. 〈맹꽁이서당〉은 공자와 맹자의 가르침을 공부한다는 뜻일까, 아니면 학동들이 글 읽는 소리가 맹꽁이 우는 소리처럼 들린다는 뜻일까?[1] 〈서당도〉는 조선 후기 풍속화의 대가 김홍도의 그림으로서, 그 속 서당 풍경은 당시 훈장·학동의 모습이나 교육방식 등을 잘 담고 있다.

서당은 여러 측면에서 오늘날뿐 아니라 그 시기 다른 교육기구와도 차이가 있다. 무엇보다도 서당의 형태가 매우 다양했다. 우리가 상식으로 알고 있듯이 서당은 반드시 어린 학동만 대상으로 하지 않았다. 실제 조선시대 서당은 지금으로 치자면 초등학교뿐 아니라 중고등학교, 심지어 대학교의 역할까지 했으며, 서당이 담당했던 지식의 폭도 초보에서 상당한 수준의 지식인까지 포괄할 정도로 넓었다. 이런 곳에서 당시 중심이념인 성리학을 공부하고 과거를 준비하기도 했다. 지역에 따라서 서당은 사족의 관계망으로서 거의 서원에 가까운 형태로 운영되었다. 예를 들어 우리가 잘 아는 도산서원은 본디 퇴계 이황 선생이 도산서당을 만들어 가르친 곳이다. 퇴계 선생이 직접 선비들을 가르친 이곳은 김홍도의 〈서당도〉에서 보듯이 학동들을 대상으로 가르치는 곳과 격이 천양지차다. 퇴계는 만년에 계상서당(현 퇴계 종택 맞은편), 도산서당을 이어 설립하면서 후진을 양성했다. 연산의 돈암서원은 김장생, 진주의 덕천서원은 조식, 안동의 병산서원은 유성룡, 괴산의 화양서원은 송시열이 가르친 곳에 훗날 세운 서원이다. 서당은 서재·서숙·글방·사숙 등 여러 가지로 불렸다. 우리가 생각하는 아동을 위한 교육으로 한정한다면 서당보다는 오히려 사숙私塾, 글방 등의 표현이 더 일반적일 듯하다.

실제 운영방식도 다양했다. 이것은 서당을 만든 주체가 다양하다는 점과 연결된다. 만든 사람과 가르치는 사람이 같을 수도 있지만, 만든 사람 따로, 가르치는 사람 따로인 경우도 상당했다. 특히 한 개인이 아니라 마을 단위, 문중 단위로 만들었을 때는 다를 수밖에 없다. 물론 어떤 경우에도 국가가 직접 설치하거나 국가가 파악하고 인정한 교육기구가 아니라는 점은 같다고 하겠다. 그렇다고 국가가 전혀 관심이 없지는 않았다. 서당이 동몽교육에 필요하다는 점을 인정했기 때문이다. 규모에서도 지역 단위나 문중에서 만든 것은 어느 정도 컸으나, 대부분 생계 수단으로 개인이 운영했으니 규모가 작고 별도의 건물이 없는 경우도 많았다. 서당이 만들어지고 사라지는 것도 수요와 개인의 의지에 따라 흔하게 일어났다. 그러면서도 조선 후기에 서당의 숫자가 크게 늘어났다. 이런 점에서 시대 상황에 영향을 받았다는 점도 지적할 수 있다. 서당은 이렇게 작고 다양한 모습을 띠었지만 민의 일상과 의식이 담겨 있다는 점에서 시대를 읽는 중요한 기구일 수 있다.

필자도 대학 시절 시골 마을에서 연로한 한학자가 운영한 서당을 다닌 적이 있다. 한국사를 공부하려면 한문 공부가 필요하다는 조언을 듣고 멀리 경상남도 산청까지 내려가서 기거하면서 배웠다. 그때의 기억을 돌이켜 보면 직접 비교하기는 어렵겠지만 옛 전통시대 서당의 모습을 어느 정도 찾을 수 있다. 서사書舍라는 이름을 달았듯이 명망 있는 노학자가 공부하는 서재 중심의 서당이었다. 연세가 많아 한 사람씩 그 분이 거처하는 방으로 들어가서 배웠다. 담뱃대로 글자를 짚어가면서 풀이해 주는 모습은 옛날 서당 풍경과 별 차이가 없을 듯하다. 진도를 좀 더 나가려고 욕심을 내면 '그만하면 됐네!' 하고 딱 잘라버리는 모습은 개인의 역량에 맞춰 진도를 정해준 서당식 교육 방식이라고 하겠다. 당시 동네 청년들은《소학》을, 필자처럼 대학생은 주로 사서四書를 배웠지만, 필자보다 서당 선배인 교수들은 삼경이나《근사록》등을 배웠다. 각각 다른 책으로 수업을 받지만 곁눈질로 다른 경전에 대해 관심을 가질 수 있다는 점도 나름의 장점인 듯하다. 한 사람씩 글을 배우고 나오면 사랑방이나 마루에 앉아 배운 부분을 소리 높여 읽으면서 외웠다. 배강背講과 같은 시험을 치르지 않아서 다행스러웠지만 지금 생각하면 그 때문에 몸에 배게 공부를 하지 못한 듯하다.

조선시대 서당은 그 시절에 걸맞은 교양인을 키워나가는 곳이었다. 물론 처음 서당을 세운 목적은 과거를 보기 위해 공부하는 곳이었다. 그러나 실제 과거 급제는 그야말로 하늘의 별 따기였으니 대부분은 그 시절 실생활에 필요한 한문을 약간 이해하는 것에 만족할 수밖에 없었다. 구체적으로 경서를 배우는 중간에 제사 축문, 사주, 혼서 작성, 편지 작성 등을 배우는 것이 실생활과 관련된 공부에 해당했다.

근대와 더불어 곧바로 식민지배를 당했던 우리나라에서 전통과 근대를 연결하는 가장 중요한 교육기구는 서당이 아닐까 한다. 조선시대 초등교육은 공교육이 담당하지 않아서 서당이 유일한 초등교육기구로서 역할을 했다. 조선 후기뿐 아니라 한말에 이르러서도 대부분의 사람은 공부하는 과정에서 서당을 거치지 않은 경우가 드물었다. 물론 서당에 가기 전에 집안 어른에게 배우거나 집안 여건이 나아서 독선생을 모시고 배우기도 했지만, 그렇더라도 한문 공부를 한 사람이면 대부분 한때라도 서당을 거쳤다.

전통과 근대는 시기의 차이만이 아니다. 근대 속에 전통도 공존해 있을 수 있다. 서당이 한말, 일제강점기에 계속 전통을 지키기 위해 머물러 있는 경우도 있었다. 개항이 되고 서구문화가 들어왔다고 해서 서당 자체에 큰 변화는 일어나지 않았다. 학문을 둘러싼 상황은 크게 달라졌다. 조선시대 국가교육기구인 성균관·사부학당·향교라든가, 사족들이 만든 서원은 기능이 소멸되었다. 근대로 들어서면서 이들이 그간 지닌 사회정치적 기능을 더는 할 수 없었다. 이는 과거제도가 무너진 점과도 관련이 있다. 반면 서당은 과거 준비 외에도 실생활에 필요한 지식을 가르치기도 했으므로 과거 폐지 이후에도 존속되거나 확대되었다. 다만 근대 이후 국가 교육정책의 중요성이 커지면서 서당의 역할은 축소되었다. 일제강점기 교육은 식민지배 정책으로서 자라나는 세대의 교육을 장악하는 과정과 바로 연결되어 있었다. 식민지배의 규율에 교육을 줄 세우느냐, 아니면 민족자립의 힘으로 교육을 작동할 것인가? 일제강점기에는 "밥보다, 자유보다, 교육을 주시오. 그렇지 않으면 죽음을 주시오."[2]라고 부르짖겠다고 할 정도로 민족의 사활을 교육에서 찾았다.

서당은 다른 주제와 달리 조선시대부터 다룰 수밖에 없지만 학교 총서에 맞춘다면 근대, 특히 일제강점기가 중심일 수밖에 없다. 그런 점에서 근대와 서당은 어쩌면 '갓 쓰고 양복 입은 꼴'처럼 어울리지 않는 사이처럼 보일 수 있다. 그러나 서당은 일제강점기까지 상당수가 존재했으며, 이 시기 교육에서 어느 정도 역할을 했다. 서당의 모습이 매우 다양했기 때문에 당시 다른 교육기구처럼 일정한 상을 그리기는 쉽지 않다. 근대 이래 서당이 점차 소멸되긴 했지만 사회적 역할을 하던 시기까지는 그 모습을 새겨볼 필요가 있다.

이 책은 기본적으로 조선시대부터 일제강점기까지 초등교육과 관련해 서당의 흐름을 살펴보는 데 초점을 맞추었다. 물론 이전의 초등은 오늘날 초등학교의 초등과 차이가 있다. 나이의 폭도 넓었고 의식 수준도 달라, 오늘날 청소년이나 청년까지도 포함할 수 있다.

앞서 언급했듯이 조선 후기에는 서당의 형태가 다양해서 도학적 서당, 과거 대비형 서당 등 수준이 높은 서당이 있는가 하면, 초보자를 중심으로 하는 낮은 단계의 서당, 그리고 때로 상하층을 포괄하는 서당도 있었던 듯하다. 근대에 들어와 신식교육이 행해지면서 서당 학생들은 근대학교의 단계별 과정에 편입되었다. 그런 속에서도 서당은 살아남아 공교육과 나누어 초등교육을 맡았다. 결국 학자를 양성하는 상층서당은 거의 소멸하거나 관심에서 멀어졌고 하층서당이 초등교육의 일부 역할을 맡은 셈이었다. 근대라는 새로운 시기에 들어섰기 때문에 이러한 서당도 전통형과 개량형으로 나뉘었다. 곧 서당은 조선시대 교육의 큰 몫을 차지했고 일제강점기 우리에게 놓인 여러 과제를 도전하기 위한 중요한 밑천이 되었다.

이 책의 골격을 간단히 소개한다.

1장은 조선 시기의 서당에 대해서 서당이라는 교육기구의 성립, 변화과정과 함께 서당을 구성하는 세 요소, 곧 공간으로서의 서당, 교육자로서 훈장, 피교육자로서 학동의 형성과 특징을 각각 살펴보고자 한다.

2장은 근대에 들어선 뒤 교육체계가 새롭게 구성되고 소학교 등 근대적 학교가 설립되기 시작하면서 서당은 어떤 변화를 겪어나갔는지 다루고자 한다.

3장은 일제강점기 가운데 1920년대까지 다루고자 한다. 1910년대까지 서당은 보통학교가 세워짐에도 양적으로 오히려 늘어난다. 다만 이때의 서당은 예전처럼 다양한 연령층과 다양한 목적의 서당 구조에서 벗어나 근대교육의 보통학교와 맞먹는 초등교육기구로 점차 정착되었다. 교육정책을 수립하는 일제의 입장이나 여기에 맞서는 조선인들의 교육 입장에서도 서당의 위상은 마찬가지였다. 따라서 서당은 자연히 변화했다. 한문 위주에서 탈피해 일어·산술·한글 등을 가르치는 개량서당으로 전환하면서 자연히 변화할 수밖에 없었고, 전통을 고수하려는 서당(전통서당)이라고 하더라도 이제는 예전처럼 과거를 꿈꾸지 않았기 때문에 서당의 위상이 달라질 수밖에 없다. 학문이나 출세를 꿈꾼다면 일시 서당을 다니더라도 그다음 과정은 신식교육으로 나아갈 수밖에 없었다.

4장은 일제강점기 후반 침략전쟁기의 서당 변화를 다루고자 한다. 근대교육이 정착하는 과정에서 서당은 질적·양적인 여러 사정으로 계속 위축되어갔다. 특히 침략전쟁기에 접어들면서 식민지 당국이 서당에 대해 어떻게 통제를 강화해 나갔는지 다룬다. 이러한 침략전쟁기에 서당의 주체인 교사와 학생이 어떻게 대응해 나갔는가도 살펴봐야 할 것이다. 전체적으로 조선시대에서 일제강점기에 이르기까지 명맥을 유지한 서당의 역사를 살펴보고, 근대 이후 교육체계에서 밀려나 소멸·위축되거나 근대교육기관으로 변모하면서 일정한 역할을 했고, 보조기관으로 편입되어간 서당의 운명을 짚어보고자 한다. 무엇보다도 서당이 지배층 중심의 교육을 점차 일반 대중의 교육으로 확산해나갔다는 점과 대부분 공동체적인 설립과 운영을 했다는 점을 강조하고 싶다.

마지막 보론은 일제강점기 전반에 걸쳐 개량서당의 이름과 실제 모습을 구체적으로 살펴본다. 곧 개량서당의 설립 주체와 공간 구성, 교사와 학생, 그리고 수업 외 중요한 행사인 운동회와 학예회 등의 실상을 다루었다.

이 책은 본래 새로운 연구서라기보다는 대중서에 초점을 두었기 때문에 기존의 연구성과를 충분히 활용하면서 좀 더 구체적인 서당 사례를 충분히 서술하려고 노력했다[3]. 시기별 서당의 구조와 운영에 대해 구체적으로 서술하기 위해 관련 사료를 좀 더 분야별로 체계적으로 수집하고자 했다. 특히 중요한 사료를 세밀하게 읽고 서술해 당시 상황을 충실히 그려볼 수 있게 시도했다. 능력이 모자라는 데다가 한정된 시간 동안 이루어진 작업이어서 부족한 부분이 많으리라 생각한다. 여러 독자의 질정을 통해 앞으로 더욱 보완하려고 한다.

2018년 4월

송찬섭

차례

I

전통사회 서당의 여러 모습

2

밀려오는 근대, 바뀌는 서당

3

식민지 서당, 활로를 찾아 나서다

4

침략전쟁기, 통제되는 서당교육

보론

개량서당, 이름과 실제: 서당인가 학교인가?

전통사회 서당의
여러 모습

I

I

서당이
걸어온 길

과거 공부와 서당

조선과 같은 유교국가는 관리를 배출하기 위해서나 유교윤리를 보급하기 위해서라도 백성을 가르치면서 다스리는 일이 무엇보다도 중요했다. 국가는 초기부터 교육기관을 세우고 진흥하기 위해 노력했다. 그 결과 조선시대 교육제도는 어느 정도 체계를 갖추어 나갔다. 중앙에 최고 기관으로서 성균관이 있었고, 서울의 각 부별로 학당, 그리고 지방에는 고을마다 향교가 설치되었다. 지역의 학당이나 향교에서 기본 소양을 익힌 다음 국가에서 시행하는 생원진사시를 거치면 성균관에 들어갈 수 있었다. 성균관에서 공부를 한 유생은 문과를 통과하면 관리가 될 수 있었다. 이러한 교육기관은 과거를 치르려는 이를 위한 학업과 관리 양성의 역할을 담당한 셈이었다. 그리고 《경국대전》에 따르면, 국가가 유교를 보급하기 위해 《삼강행실도》를 한글로 번역한 것을 서울과 지방의 사족·가장·부로·교수·훈도가 부녀자와 어린아이에게 가르치고 깨우쳐 알게 했다. '학교를 흥하게 하는 일'은 지방관이 수행해야 할 매우 중요한 임무였다.

국가 주도의 교육은 얼마 가지 않아 부진해졌다. 교육체계를 잘 구성해서 충분한 지원을 하지 못한 것 같다. 전국에 설치된 향교의 경우도 교사에 속하는 교수와 훈도를 파견하기 어려웠고 재정도 충분하지 못해 교육 기능이 위축되었다. 그러면서 서당과 서원 등 사족이나 개인이 운영하는 기관이 이를 대신했다. 서원은 뛰어난 인물을 추숭하고 제사를 지내기도 했으며, 선비들이 모여 강론을 하는 곳이어서 정치 공간이기도 했고 학문의 수준이 높았다. 반면 서당은 학문을 위한 사설 기관으로 학동들이 학문에 들어가기 위한 초등교육을 담당하기도 하고 과거를 위한 본격적인 학업을 포괄하기도 했다. 서당이 점차 널리 보급되면서 국가도 관심을 보였다. 백성들의 교화를 위해서라도 서당이 필요하다고 느꼈기 때문이다.

먼저 서당이 어떻게 보급되었는지를 살펴보자. 서당은 본디 고려 말부터 향촌의 유사儒士가 강학적 성격을 지니고 설치했다고 한다. 지역사회를 교화하는 목적과 과거 공부의 목적이 함께 있었다. 그러면서 개인의 수양공간이자 문인들에게 개방된 공간으로서 역할을 했다.

고려시대에도 사적으로 학동들을 가르치는 일이 있었다. 가숙을 차려놓고 학동들을 모아 가르치기도 하고, 특히 고려 말에는 관직에서 물러난 문인들이 개별 서재를 마련해 강학하기도 했다. 여말선초 새 왕조에 합류하지 않고 은둔을 택한 학자 가운데는 고향에 은거해 학동들을 가르치기도 했다. 고려시대의 전통을 이어받았다고 하겠다. 길재吉再(1353~1419)는 금오산에 물러나 살면서 지역의 학도를 모아서 가르쳤다. 양반집 자제는 상재上齋, 일반 백성의 자제는 하재下齋에 두고 《소학》에서 가르치는 '마당에 물 뿌리고 손님을 맞이하는(灑掃應待)' 것과 같은 초등교육에서 경전과 역사에 이르기까지 학도를 가르쳤다고 한다. 상당히 모범 교육인 듯하다.

이처럼 조선 전기까지 초등교육은 주로 가정에서 직접 맡아서 했고 별다른 기구가 없었기 때문에 체계적으로 공부하기 위해서는 사사로이 가르치는 일이 서서히 자리잡기 시작했다. 세종 때 유사덕劉思德이라는 이는 1424년부터 1460년까지 30년 이상 학동을 가르쳐서 생원시·진사시를 비롯해 문무과에 합격자를 70여 명이나 내었다고 한다.[1] 아마도 서울 지역에서 과거를 위해 어느 정도 공부가 된 학동을 모아서 가르치던 곳인 듯하다. 이를 바로 서당으로 보기는 어렵지만 사적인 교육기관이라는 점에서 넓게 본다면 서당류에 해당한다고 하겠다. 15세기 전반에 김구지金懼知라는 인물은 숭례문 밖에서 남의 집을 세내어 살았는데, 과거에는 급제하지 못하자 방을 길게 설치하고 아동을 여러 반으로 구성해 체계를 갖춰 가르쳤다.[2] 자기 아래 일을 맡는 여러 직책까지 두어서 매우 합리적으로 관리했으므로 앞서 유사

덕보다도 더 활발하고 엄격하게 가르쳤다고 평가받는다. 지금까지는 서울의 사례지만 지방 여러 곳에서도 학당을 사사로이 설치하고 아동을 가르친 모습을 볼 수 있다.

무엇보다도 16세기 사림이 등장하고 활동이 활발해지면서 교육에 대한 관심도 더욱 높아진 듯하다. 서울도 서당과 같은 교육장소가 늘어났다. 여기저기 초학의 학동들을 가르치는 서당이 만들어지고, 학동의 숫자도 50여 명 또는 100여 명이나 무리를 지어 보이며 배웠다고 한다. 퇴임관리, 일반 사족만이 아니라 조관朝官 가운데서도 가르치는 자가 있었다고 하니 보통은 일반 사족이 가르친 모양이다.

이렇듯 서당이 제대로 만들어진 것은 16세기 사림파라고 불리는 학자들의 등장과 관련이 있다. 사림파는 출세의 꿈을 가지고 서울에 올라가서 공부를 하거나 관직에 올랐다. 그 가운데는 과거 공부를 단념하거나 관직에서 떠난 인물이 향촌에 내려와서 학문과 아울러 유학의 가치질서가 농촌 교화의 수단으로 정착되게 하려고 서당을 설립해 아동들을 가르쳤다. 서당이 만들어지면서 사족사회가 형성되었고, 서당이 나아가 서원으로 발전하는 경우도 적지 않았다.[3] 고려 말 안동에 풍악서당이 설립되어 지방 유림 자제들이 공부했는데, 이후 유성룡柳成龍 등이 병산으로 옮겨 병산서당이 되었다가 다시 병산서원으로 발전했다. 또한 퇴계 이황이 고향으로 내려와 제자들을 직접 가르치기 위해 세운 도산서당이 뒷날 도산서원으로 발전했다. 이처럼 서당은 지역사회의 학문 토대를 이루고 학파가 형성되어가는 데에도 큰 역할을 했다. 교육의 내용도 폭넓은 유교 철학이나 과거를 위한 공부를 하는 수준 높은 곳이 많았다.

16세기 안동 출신 김진金璡(1500~1581)이라는 인물을 예를 들어보자. 김진은 소과에 합격한 뒤 성균관에서 공부를 했지만 결국 과거 공부를 단념하고 고향 안동 임하현으로 내려온 뒤 부암서당을 세웠다. 부암이라는 이름은 의성김씨 세거지인 내앞마을 천전리에 있는 바위였다. 내앞마을 입구 산중턱에 백운정이 있고 그 오른쪽 절벽 끝에 물속 깊숙이 몸을 담근 채 건너편 솔밭을 바라보고 있는 거대한 바위가 바로 '범바우'라 불리는 부암傅巖이었다. 김진은 이곳에 서당을 세우고 자기 가문의 자제와 마을의 학동들을 가르쳤다. 학령을 세우고 과정을 엄격히 해 열성으로 가르쳤다. 수십 년간 가르친 결과 학도가 크게 일어났고 경전을 외우는 소리가 온 마을에 가득할 정도였다. 그의 아들들도 이러한 학도에 속했다. 곧 유명한 관리이자 학자로서 이름을 떨친 김성일金誠一도 그 가운데 하나이며, 다섯째 아들 김복일金復一은 아버지를 본받아 예천에 금곡서당을 세우기도 했다. 서당교육이 빛을 발한 중요한 사례라고 하겠다. 김진은 만년에 안동 인근 영해로 이주한 뒤 이곳에서 청기서당을 지었다.[4] 이 또한 비슷한 형태의 서당이었을 것이다.

퇴계의 제자로서 안동 유림의 중심인물 가운데 하나인 이정회李庭檜(1542~1612)는 관직 생활도 했지만, 모든 사회 활동을 마감하고 17세기 초 안동에 정착하면서 지남서당을 설립했다.[5] 서당은 진성이씨 외에 외손과 처가 등의 자제들에게도 개방되었으며, 교육 수준도 매우 높아서 과거 준비에 합당한 교육을 했다. 당헌을 만들고 사장을 두어 체계적인 교육을 했고, 서당의 경제적 기반을 위해 토지를 마련했다. 이 무렵 그가 방문한 임하서당과 소마서당 등의 기록이 있는데, 이미 고을 내 상당수의 서당이 있어서 당시 성장하던 재지사족들에게 촌락 내부에서 중요한 근거지 역할을 했다.

이 시기 사족들은 유교공동체를 만들기 위해 그들 간의 향안을 만들고 향회를 조직했으며, 향약이라는 자치규약을 통해 고을을 장악하고 통치를 했다. 그리고 그들 세력을 재생산하기 위해 서원·서당 등 교육기관을 운영했다. 서당은 유교 지식인을 양성하기 위한 수단이 되었으므로 뛰어난 학자가 중심이 되어 유능한 제자들을 선발해 수준 높은 교육이 이루어졌다.

이들 서당에는 대표로 당장堂長이나 산장山長이 있었고 운영을 맡은 유사有司 등 조직 구성이 있었으며, 구성원의 명단인 당안堂案을 만들었는데 때로 당색에 따라 서당이 나뉘지기도 했다.[6] 과거를 중심으로 운영했기 때문에 당원 가운데 합격한 이가 있을 때 일종의 상금을 지급하기도 했다. 이렇듯 서당은 당시 향교와 비슷한 수준의 사립학교라고 볼 수 있다. 자연히 서당 입학 연령도 과거 준비나 성리학 연구의 심화에 맞춰 15살 이상으로 보고, 입학 자격도 서당 구성원 다수의 추천이나 생원진사시에 합격한 사람을 입학하게 하기도 했다.[7] 서당 건물은 〈그림 1〉에서 보듯이 서원처럼 그 규모는 서원의 강당과

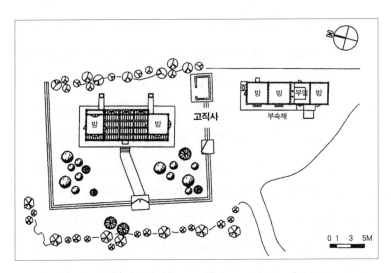

〈그림 1〉 경주 양동 월성손씨 서당 안락정(홍사철, 〈양동의 서당에 관한 연구〉, 《경주문화》 8, 2002, 311~311쪽)

비슷했으며, 관리인을 위한 공간인 고직사라든가 서적을 보관하는 장판고와 같은 부속 건물도 있었다.[8] 마을에서 한적하면서도 경치가 수려해 교육환경이 좋은 곳에 위치했다.

'흥학교'와 서당정책

조선시대 수령의 일곱 가지 임무 가운데 '학교를 일으키라(흥학교)'는 내용이 있다. 이는 향교를 대상으로 한다고 볼 수 있다. 사족들이 서당을 만들면서 이를 포괄하기도 하고, 나아가 수령이 직접 서당을 만든 사례도 있다. 상주목사 신잠申潛은 1551년에서 1554년까지 17개의 서당을 세웠다고 한다.[9] 상주는 《호구총서》에서 22개면으로 나타나므로 거의 모든 면 단위로 서당을 세운 셈이다. 이때 서당은 서원의 설립과 마찬가지로 사족의 향촌 지배의 확대와 병행되었다. 동리 단위로 학동들을 위해 만든 서당과 격이 다르다. 서당이 설치된 곳을 보아도 잘 드러난다. 예를 들어 《상산지》에 나오는 기록에 따르면 하곡서당은 "처음에는 흥국사의 옛터에 세워지고 뒤에 장백사의 옛터로 옮겨져 을묘에 취봉산 서록에 이건되었다"라고 해 거의 서원이 설치되는 공간과 비슷했다. 그 밖에 수양서당·영빈서당·매악서당·봉암서당·지천서당 등은 서원으로 승격했다. 수선서당 앞의 유애비遺愛碑에는 '서원'을 세웠다고 새겨져 있다. 서당과 서원의 차이는 서원이 유교의례인 향사享祀를 행했다는 점 외는 거의 없다. 실제로 이런 서당에서는 서당 구성원에 대한 명부인 당안, 청금록 등이 작성되었다. 향약의 모체가 된 서당도 있다. 이러한 서당은 그 지역의 몇 개 서당 문중이 공동으로 경영했다. 수령들이 서당 설립에 노력한 것은 일방적인 교화를 넘어서서 사족들을 통치에 활용하는 측면도 있지 않았을까 한다. 이를테면 각 면의 서숙에 통문을 보내 각 면의 기록을 보수하게 해 읍지 편찬에 활용하는 모습도 보인다. 곧 읍지를 사족 중심의 서원·서당의 관계망을 이용해 편찬했다고 본다. 사족들이 서당 설립에 참여한 것도 서원 건립, 향약 조직 등과 같은 차원의 사족 관계망 사업이었다. 예를 들어 상주목의 학자 조정趙靖(1555~1636)은 1606

년 도남서원 건립에 참가하고 장천에 서당을 중건했으며, 이 근처 향약을 조직하고 1615년에 서당을 이설하는 등의 활동을 했다.[10] 따라서 이런 서당의 책임자는 후대의 생활인으로서의 훈장과 매우 차이가 있다. 이 시기 사족들의 어린 시절 공부는 대체로 가학으로서 집에서 소화하고 서당은 높은 수준의 공부를 했다고 하겠다.

16세기 수령 황준량黃俊良(1517~1563)의 사례도 흥미롭다. 그는 경상도 신녕현감 때 옛 현 터에 학사 1구를 창건해 백학서원이라 하고, 책과 전지를 마련해 주었다고 한다.[11] 서원이라고 이름을 붙였지만 앞에서 보았듯이 실제로는 서당 형태가 아닌가 한다. 황준량은 성주목사 때 고을 동쪽 공곡이란 골짜기에 서당을 세우고, 팔거현에는 녹봉정사를 세웠다고 한다.[12] 중앙에서 서당에 대한 체계적 정책을 지시받아서라기보다 사림 출신 지방관으로서 적극적으로 참여했다고 보인다. 앞에 나온 김진이 경상도 영해부에서 서당을 지었을 때 영해부사 양사기楊士奇가 관가 창고의 남은 곡식을 내놓고 서당의 상량문까지 지어주었다고 한다.[13] 곧 유력 사족 출신의 수준 높은 서당이었기에 수령이 참여했을 것이므로 비슷한 사례라고 하겠다.

임진왜란과 병자호란은 서당교육에도 큰 영향을 끼쳤다. 전국을 뒤흔든 두 차례의 전쟁을 겪은 뒤 이를 수습하는 데 향촌의 안정이 필요했고 여기에는 교육의 역할이 컸다. 그러나 정부는 재정이 부족해 관학인 향교에 교관을 제대로 파견하지 못했다. 지방교육의 가장 큰 역할을 맡았던 향교가 이제 이름뿐인 기구가 되었다. 결국 지방마다 서당에 관심이 쏠릴 수밖에 없었다. 이렇게 되자 향촌 사족들은 서당을 열심히 설립했다.[14] 국가에서도 전쟁을 겪은 뒤 무너진 향촌 사회를 회복하기 위해서 이러한 활동을 지원했고 때로 수령이 주도 하기도 했다.

학자들이 학문 연구를 겸해 세운 서당에 학동들이 점차 몰려들었다. 지역 학파나 명문 사족 집안에서 필요성이 늘어나면서 집안의 힘을 모아 인근의 선비들과 함께 서당을 세우기도 하고, 여러 문중이 협동하거나 한 문중 중심으로 서당을 열기도 했다. 자기가 공부하는 공간이면서 교육도 부수적으로 하는 정도가 아니라 처음부터 적극적으로 교육에 나선 경우도 있었다. 이런 서당은 규모가 크고 참여 범위도 매우 넓었다. 특히 서원·향교가 제향의식에 몰두해 교육의 역할이 쇠퇴해지면서 오히려 서당이 그 역할을 했다. 규모가 큰 서당, 이를테면 17세기 초 안동의 안몽주安夢周가 임하현에 세운 도생서당은 건축 규모가 일반 서원과 거의 맞먹을 정도로 컸다고 한다.[15] 서원을 세울 수 없어서 대신 서당을 세우는 경우도 있었다. 이는 서당의 교육기능보다는 향사 기능에 초점을 맞춘 것이어서 열외라고 하겠다. 그 밖에도 여러 형태의 서당이 세워졌을 것으로 추정된다. 따라서 이 시기 서당은 매우 늘어났고 형태도 다양했다. 이는 중앙정부의 동몽교육·서원교육에 대한 정책 대응과 친족제도 변화, 사족집단 내부의 분기 등 향촌 내부의 변화에 따른 것으로 파악된다.

이 같은 추세는 18세기에도 계속되었다. 곧 이 시기 사회 전반의 변화를 바탕으로 사士가 지향하는 가치가 한 계층을 넘어서 보편적인 교양으로 자리 잡아갔다.[16] 이 시기 유교사상도 신분을 탈각하고 보편적인 인륜을 추구하는 유교로 발전해가야 했다. 교육도 이 같은 방향으로 나아가야 했다. 그러나 교육기관, 향교, 서원, 그리고 일부 서당이 점차 향사를 중심으로 하는 기관으로 변하면서 강학의 기능은 정지되었고 교육의 합리성과 공공성이 상실되었다. 따라서 민인들의 교육 요구가 확대되었고 이를 수용하면서도 안정된 교화체제 정비방안을 모색할 필요가 있었다.

1732년(영조 8) 〈권학절목〉을 반포한 것은 이러한 변화와 관련이 있었다. 여기서는 강학을 중심으로 교학체제를 정비하려고 했는데, 한 고을의 교육을 통령할 수 있는 도 훈장을 정하고 읍 단위와 면 단위의 교육을 실제 담당하는 교임과 면 훈장을 두었다. 교육기관을 서당(塾) – 면학(서원이나 산당) – 읍학(향교나 양사재) 등으로 체계화해 서재나 서당교육은 유자들의 자치에 맡기고 그 위 단계는 고을이 정한 체계 속에서 교육내용을 점검했다.

국가는 당시 서당을 확대하면서 교육을 요구한 신흥계층을 흥학의 주된 대상으로 삼고자 했다. 이러한 흥학책이 제대로 시행되었다고 볼 수 없지만, 국가가 면리의 서당까지 포함해 교육체계를 적극적으로 논의한 것은 처음일 듯하다.

지식인층 중에도 교육제도에 대해 구상한 이가 있었다. 정약용丁若鏞은 취聚, 방坊, 부部, 왕성 등의 행정구역을 개편하고 여기에 맞춰 교관을 설정해 상하로 연결되는 교육체계를 구상했다. 여기서 행정구역 단위로 학교를 상정하는 것이나 스승을 중심으로 교육기관을 체계화하려는 점에서는 영조 시기 〈권학절목〉과 비슷하다. 정약용은 이러한 구상에 서당에 대한 교육은 포함하지 않았다. 〈권학절목〉이 새로운 계층의 성장으로 서당이 확산되는 것에 대응해 국가가 교육을 제도적으로 정비하려 한 것이라면, 정약용은 새로 성장하는 계층을 상급 학교로 진학하게 하고 국가 인재로 양성하는 데 목적을 둔 듯하다. 따라서 초등교육기관까지 교육체계 속에 포함하는 것은 그다음 작업으로 생각한 것인지는 모르지만 《경세유표》에서 서당은 빠져 있다. 홍대용洪大容 또한 안으로 서울의 9부와 밖으로 도에서 면에 이르기까지 모두 학교를 세우고 각각 선생을 배치한다고 하면서, 면에는 재齋가 있고 재에는 장이 있어서 면내의 8살 이상의 아이들을 모두 모아서 가르칠 것이라고 했다. 면의 재에서는 면내의 아이들을 모아 가르치지만 충효 행실뿐 아니라 말타고 활 쏘고 글씨 쓰고 셈 놓는 재주들을 가르쳐서 그중 훌륭한 재주와 뛰어난 행실로서 세상에 쓰여 소용될 사람은 사司로 보낸다고 했고, 사의 선생이 모아서 가르쳐 그중 잘하는 사람을 뽑아서는 차례차례 대학으로 넘긴다고 했다. 이를 통해 면-사-현-군-도의 지방제도에 맞춰 교육체계를 구상했음을 알 수 있고, 면의 재는 서당의 형태지만 상당히 수준이 높다고 판단된다.

19세기 국가의 교육정책은 제대로 구성되지 않았지만, 이 시기 영남지역을 대표하는 학자 이진상李震相이 개혁론 속에서 교육기관을 체계화한 것을 보면 이(숙) - 방(서원) - 읍(향교) - 도(영학) - 국도(태학) 등 행정구역에 상응하는 교육기관을 편제했다. 여기서 리 단위의 숙塾은 서당을 연상하지만 세우지 않으면 이의 책임자 이정里正이 처벌을 받는 강제 규정이 있었다는 점에서 차이가 있다. 그리고 귀천이 있었음에도 지적 수준을 택하지 않고 원하는 자는 모두 들게 해 평등을 담보했다.[17] 그러나 조선 말기까지 국가의 교육정책은 체계화되지 못했고 더구나 서당교육은 그 속에 포함되지 않았다. 따라서 국가는 당시 서당교육 확대에서 드러나는 교육 확대의 요구에 대응하지 못했다.

서당의 대중화

조선 후기에 들면서 서당은 점차 대중화되어 숫자가 늘어났다. 특히 마을마다 한 성씨가 터를 잡아 동족마을이 형성되면서 문중과 마을 중심으로 서당이 늘어난 것이 변화의 주된 흐름이었다. 이런 상황에서 서당이 담당하는 교육 대상도 점차 넓어지면서 초학 연령도 낮아졌다. 위백규魏伯珪는 6살 이상의 아들은 가숙에 들어와 16살까지 순서대로 학문보다는 기본 품성을 배양하게 했다.[18] 이를 통해 과거 공부 중심에서 실천 공부에 대한 비중이 커졌고, 지금까지 가학으로 주로 채워진 초등교육이 문중 차원에서 집단적으로 이루어졌다고도 볼 수 있다. 문중과 마을의 학동들을 교육하기 위해 서당계나 학계 등의 이름으로 계가 만들어지기 시작했다. 계는 일정한 목적을 위해 기금을 만들고 이를 이용해서 토지를 구입하거나 고리대를 놓아서 서당에서 필요한 비용을 마련했다. 이렇게 해서 안정적으로 서당을 운영할 수 있었다. 따라서 이 같은 형태의 서당이 상당히 늘어났다.

18~19세기로 내려오면서 교육 수요가 더욱 늘어나 양반뿐 아니라 중인과 평민, 나아가 천민에게도 서당이 확대되었다. 글을 배우려는 평민·천민이 늘어났기 때문이다. 이들은 의식이 성장하면서 적극적으로 의사를 표출했다.《동몽선습》언해본을 비롯해 사서삼경도 언해나 토를 달아(懸吐) 간행한 것도 큰 역할을 했다. 이 때문에 예전에는 학문이 상당히 높아야 해석이 되었지만 이제 궁향 벽촌의 대수롭지 않은 학구(學究)들이라도 언해를 참고해 학동들을 무난히 가르쳤다.[19] 학동을 가르칠 수 있는 인력이 당연히 늘어났다. 이 시기 몰락한 양반이나 가난한 중인, 평민·천민 등 글을 깨우친 이가 늘어나서 글을 팔아서 먹고살 수밖에 없는 상황이었다. 사족 가운데서도 평민들을 위해 서재를 짓고 교육하는 사례가 나타나는가 하면 평민 출신 훈장이 등장하기도 했다.[20]

이 무렵 서당의 수는 통계로는 알 수 없더라도 지나치게 많다는 지적이 있을 정도였다. 정약용도《목민심서》에서 군현에는 면마다 수십 개 마을이 있고 대략 네댓 마을에 반드시 하나의 서당이 있어서 자격 없는 훈장도 많다고 할 정도였다.[21] 또한 19세기 〈거창가〉라는 장편 가사도 '여리에도 모두 서당(塾)을 두어 집이 열 채밖에 되지 않는 작은 동네(十室殘洞)라도 거문고를 타는 소리와 책 읽는 소리(弦誦)를

들을 수 있고', '일곱 살배기 아이도 공맹을 외운다'고 돼 있을 정도였다.[22]

온전한 건물뿐만 아니라 교육이 이루어지는 공간까지 모두 포함하면 늘어난 서당은 훨씬 많다. 19세기 후반 전라도 해안의 작은 섬 지도·임자도를 살펴보면 지도에는 적어도 4개, 임자도에는 7개의 교육 공간이 있었다.[23] 특히 임자도에는 화산에 윤진택尹鎭鐸, 박한필朴漢弼 서당, 삼두리에 최태문崔太文 서실, 진리에 있는 누군가의 서재, 광산의 임치중任致仲 서사, 진저의 최일수崔一壽 서당, 모처의 주학기朱學琪 서당 등과 김후근金厚根, 김령金欞 등 유배객이 숙소에서 학동들을 가르친 교육 공간까지 모두 합하면 10개 이상으로 볼 수 있다.[24] 임치중은 섬에서 상당히 높은 대접을 받는 인물로서 재실을 이용했고, 지도의 김성로金聲魯는 서상복徐相福의 문간방, 그리고 김령과 김후근은 유배객으로서 숙소를 서당으로 활용했다. 이런 형태까지 합친다면 실제 서당은 훨씬 많았을 것이다. 다만 김령·김후근의 서당이 얼마나 정기적이고 지속적이었는지가 서당으로서 의미를 부여하는 데 관건이라고 하겠다.

서당은 수적으로 늘어났을 뿐 아니라 지역 문화의 구심점 역할을 하기도 했다. 지역 지식인들이 모이는 공간이 되었으며 지나가는 지식인들이 하루 묵는 곳이 되기도 했다.[25] 서당과 관련한 지명도 많이 만들어졌다. 영광 불갑면의 운제마을은 16~17세기 학자 강항姜沆이 7살 되던 해 서당에 가는 도중 맹자를 다 외웠다 해서 맹자리라는 이름이 붙었고 8살에《강목》을 외우니 강목촌이라고 붙여지기도 했다고 한다.[26] 이처럼 이 시기 서당은 많은 사람의 일상 속에 들어와 있기 때문에 서당과 관련한 문화와 설화가 많이 형성되었다. 이렇게 서당이 대중화되면서 초학을 위한 교육시설로서 서당이 자리매김하고 과거를 위한 서당은 오히려 특별한 시설로서 인식되었다.

2

여러 가지
  모습의 서당

앞에서 조선시대 서당이 만들어지고 수령이나 국가에서 관심을 표한
모습을 간단히 정리했다. 서당은 시기에 따라 변화가 있었고 주체에
따라 운영하는 방식도 차이가 있었다.

　서당은 가르치는 훈장과 배우는 학동 사이에 교육이 이루어지는
공간이다. 물론 그 공간도 반드시 고정적일 필요는 없다. 18세기 전반
경상남도 고성의 학자 구상덕仇尙德(1706~1761)은 갓 스물의 나이에
공부하러 산사에 들어가자 그에게 배우겠다고 그곳까지 찾아온 학동
들이 있었다.[27] 산사가 곧 배움터가 되었다. 개인집의 사랑방도 마찬
가지였다. 훈장을 사랑방에 모셔서 공부를 하기도 했다. 그렇지만 격
식을 갖추고 훈장을 모셔오면 서당이라는 일정한 공간에서 배움이 이
루어지기 마련이다.

서당의 형태를 좀 더 상세하게 알아보자. 해방 뒤 이만규라는 학자가 서당을 처음으로 체계적으로 분류했는데, 훈장자영서당, 유지독영서당, 유지조합서당, 마을조합서당(문중공영서당) 등이 있었다고 했다.[28] 이만규의 연구는 조선 후기에 초점을 맞추었고 구체적인 운영에 대해서는 설명이 부족하지만 대략의 실태를 이해하는 데에는 도움이 된다. 각각의 형태를 좀 더 구체적으로 살펴보자.

첫째 훈장자영서당은 훈장이 자기의 생계를 위하거나 자기의 교육 취미를 이유로 스스로 설립한 서당을 가리킨다. 여기서 먼저 '교육 취미'로 설립한 서당은 어떤 것일까? 앞서 조선 전기부터 관리와 사림이 개인 서재 형태로 세운 서당과 관련이 있을 듯하다. 학문적 취향에 따라 자기 고향에서 학문에 정진할 수 있는 정사형 서당을 세워서 찾아오는 학동들을 가르치는 형태일 것이다. 이 같은 서당을 설립한 자는 학문 수준이 높았고 경제적으로도 여유가 있었다. 예를 들어 도산서당을 세운 이황의 경우도 상당한 토지와 노비가 있었다. 앞서 언급한 부암서당을 설립한 김진·김성일 가문도 고향 임하를 비롯해 수곡·대전·청기 등의 지역에 700여 마지기 이상의 토지를 가진 집안이었다. 이런 서당의 경우는 단순한 훈장 이상의 학문적 스승 대접을 받았을 듯하다. 도학이 목적이었으니 주자학적인 의미를 담은 당호를 내걸고 여러 가지 격식을 갖추었다. 이런 형태의 서당은 조선 후기까지 계속되었다.

조선 후기에 들면서 생계를 위해 만든 서당도 많이 출현했다. 조선 후기 교육이 확대되면서 경제적으로 빈곤한 향촌 지식인도 늘어났다. 이들은 생계를 꾸려나가기 위해 자기 집에 서당을 차리거나 서당 건물을 짓고 학동들을 교육하면서 생활했다. 생활 여건을 찾아서 다른 지역으로 이동하기도 했다. 다만 한 지역에 정착하기 위해 약간의 토지를 경영하면서 '농사 반 훈장 반(半農半文)'으로 살아갔다. 때로 마을 사람들의 소장訴狀이나 편지를 써주고 대가를 받아서 생활에 보태기도 했다. 18세기 후반 박천우朴天遇라는 인물은 20냥을 가지고 강원도 고성 감호鑑湖에 가서 밭 7마지기를 사고 훈장 일을 겸하면서 4년을 살았다.[29] 우리가 잘 아는 동학농민전쟁의 지도자 전봉준全琫準도 고부에서 3마지기의 땅에서 농사를 지으며 직접 서당을 차리고 훈장 노릇을 했다. 때로 흉년이 들면 서당을 당분간 접기도 했다. 그렇지만 스스로 서당을 차려서 훈장으로 생활하려면 그 지역에 정착해야만 했다. 이 같은 자영서당은 자신의 집 사랑방이나 별채를 서당으로 썼을 것이다. 전봉준의 아버지 전창혁全彰赫은 태인 죽림리 당촌마을에 살았는데, 마을 입구 모정을 지나 왼쪽 언덕에 그가 서당을 지어 아이들을 가르쳤다는 서당 터가 있다. 이를 믿는다면 집밖에 서당을 지었다는 뜻이 될 것이다. 별채에 해당하는지 아니면 마을서당인지 알 수 없다. 이와 같이 교육 취미와 생계용 서당은 '훈장자영'이라는 형식은 비슷할지 몰라도 실제로 서당 규모와 강의 수준에서 매우 차이가 컸다.

둘째 유지독영서당으로 마을 가운데 집안이 넉넉한 이가 자기 집안의 자제들을 교육하기 위해 훈장의 급여를 혼자 부담하고 약간의 이웃집 자제도 무료로 수업하게 하는 이른바 '동냥 공부'를 허락하는 서당이다. 훈장을 초빙해 자기 집 아이들만 가르치는 경우도 종종 보인다. 독선생이라고 하는 요즘 가정교사 형태인데 이런 경우도 서당이라고 부를까? 다만 자기 집 아이들을 가르치는 경우도 대체로 마을에 서당이 없다면 이웃집 자제도 '동냥 공부'를 허용할 수 있었다. 아무튼 독선생은 자제 교육을 위해 투자를 하는 경우이므로 일반적으로 훈장의 학식이 상당히 높을 수 있었다. 앞서 언급한 박천우라는 이가 그 뒤 떠돌아다니면서 훈장을 맡았을 때는 이처럼 남의 집에 고용이 되어서 가르쳤다. 구상덕도 직접 서재를 세우고 훈장을 밖에서 영입해 운영했다.[30] 특히 그는 산 아래 경치 좋은 계곡 옆에 초가 몇 칸짜리 서재를 세워서 학동들을 열심히 가르쳐 과거까지 기대를 했었다. 이 경우도 일종의 후원자가 있다는 점에서 같은 형태인데 구체적인 내용에서 수준의 차이가 클 수 있다.

셋째 유지조합서당이다. 몇 개인이 조합해 훈장을 초빙하고 조합원의 자제만 교육하는 서당이라고 했다. 이는 서당 운영 경비를 한 사람이 감당하지 못해 몇 사람이 협동하는 방식이니 유지독영서당의 변형으로도 볼 수 있다. 곧 두 번째와 세 번째는 유지가 훈장을 고용하는 방식으로 묶을 수 있다. 또한 재정이 넉넉하면 서당을 별도로 지을 수 있겠지만, 그렇지 않으면 여러 집을 이동하면서 가르치기가 쉬우므로 이른바 '돌림서당(番次書堂)'에 해당할 것이다. 이태준의 소설《사상의 월야》는 독선생과 돌림서당은 대우에서 상당히 격차가 있었음을 알려준다.[31] 소설에서는 '오 리 혹은 십 리 둘레로 적은 촌락들이 널려 있어 돌림서당도 있다'고 해 돌림서당이 설치되는 이유를 이해할 수 있다. 백범 김구도 어릴 때 집안형편이 좋지 못해서 몇몇 사람이 함께 의논해서 만든 돌림서당에서 배웠다. 12살이던 1887년 그의 문중과 인근 '상놈' 친구를 몇 명 모아 서당을 만들고 훈장을 모신 뒤 김구 집에서 석 달을 지낸 뒤 다른 마을로 서당을 옮겼다. 여기서 네 집이 석 달씩 돌아가며 맡는 돌림서당일 수 있고, 여러 동리가 힘을 합쳐 운영해 부담을 줄이는 동시에 여러 동리의 학동들을 모우지 않았을까 추측할 수 있다. 한편으로 이런 환경에서 돌림서당이 만들어졌기 때문에 일반서당보다도 차별받는 듯하다. 앞서 《사상의 월야》에서도 손주를 아끼는 할머니가 서당에 가기 싫어하는 손주에게 "고만둬라. 이감리의 아들이 독훈장을 두고 배울 게지, 돌림서당이 당했니?"라고 오히려 서당 가기를 말리고 있다.

넷째 마을조합서당으로, 한 마을이 힘을 합해 훈장을 두고 마을 아동들을 가르치는 서당이다. 이런 점에서 마을공영서당이라고도 부를 수 있다. 마을 전체 구성원이 자제들의 교육을 위해 학계를 조직해 기금을 조성하고 학전을 구입해 여기에서 나오는 소출로 비용을 마련해 서당을 운영했다. 1755년 춘천 복중면에서 조직된 교영계敎英契는 농민 등 하층민을 위주로 운영된 서당계였다.[32] 그들은 글을 모르기 때문에 아이들을 가르치려고 훈장을 모셔올 수 있게 계를 만들었다. 농

민들의 계라면 재정이 그리 넉넉했다고는 볼 수 없다. 마을에 동계洞
契가 조직되어 있을 때는 동계에서 직접 서당 운영을 담당했다. 마을
의 호수가 많지 않거나 경제적으로 넉넉하지 못할 때는 이웃 마을과
함께 서당을 운영하기도 했는데, 이도 마을공영서당의 한 형태로 볼
수 있으며 토지가 있어서 꾸준한 수입이 있기 때문에 그런대로 넉넉
하게 서당 운영을 할 수 있었을 것이다.

이와 같은 마을공영서당은 다음 장에서 서술할 19세기 말 구례군
토지면 오미리 미동의 서당을 예로 들 수 있다. 독서재에서 경비를 마
련한 것 같은데, 힘이 부족해 선생의 급료를 마련하기 어려워서 서당
이 폐지되고 학업이 해이해질까 우려해 놀이꾼들이 다니면 이를 맞아
들이면서 약간의 재물을 내게 했다.

그리고 여기에는 19세기에 동족마을이 형성되면서 만들어진 문중
주도의 문중공영서당을 추가할 수 있다. 문중에서 서당 운영에 필요
한 경비를 모두 제공했고 문중의 자제들을 주로 가르쳤다. 조선 후기
문중이 크게 번성하면서 이런 서당이 늘어났다. 문중의 재정은 대체
로 탄탄하기 때문에 서당도 제대로 모양을 갖추어진 듯하다. 의령 고
산서당은 종중에서 6마지기의 토지와 서당 소유의 산림으로 독자적
인 서당을 운영했고,[33] 대구의 진성이씨 족인들이 설립한 서당은 학생
들을 1년 내내 기숙하게 할 수 있을 정도의 재정(섬학전)을 갖추고 있
었다.

동족마을에서 서당이 마을 공동체와 긴밀하게 연결되어 운영되는

〈그림 2〉 송남서당(세종시 연동면 송용리 소재)
송동숙, 육영재 등의 편액도 함께 붙어 있다.

사례를 충북 보은군 탁곡리의 김해김씨 마을에서 찾을 수 있다. 김상진金相進(1736~1811)이 작성한 〈가숙절목〉은 가숙, 곧 서당의 운영 규정이지만 실제로는 동족마을 전체 운영의 틀을 담고 있다.[34] 절목의 내용을 보면 가숙의 설치 및 유지에 관한 사안뿐 아니라 종족의 돈목과 제반사를 다룬 사안, 향풍의 진작을 다룬 사안까지 포괄했다. 결국 가숙을 매개로 형성된 자산을 동족마을의 학동들에 대한 강학뿐 아니라 문중의 대소사에 대해서도 집행했다.

좀 더 상세하게 알아보기 위해 충청도 지역 한 동족마을에 설립된 서당의 사례를 들어보자.[35]

송동재는 옛 연기군(오늘날 세종시 연동면 송용리)에 있는 결성장씨 동족마을의 서당이었는데, 그 뒤 송남서당, 송동숙, 육영재 등의 이름이 사용되었다. 송동재는 17세기경 장응헌張應軒이 아들을 위해 지은 서숙으로, 최초 이름은 알 수 없지만 다섯 아들이 태어나 공부하면서 오현재五賢齋라고 불린 것 같다. 서숙은 개인의 학문뿐 아니라 학동들을 가르치는 서당으로서 역할을 한 듯하다. 서숙은 몇 차례 장소를 옮겨다녔다. 아마도 개인 서숙의 역할이 더 컸기에 좋은 장소를 물색한 것이 아닌가 한다. 송동재는 문중 개인 서숙에서 출발해 이후 조직된 서당계를 통해 문중 전체의 서당으로 확대 발전됐는데, 송동재라는 이름이 그런 과정에서 사용됐는지 모르겠지만 1857년 중수한 뒤 1864년 송동재라는 편액이 걸렸다고 한다. 세종시 연서면 고복리에도 결성장씨의 봉서재라는 서당이 있다. 이 서당도 17세기 말 장원주張元冑(1634~1700)가 오봉산 아래 세워 자제들과 인근 마을의 학동들을 가르친 것으로 이후 문중서당으로 발전했다.

이에 비해 세종시 연기면 눌왕리에 있는 눌왕서당은 처음부터 이곳의 강진이씨 문중에서 계를 조직해 문중서당의 성격을 띠고 세워졌다. 이유인李惟仁·이유의李惟義 형제와 사촌 이유무李惟茂가 발의해서 계를 조직하고 땅을 마련해 그 재정으로 건물을 짓고 자손을 가르쳤다. 이처럼 문중서당은 재정을 마련하기 쉬웠기 때문에 번듯한 건물과 이름을 짓고 서당을 운영한 듯하다. 그 밖에 연기면 양화리에 부안임씨의 서당, 전의면 양곡리에 안동김씨 문중의 서당이 있었다. 다만 문중서당의 경우 초등교육도 있었겠지만 주로 과거를 위한 교육으로 수준이 높은 경우가 많았을 것이다. 송동재에는 〈사숙학규〉라는 서당의 규율이 남아 있는데 이를 보면 공부하는 수준이 높았으며 〈송동재중수서〉에서도 과거 공부를 경계하면서 "고현古賢들이 이른바 10일을 학업하고 남는 날에 과문科文을 한다"라는 것을 표방했다. 이는 결국 과거를 중시한다는 이야기를 에둘러서 말한 것으로 보인다.[36]

송동재의 경우 양안에도 상당한 토지가 있었고, 구성원 간에 금액을 갹출하고 이를 대여해 이자를 거두어 토지와 서당, 도서를 마련했으며, 필묵의 비용까지 유지해 규모가 매우 실하다고 스스로 자부했다. 눌왕서당처럼 훈장에게 수업료를 지불하기 위해 문중이 서당 전답을 직접 농사짓거나 남에게 빌려주고 매년 일정한 액수를 거두는 도지賭地로 주기도 했다.

지금까지의 서당 분류에는 들어있지 않지만 일종의 관립서당도 포함할 수 있지 않을까 한다. 조선 후기 수령 가운데는 민간 교육에 남다른 관심을 가진 인물이 있었다. 예를 들어 정약용은 곡산부사 시절 직접 서당을 운영하는 방법도 고안했다. 저수지가 있는 곳에 정사 대여섯 칸을 지어서 서재로 삼고 청렴하고 유능한 선비를 찾아 훈장으로 모시며, 근방의 수재 10여 명을 뽑아 제자로 삼아 함께 저수지를 지키게 하고, 연을 심고 물고기를 기른 후 그것을 팔아서 서재의 비용으로 삼는다는 것이었다.[37] 18세기 경상도 고성에서는 수령이 충렬사 훈장 윤상갑尹相甲을 수령이 극진히 예를 갖추어 모셔왔다고 하는데,[38] 이런 경우도 관립서당일 수 있다.

수령은 향교와 서원뿐 아니라 서당의 개설과 운영까지 직접 참여했다. 이러한 서당은 수령의 임기가 끝나면 더는 운영되지 않을 수 있으므로 항구적인 서당이 되기는 어려웠다. 수령과 향촌 사족이 함께 세운 이른바 '반관반민'의 서당도 있었는데, 실제 내용에 따라 관립서당인지 마을공영서당인지 구분해야 한다.

훈장이 자영하는 서당을 제외하고는 유지서당, 마을서당, 문중서당, 관립서당 등은 운영의 주체가 누구냐에 따라 약간씩 차이가 있는 셈이다. 한 집안의 아버지나 할아버지가 사랑방에서 아들, 손자를 가르치는 것을 서당의 범주에 넣기는 어렵다. 이때 친척의 자제들도 함께 배웠다면 넓은 의미의 문중서당의 형태로 이해할 수 있지 않을까 한다.

이처럼 서당을 설립 주체에 따라 구분할 수 있지만 달리 눈여겨봐야 할 점은 서당의 수준이다. 이는 훈장의 학식과도 연결이 된다. 학동만을 대상으로 하는 서당과 학자를 양성하는 서당은 차이가 있다. 정약용이 1802년 강진 읍내 주막에서 서당(사의재)을 열 때 여러 학동이 찾아왔다. 그 가운데 황상은 1788년생이니 16살이었다. 그들은 정약용이 강진을 떠날 때까지 계속 지도받으면서 큰 학자로 성장했다.

3

훈장,
학문과 생계를
짊어지고

어려웠던 훈장 생활

훈장은 학문과 가르침을 함께하려는 사람들이 맡았을 것으로 보인다. 훈장은 서당을 차려서 동학이나 제자들과 학문에 힘쓰고, 틈틈이 마을이나 집안 학동들을 받아서 가르쳤다. 이런 경우는 훈장이라는 호칭으로 한정하기 어려웠을 것이다. 그러나 점차 학동들이 교육을 필요로 하고 서당이 늘어나자 전적으로 교육을 담당하는 사람이 필요해지면서 훈장이라는 명칭이 굳어졌을 것이다.

앞서 언급한 구상덕은 오랜 기간 일기《승총명록勝聰明錄》를 썼는데 여기에서 여러 훈장의 모습을 찾아볼 수 있다. 먼저 그가 절에서 공부하던 시기(1726~1734)에 이미 학동들이 찾아와서 가르치기 시작했다.

일찍부터 비공식적으로 훈장 노릇에 나선 셈이었다. 그 뒤 구상덕은 1737년 용암서재龍巖書齋를 설립하고 박증윤이라는 인물을 훈장으로 받아들였다. 그는 생원이라고 일컬어졌지만 실제 생원시 합격자는 아니었으며 생계 때문에 훈장으로 나섰을 것으로 보인다. 이때 구상덕은 서당의 실제 주인이지만 직접 가르치지는 않고 후원만 했다. 그런데 1년이 되어가던 무렵 박증윤이 고향으로 잠깐 간 뒤 두 달이나 돌아오지 않자 서당이 흔들리기 시작해 어쩔 수 없이 구상덕이 대리 훈장으로 나섰다. 그러다가 보름쯤 뒤에 박증윤이 돌아왔지만 무엇 때문인지 4~5일간 짧게 머문 뒤 다시 돌아가서 영영 나타나지 않았다. 구상덕에게서 야단을 맞았는지 아니면 더 나은 자리를 찾아 나섰는지도 모를 일이다. 구상덕은 더는 훈장을 구하지 않고 직접 학동들을 가르쳤다. 이런 점에서 보더라도 구상덕은 생계가 급박해서 서재를 설립하거나 훈장 노릇을 하지는 않은 듯하다.

그렇지만 이 시기에는 생계 수단으로 서당을 차려야 하는 가난한 지식인이 훨씬 많았다. 생활이 어려운 사람이 훈장 노릇을 한 사례는 《춘향전》에서도 나타난다. 암행어사 이몽룡이 남루한 차림으로 남원으로 내려와서 월매를 찾아 거짓으로 서울에 올라간 뒤 집안이 망했다고 하면서 "아버지께서는 일가 댁 사랑에 가 훈장질하시고…"[39]라고 했다. 당시 지식인들이 먹고살 일이 많지 않을 때 가장 쉽게 할 수 있는 일이 고용 훈장 노릇이었다는 말이다.

앞서 구상덕이 받아들인 박증윤도 생활 때문에 훈장을 맡았다가 대우가 나빴던 탓인지 결국 돌아갔다. 구상덕의 이웃 가리동加里洞(고성군 광일면 가리동佳里洞을 가리키는 듯) 훈장 윤덕휘가 구상덕을 방문해 하룻밤을 머문 적이 있는데, 그는 호남 지역에서 떠돌다 온 인물이었다. 일반적으로 이와 같이 유랑하는 지식인들이 훈장을 맡으면 대우는 그리 좋지 않았다. 물론 떠돌더라도 고향 근처이거나 초청인이 있다면 사정이 조금 다를 수는 있다. 1755년 교영계역모사건의 주동 인물 유봉성柳鳳星은 춘천의 사족이었는데 생활이 어려워지면서 이종姨從의 권유로 춘천 북중면 팔처서당八處書堂의 훈장이 되었다.[40] 그러나 유봉성은 같은 춘천의 사족이어서 유랑형은 아니었다.

훈장에 대한 대우는 대개 학채學債와 의복이었다. 학채는 조선 시대에 서당 훈장에게 보수로 주던 곡식으로, 공량貢糧·학세學稅·학채·훈채訓債·강미講米 등으로 불렀다. 향촌에서는 주로 가을에 쌀과 보리로써 학채를 지급했다. 학채는 계약에 따라 달랐지만 넉넉히 받는다면 1년에 10가마니 정도였다. 문중서당은 매월 쌀 9말을 지급하게 했는데 1년으로 치면 10가마니 가까이 되었다. 시대는 크게 다르지만 제천 출신 한학자 이구영李九榮(1920~2006)의 회고에 따르면 일제강점기 때 제천에서 그를 가르친 스승들은 모두 10가마씩 받았다고 했다.[41] 넉넉하게 지급했다는 기준이 아마도 10가마인 듯하다. 흉년이 들면 학채를 받지 못할 수도 있었다.

종종 있을 수 있는 가난하고 힘없는 훈장의 사례를 들어보자. 19세기 초 대구의 한 훈장은 밀린 1년 치 월급으로 벼 한 가마니와 돈 한

냥을 받으려고 하다가 제자들의 아버지들에게 심한 곤욕을 당했다. 이들은 "이 양반이 물정 모르는군. 시장 값이 저러한데 예조禮租란 무슨 소리며, 의자衣資란 다 무어요"[42] 하면서 윽박질렀다. 예조는 학채인 셈이고 의자는 의복을 가리킨다. 훈장은 대체로 고용된 존재이므로 이처럼 학부형에게 직접 모욕을 당하는 사례도 일반적일 수 있다.

18세기 여성 성리학자로 유명한 강정일당姜靜一堂의 남편 윤광연尹光演도 매우 어려운 상황에서 훈장 생활을 했다.[43] 두 사람은 1791년 결혼했는데 이때 정일당은 20살, 남편 윤광연은 겨우 14살이었다. 몇 년 뒤 시부모 모두 돌아가시면서 가난한 시가는 더욱 가난해져서 아직도 20살이 채 되지 않은 윤광연이 장사에 나섰다. 정일당은 정도를 버리고 생계를 도모하는 것은 학문을 하면서 빈한하게 사는 것만 못하다고 하면서 자기가 바느질과 베 짜는 일로 살림을 하겠으니 남편은 공부하라고 했다. 1798년 부부는 일거리를 찾아 과천으로 옮겨 살다가 결혼 10년째 서울 남대문 밖 약현으로 옮겼다. 아마도 일거리를 찾아 서울로 올라왔을 것이다. 윤광연은 서당에서 아이들을 가르치고 부인은 삯바느질로 생계를 이어갔는데 어떤 형태의 서당이었는지는 알 수 없다. 서울이어서 학동들을 모으기가 쉬웠을 수도 있고 학채는 시골과 달리 매달 돈으로 받지 않았을까 한다. 19세기 여러 가지 이야기를 모은 《희조일사》라는 책에서는 서울의 한 서당에서 수업을 받는 자가 항상 50~60명이 되었고 조를 나누어 강학할 정도였으며, 한 달의 비용을 계산해 아이들에게 분배했다고 나온다.[44] 이를 보면 윤광연이 만년에 살림살이가 나아졌다고 하는데 부인의 삯바느질 덕택인지 도시에서의 훈장의 학채가 그래도 괜찮은 탓인지는 잘 알 수 없지만 도시의 훈장 노릇은 그래도 괜찮았을 것이라고 추정해 보자.

19세기 중반 이상수李象秀(1820~1882)는 뛰어난 학자였지만 집안이 가난하고 부모가 병들어 죽자 이곳저곳을 떠돌아다녔다.[45] 그 가운데 파주에서 훈장을 하고, 중앙관리 출신 윤정현의 문객이 되어 그의 아들 윤태경, 손자 윤병수를 가르쳤다. 1859년 진사 급제를 한 뒤 회인, 청주 등지에서 훈장을 하면서 가난하게 살았다. 이것도 어떤 형태의 서당인지는 잘 알 수 없다.

앞서 보았듯이 서당이 늘어나다 보니 훈장 자격이 모자라는 이들도 서당을 운영하는 경우가 많았다. 방랑시인 김삿갓으로 이름난 김병연金炳淵도 그의 시에서 위엄을 잔뜩 부리면서도 '어려운 글자를 만날 때마다 눈이 어둡다 핑계를 대는(每逢兀字憑衰眼)' 산촌 훈장을 비웃었다.[46] 정약용도 아무나 서당 훈장을 하는 세태를 비판적으로 보았다. 《목민심서》에도 '도도평장都都平丈'의 수준으로 수십 명의 학동을 거느리는 훈장이 있다고 꼬집었다.[47] 여기서 '도도평장'은 《논어》 3장 〈팔일八佾〉의 "주나라는 하·은 두 왕조를 본받았으니 그 문화가 매우 성숙하고 찬란하다(周監於二代 郁郁乎文哉)"라는 구절에서 '욱욱호문재郁郁乎文哉'를 제대로 읽지 못해 '도도평장아都都平丈我'라고 읽을 정도라는 뜻이다. 《논어》에서 비교적 앞 부분에 나오는 글인데도 무슨 뜻인지도 새겨 보지도 않고 문리가 트이지 않았으니 마구잡이로 읽은 탓이다. 정약용은 다른 곳에서도 촌 서당의 훈장이 '도도평장'의 형편이라고 비판했다.[48] 재미있는 것은 정약용과 비슷한 시기에 살았던 이옥李鈺(1760~1815)도 '도도평장을 위한 밥그릇을 준비해줄 뿐'이라는 표현을 썼다는 점이다.[49] '도도평장'은 무식한 시골 훈장을 놀리는 말로서 당시 널리 사용된 듯하다. 여기에는 과장이 들어갔을 수도 있지만 조선 후기 서당이 많아졌다는 점은 여러 사료에서 찾아볼 수 있다. 김삿갓이 산촌까지 들어가서도 훈장 댁에서 숙식할 정도로 서당이 흔했고 여러 곳에서 자격미달 훈장을 만나서 비웃거나 놀린 것도 이 시기에 지식인이 많이 늘어났지만 훈장의 수요가 그보다 훨씬 많았기 때문으로 볼 수 있다.

가난하고 생계가 곤란해 훈장을 하다 보면 여러 가지 어려움이 많았다. 학동들을 가르치는 일은 매우 어려웠다. 김삿갓도 한때 훈장 생활을 경험해 보니 세상 사람들에게 훈장일이 쉬워 보이지만 가르치는 일에 울화병이 생긴다고 했다.[50] 성심껏 가르쳐도 학부형에게서 칭찬하는 말은 듣기 어렵고 잠시만 자리를 비워도 시비하는 말을 듣기 쉽다고 했다.

이런 실정은 19세기 초기·중기 지례에서 살았던 장신강張信綱(1779~1856)을 통해서 알 수 있다. 그가 남긴 〈자탄사自歎辭〉에서 이에 해당하는 구절은 다음과 같다.

산촌에 아동 모아 설경舌耕을 하자 하니

김가아金哥兒 이가동李哥童이 육칠 명 되지만

학재學才도 전혀 없고 구재口才도 전혀 없네

일구시一句詩 반행서半行書를 한일조限一朝 배웠는데

청춘에 소년기少年期로 옥중같이 갇혀 앉아

이 근고 이 고생은 비할 데가 전혀 없다.

울울한 연무기煙霧氣는 시시로 피여나셔

흉중에 병이 되네 이것 할 것 아니로다[51]

　이 글은 장신강이 스스로의 처지를 탄식하면서 썼다. 장신강은 20살 무렵에 서당 훈장을 했다가 곧 그만두었다. 한 구절의 시를 익히거나 반행서 곧 거의 정자로 쓴 글씨를 가르치는데도 여러 시간 걸릴 만큼 공부의 재능이 없는 아이들을 가르치며 앉아 있으니 병이 날 지경이라는 것이다. 학동 6~7명으로 생계를 꾸릴 수 없었기 때문일 것이다. 훈장을 그만두고 그는 개상포라는 곳으로 내려가서 소금상이 되었다. 차라리 그 길이 더 낫다고 판단했을 정도이니 훈장이 받는 정신적인 부담을 짐작할 수 있다.

　반면 훈장으로서 자부심을 가진 경우도 많았다. 특히 산촌 훈장은 그곳에서는 자기만큼 학식 있는 사람이 없다는 것이다. 김삿갓은 산골 훈장이 그의 시를 헐뜯는 것을 시로써 따끔하게 훈계하면서 완고한 훈장의 괴이한 버릇 때문이라고 평했다.[52] 산골 훈장의 입장으로서는 누구를 만나더라도 자부심을 가진 것이 아닐까 한다.

떠도는 훈장, 정착한 훈장

훈장들의 활동과 삶에 대해서 자세히 알 수는 없다. 그렇지만 조선 후기 변란사건과 관련된 인물들을 통해 일부 훈장들의 실태를 잘 살펴볼 수 있다. 비록 처음에는 부유한 출신이었을지라도 사정이 열악해지면 떠돌면서 훈장을 맡기가 쉬웠다. 1733년 남원괘서사건에 연루된 곽처웅郭處雄은 본디 부유했으나 유랑을 하면서 상황이 열악해지고 훈장을 맡으며 살았다.[53] 그는 남원 출신이며 글과 글씨에 능했지만 1725년 이후 과거 공부에 마음을 두지 않았으며, 특히 무신란(1728) 이후 과거를 단념하고 과거장에 나간다고 하더라도 다른 사람을 대신해 작성했으며, 양반층과는 교유를 끊고 상민들과 어울려 지냈다고 한다. 그러면서 그는 곤양에서 처가살이를 하기도 했는데 곤양 인근에 있는 진주 황명후黃命垕의 집에서 그의 동생을 가르쳤다. 이때도 곽처웅이 먼저 그의 집에서 동생들을 가르치고 싶다고 했고, 황명후는 자기의 생활도 어렵지만 동생을 가르치려는 마음에 2월 초에 허락했다. 개인 집에서 고용 훈장으로 일한 셈이다. 그러다가 한두 달이 지난 3, 4월에 황명후의 부모처자가 모두 염병에 걸리자 곽처웅은 어쩔 수 없이 더 머물지 못하고 노비 집으로 옮겨갔다고 한다. 명색은 훈장이지만 직업이라기보다 입에 풀칠하는 수준이며, 그나마 얼마 버티지 못하고 밀려나는 모습을 볼 수 있다.

1755년 나주괘서사건에 연루된 훈장 박천우의 경우 자료가 풍부해서 좀 더 세밀하게 추적할 수 있다.[54] 나주괘서사건은 소론계 인물 윤지尹志와 나주목사 이하징李夏徵 등이 중심이 된 사건이다. 박천우는 양반 출신으로 어린 시절 부모에게 버려진 뒤 평민 집에 양자로 들어가 어렵게 살았는데, 7살 때 여기저기 다니며 공부를 시작하다가 9살부터 8년간 당시 삼청동 일대 낙사시사洛社詩社를 이끈 위항시인 정민교鄭敏僑를 스승으로 정해 공부를 했다고 한다.[55] 그 뒤 그의 삶의 여정을 보면 매우 흥미롭다.

박천우가 28살에 집을 팔아 100냥을 마련해 나무장사를 하러 춘천으로 옮겨 가면서 역경이 시작되었다. 춘천에서 4년을 살았는데 이때 100냥 가운데 80냥을 권세 있는 집 노비에게 빼앗겼다. 그냥 강탈 당했다고 볼 수도 있겠지만 어쩌면 뭔가 일거리를 찾다가 일어났을 수도 있다. 그 뒤 박천우는 감호에서 농사꾼이자 훈장으로 4년을 살았다. 어느 쪽이 주된 일인지 알 수 없지만 이처럼 농업을 겸한 훈장 일은 상당히 안정적이었을 것이며, 그도 여기서 결혼을 하고 정착하려고 했다. 그러나 이곳에서도 뭔가 일이 어그러져서 땅을 팔아넘기고 다시 떠돌게 되었다. 정착하려는 욕구가 강해서 다시 토지를 사려고 했으나 쉽지 않았다. 결국 고성을 등지고 집도 땅도 없는 본격적인 유랑생활이 시작되었다.

그다음에 박천우가 택한 곳은 강원도 회양 둔양면屯楊面이었다. 이곳 유진수 집에서 그 아들을 가르쳤지만 그 아들이 죽어 오래가지 않았다. 가르친 기간을 별도로 적지 않은 것을 보니 1년 미만이었다고 추정된다. 다시 같은 면 박태홍의 집으로 옮겨 그 외손자를 가르치며 2년을 지냈다. 그러다가 다시 충주 마두리로 옮겨 문관 이기덕의 일가인 이무산(이미 사망) 집에 가서 그 손자를 가르치며 2년을 보냈다. 다시 홍산 해안면 양반 이삼석 집에서 그 아들을 가르쳤다. 손자와 외손자를 가르쳤다고 함은 주로 어린아이를 가르쳤다는 뜻일 텐데 각각 2년 정도만 가르친 것은 그 정도로 해서 기초만 가르치는 것으로 끝냈을 수도 있고, 아이들이 자라고 수준이 높아지면서 다른 서당으로 보냈을 수도 있다.

박천우는 고아로 어렵게 성장하기도 했지만, 많은 돈을 쉽게 날리는 것을 보면 상당히 모험적으로 살아갔을 수도 있다. 고성에서 회양, 다시 충주로 도의 경계를 넘어 옮겨 다닌 것은 방랑벽 때문일 수도 있다. 이렇게 돌아다니며 남의 집 훈장 노릇을 계속했기에 집안을 제대로 꾸려 나가기 어려웠을 것이다.

그 뒤 서해안으로 다니면서 주로 섬에 가서 훈장을 한 것은 큰 변화라고 보인다. 당시 섬은 특수한 공간이었기에 뒷날 체포되었을 때도 그 점을 심하게 추궁 받았다. 특히 남쪽 섬에는 도망하는 자가 많고 역모에 연루된 자들도 포함된다는 우려가 있었다. 박천우도 이런 혐의를 피할 수 없었다. 박천우가 갔던 위도는 고기가 많이 잡혀서 생활이 넉넉하고 훈장 대우가 높다는 점을 들어서 변명했다. 가난해 끝내 취처娶妻와 정착을 하지 못한 삶인 데다가 모험을 좋아하는 성격이었기에 그의 선택은 자연스러웠을 수도 있다. 1747년에 부안 위도에 들

〈그림 3〉 박천우의 유랑과 훈장 생활

어가 본진 전강대장戰舡代將 박동형 집에서 2년간 아들을 가르쳤다가 토질土疾이 심해서 다시 흑산도 못 미쳐 작은 섬인 도초도로 옮겼다. 그곳에는 서당이 많았는데 고랑동서당에서 10여 학도를 가르치며 2년간 머물렀다. 그 후 고군산 깊은금(深九昧)에 있는 상인 박영팔 집에서 그의 아들과 조카들을 1년간 가르쳤다. 다시 충청도 홍산으로 나와서 이삼석 집에서 1년간 유숙했는데 훈장 여부가 기록되지 않았으나 앞서와 같이 훈장 일을 맡았으리라 짐작된다.

고랑동서당은 훈장을 다시 채용할 때 들어가서 맡았고, 나머지는 모두 개인 집에 들어가서 가정교사 형태(유지독영서당)로 채용된 셈이었다. 대략 한 집에서 1~2년간 머물렀다는 점은 섬에서도 훈장의 이동이 심했음을 알 수 있다.

그 뒤로도 다시 섬으로 들어갔다. 1751년 고군산진의 병방 군관 이정번의 집에서 그의 아들과 조카를 가르치면서 1년을 보냈다. 다음 해에는 도초도, 비금도의 인심이 두텁고 훈장을 잘 대접한다는 말을 듣고 먼저 비금도를 거쳐 도초도에서 수개월을 보냈다. 도초도는 이전에도 머물렀던 곳이다. 그러다가 우이도에 사는 최한좌가 그의 학동으로서 도초도로 이거했는데, 최한좌의 삼촌이 우이도에 살고 있어 그를 만나러 우이도에 들어가서 한좌의 삼촌을 만나고 잘 곳을 찾아 이만강李萬江서당으로 갔다.

이처럼 박천우는 두 번째로 섬으로 들어가서 고군산진, 비금도, 도초도 등을 다니면서 훈장 생활을 했다. 특히 우이도 이만강서당이라고 표기했다. 이만강은 사실 도배 죄인이었는데 이곳에서 훈장 노릇을 한 듯하다. 그 때문인지 서당을 맡았는데도 섬사람 모두 '만강'으로 부르면서 천대했다고 한다.

박천우는 춘천으로 내려와 잠깐의 정착기를 거친 뒤 계속 유랑을 하면서 점복占卜과 훈장 생활을 했다. 이처럼 유랑을 계속했기에 가정을 이루지 못했고 정착하지 못했다. 박천우 사례에서 3가지 훈장의 형태가 나타난다. 첫째 고성에서 4년간 정착형 훈장, 둘째 유랑형 가운데 개인 집 훈장, 셋째 유랑형 가운데 마을서당 훈장 등이다.

이처럼 박천우의 삶은 타지, 그것도 주로 정착하지 못하고 남의 집에 기식하며 생계를 이어왔음을 알 수 있다. 과연 훈장 자리를 구할

〈표 1〉 훈장 박천우의 삶

연도	시기	거주지	활동	비고
1707~ 1734	성장기 (1~28)	서울 전의감동·동정동→삼 청동→누각동→분선공(내) 계 등	7살 공부 시작, 9살 위항시인 정민교에게 8년간 배움	낙사시사 서울 삼청동
1734~ 1738	정착기1 (28~32)	춘천 증리	나무장사	
1738~ 1742	정착기2 (32~36)	고성 감호	농사와 훈장 겸함	
1742~ 1747	유랑기1 (36~41)	회양 유진수 집-회양 박태 홍 집(2년)-충주 이기덕 집 (2년)→홍산 이삼석 집(1년)	강원도 충청도에서 유랑형 훈장	
1747~ 1751	유랑기2 (41~45)	위도 박동형 집(2년)-도초도 고랑동서당(2년)-고군산 박 팔영 집(1년)-홍산 이삼석 집 (1년)	서해안 여러 섬에서 훈장	계산으로는 6년이나 실제 로는 4년 남짓 인 듯
1751~ 1755	유랑기3 (45~49)	고군산 이정번 집(1년)-비금 도-도초도-우이도	서해안 여러 섬에서 훈장	그 밖에 흑산 도, 법성진 등 다님

출전:《추안급국안》191책

목적으로 이렇게 먼 거리를 이동했을까? 특히 생계가 목적이라면 타지를 다니더라도 유랑과 귀가의 반복일 텐데 박천우의 삶은 유랑의 연속으로 보인다. 이처럼 훈장들은 지식인이지만 매우 어려운 생활을 하면서 자연스럽게 사회에 대한 불만을 가지게 되었다.

박천우가 젊은 날 바란 것처럼 어느 정도 토지를 가지고 정착해서 자기 힘으로 서당을 차렸다면 여건이 훨씬 나았을 것이다. 물론 그렇다고 해서 생계가 염려 없는 것은 아니었다. 이를테면 흉년이 들면 학동들은 다니기 어려웠고 자연히 서당 문을 닫을 수밖에 없었다. 큰 흉년이 들면 다음 해까지도 문을 닫을 정도였다. 그렇게 되면 훈장은 어떤 방법을 써서라도 궁벽한 삶을 이겨내야 했다.

떠돌이 훈장은 이후 시기에도 상당수가 있었던 듯하다. 향촌 실태는 개선이 되었다고 하더라도 크게 변화가 없기 때문이다. 1884년 봄 충청도 홍산현 내산내면 저동리에 김양렬이라는 이가 훈장으로 왔다. 그는 50살의 홀아비로서 어린 아들을 거느리고 사방을 떠돌아다니면서 훈장을 했다. 제법 신망이 있었는지 마을에 초청을 받아서 1년 동안 가르치고 학채로 벼 5가마니를 받았다고 한다. 거처가 없거나 멀리 떨어져 있었기에 벼를 제자의 집에 둘 수밖에 없었는데 무슨 일 때문인지 고을의 감관과 색리가 집집마다 수색하다가 벼를 발견하고 압류해서 문제가 되었다. 마을 사람들이 그가 벼를 빼앗겨 굶주림으로 떨어졌으며 아이들의 교육을 부탁했던 그들이 두고 볼 수가 없어서 돌려달라고 하소연했다. 학채로 받은 쌀을 남의 집에 두고 유랑할 수밖에 없는 신세를 보여주고 있다. 떠도는 훈장들의 생활하는 모습을 보여주는 사례다.

이들과 비교해 유배 죄인들이 훈장을 하는 사례는 어떻게 평가해야 할까? 이들도 고향을 떠난 지식인이지만 자발적인 유랑과는 차이가 있는 듯하다. 유배란 대체로 섬이나 깊은 시골이기 때문에 유배 죄인들은 그 지역에서 훈장 노릇을 하기 쉬웠다. 이 경우도 소일거리나 교육에 대한 사명감을 가지고 하기도 하지만 때로 유배 비용을 마련하려고 하기도 한다. 1862년 단성민란의 주모자로 몰려 전라도 영광군에 있는 임자도(현재는 신안군에 소속)에 유배된 김령은 유배 다음해에 이르러서야 소일거리로 4명 정도의 학동을 가르쳤다.[56] 그는 집안이 넉넉한 것은 아니지만 단성민을 대표해 수령의 탐학에 항거하다가 유배를 당했기 때문에 고을민들로부터 지원을 받아서 생활이 곤궁하지 않았기 때문이다. 반면 이 무렵 지도에 귀양 온 영양의 김성로는 아예 가르치는 일로 생활을 했다. 보통의 유배객으로서는 멀리 있는 자기 집에서 생활비를 지속적으로 지원받기 어렵기 때문이다.

4

학동들의
서당생활

학동들, 서당에 가다

학동들은 보통 8살 무렵 서당을 다녔다. 옛말에 8살에 《소학》, 15살에 《대학》을 공부한다는 것은 나름의 근거가 있었다. 8살 무렵부터 서당이라는 공간에서 친구들과 함께 생활하면서 공부하기에 적절하다고 본 듯하다. 대부분 사족 가문에서는 더 어렸을 때부터 공부를 시작했겠지만 일반적으로 처음에는 주로 집안 어른들에게 배우거나 여유가 있는 가문에서는 독선생을 모시고 배웠다. 그러다가 8살쯤 되어서 서당으로 가서 공부했다. 물론 집안에서 오래 공부를 했다면 곧바로 더 수준 높은 서당을 찾아가서 공부할 수 있다. 반면 집안 사정으로 늦은 나이에 서당에 가는 경우는 나이는 많지만 초보부터 배웠다. 그래서 서당에는 8살부터 20살이 넘는 남자 학동이 있었다. 여자아이는 거의 없었다. 여자아이는 어머니·할머니에게 집안일을 배웠고 일부 아이는 집안에서 글을 배우기도 했다.

조선 후기에 들면서 이서·평민의 자제도 서당에 다닌 사례들을 찾아볼 수 있다. 앞서 고성에서 서당을 연 구상덕의 제자 가운데는 아전의 자제로서 자신도 관아에서 일하는 자, 중인의 자제로서 교생의 신분인 자, 평민의 자제로서 수군역을 맡은 자도 있었다. 그 가운데는 이노미李老味라는 이름도 있는데 평민 아니면 천민 출신으로 봐야 할 것이다. 향리 출신으로 진사시에 오른 김경천金敬天(1675~1765)이라는 이가 울산으로 이거했을 때 그에게서 글을 배운 제자 중 반은 양반, 반은 중인이나 평민 등이었다고 한다.[57] 그가 향리 출신이었기에 누구나 받아들였을 수도 있다. 대체로 양반서당에 평민, 중인이 다닐 수 없는 경우도 많았을 테고, 거꾸로 이들이 다닌다면 양반 출신이 함께 공부하기를 피하기도 했다. 따라서 평민들은 별도로 서당을 만들어서 공부하는 경우가 많았다. 앞서 장신강의 시가에 따르면 정약용이 무식한 훈장을 '도도평장'이라고 비꼰 것과는 거꾸로, 서당에 온 학생들에게 재능이 없어서 아주 짧고 쉬운 구절(一句詩 半行書)이라도 하루가 걸려 겨우 배우는 처지이고 결국 훈장을 그만 두는 내용이 있다. 이 또한 이서, 평민의 자제로 학동들의 폭이 확대되면서 이런 상황이 일어났을 수도 있다.

얼마나 많은 학동이 한 서당에서 공부했을까? 서당도 형태에 따라 규모의 차이가 있었다. 권위 있는 학자들이 운영하는 향촌서당, 문중 서당은 많은 학생이 몰렸겠지만 한미한 서생이나 평민서당이 운영하는 서당은 숫자도 아주 적었을 것이다. 한 지역의 사례이지만 19세기 임자도의 여러 서당은 10명 내외가 공부하고 있었다.[58]

당시 서당 공부는 대체로 절기를 탔다. 서당교육은 정해진 날짜는 없지만 수업을 시작하는 것을 개접開接 또는 설접設接, 수업을 끝내는 것을 파접罷接이라고 했다. 개접은 대체로 음력 3~5월에 했고, 파접은 음력 7월 이후 날씨가 쌀쌀해지면 했다.

음력 3월 3일은 절일 가운데 하나로서, 성균관 유생들에게도 절일제節日製[59]라는 시험 날짜 중에 하나였기에 개접일로 이 날을 많이 선택한 것 같다. 앞서 구상덕의 용암서재도 음력 3월 3일을 낙성식으로 잡은 것은 이 날을 기해 개접하기 위함인 듯하다. 훈장을 음력 2월 1일 받아들인 것도 이 같은 개접 날짜와 관련이 있을 것이다. 보통 큰 서당은 개접례를 벌이기도 했다. 19세기 말 전라도 강진 지역의 사례를 보면 음력 4월 9일, 16일 개접을 했는데, 이는 좀 늦은 셈이다.

개접이 있으면 파접이 있다. 강진의 경우 음력 7월 19일 파접한 서당이 보인다. 이렇게 본다면 1년에 겨우 4~5개월 정도 서당을 연 셈이다. 사정에 따라서는 농번기에는 농사를 짓고 농한기에 서당을 다니거나 삼동三冬 공부라고 해 겨울철에 다니기도 했다. 앞서 구상덕의 용암서재는 2월의 시점에서도 학동들이 있는 것으로 봐서 거의 1년 내내 운영된 것으로 보인다. 도시의 서당은 거의 1년을 유지한 듯하며, 김구가 다닌 서당도 절기에 상관없이 유지하기로 한 듯하다. 학동이 개접 시기에 맞춰서 들어오지는 않았다. 마을 학동이라면 그럴 수도 있겠지만 다른 지역에서 찾아오는 경우는 개접 시기뿐만 아니라 날짜까지도 맞추기는 어려웠을 것이다. 구상덕의 용암서재에는 날짜에 관계없이 그때그때 찾아온 학동도 많았다.

학동들은 무슨 공부를 했을까?

서당에서 공부하는 과목은 강독·제술·습자 등이 있다. 물론 매일 여러 분야를 시간을 나누어서 공부한 것은 아니었다. 서당에서 가장 기초적인 공부는 강독이었다. 훈장이 학동의 능력에 맞게 하루에 어느 정도 분량을 풀이해 주면 종일 암송하고 다음날 외워서 시험을 봤다. 서산書算을 옆에 놓고 읽은 횟수를 세기도 하는데 보통 100번은 읽었다고 한다.

유학에서 가장 높이 평가하는 공자의 어록인 《논어》 첫 구절 "배우고 때때로 익히면 기쁘지 아니한가(學而時習之 不亦說乎)"[60]에서 학습은 바로 강독의 중요성을 말해주는 듯하다. '학습'은 마치 어린 학생이 배운 것을 줄줄 외우고 반복하는 공부이면서도 어린 새가 날갯짓 하듯이 매일 반복하면서 몸에 체현하는 일을 뜻한다. 이렇게 배운 것을 되풀이해서 외우는 것이 익으면 자연히 몸에 배게 된다. 그래서 우리말 '배움'이 가리키는 뜻은 매우 심오하다. 한자 學과 習이 합쳐진 한

〈그림 4〉 서산
안과 밖의 색을 다르게 해
접힌 부분을 보고 배운 내용을
몇 번 읽었는지 쉽게 눈에
띄게 했다.

자 말 학습, 곧 배운다는 것 자체에 '가르침을 받아 몸에 배게 익혀 나간다'는 뜻이 들어 있으니 배우는 것과 익히는 것은 어쩌면 같은 의미인 듯하다. 그만큼 전통시대의 공부는 몸에 배게 수없이 익혀 나가는 공부였다.

학동들이 공부하는 책은 대략의 순서가 있었다. 가장 초보는 물론《천자문》이다. 그 다음으로는《소학》이 손꼽힌다. 국가에서도《소학》을 가르쳐 구두句讀[61]에 밝고 문리를 조금 터득하고 나서《대학》,《논어》,《맹자》,《중용》 순으로 가르치게 했다.[62] 이이 선생도《격몽요결》에서《소학》 이후《대학》,《논어》,《맹자》 순으로 가르치고, 그다음《시전》,《예기》,《서전》,《주역》, 그다음《춘추》·《근사록》 등을 가르치게 했다.

2장에 자세히 나오지만 박문규朴文圭(1879~1955)는《천자문》·《추구》·《통감》을 읽은 다음《맹자》·《중용》·《대학》·《논어》·《시전》·《서전》을 읽었는데, 사서에서 순서가 약간 다른 셈이었다. 박문규는 한 곳에서만 배우지 않았기에 순서를 밟기도 어려웠을 것이다. 반면 김간金榦의 〈동몽학규〉는《동몽수지》를 읽고 그 다음으로《효경》·《소학》·《가례》·《대학》·《심경》·《근사록》·《논어》·《맹자》·《중용》·《서

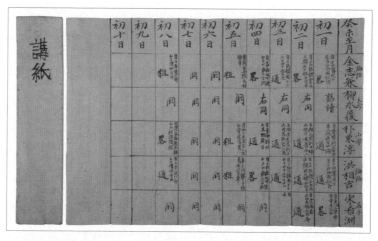

〈그림 5〉 18세기 서당의 강지講紙 (대전시립박물관 소장)

1763년 11월 1일부터 8일까지 다섯 학생이 공부하는 《소학》, 《대학》, 《논어》, 《맹자》의 진도와 출결, 고강 결과를 자세히 기록하고 있다.

경》·《시경》·《예기》·《주역》·《춘추》·《자치통감강목》을 읽게 했다. 《대학》다음에《심경》·《근사록》을 넣어 상당한 차이를 보인다.

　강독의 가장 초보 단계는《천자문》이다. 중국 남북조시대 양나라 무제가 문인 주흥사周興嗣에게 명해 지은 책으로 어린이 기초교육용으로 사용되었다. 우리나라에서도 초학자의 기초용으로 굳건히 자리 잡았다. 따라서《천자문》은 책을 사지 않고 아버지나 할아버지가 직접 써서 자녀들에게 주는 경우가 많았다. 때로 돌잔치에 초대된 하객들에게 한두 글자씩 써달라고 부탁을 해《천자문》을 만들기도 했다. 아이들이 가장 먼저 익히는 글이어서 서당의 첫 글이기도 하고,

서당에 가기 전 사랑방에서 아버지나 할아버지에게 배우기도 했다. 《천자문》은 '천지현황天地玄黃'·'우주홍황宇宙洪荒' 등 4자씩 1구를 이루니 모두 250구에 이른다. 내용은 자연, 인륜도덕, 고사 등을 담아서 초보자들에게 도움이 큰 책이다. 이를 한 글자씩 음과 훈을 가르쳐 준 뒤 '하늘과 땅은 검고 누르다', '우주는 넓고 크다'는 식으로 풀이를 했다. 능력에 따라 배우는 양이 달랐다.

이렇게 《천자문》은 처음 공부할 때 한자를 익히는 용도였다. 이와 비슷한 성격의 책이 《계몽편啓蒙篇》·《유합類合》·《추구推句》 등이었다. 이 또한 사물의 낱글자를 익히는 데 활용됐다. 《계몽편》은 저자를 알 수 없는 책으로서 말 그대로 학동을 계도하는 용도로 활용되었다. 《천자문》과는 달리 산문을 처음 익히는 데 필요한 입문서다. 〈천天〉·〈지地〉·〈물物〉·〈인人〉 등 4편으로 구성되었으며, 학동들이 익히기 좋게 문장이 매우 쉽게 짜여 있다.

《유합》은 서거정徐居正(1420~1488)의 작품으로 약 1500여 자의 교재였다. 불교를 숭상하고 유교의 성현을 내린 부분이 있기에 유학자 유희춘柳希春(1513~1577)이 이를 바로잡고 선조의 명으로 수정·보완해 《신증유합新增類合》을 간행했다. 상권은 수목數目·천문·지리에서 시작해 식찬食饌·의복에 이르기까지 모두 24항목 1000자로 되어 있고, 하권은 심술心術, 동지動止, 사물事物 3 항목 2000자로 상하 모두 3000자로 되어 있다. 문장의 구성은 천자문과 마찬가지로 네 글자씩 한 구절을 이루고 두 구절이 서로 대구를 이룬 사언절구四言絶句의 형태로

운을 두고 있다. 그리고 각 편마다 마지막 두 구절은 그 편을 마무리
하는 문장으로 이루어져 있다.

《신증유합》은 유희춘이 책을 짓기 시작한 지 30여 년 만에 완성된
책으로 1576년(선조 9) 음력 10월 4일에 임금께 진상하고 본격적으
로 인쇄해 서당에서 가르치기 시작했다. 위에서 《유합》으로 나왔지만
《신증유합》일 수 있다.

《추구》는 중국과 우리나라의 시 가운데 뛰어난 시구를 뽑아서 엮은
책이다. 모두 5언 1구로 2구씩 짝이 되어 있다. 이를테면 '천고일월명
天高日月明 지후초목생地厚草木生'과 같은 형식이다. 좋은 시구를 뽑았
기에 천자문과 달리 같은 글자, 단어가 자주 나타난다. 그렇지만 천지,
동서남북에서 시작해서 자연과 지리 등을 담은 한자를 익히고 동시에
시를 짓는 기초 방법을 공부할 수 있었다.

이런 과정을 거치면 이제 한문을 이해하기 위한 기본 한자는 익
힌 셈이었다. 이때부터는 한문 문장을 이해하기 위한 공부를 했는데,
《소학》이나 《동몽선습》으로 들어갔다. 《소학》은 중국 송나라 유자징
劉子澄이 스승 주자의 지시에 따라 아동에게 맞는 유교 윤리사상을 여
러 책에서 뽑아서 편집한 책이다. 내편은 〈입교立敎〉·〈명륜明倫〉·〈경
신敬信〉·〈계고稽古〉 등 4편, 외편은 〈가언嘉言〉·〈선행善行〉 등 2편으
로 구성되었다. 사림파 학자들의 주목을 받아서 왕이나 왕세자를 가
르치는 경연·서연뿐 아니라 지방의 각종 교육기관에서도 기본 교재
로서 널리 보급되었다. 《동몽선습》은 우리나라 16세기 박세무朴世茂

(1489~1564)가 아동용 교과서로 편찬한 책이었다. 앞부분에 오륜五倫을 부자유친父子有親, 군신유의君臣有義, 부부유별夫婦有別, 장유유서長幼有序, 붕우유신朋友有信 순으로 각각에 대해 간략히 설명을 달고 그 뒤 총론을 통해서 중국과 한국의 역사에 대해 비교적 자세히 서술했다. 《소학》은 말할 것도 없고 《동몽선습》도 귀중한 책이었다. 19세기 초 김도희라는 이가 아들 김상준의 돌날을 기념해 《동몽선습》을 써서 주었는데 '삼복더위에 땀 흘려 썼으니 아버지의 애태우는 마음을 생각하고 오륜을 엄중히 체득하라'고 간절하게 바람을 덧붙였다. 이 책이 그만큼 중요하다는 뜻이었다. 《소학》 다음은 사서삼경이었고 더불어 역사 이해를 넓히기 위해 《통감》, 《사기》 등을 배웠다. 역사적 사실을 많이 아는 것이 공부와 흥미를 내는 데 도움이 되기 때문이다. 사서삼경까지 이르면 기본적인 문리는 깨달았다고 할 수 있다.

이러한 책들을 학동이 모두 갖추기는 어려웠을 것이다. 집안이나 마을에서 빌려 읽기도 하고 때로 서당에서 마련해놓기도 했다. 그러나 허술한 서당에서는 책을 제대로 갖추기는 어려웠을 것이니 책 때문에 진도를 못나가는 일도 있었을 것이다.

이렇게 공부한 결과는 고강考講, 곧 시험을 통해 확인을 하고 진도가 나아갔다. 물론 고강이 시원찮으면 진도를 나가지 못했다. 열심히 공부한 학동들은 도회지에 나가 백일장도 보고 이런저런 향시를 보기도 했다.

강독과 함께 많이 하는 공부는 글짓기(제술)였다. 자유로운 글은 아니고 과거에 필요한 시詩·부賦·표表·책策 등을 짓는 것을 가리킨다. 시는 대부분의 서당에서 많이 지었다. 김삿갓이 훈장 생활의 어려움을 말하면서 "하늘 천 따 지 하는 사이에 청춘은 가 버리고 부니 시니 하는 동안에 백발이 성성하네(曰天曰地靑春去 云賦云詩白髮成)"[63]라고 했으니, 시와 부를《천자문》과 맞먹을 정도로 많이 가르쳤다는 뜻이 된다.

계절에 따라 과목을 달리하기도 했다. 구례 문척면서당은 겨울과 봄은 강독과 근체시近體詩[64]를 짓고, 여름과 가을은 고시古詩와 짧은 서찰을 공부하게 했다. 시는 주로 오언절구, 칠언절구 등을 많이 지었다. 서당에서 시를 지어서 장원 등을 매기기도 했다. 이처럼 서당 공부도 나름대로 체계를 가지고 진행되었음을 알 수 있다.

서당은 전통적인 서적 외에 다른 책도 읽었다. 사실 과거에 응시하지 않을 중인·평민의 자제들은 전통적인 공부만 할 이유가 없었다. 이들은 옛 소설들을 읽기도 했다. 이를테면《전등신화剪燈新話》의 여러 가지 판본도 읽었고, 영웅소설에 해당하는《소대성전蘇大成傳》·《충의수호전》과 같은 국한문 소설을 읽기도 했다.[65]《소대성전》은《조웅전》·《유충렬전》과 함께 3대 군담소설로서, 소대성은 명나라 병부상서 소양의 아들로서 밤낮으로 먹는 것과 잠자는 것만 일삼는 위인이었는데 나중에 큰 공을 세웠다. 아예 이것이 우리의 속담으로 되었으니, '소대성이 모양으로 잠만 자나'의 유래다.《충의수호전》은 중국의 유명한 소설로서 본래《수호전》이었다가 뒤에 '충의'를 붙였다.

때로 제자들이 소설책을 가지고 와서 가르쳐 달라고 했다. 조선 후기 문인 이옥李鈺의 경우 제자 장종득이 《전등신화》를 가지고 와서 가르쳐 달라고 했고 이옥은 이 책을 살펴보고 이러한 한문소설을 읽어 주는 것이 훈장의 좋은 밥벌이 중 하나라고 말했다.[66]

또 현실적인 차원에서 시골 학동들은 소장 배우기를 원했다. 이서의 자제들은 뒷날 관속으로 종사할 때 필요했고, 평민 자제들은 억울한 일을 당하거나 청원할 일이 있을 때 필요했다. 조선 후기 마을 공동체 안에서 빚어진 갈등이 원만하게 해결될 수 없을 때 소송에 의존하는 일이 많아졌다. 이 같은 소송 풍조의 영향으로 학동들도 소송장 작성에 일찍부터 관심을 가지고 배우려고 했다. 그 밖에도 토지매매 명문, 제축문, 혼서, 간찰 등 실제 생활에서 써먹을 수 있는 글을 공부했다.

이때 사용한 교재가 필사본 용례집이었다. 여기에는 각종 문서와 간찰서식, 그리고 간혹 소설이 첨부되기도 했다. 때로 학동들이 직접 편찬하거나 베껴 쓴 경우도 많다. 그래서 어떤 내용은 글을 쓴 학동의 이름까지 덧붙였다. 그것은 실제 작성한 사례를 옮겨 놓았기 때문이다. 곧 어린 나이에도 서당에서 배운 글귀를 응용해서 작성했음을 알 수 있다. 그런데 때로 독자의 재미를 위해 고사성어를 이용해 세련된 표현으로 고치거나 허구의 인물이나 사실을 끼워 넣어 문학적으로 가공된 글도 많다. 이를테면 조선 후기에 서당을 중심으로 관청에 올리는 청원서인 소지所志 읽기 바람이 불자 아예 이런 형식을 빌린 창작

물까지 등장했을 것으로 추정하고 있다.[67] 학동들은 용례집에 소개된 문서들을 통해서 소장 작성 방법뿐 아니라 나아가 소송에서 이기는 전략을 익힐 수 있었다. 이런 필사본들은 주로 중인이나 평민의 집안에 전래되어 내려왔다. 조선 후기 서당이 실제 생활 공부를 포함하게 됨에 따라 교육도 시대적 상황을 잘 반영하고 있음을 알 수 있다.

규율을 따르는 학동들

서당은 학동들에게 공부와 함께 일정한 규율을 지키게 했다. 그것은 유교적 가치관을 가르치는 것이 학문에 앞서 중요했기 때문이다.

　서당 가운데서도 도학적 서당은 규율의 수준이 높고 엄격했다. 17세기 박세채朴世采가 운영하던 남계서당은 수준 높은 교육이 이루어졌다. 여기에서 서당의 학규를 몇 가지 짚어보자.[68] 먼저 생활 규율을 들 수 있다. 이른 새벽에 일어나 스스로 침구를 개고 정돈하며 의관을 정제했으며, 각자 글 읽는 곳에 나아가 책상을 마주하고 단정하게 손을 모으고 공부하게 했다. 다음으로는 예절 규율을 들 수 있다. 스승에 대해서 깍듯하게 할 뿐 아니라 연장자에게 좋은 자리를 양보하고 10살 이상 연장자가 출입할 때는 나이 어린 자는 반드시 기립하게 했다. 말은 신중하게 하고 음란한 말, 상스러운 언어, 신고한 일들은 말하지 않게 했다. 성현의 성리서가 아니면 읽을 수 없고 이단 및 과거 문자는 일체 가지고 오지 못하게 했다. 다음으로는 열심히 공부에 매달리게 하는 규율이었다. 책을 받고 글 읽는 곳에 나아가 종일 독서하게 하고 의심이 있으면 질문하게 했으며, 한 마디 한 구절이라도 반드시 실천하게 했다. 일상의 공부는 조금도 해이하지 않게 하고, 강회참석, 독서한 책에 대해 철저히 기록하게 했다. 이렇게 엄격한 것은 하나의 학파라고 할 수 있을 정도의 유대관계를 가지고 있었기 때문이며, 성리학 공부였으므로 자기 스스로를 성찰하는 데 목표를 세웠기 때문이다.

18세기 초까지 살았던 예산현감 김간이 작성한 〈동몽학규〉는 위의 서당학규를 많이 참고했다.[69] 여기서는 더 학동들의 눈높이에 맞추면서도 성리학적 공부 자세에 대해서는 더욱 자세히 요구했다. 이를테면 '독서할 때는 조용히 책을 마주해서 잠심해 완미하고, 문자를 읊조림에 마음이 바깥으로 내달려서 책은 책대로 나는 나대로 되는 병이 되지 않게 하'며, 나아가 '고인들의 애친과 윗사람 공경, 스승 존경, 친우들과 사이좋게 지내는 도리를 저절로 깨달아 내 몸에 체인되게 하'고 '구용九容과 구사九思를 벽상에 써두고 바라보면서 준칙으로 삼'게 했다. 그 밖에 아침에 일어나서 밤에 잘 때까지의 생활, 쇄소응대灑掃應對의 자세, 강독이나 습자 등의 공부 태도, 스승과 연장자, 동류들에게 대하는 자세 등에 대해서는 차근차근하게 설명했다. 다만 어겼을 때의 벌칙에 대해서는 별도로 덧붙이지 않은 점이 특징이다.

수준 높은 서당은 규율이 엄격하겠지만 일반 서당, 특히 더 학동들은 지키기 어려웠을 것이다. 전해오는 이야기 속에는 훈장에게 장난을

치는 학동들의 사례가 많다. 더구나 서당이라고 해서 항상 공부만 하지 않고 때로 이런저런 놀이도 하고, 특히 봄여름에는 등산이나 천렵을 하기도 했다. 이는 주로 훈장이 없는 틈을 타서, 또는 명절에 훈장이 휴가를 갔을 때 이루어지기도 했지만, 용암서재의 구상덕은 봄이 되면 학동들과 산에 올랐다고 한다. 이런 속에서는 규율만이 아니라 여러 가지 놀이와 장난도 행해졌을 것이다. 심지어 훈장이 출타하거나 낮잠을 자면 훈장이 애용하는 담배통, 회초리를 감추기도 했다.

그림 속의 서당 풍경

조선 후기 서당의 모습을 한눈에 살펴볼 수 있는 그림은 김홍도의 〈서당도〉다.[70] 〈그림 6〉에서 보듯이 벌을 받고 울먹이는 학동과 벌을 주고도 난처해하는 훈장, 다양한 표정을 짓고 있는 다른 학동들 등 재미있는 모습들이 떠오르지만 사료적 가치도 적지 않다. 그림의 가치를 높이는 것은 그 속에 담긴 사회성이라고 할 수 있다. 이 한 장의 그림 속에 조선시대 사립학교격인 서당의 교육모습이 잘 담겨 있다. 여기에는 서당이 학문체계와 상당한 규율을 가지고 있고 구체적으로 드러나지는 않지만 서당이라는 공간이 교육의 장으로 잘 갖춰져 있음을 짐작케 한다.

〈그림 6〉은 조선 후기 서당의 모습을 거의 처음으로 알린 그림이다. 조선 초기 양반 자제들이 과거를 공부하기 위한 서당과는 차이가

〈그림 6〉 김홍도 〈서당도〉(국립중앙박물관 소장)

있다. 앞서 말했듯이 평민층이 참여하고 동족마을을 단위로 한 서당이다.

그림에서 보듯이 훈장 아래 9명의 학동이 둘러앉아 있다. 연령도 다양하고 신분이나 처지도 다양한 듯하다. 당시 학령아동의 기준이 없어서 개인별 입학연령과 수학기간이 달랐기 때문에 연령도 다를 수밖에 없었다. 그러면서도 한 훈장이 교육할 수 있었던 것은 수업시간에는 훈장이 대체로 일정한 분량을 해석해주고 학동 각자 온종일 소리 내어 읽으며 암기했기 때문이다. 신분을 살펴보면 오른쪽은 양반집 아이로 보이며, 특히 갓을 쓴 아이는 장가를 갔음을 알 수 있다. 아래로 내려오면서 작고 어려 보인다. 특히 가장 아래 아이는 얼굴이 보이지 않지만 이 서당에서 가장 어린 듯하다. 그러면서도 옷은 제일 잘 갖추어 입었고 머리도 가지런히 땋았다. 왼쪽 학동들은 평민의 모습인 것 같다. 조선 후기 양반과 상민이 함께 다니는 서당도 있었음을 알 수 있다. 아이들은 책만 가지고 있고 붓이나 종이·벼루가 보이지 않으므로 책을 읽고 암송하는 강독 수업을 하는 장면이다. 책이 같을 수는 있지만 진도는 각자 다를 것이다. 각자 공부하는 교재와 양이 다르기 때문에 각자 배운 바를 수시로 평가하는 일은 서당의 가장 중요한 규율에 속한다. 따라서 이를 제대로 하지 못했을 때 처벌을 받는 일은 당연했다. 앞에 앉아 있는 학동이 혼나는 이유는 훈장 앞에서 배강을 제대로 하지 못했기 때문으로 보인다. 훈장이 앉은 책상 앞쪽에 가느다란 회초리가 놓여 있다. 왼손으로 눈물을 닦고 오른손으로 왼

발의 대님을 풀고 있는 것으로 봐서 종아리를 맞으려고 준비하는 상황이다. 아직은 매를 맞지 않았지만 억울하고 창피해서 눈물을 훔치는 것으로 보인다. 책을 아무렇게나 던져놓은 것도 학동의 처지를 보여준다. 이를 지켜보는 학동들의 표정이 매우 다양하다. 웃는 모습, 측은하게 지켜보는 모습, 즐거운 표정을 짓는 모습, 긴장해 쳐다보는 모습, 마지막 아이는 얼굴은 보이지 않지만 그 장면을 정색하면서 쳐다보는 듯하다. 왼쪽에 앉은 세 명의 학동은 대체로 밝다. 왼쪽으로 더 학동이 있을 수 있겠지만 인물의 배치로 봐서는 없는 편이 맞을 듯하다. 첫 번째 학동은 책을 들여다보고, 두 번째 학동은 웃음 띤 얼굴로 책을 넘기면서 보고 있고, 세 번째 학동도 책을 들여다보면서 웃음을 손으로 가렸다. 책과 대하는 자세로 봐서는 오른쪽은 이미 강독을 마쳤고 왼쪽은 강독을 준비하는 듯하다. 좌우 숫자로 봐서는 앞에 앉은 학동도 아마도 왼편에 앉았다가 나와서 강독했을 것이다.

훈장은 장년으로 제법 경륜을 가진 인물인 듯하다. 당시 지식인들에게는 훈장도 중요한 직업 가운데 하나였는데 탕건과 의복을 잘 갖추고 있어서 어느 정도 넉넉한 학자인 듯하다. 궁벽한 지식인으로서 오로지 생계를 위해 뛰어든 훈장은 아닌 것 같다. 탁자 위에 별도로 책이 없는 것으로 봐서 학동들이 배우는 책은 훈장이 모두 외울 만한 수준일 수 있고 훈장의 학식이 갖추어져 있음을 뜻하기도 한다. 그림을 자세히 보면 가장 멀리 있는 훈장이 학동들보다 훨씬 크게 그려져 있다. 아마도 훈장의 권위를 지키며 엄격한 규율 속에서 수업을 이끌어나가고 있음을 표현한 듯하다. 그러면서도 앞에 앉은 학동이 슬피 우는 모습을 보자 난처한 듯 회초리는 앞에 내려두고 안타깝게 쳐다보고 있다. 교육자로서의 자질을 갖추었음을 엿볼 수 있다. 서당마다 학동의 숫자는 다른데 여기서는 그림의 적절한 구성을 위해 임의로 선택했을 것이다. 학동 아홉에 훈장까지 넣어서 열을 채워 다분히 의도적이지 않았을까 한다.

훈장과 학동을 제외한 서당 안의 모습은 책상과 벼루 외에는 어떤 주변 장식도 보이지 않는다. 공간은 대청보다는 방으로 보이는데, 인물들의 배치를 볼 때 꽤 넓은 공간이다. 자기 집 사랑방을 서당처럼 운영하는 '훈장자영서당'이라면 이렇게 넓기는 어려웠을 듯하다. 아마도 마을이나 문중의 재실 같은 공간을 이용한 것은 아닐까? 이처럼 아무런 장식도 그리지 않았지만 안온하면서도 교육에 적절한 공간으로 보인다. 화가가 실제 대상을 두고 그린 것인지 아니면 순전히 머릿속에서 구상한 것인지는 몰라도 당시 서당의 특징을 간결하게 잘 표현했다.

사실 이 시기에는 도학적인 서당도 아직 많이 남아 있었다. 그런데 화가가 도학서당이 아니라 대중화된 서당의 그림을 그린 것은 이 시기에는 이러한 서당이 이제 보편적이 되었기 때문일 것이다. 한편으로는 당시 사회 풍속을 그린 김홍도로서는 도학서당보다는 이런 서당이 그럴 만한 대상으로 훨씬 적절했기 때문일 것이다.

밀려오는 근대,
바뀌는 서당

1
달라진 세상,
서당도 바뀔까?

2

I

달라진 세상,
서당도
바뀔까?

한말, 근대교육을 생각하다

개항이 되면서 근대 문물이 들어오기 시작한다. 정부도 근대화를 시행하려는 노력을 했으며 교육 부분에서도 근대교육정책이 시행되었다.

1880년 수신사로 일본을 다녀온 김홍집은 일본의 일반적인 교육기관에 대해 보고했는데, 학교의 숫자도 많고 모든 사람이 학교에 가며 실업의 종류별로 다양한 학교가 설립되어 있는 것에 주목했다.[1] 특히 일본의 교육이 산업의 발달과 서로 연계되어 있음을 지적했다. 이듬해 1881년 조사시찰단으로 파견된 인물들은 일본이 이제 유학교육을 하지 않는 것에 대해서는 비판하면서도 실업교육의 발달과 교육의 확대에 주목하고 있었다.

특히 교육 부분을 집중적으로 시찰한 조준영趙準永은 각급 교육기관으로 유치원, 소학교, 중학교, 대학교, 사범학교, 농학교, 상업학교, 직공학교 등이 있으며, 6~14살 학령아동은 소학교 8년간 의무교육을 실시하고 있음을 주목했다. 조선 정부도 부국강병책을 취하면서 조선 사회 내에서 추구되어온 교육 개편의 요구를 더욱 적극적으로 수용하고, 서구의 교육제도를 참고하면서 교육 개편을 모색했다. 1883년 통역관 양성을 목적으로 외국어교육기관인 동문학同文學을 설립한 것도 시무에 대처할 수 있는 인재를 양성하기 위한 방편이었다.

개화파 인물들도 다양한 주장을 내놓았다. 박영효는 1888년 고종에게 올린 〈건백서〉에서 교육이 국가의 근간이 된다고 하면서 소학교·중학교·장년교壯年校 설립, 다양한 교과목 개설, 국사와 국어, 외국어 교육 등을 제시했다.[2] 유길준도 《서유견문》에서 서구의 교육 정황을 토대로 교육의 목적과 기능, 내용 등 전반적인 사항을 소개했다. 그러나 개화파의 교육개혁 구상은 직접 교육기관 설립으로 연계되지 못했다.

교육개혁과 더불어 아동교육에도 관심이 높아졌다. 1884년 《한성순보》는 소학교를 중심으로 하는 각국의 학교교육을 소개했다.[3] 곧 서양의 대학교·중학교·소학교를 소개했는데, 소학교는 마을 사이에 세워 학령 5~13살의 보통교육을 실시한다고 했다. 중학교는 부와 현에 각 2~3개를 설치해 14살 이상의 아동과 소학교를 졸업한 아동이 취학하며, 대학교는 나라의 수도에 세워 장차 치국경세에 뜻을 둔 자가 진학한다고 했다. 조선의 관료들은 당시 서당·서원·향교·성균관의 교육체제를 정비하면 이러한 학교의 체제를 실시할 수 있는 것으로 보았을 것이다. 그러나 교육과정이라든가 학규 등은 아직 조선에게는 새로웠을 것이다. 따라서 여기에 대해서 상당히 자세하게 기록했다.[4] 1887년 내무부는 당시 각급의 유학교육기관들을 정비하려고 했는데 중앙에 경학원을 두고 이(서당) - 면(면학) - 읍(관학원) - 도(영학원) - 국도(경학원) 등의 체제를 구상했으므로 경학원체제라고 할 수 있다.[5] 경학원經學院이라는 표현에서 보듯이 구래의 경학 중심의 교육제도를 정비하는 것이었으며, 동리의 서당까지도 활용해 체계를 세우려고 했다.

서구의 학교제도가 소개되면서 학제 정비의 필요성이 제기되어 갑오개혁부터 현실화되었다. 소학교와 사범학교, 외국어학교 법령이 만들어지고 여러 교육기관이 설립 운영되었다.[6] 1894년 7월 소학교 설립을 추진했으며, 소학교 설립과 함께 교원을 양성하는 사범학교를 먼저 설립했다. 특히 소학교와 사범학교의 설립은 국민 보통교육의 실현이라는 취지와 관련이 있었다. 1895년 5월 기존의 사범학교는 본과와 함께 속성과를 갖춘 한성사범학교로 바뀌었고, 부속 소학교가 개편되었다. 1895년 7월 일본을 본떠 〈소학교령〉을 반포했다. 국민교육의 기초와 생활에 필요한 보통지식과 기능을 제공하기 위한 것이었다고 했으며, 정부가 설립하는 관립소학교, 고을이 설립하는 공립소학교, 개인이 설립하는 사립소학교로 나누었다.[7] 관립과 공립은 설립 주체가 재정을 마련하지만 개인이 설립한 사립소학교까지도 해당 지역이나 국고에서 보조하고 설립 허가도 관찰사가 하게 했다. 8월에는 앞서 한성사범 부속 소학교 외에도 한성부 내 장동·정동·계동·묘동에 관립소학교를 설립했다. 1896년부터 재원과 교원 확보에 착수하면서 지방의 주요 지역에 공립소학교를 새로 설립할 준비를 갖추어 나갔다. 이는 지방관아와 지역 주민이 합심해 설립하고 지방재정으로 운영되었다. 정부는 마을에 서당이나 설립을 앞둔 학교가 있으면 이를 사립소학교로 바꾸게 하고, 만약 없으면 소학교를 새로 만들 것을 적극 권고했다. 실제 학교를 만들어나가기 위해서는 여건이 필요한데 전통서당의 기반 위에서 신식교육이 발전하게 하겠다는 뜻이다.

그러나 여기에 대해 정부가 일본의 간섭 아래 신학제를 만든 데다가, 소학교 설립에 필요한 재원을 해당 부나 군에서 구하지 않고 향교·서원 등 옛 교육기관의 재산에서 구하려 했으며, 게다가 정부의 신학제가 향교·서원과 함께 전통교육의 본산인 서당을 배제하고 있어서 향촌사회가 동요했다. 1896년 2월에는 〈보조공립소학교 규칙〉을 반포했는데, 이에 따라 정부는 공립소학교의 경비를 국고에서 지출하는 한편 지방 유생이 부교원이 되어 신교육에 참여할 수 있는 길을 열어주었다. 향촌사회의 교육을 국가 공교육으로 발전되게 하려는 것이었다. 이처럼 전통서당도 소학교를 구성하는 데 활용되었지만 실제로 서당 자체는 교육기관에서 배제된 셈이었다.

갑오개혁이 중단된 뒤 전통교육의 개선이 추구되었다. 먼저 유학교육의 중심인 성균관제도를 개편했고, 지방의 유학교육기관도 정비하기 시작했다. 학부는 1896년 6월 〈흥학훈령〉을 공포했다. 이는 지방의 유학교육을 진흥하고 전국적으로 유학교육기관을 체계화하려 한 것으로 보인다. '흥학'은 전통시대 유학교육기관과 관련이 있다는 뜻을 내포한 듯하다. 곧 학부에서 교사의 차정差定과 교육의 장정章程을 마련할 것이라고 전제하면서 관찰부에서는 향교에 지방학교를 설치해 먼저 학생을 뽑아서 강학하게 했다.[8] 이때 드는 모든 경비는 탁지부가 획급하기 전에는 각 향교 토지와 재산을 활용하게 했다. 그 뒤 1899년 〈흥학훈령〉이 다시 한 번 반포되었는데 내용이 좀 더 체계화되었다.[9] 그 내용은 지방학교 학생을 생원·진사 가운데 사서삼경 같은 유교 경전으로 관찰부가 선발하게 했고 이들이 상경해 시험을 쳐서 성균관에 들어가게 했다. 또 이때 군 단위의 전통 교육기관도 정비했다. 곧 군에는 도 훈장가訓長家, 향교, 면에는 면 훈장가, 그리고 동리에는 가숙(서당)을 두는 형태였다. 결국 서당(가숙)—면 훈장(면 단위)—도 훈장(군 단위)을 이어 앞서 지방학교(外庠)—성균관으로 이어지는 체계를 만들려고 한 것이었다. 이로써 가장 아래 단위인 서당까지 포괄하는 교육체계를 구상했다. 도 훈장과 면 훈장 제도는 영조 때 〈권학절목〉과 비교할 만한데 이는 신식교육과 전통교육을 접합하려고 노력했다.

그러나 〈흥학훈령〉은 제대로 시행되지 못했다. 이미 과거제도가 폐지된 상황이어서 유학을 통해 출세하는 길이 막혀 있었고, 전통적인 교육체제를 답습하는 것으로는 당시 교육에 대한 요구를 수용하기 어려웠다. 또 하나 중요한 것은 이러한 교육체계를 뒷받침할 만한 재원을 마련하기 어려웠다는 점이다. 이전의 향교전 등을 확보하려고 했으나 1894년 갑오개혁 때 공유재산이 탁지부로 승총[陞總]되어 교육재원을 확보하기 어려웠다. 따라서 지방민 스스로 마련해야 할 상황이었다.

대한제국기에 들어서 국민교육제도로서 신학제가 추진되었다. 여기에는 갑오개혁 이전의 교육정책을 계승해 국가교육제도로서 매우 취약한 소학교 확장에 역점을 두었다.[10] 1898년 전국에 20개의 공립소학교를 신설했으며, 학교당 보조금 360원씩 지급했다. 또한 향교재산 등 지방공유재산 등을 경비로 이용했다. 그리고 공립소학교가 설립되고 교육이 확장되는 속에서 여기저기 사립소학교도 점차 설립되었다. 그러나 소학교의 운영은 크게 원활하지 못했다. 상당수의 공립학교는 실제 정부의 보조를 받지 못했다. 때로 지방공립소학교는 향교와 서원의 부속 토지 가운데 재원으로 사용하다가 지방민과 마찰을 빚는 경우가 종종 있었다. 1898년 말 경상도 유생들은 지방에 공립소학교를 설립하면서 향교 재원을 덜어서 소학교 설립 재원으로 삼는 것에 대해 다시 향교로 돌려줄 것을 요구했는데, 학부는 이를 받아들였다.[11] 1899년 철원군 공립소학교는 지역의 서원·향교에서 경비를 충당하다가 지역민들이 소학교를 부수기까지 했다.[12]

앞에서 살펴본 바와 같이 이 시기 교육정책의 흐름을 볼 때 정부에서 서당까지 구체적인 정책을 실시하지는 못했으므로 서당 자체의 변화는 거의 없었다. 면 훈장, 도 훈장 제도가 대부분의 지역에서 추진되지 못했으므로 가숙(서당)까지 연결될 수 없었다. 다만 이 시기 전국의 주요 군에 공립소학교를 지속적으로 확장해 신교육을 보급하고 아울러 보다 폭넓은 소학교육의 확장을 위해 사립학교의 확장을 도모했다.[13] 이때 공립뿐 아니라 사립학교에 대한 보조비도 신설했다. 실제 유생들이 학교 설립을 주도했으며 1898년 평안도에서는 관찰부 내 설립된 각 재齋의 이름을 사립학교로 바꾸었다. 이는 아마도 서당을 대신해 소학교육을 확대하려는 의도라고 해석할 수 있다. 실제 사립학교 설립 주도자는 지방의 유생이 많았고 가문에서 학교를 설립하거나 교사 개인이 설립해 학부에 인가를 요청하기도 했다. 이는 이전의 서당의 설립과 운영이 사립학교의 설립과 운영으로 변화하기 시작한 것을 보여준다.[14]

다만 이 시기 유림에서는 여전히 서당 수준까지 포함하는 전국적인 학제를 구상한 사례가 보인다. 예를 들어 1902년 이승희는 스승인 이진상을 이어 교육안을 구상했다. 100가家마다 숙塾을 두었는데 8살 이상은 모두 하사下塾에서 소학을 가르치고, 이 중에 뛰어난 자는 상사上塾에서 기존의 경학뿐 아니라 기술학까지 가르친다고 했다.[15] 하사가 기존의 서당이라면 상사는 한 단계 높을 뿐 아니라 교육의 범주로 상당히 높아졌다. 나아가 그 위로는 원院, 향교, 태학를 두어 전국적인 교육체계를 구성했다. 《황성신문》이 구상한 국민교육제도안도 흥미롭다. 8살 이상은 모두 서원이나 이숙里塾에 들어가게 하고, 15살 이상은 군 학교에 들어가 교육을 받게 하고 그중 우수한 자를 뽑아서 중고등학교에 입학하게 하며, 서울에는 사범중학과 태학을 둘 것을 제안했다.[16] 유교를 근간으로 했지만 8살을 기준으로 하는 서원·이숙에서도 국한문·독서·작문·체조·역사지지·산술 등 신교육을 포함하므로 이후 시기의 개량서당과 비교할 수 있다.

이처럼 한말 정부는 서당 또는 서당 규모의 가숙을 교육체계 속에 넣으려는 시도를 했으나 성공하지 못하고 아동교육을 맡을 소학교를 약간 설립한 정도였으므로 서당체제를 바꾸어 나가지는 못했다고 판단된다.

통감부의 서당정책

1905년 이 땅에 일제의 통감부가 들어선 뒤 대한제국은 겨우 명맥을 유지했지만 실질적으로는 통감부의 지배를 받았다. 통감부는 교육에서도 학정참여관 제도를 두어서 교육 업무를 통제했다. 실제로 시데하라 다이라幣原坦라는 자가 학정참여관이 되었고, 대한제국은 교육에 관한 모든 사항을 그에게서 동의를 받아야 했다. 대표적인 것이 1905년 4월에 만든 〈한국교육개량안〉이다.[17] 여기에 따르면 '장래 한국이 일본의 보호국으로서 만반의 시설을 개량하는 데 적당한 교육을 베푸는 것을 본지로 하고'(1조) 있으며, '일본어를 보급'하는 것을 강조(3조)했다. 교육의 가장 중요한 목표는 일본의 지배에 순응하게 하는 것이었으며 그 구체적인 방안으로 교육의 중점을 일본어를 가르치는 데 두었다. 이후 대한제국의 교육은 일제의 요구에 따라 개편되어 교육내용의 개편, 농상공학교의 정리, 소학교의 개편이 시도되었다.

곧 통감부는 1906년 각종 교육령을 개정해 관공립학교를 통제했고 사립학교를 억압했다. 사립학교에 보조금을 지급한다는 명분으로 시찰을 통해 학교의 재정 장악에 나섰고, 보조금 지정이 인가된 학교에는 일본인 교감을 파견해 학교의 개량과 동화를 적극 시도했다.[18] 1906년 〈소학교령〉이 개정되면서 교육현장에서 교육과정과 수업 시수 등이 대대적으로 개편되었다. 소학교를 보통학교로 개칭하고 수업 연한은 4년으로 했다. 교육과정에서 일어가 필수과목으로 편제되어 장차 식민지교육의 합법적인 발판을 마련했다. 이처럼 통감부가 설치된 뒤 관공립학교가 증가했고, 한편으로는 사립학교 또한 증가했다. 사립학교는 독립과 국권회복이라는 목표 때문에 늘었다고 볼 수 있다. 통감부는 관공립학교의 증설과 사립학교의 정리를 강조했다. 관공립학교는 충량한 신민을 양성하기 위한 교육정책과 관련 있지만 사립학교는 상대적으로 독립이나 국권회복운동과도 연결될 수 있기 때문이다.

통감부는 공립학교를 증설하기 위해 1908년 '보조지정보통학교'라는 제도를 마련했다. 사립학교를 공립으로 전환함으로써 통감부의 직접적인 통제를 받는 교육기관을 늘리려는 것이었다. 보통학교로 지정되면 일본인 교사가 파견되었고 그들이 교감 자격으로 교육재정과 행정을 장악했다. 일부 사립학교에도 '교통이 편하고 비교적 중요한 지구에 위치해 설비가 완전한 학교'를 선발해 일본인 교사를 임명했다.

국권회복을 주장하는 사립학교는 억압·통제하고 공립학교로 전환하게 하거나 폐교 조치했다. 곧 사립학교 일반에 대해서는 확장과 증설을 권장하면서도 한편으로는 언제든지 폐지할 수 있는 공권력을 행사했고 사립학교의 자율성을 억압하려 했다. 1908년 8월 26일 학부는 〈칙령 62호 사립학교령〉을 발포해, 사립학교의 설치에 대해 매우 자세하게 규정했다.[19] 곧 목적·명칭·위치·학칙·예산·유지방법, 기본 재산 또는 기부금, 설립자 학교장과 교원의 이력서, 교과서명, 심지어 교사의 평면도까지 인가를 받게 했다. 이에 위배된 경우 폐쇄를 할 수 있게 하고, 반면 〈학부령 14호 사립학교 보조규정〉을 두어서 학부대신이 필요할 때는 예산범위 내에서 경비를 보조할 수 있게 했다. 채찍과 당근을 병행하는 것이었다. 이 밖에도 통감부는 〈기부금 규칙〉이나 〈지방비법〉 등을 제정해 사립학교를 억압했다.

이러한 내용을 학부는 도 부 군에 훈령으로 내렸다(〈학부훈령 2호 사립학교령 시행에 관한 건〉 1908년 8월 28일). 이전 1906년(광무 10) 학정쇄신 때 사립학교에 대한 법령을 제정하지 않은 이유는 그때는 자연의 발달에 맡기는 것이 괜찮다고 생각했는데, 그 뒤 상황을 보니 내용이 불비하고 조직이 불완전해서 교육기관이 될 만한 자격을 갖추지 못한 것이 많다는 것이다.[20] 그리고 〈사립학교령 시행에 관한 건〉은 다만 검속하려는 것이 아니라 완전한 자는 장려하고 폐가 있으면 교정하는 데 있다고 했다. 특히 사립학교로서 재원을 마련하지 않고 가볍게 설립해서 기부금을 강청하거나 정치기관으로 이용하거나 대규모의 운동회를 열어 며칠간 과업을 폐하는 등 수업을 소홀히 하는 등의 문제점을 지적했다.

이처럼 우후죽순처럼 설립되는 사립학교에 대해 세밀하게 감독함과 동시에 서당도 적극 주목했다. 앞서 〈사립학교령〉은 사실상 마지막 조항인 15조에서 '본령은 서당에 적용치 아니'한다고 규정했다.[21] 그러면서 서당에 대해서는 1908년 8월 28일 〈훈령 3호 서당 관리에 관한 건〉을 내렸다.[22]

여기서 교육은 개인과 사회를 위해서 시세의 변천을 따라 적용해야 한다는 점을 내세웠다. 그런데 서당은 우리나라 옛 교육제도이며 비록 연혁이 오래되었지만 옛 것만 숭상하고 개명에는 소홀해 살아가는데 필요한 지식기능을 제공하지 않는다는 점을 강하게 비판했다. 따라서 서당 폐지를 주창하는 것도 이상하지 않지만 서당은 신교육의 보급에 따라 폐하지 않더라도 스스로 사라질 것이라고 진단했다. 다만 현재로는 우리나라 교육상 시설이 아직 미완전한 때에 많은 서당을 일시에 폐지하면 수많은 아동이 공부하는 길을 잃는 결과가 생기므로 가볍게 그만두기 어렵다고 했다. 그러므로 서당이 수업을 폐지하지 않을 것 같으면 현상대로 그냥 두는 것은 곤란하므로 서당이 형편이 되기까지는 '신식적 개량'을 가해서 실용하게 함이 적합하기 때문에 서당에 대해 관리에 필요한 사항 여러 건을 들어서 지방관이 지도·감독하게 했다. 그 내용은 아래와 같다.

〈서당 관리에 관한 건〉

1조 서당 소재지에 보통학교가 있는 경우에는 그 지방 자제로 보통학교에 입학할 연령에 달한 자는 먼저 보통학교에 입학하게 함을 상례로 해, 서당에서 그 보통학교 입학을 방해하거나 보통학교로 전학함을 항거하는 일 등이 없게 요함. 다만 그곳에 보통학교가 없거나 있어도 수용할 여지가 없는 경우에는 이 예에 따름이 불필요함.

2조 서당에서 과하는 학과는 한문을 위주로 하니 국어의 처세상 필요함은 결코 한문 못지않을 것이니, 서당 중 그 사정이 구애됨이 없는 자에게는 국어를 가설하는 것을 권장함이 가함.

3조 한문 교수와 실황을 본즉, 음독에만 노력하고 그 뜻을 해득케 하는 일이 없는 자가 많으니 이렇게 하면 지식계발과 덕성함양에 도움이 없어서 여러 해 배우더라도 소득이 매우 적을 것이니 지금부터는 지덕개진 智德開進에 유의해 교수방법을 개량하게 함이 필요함.

4조 일반 서당은 학동의 체육에 유의하지 않고 오로지 고래 관습을 지켜 아침에서 저녁에 이르기까지 단좌해 학습에 노력하게 하는바, 종래와 같이 한문음독에만 전공하면 혹 불가하지 않다 하겠으나 교수의 목적을 지덕개진에 두어 심의心意의 작용을 복잡하게 할 때는 장시간의 학습은 학동의 심신을 해하는 우려가 있으니 교수시간은 학동의 신체와

뇌력에 비추어 적당히 감축하게 함을 필요로 함.

5조 학동의 규율 및 풍의風儀에 대해서도 일반 서당은 이를 경시하는바 지금부터는 관리 훈도薰陶에 유의해 연소年少시대에 선량한 습관을 기름에 힘을 쓰게 하는 것이 가함.

6조 서당의 교실과 기타 설비가 완전한 것이 거의 없으니 앞으로 좁은 실내에 많은 학동을 잡거하게 해 채광 환기와 기타 위생상의 주의를 결하는 등의 일은 발육기 아동의 신체를 해함이 적지 않으니, 교실의 규모가 협소한 서당은 학동이 교체 출입하게 하며 창호를 개방해 채광 통풍을 만족히 하고 내외를 쇄소灑掃해 청결 정돈을 기하게 함을 필요로 함.

융희 2년(1908) 8월 28일[23]

먼저 당시 보통학교가 부족한 상황에서 서당이 유지되어야 했지만, 보통학교가 있는 경우는 그쪽에 먼저 전학하는 것에 항거하지 않게 지시했다. 아직은 다수가 서당을 선호하기 때문일 것이다. 다음으로 교과목에 대해서는 기존 한문 중심인 점에 대해 인정하면서 다만 지장이 없으면 국어를 가설하게 권유했다. 이 또한 아직은 권장의 수준이었다. 그 밖에는 교수방법을 근대식으로 지식계발과 덕성함양을 함께 발달시키고, 교수시간을 과학적으로 아동발달에 맞추도록 하고, 보건을 위해 채광, 통풍, 청결 등을 권유했다. 대략 보통학교를 우선으로 하면서 서당은 보조 역할을 하게 했다. 이로써 서당이 근대교육 체

〈그림 7〉 1909년 통감부 영문책자(H.I.J.M.'s Residency General ed., *(The second) Annual Report on Reforms and progress in Korea 1908-1909*, 통감부, 1909)에 실린 서당(위)과 학교(아래)

계 속으로 제대로 들어오지는 못했지만 교육정책 속에 처음으로 거론되었다.

〈그림 7〉은 1909년 통감부의 정책을 외국에 홍보하려고 제작한 사진이다. 서당의 열악함과 근대학교 교실을 대비했듯이 근대학교는 통감부의 치적으로 보았다.

1909년 일영박람회에 한국의 교육상황 일반과 관공립학교 및 기타 서당의 사진과 학부 통계표와 편찬 교과서 등을 출품했다고 한다. 이 사진들도 포함되었을 것으로 보인다.[24]

2

배움의 길을 찾아서!
: 서당의 개량과
사립학교

사립학교의 설립과 서당의 처지

앞에서 보았듯이 서구교육제도가 들어온 뒤 교육개혁책을 마련하려는 정부의 동향과 함께 민간에서도 교육에 대한 관심이 커졌다. 특히 20세기는 '교육주의의 세계'라고 할 정도로 교육에 변화가 일어났다.[25] 관공립소학교가 설립이 되고 이에 따라 사립소학교도 여기저기에 세워졌다. 이런 과정 속에 기존 서당은 대체로 폐지하거나 신식 학교로 변모해 활용하는 사례가 나타난다.

1908년 한성부에서 8살 이상의 아이들을 일일이 조사해서 각기 근처 학교로 입학하게 하고 개인 집에서 옛날식으로 가르치는 학당은 영영 폐지한다고 했다. 이미 어느 정도 학교가 설립되어 있는 상황에서 학교 중심의 교육 강화를 꾀했다. 일반적인 상황이라고 하겠다. 1908년 서울 북부 관진방觀鎭坊(경복궁 오른편)에서도 학령아동을 학교에 보내지 않는 부모가 많이 보이자 한성부는 사숙을 일체 폐지하기로 결의를 했다. 당시 자료에서 '폐사입공廢私入公'이라고 표현했듯이 공립으로 학교를 세워야 한다는 점에 중점을 둔 듯하다.

학교의 설립은 서당과 직접 관련이 없는 경우도 많다. 강화 지역의 예를 보면 1901년 목사 등이 중심이 되어 선교사업의 일환으로 설립한 잠두의숙, 1904년 이동휘와 유경근·윤명삼 등이 세운 육영학원을 비롯해 1905년 보창학교·중성학원 등 여러 학교가 설립되면서 활성화되었다.[26] 예를 들어 육영학원의 교과과정은 소학과·보통과인 초등교육과 영어과·일어과인 중등교육으로 이루어져서 초등·중등을 포괄하는 학교였다. 이런 학교는 군인 자제와 일반 자제에게 근대교육을 시행함으로써 구국간성을 양성하려는 분명한 목표를 설정하고 있다. 민간 차원의 학교 설립이라고 하겠다.

그러나 일반적으로 학교를 원활하게 운영하기 위해서는 학생을 충분히 확보해야 하므로 사숙(서당)을 억제하는 시도 또한 필요할 수밖에 없었다. 관찰사, 군수 가운데 일부는 적극적으로 서당 폐지, 학교 설립으로 나아갔다. 1906년 경상도 관찰사 신태림申泰林은 〈흥학훈령〉을 내려 학교가 사숙보다 낫다고 하면서 100호마다 학교를 세우되 비용은 서당에 내는 비용으로 충당하면 된다고 했다.[27] 곧 사숙에는 보통 1명당 매년 보리 1섬 또는 조租 1섬을 내는데 이 액수는 30

낭에 해당하며, 이 돈으로 매월 1.5냥씩 학교에 충분히 보조할 수 있다고 계산했다. 충청북도 관찰사 윤철규尹喆圭도 부임한 뒤 학교를 세우기 위해 관하 각 군에 사숙을 엄금하게 하고 교사는 잡아다가 태형 50대에 벌금 300냥을, 수업을 받는 자는 50냥 벌금을 내게 했다.[28] 이는 엄청난 벌칙이어서 사사로이 설치한 사숙은 모두 폐지될 수밖에 없었다. 1907년 경기 관찰사 최석민崔錫敏도 각 군에 훈칙해서 구학문을 가르치는 서당을 모두 혁파하게 했다.[29] 1908년 평안 관찰사 박중양朴重陽도 보통학교를 설립하기 위해 성내 각 사숙을 모두 폐지하고 10살 이상 학생은 보통학교로 모집 교수하겠다고 했다.[30] 이런 사례로 본다면 여러 지역의 관찰사늘이 적극적으로 시도한 것으로 볼 수 있다.

이 시기 고을 단위에서도 교육진흥을 직접 담당했고 따라서 군수가 중심이 돼 학교를 설립 운영한 사례가 많이 보인다. 강원도 양양 읍내에 있는 현산峴山학교는 군수 남궁억南宮檍이 1906년 설립했다. 그뒤 1907년 일시 운영이 정지되었다가, 1908년 새 군수 최종락崔鍾洛이 교사 신상민申尙敏을 초빙해 다시 학교를 열고 사범속성과·보통과·유치과 3반으로 나누어 300여 명의 학도를 가르쳤다.[31] 이때 속성과는 각 면 서당 세 곳에 설치해서 교과서는 일체 신서적으로 가르치고 교사는 속성과 졸업생으로 삼았다고 한다. 속성과의 성격을 확실하게 알 수 없으나, 군수 최종락이 실제로 학부의 〈서당개량방법〉의 훈칙에 의한다고 하고 뒷날 '서당계 재산으로 각기 면내에 면 서당을 설립케 하고' 라고 해 곧 서당을 만든 것으로 설명하고 있어서 서당을 개량한 것으로 볼 수 있다.

1906년 충청북도 청안군수 김일현金一鉉이 학교를 설립하는 방법은 매우 강제적이었다.[32] 먼저 상등호에 200원, 하등호에 10원씩 강제로 거두면서 위협을 가해 잡아넣기까지 했다. 상등호와 하등호 사이에 액수가 차이가 큰 것을 보면 중간에 등호를 매우 세분화해 배당했던 듯하다. 또한 사숙은 일체 폐지해 자제를 학교에 보내도록 하면서 매월 식미 4말, 수학금 7.5냥씩 학교에 내게 해 주민들이 반발했다. 심지어 여기에 따르지 않으면 해당 학생의 부형과 사숙 훈장에게는 벌금을 350냥씩 내게 해, 주민들은 이것이 과연 흥학의 의무를 돕는 일이냐고 학부에 청원했다. 매우 강압적인 방법으로 학교를 설립하고 교육행정을 운영했는데 어쩌면 청안군도 당시 분위기에 따라 시행했을 가능성도 있다.

1908년 경기도 풍덕군에서는 공립보통학교장이 각 면 사숙 17곳을 폐지하고 생도를 학교로 끌어와서 열심히 가르쳤다고 한다.[33] 학교 교장이 이러한 권한이 있는지는 알 수 없지만 그 같은 역할이 필요했던 듯하다. 다만 이 교장은 자기가 그렇게 열심히 가르쳤는데 봉급이 서당 훈장(학구)만 못하다고 올려달라고 했다. 또한 1910년 황해도 안악군수 서리署理 이용하李容夏는 서당 학동을 부근 학교에 전학하게 했다고 한다.[34] 〈학부훈령〉을 따르기는 했지만 군내 서당에는 본인이 직접 찾아가서, 그리고 면단위에는 공문을 보내어 시행하게 해 매우 적극적으로 시행했다고 평가받고 있다.

　이렇게 행정력을 활용해 강제로 서당을 통제하자 주민들의 불만은 매우 컸다. 1910년 함경북도 경성군은 사숙을 일체 폐지해 아이들을 가르칠 곳이 없자 이곳 주민들이 학부 〈서당규칙〉에 따라 가르치겠다고 하면서 사숙을 유지하게 해 달라고 청원하기도 했다.

　민간에서도 개인이 자금을 희사하거나 동리 소유의 여러 재정을 활용해 학교를 운영했다. 1908년 평안북도 정주군 운전면을 비롯한 3면은 호수가 수천에 이를 정도로 번성한 곳이었다. 그러나 사숙은 100여 개 있지만 신학문을 가르치는 곳이 없었다. 이곳 인물 5명이 중심이 되어 동리 소유의 학세전, 동계선, 심지어 서낭당 터까지 합해서 기금을 세우기로 군수에게 청원해서 인허를 얻었다.[35] 그 뒤로도 이러한 자금만으로는 부족하자 일반민에게까지 돈을 모아 학교를 건설하고자 했다.

　1908년 서울 외곽 연강 일대 지역에서 만든 성외연강학무회城外沿江學務會 회원들이 경기도 고양군 동막리 흥영학교 교감 이용호 집에 모여 교육확장의 방침을 강구한 결과 강변 각처 사숙은 일체 폐지하고 의무교육을 실행하기로 했다.[36] 이전에는 학교를 반대하고 사숙에서 자제를 교육하던 사람들도 이때는 학교로 보내기로 했다고 해서 학교에 대한 분위기가 많이 바뀌었음을 알 수 있다. 그렇더라도 지역 주민들이 자기들의 힘으로 의무교육을 실행하기로 했으니 교육에 대한 신념이 상당함을 알 수 있다. 성외연강학무회는 주민들이 조직한

학교 설립과 운영에 참여하는 모임으로 보인다.

　이처럼 학교를 설립하고 운영하기 위해 서당을 강압적으로 폐지함에 따라 서당 측의 반발·항의 등이 있었다. 1908년 사무원·찬무贊務 등을 칭하는 사람이 사숙을 폐지하라 권고하거나 직접 공부를 방해하는 일까지 있었는데, 사숙 쪽에서는 이러한 일을 학부에서 부추기지 않았나 의심하기도 했다.[37] 사숙 관계자들이 크게 반발해 사숙을 저해하거나 혁파하려는 자들에 대해 비판하자 학부는 이 때문에 규칙을 제정하겠다고 했다. 이를테면 학교와 사숙에 대한 일정한 원칙을 세우겠다는 뜻으로 보인다. 이에 따라 각 사숙의 학도가 8살 이상이면 학교에 보내되 부모가 반대하면 강제로 시행하지 못하게 했다.[38]

　이런 과정에서 잘 드러나듯이 사립학교를 설립하는 데 기존 서당을 학교로 바꾸려는 시도가 많이 시행되었다. 함경북도 성진군 해평학교의 경우 그 과정이 잘 드러난다. 1907년 5월에 전통서당에서 새로 편찬한 학교 교과서로 가르치다가 1909년(융희 3) 2월에 서당 자산 1000원을 기본금으로 하고 매년 경비는 마을 사람들이 함께 기부하는 방식으로 당시 학부의 인가를 얻어 사립영화소학교로 이름붙였다. 그러다가 같은 해 11월에 사립해평학교라 개칭하고 20년간 200명의 아동을 길러냈다고 한다.[39] 전통서당이지만 신식 학문을 받아들였다가 사립학교로 발전한 셈이다. 강화 전병규田炳奎라는 이도 1880년대 후반쯤 서재계를 만들어 서당을 설립해 학생들을 가르치다가 1908년 서당을 철폐하고 학교를 설립했다고 한다.[40] 특히 이 경우 학교를 계속 운영하다가 1927년 지정보통학교 인가원을 제출했다.

경상북도 안동 사립동양학교는 여러 서당에서 땅을 내놓아 1908년 경 설립했는데, 학생이 50여 명이었다. 서당들이 내놓은 땅은 청룡서당 6마지기, 사양서당 12마지기, 동강서당 8마지기, 가야서당 5마지기, 명계서당 12마지기, 이계서당 7마지기 등 모두 50마지기에 달했다.[41] 여기에다가 고을 관리들과 여러 유지들이 수백 환을 기부했다고 하지만 기본적으로는 서당의 토지가 중심이었다. 서당이 연합해서 학교를 운영한 대표적인 사례인데, 지역사회에서 학교의 필요성을 공감한 때문일 것이다. 앞서 보았듯이 정주군도 사숙을 모두 폐지하고 학교를 건설하는 데 학계전이 이용된 것으로 봐서 서당의 자산이 포함되었던 것으로 보인다.[42]

이러한 분위기 속에서 훈장이 학교에 들어가 공부를 해서 신학문 선생이 되려고 한 사례가 있었다. 김안드리아라는 노인은 영남 사람으로 은진군 근처를 다니며 몽학蒙學 선생 노릇을 했는데, 곳곳에 학교가 세워지자 그도 학교에 들어가기 위해 교수하는 법과 격식을 알아야겠다고 논산학교에 들어가 양산洋算, 일본 글자 등을 열심히 배웠다고 한다.[43] 몽학 선생이라고 일컫는 것으로 봐서 개량서당일 수 있다. 아무튼 서당에서 가르치다가 학교에 들어가기 위해 교수하는 법과 격식을 알아야겠다는 것은 신학교에서 선생 노릇을 하고 싶다는 뜻일 것이다. 그래서 사립학교에 들어가서 신교과로 수업을 받았는데 양산은 아마도 서양의 산술을 가리키는 듯하다. 신학문 교육으로 나아가려는 분위기를 감지했기 때문에 훈장이 늦은 나이에도 적극적으로 학교에 들어가서 교육을 받았다.

국가의 교육정책으로는 서당을 적극 활용해 학교를 설립한다는 의도는 잘 드러나지 않는다. 그렇지만 개별 지역에서는 학교를 설립하는 데 서당과 관련을 가진 경우가 적지 않음을 알 수 있다.

적극적인 서당의 개량 또는 개량형 서당의 설립

앞서 성진 해평학교나 강화 전병규가 세운 학교의 경우 서당을 발전시켜 학교를 세웠다. 서당에서 학교로 발전한 사례는 정확하지 않은 경우도 적지 않다. 사숙에 대한 기사는 종종 나타난다. 예를 들어 1899년 《황성신문》은 한 사숙을 신설한 사례를 들면서 "근래 국내에 뜻있는 군자들이 개명開明 상에 심력心力을 긴착해 이 같은 사업을 경영하는 자 많다 하니"[44]라고 했다. 그런데 여기서 사숙은 기존 서당과는 차이가 있으며 오히려 사립학교와 비슷한 형태인 듯하다. 다른 기사에서는 사숙 때문에 학교 설립이 잘 이루어지지 않고 해외 유학이 적어진다고 보고 사숙 폐해를 거론했다. 이를 볼 때는 사립학교와 차이가 있다. 1908년 완평궁[45]에서 사숙을 설립하고 학도를 모집해 가르치는데, 과정은 구학문으로 하되 신학문에도 요긴한 것은 참고해 가르친다고 했다.[46] 구체적인 내용은 알 수 없지만, 교육과정에 있어서 큰 틀은 구학문이라고 하더라도 신학문을 도입해서 가르쳤다면 개량서당의 초기적 형태라고 볼 수 있다.

다음과 같은 사례는 좀 더 분명해 보인다. 휘문의숙을 창설한 민영휘閔泳徽도 처음에는 종래 서당을 개량해 십수 명의 생도를 양성하다가 '가정적 학교'로는 목적을 달성하기 어려워서 휘문의숙을 창설했다고 한다.[47] 휘문의숙이 1906년 설립되었기 때문에 그 이전에는 서당에서 '개량서당'으로 운영하다가 학교로 나아간 것이었다. 물론 서울 한가운데이고 고관대작이 경영했으므로 시골 서당과는 차이가 있겠지만 단계를 밟은 것은 사실인 듯하다.

평양군수 백낙균白樂均도 1907년 청년교육을 발달되게 하기 위해 각 면리의 사숙을 개량하고자 했나.[48] 이를 위해서 군내 사범강습소를 먼저 설립하고 고을 내 지식을 갖춘 인사를 입학하게 해 3개월에 졸업하게 했다. 여기 학생 수가 80여 명인데 인근 고을 인사도 와서 공부하는 자가 많았다. 사숙을 개량하자는 것은 학교의 형태로 만들어나가려는 의미로 볼 수 있다. 1907년 김해 군수 양홍묵梁弘默은 읍내 부근의 전통서당을 모두 폐지해 보통학교에 입학하게 하고 바깥 면리 서당은 과정을 바꾸어 신학 교과서로 교수하게 했다.[49] 면리의 서당까지 읍내처럼 한꺼번에 학교 수준으로 고치기는 어려워서 학교와 개량서당의 차별적인 형태로 운영했다고 평가할 수 있다. 또한 서당의 개량에 가장 중요한 기준은 새로운 교과서와 과목임을 알 수 있다. 다만 면마다 총명한 학생 5명씩을 뽑아서 읍내 학교에서 공부하게 해 개량서당 → 학교로 계열화하는 형태로 운영하고자 했다.

앞서 보았듯이 양양 현산학교도 군수가 설치했다. 앞의 김해와 비슷한 형태라고 할 수 있다. 1907년 양양 12면에 서당을 설치해서 학도를 모집해 가르치는데(현산학교 교사 신상민과 전참위, 허영은 그 가운데 한동서당에서 규칙 및 과정을 일체 신식으로 개정했다), 유독 조남면 호북서당의 학부형들은 반대했다고 한다.[50] 이 때문에 교사 이병규가 돌아가려고 하자 생도 16명이 결코 해산하지 않고 수업하기로 해서 군수가 설득해서 수업을 권했다고 한다. 반대한 이유는 잘 알 수 없다. 앞의 내용과 연결해 보면 '신서적'으로 가르치는 데 대한 반발인 듯하다. 따라서 12면의 서당은 개량서당의 형태였음을 알 수 있다. 학교와 개량서당이라는 이중 형태로 운영한 것은 김해처럼 교육기관을 계열화하려는 의도일 듯하다.

서당에 신학문 과정을 설치하는 이른바 개량서당의 형태는 실상 본질적으로는 사립학교와 큰 차이가 없었던 듯하다. 1910년 경기도 남양군 신리면 사곳동 신종익辛宗益은 신학문 과정을 모범해 학도 30명을 교수했으며, 그 동리에 사는 홍재량 등이 발기해 노동야학교를 사숙 안에 부설했다고 한다.[51] 비록 노동야학교지만 사숙의 부설로서 학교라는 이름을 쓸 정도로 명칭은 학교에 가깝게 들어왔다.

이 시기 서당의 수는 정확히 알 수 없다. 충청남도의 경우 1909년 서당을 파악했는데, 서당 총수는 686개 생도는 4096명이며, 교육내용으로는 한문·습자 외 본국역사·지지를 첨가한 곳이 많다고 했다.[52] 이렇게 파악된 서당은 규모가 제대로 갖추어진 서당에 해당할 듯하며, 본국역사와 지지를 첨가했다고 하듯이 이 가운데는 개량된 서당이 많았을 것이다. 이때 아울러 보통학교 수는 공사립 합 112개, 생도 수는 5470명이었다고 하니 개량서당의 수도 상당함을 알 수 있다.

독립운동가였던 장건상張建相(1882~1974)은 경상북도 칠곡 출신이다. 1883년 부산 좌천동으로 이사하고 좌천재佐川齋라는 서당에서 한문을 익혔다. 얼마 후에는 신학문을 도입해 운영하던 육영재育英齋라는 서당으로 옮겨 공부하면서 신학문에 큰 관심을 가졌다.[53] 좌천재는 기존 서당인 반면 육영재는 개량서당인 셈이다. 함경북도 회령군 봉의면 삼산동 봉의서당도 1909년(융희 3)에 창설돼 산간벽지 농가 자제들을 계몽하기 위해 노력했다[54]는 점에서 서당의 이름을 취했지만 상당히 개량된 수준이라고 파악된다.

이 시기 종교기관에서 세운 서당도 있었는데 이 경우는 당연히 개량서당의 수준이라고 볼 수 있다. 천주교 대구교구가 최초로 설립한 교육기관으로서 대구본당 주임신부인 로베르Robert(金保祿) 신부가 1899년 말 십자가성당의 부속 건물로 해성재海星齋라는 교육기관을 설립했다.[55] 건립 시기는 1898년 10월인데 아마도 학생들을 모은 것은 다음 해라는 뜻인 듯하다. 국채보상운동을 일으켰던 서상돈이 지원했다고 한다. 해성재는 사무실과 신자 회의실로 건축한 본당 부속건물 가운데 신자 회의실을 활용한 한문서당이었다. 훈장은 배석규裵碩奎가 맡았다. 〈그림 8〉에서 왼쪽이 십자가성당, 오른쪽이 해성재다. 한옥의 틀에 양옥을 가미한 2층 건물로서 건물에서 찍은 사진을 보면 선생과 학생이 모두 한복을 입고 있었다. 전통서당이라는 주장도 있지만 앞서 사례처

〈그림 8〉 해성재 학생들과 교사들(대구 계산성당 소장)

럼 큰 틀은 전통서당이더라도 어느 정도 개량된 서당이었을 것으로 보인다. 해성재는 1908년 4월 이후 성립학교聖立學校로 바뀌었으며, 그 뒤 다시 해성학교라는 이름이 붙었다.

이처럼 이 시기 학교 설립의 움직임 속에서 상당수의 서당은 폐지되거나 개량되었다. 통감부 시기 사립학교에 대한 탄압이 있었고, 특히 1909년의 〈사립학교령〉에 따라 상당 수의 사립학교가 폐교되는 비운을 맞아 사립학교설립운동은 침체기로 들어갔다. 이런 분위기는 전통서당에는 영향이 없었겠지만 개량서당은 타격을 받았을 것이다.[56]

밀려오는 근대,
바뀌는 서당

사립학교일까, 서당일까?

앞서 의문을 던졌듯이 사립학교와 개량서당을 명확히 구분할 수 없는 경우도 많았다. 예를 들어 1908년 경기도 남양군 서면 장의동에 있는 한 개인의 집에서 운영하던 사숙을 개량해 계양학교를 설립했는데,[57] 이처럼 개인집의 사숙을 개량한 수준을 학교라고 한다면 개량서당과 사립학교는 큰 차이가 없었던 듯하다.

한말 최명환崔鳴煥의 경험담에서도 사립학교 수준을 엿볼 수 있다.[58] 그는 16살 때까지 한문만 읽다가 17살 때(1903년경) 수원에 있는 아버지 친구 집에 가서 일본말을 배우다 그 집 자제를 위해 독서당을 운영했다. 한문 선생 1명, 일본어 선생 1명을 두어 가르치다가 학생을 조금 더 모아 학부에 청원해 화성학교華城學校라는 이름으로 인가를 받았다고 한다. 그때는 재산·설비 등을 보지 않고 인가를 해줬다고 하니, 앞서 〈훈령 3호〉를 발포하기 이전이어서 그럴 것이다. 서당을 약간 발전시킨 정도이므로 개량서당이라고 해도 될 듯하다. 여기서 2년간 공부했다고 하니 나름 오래 지속된 듯하다.

박인덕(1896~1980)·윤심덕·김일엽 등이 1906년경 다닌 평안남도 진남포 삼숭학교의 모습도 그러했다. 이 학교 선생은 나이가 아주 많은 점이라든가 서당 훈장의 관 비슷한 복식을 했다는 점에서 신식교육을 받은 인물 같지는 않았다. 그러나 서당 훈장과는 말소리도 다르고 가르치는 방법도 달랐으며 작은 흑판 앞에 하얀 분필을 쥐고 글을 가르쳐 줬다는 점에서는 서당과는 차이가 있었다.[59] 아마도 서당을 개량해서 신식 학교를 세운 것이 아닌가 한다.

이처럼 아직 사립학교의 체계가 갖추어지지 않았기 때문인지 운영자의 입장에서는 사립학교에 대한 확신을 가지지 못했다. 먼저 사립학교를 졸업하더라도 더는 공부할 곳이 없어서 도로 서당으로 전입하는 경우가 많다고 했다.[60] 마찬가지로 사립학교에서 공부하는 과정에 서당으로 전학하는 경우도 있었다. 1907년 왕십리 왕신학교 교장은 이를 막기 위해 사숙은 일체 금지하라고 학부에 청원을 넣기도 했다.[61] 이는 사립학교가 제대로 기능을 하지 못했기 때문이기도 하다. 실제 사립학교 설립 실태와 문제점을 지적한 글 속에서 잘 드러나고 있다. 1908년 태극학회 영흥지회 소속 계봉우桂奉瑀는 장문의 글을 통해 당시 사립학교의 문제점을 모아서 통렬하게 비판했다.[62] 태극학회는 1905년 도쿄에서 서북지역 출신 유학생들이 결성한 계몽단체였다. 1907년부터 국내로 세력을 확대해 지회를 설치했다. 영흥지회는 1908년 9월에 만들어졌다.

곧 사립학교는 '오늘 한 도에 학교를 하나 세우고 다음날 한 군에 학교 하나 세우는' 실상이지만 몇 년 사이에 졸업자와 진급자가 거의 없고, 있다고 하더라도 법률 졸업생, 일본어 졸업생이어서 높으면 모 부 주사나 모 원院 판사, 낮으면 모 대隊 통역, 모 서署 순검이 되어 국민의 아픔은 관심이 없고 자기 이익을 챙기는 정도라는 것이다. 계봉우는 학교가 자리를 얻는 과정, 따라서 한말이라는 국권피탈의 시점에서 (학교가 직업을 얻는 과정에) '패덕비도悖德非道'의 행위를 조장하는 요건에 지나지 않았고, 이는 학교의 본의가 아니라고 했다. 그렇더라도 이 경우는 사립학교의 조건을 갖추었다고 하겠다.

또 다른 문제점은 사립학교 가운데 상당수는 실제로 서당이었다는 것이다. 기존의 서당에 이름만 사립학교를 붙인 경우가 많았다. 자신을 내세우는 데는 서당보다 사립학교가 더 유리했던 것이다. 이를테면 지방의 대감·영감, 또는 좌수·향소鄕所(향소에 속한 사람들을 가리키는 뜻)라는 자들이 옛날 서당에 사립학교라고 크게 이름을 붙이고, 보통때 불법을 저지르던 자가 교장과 임원과 같은 직임을 맡았다는 것이다. 그리고 실제 교육방침은 없어서 모두 국권 만회를 말하면 지금 교육해서 어느 여가에 국권을 만회할 것인가 냉소하며, 교사라는 자는 배를 불릴 계책으로 그 임무를 맡았다는 것이다. 그래서 이름은 사립학교지만 실제 가르치는 내용은 신식 학문은 부정하고 한문만을 가르쳤다는 것이다. 이런 점에서 본다면 사립학교 가운데 상당수는 실제 서당에 지나지 않았거나 약간 변형한 정도일 수도 있을 듯하다. 아무튼 계봉우와 같이 국권회복을 목표로 하는 인물로서는 오히려 그 점을 부정하면서 이름만 내건 이런 학교와 임원에 대해서는 통렬하게 비판할 수밖에 없었다.

결국 눈속임 식의 사립학교가 많았다. 왜 이런 방식으로 사립학교를 세우는가? 당시 정부의 학교 설립 정책과 맞물려있는 듯하다. 공립학교를 만들면서 그 지역의 지방공유재산 등을 경비로 사용했기 때문에 이런 재산을 지키려는 방법으로 기존 서당을 학교로 바꾸었다는 뜻이다. 계봉우도 그 점을 지적했다. 곧 청년의 지식 계발을 위해 학교를 세우지 않고, 그 지역의 계契나 서재書齋의 공유재산이 다른 곳에서 세운 학교로 옮겨갈까 두려워서 기본금과 수십 명의 생도를 모집해 학교를 세우고 청원서를 제출했다. 물론 그 가운데 열혈 지사가 창립한 학교도 있지만, 현실적으로 학교 운영의 어려움을 지적했다. 곧 당시 우리나라 사범교육이 제대로 갖추어지지 않아서 훌륭한 교사를 구하기 어렵고 설혹 구하더라도 학교 재단이 풍족하지 않아서 급료를 제대로 주지 못했다. 학교 운영 자금을 위해 주변에 의연금을 요청하더라도 냉담하거나 자기는 입학시킬 자제가 없다는 구실로 호응하지 않아서 모으기가 어렵다는 것이다. 이런 까닭에 지역마다 수많은 학교가 설립되자마자 폐교되는 경우가 많다고 보았다.

계봉우는 한말 사립학교의 사정을 압축적으로 정리했다. 당시 사립학교는 민족교육을 위해 설립된 경우도 있겠지만 이 같은 이해관계에 따라 급조된 경우도 적지 않음을 알 수 있다. 실제 얼마나 지속하면서 제대로 교육이 이루어졌는지 확인해볼 필요가 있다. 서당이 외형적으로 많이 철폐당하고 개량되어 나간 것처럼 보이지만 사립학교라는 이름으로도 계속 형태를 유지한 경우도 실제로는 서당의 숫자에 포함해야 할 것이다.

3

한말의
서당, 훈장, 학동

왜곡된 서당 사진

이 시기 일반 서당들의 실태는 어떠했을까? 근대의 변화를 거의 수용하지 못한 서당도 많이 있었다. 물론 여기에는 신식교육, 신식 학교에 대한 반발도 포함된다. 서당 훈장은 생계를 비롯해 직접적인 자기의 처지 때문에 신식 학교에 반발했다.[63] 유림 단체의 경우도 마찬가지였다. 심지어 신교육이 필요하지 않다고 지방으로 다니면서 유세까지 했다.[64] 게다가 대부분의 서당은 당시 변화를 따라가기 어려웠다. 한말 서당은 사립학교로 변신하거나 일부는 약간의 개량을 한 경우도 있지만, 대부분의 서당은 크게 보면 조선시대 서당과 차이가 없다.

이 시기 서당의 숫자에 대해서는 구체적인 자료가 없지만 당시 추세로 본다면 조선 후기보다 약간 늘어났을 것으로 추정된다. 강원도 정선의 경우, 군수 오횡묵吳宖默이 조사한 바로 정선 읍내 마을 2개 동을 합하면 모두 95호 정도인데 서당은 4개, 학동은 110명에 달했다.[65] 1호당 1명 이상의 학동이 서당에 다닐 만큼 서당이 중요한 역할을 하고 있었다. 1908년 평안북도 정주군 운전면 부근 세 면에는 민호가 수천 호인데 사숙은 100여 개라고 했다. 두 지역 모두 정확한 수치인지 알 수 없지만 서당·사숙이 많다는 표현으로 보인다.

19세기 말 전라남도 구례 토지면을 살펴보면 32개 마을 가운데 6개 마을에 서당이 있었다. 토지면의 마을 구성과 서당이 있었던 마을을 간단히 표로 정리하면 〈표 2〉와 같다.

〈표 2〉에서 보듯이 평지와 강변 쪽의 호 수가 비교적 많은 마을에

〈표 2〉 구례 토지면의 동리 분포와 서당

(단위: 개)

동리 명칭	동리 수	서당이 있는 곳	동리의 위치
용두* 원내 양안 봉소	4	1	강변
구만리* 월곡 신단 단산 도산 파도리*	6	2	평지
오미동 환동 하죽* 내죽 중산*	5	2	평지
송정 외한 내한*	3	1	강변 협곡
상죽 중대 불당 율치	4	0	골짜기(문수골)
내동원기 신촌 남산 농평 당치 평도 죽리 외동 중추 직전동	10	0	골짜기(피아골)

비고: *는 서당이 설치된 마을
출전: 《토지면가좌책》, 1895

서당이 설치되었다. 반면 문수골과 피아골 쪽은 동리 숫자는 제법 되지만 서당이 전혀 설치되지 않았다. 32개 마을 전체 호 수는 687호여서 대략 115호마다 서당 하나가 있었다. 그러나 이 서당은 호세 부과 여부를 위해 파악되었기 때문에 모두 독립된 서당 건물이어서 주로 양반서당일 것이며, 그 밖에 사랑방·문간방·행랑 등에서 이루어지는 다수의 평민서당이 별도로 있었을 것으로 추측하기도 한다.[66]

한말 전통서당의 실제 모습은 어땠을까? 전통서당의 열악함을 비판하는 글들은 적지 않다. 과연 개항 이후 서당이 몰락했을까, 아니면 근대사회에 접어들면서 상대적으로 뒤쳐진 듯한 서당의 열악함을 과장되게 이야기했을까? 사진과 그림을 통해 한두 가지 사례를 살펴보자. 〈그림 9〉에서 볼 수 있듯이 서당에서 학동들이 올망졸망 앉아 있고 장죽을 문 나이 든 훈장이 이들과 함께 앉아 있다.[67] 당시 기념사진의 특성상 〈서당도〉처럼 교육하는 모습을 직접 찍기는 어려웠을 테고 이렇게 대청에 대상들을 모아놓고 연출했다고 하겠다. 훈장·학동과 함께 교재까지 펼쳐놓고 활용하려 했지만 실제 교육을 받고 있는 장면은 아니어서 상당히 어색하다. 특히 광 속에 한 아이를 가둬놓은 것은 마치 서당의 규율 때문인 것처럼 했지만 연출로 보인다. 한말 서당 사진 대부분은 이렇게 연출되었다.

〈그림 10〉은 1893년 우리나라를 정탐하러 온 일본인이 쓴 책에 실린 그림이다. 간단한 삽화지만 이 속에서도 침략국 정탐꾼의 시각을 찾을 수 있다. 훈장 및 학동의 복장, 머리, 담뱃대 등은 서당의 모습과

〈그림 9〉 연출된 것으로 보이는 서당 사진

〈그림 10〉 일본인이 그린 서당 그림(혼마 규스케 저, 최혜주 역주,
《조선잡기》, 김영사, 2008)

어느 정도 유사하지만, 책이나 훈장, 및 학동의 자세, 이들의 배치 등은 서당의 모습이 아니다. 먼저 단 3명의 학동이 앞뒤로 엇갈리게 앉아 있는데 한눈에 보기에도 학동들의 자세 속에서 전혀 규율을 찾을 수 없다. 양쪽에서 책을 들고 훈장 쪽을 향해 앉아 있는 학동의 자세는 전혀 전통적인 강독의 모습이 아니다. 반대로 앉은 한 학동은 습자 연습을 하는 듯하나 거의 장난처럼 보일 정도다. 더 가관인 것은 훈장도 교육에는 전혀 신경을 쓰지 않고 두꺼운 보료 위에 엎드려 장죽을 물고 담배를 피우고 있다는 점이다. 자세도 불편해 보이거니와 훈장으로서의 위엄이 조금도 보이지 않는다. 서당 내부는 '입신백일청천하立身白日晴天卜' '집인춘풍화기중接人春風和氣中'이라는 대충 쓴 글귀를 벽에 붙여놓은 것 외에는 사선으로 공간을 채웠다. 김홍도의 〈서당도〉와 가장 큰 차이는 교육의 장으로서의 모습이 전혀 보이지 않는다는 점이다. 서당의 기본 규율마저도 찾을 수 없는데, 실제 책 내용에서도 "오로지 교사의 마음대로 아동은 자방字房(서당을 가리킴-인용자)을 학문소로 삼고 또 놀이터로 삼아 아침부터 저녁까지 이곳에 있다"라고 설명했다.[68]

서당 학동들에 대한 서당 규율의 교육 및 학동들의 체득은 결국 서당을 단순한 기초 유학교육기관을 넘어선 기본 아동교육기관이자 인격 형성의 장으로 볼 수 있다. 그런 점에서 기본 규율을 완전히 무시하는 묘사는 일제의 서당 왜곡의 가장 중요한 부분으로 볼 수 있다. 삽화 정도의 그림이어서 김홍도의 뛰어난 작품과 비교하기는 어렵지만, 일본인 작가의 서당에 대한 기본 이해가 부족했을 것이며 더구나 직접 본 모습도 아니고 정탐꾼의 말을 듣고 구상해 어느 정도는 일본 독자의 입맛을 생각하고 희화화했을 수도 있다.

〈그림 10〉을 보면 한말 서당의 교육체제가 매우 열악하다고 느낄 수 있다. 그렇다면 한말 이후로는 서당의 체계가 완전히 무너졌을까? 갑오개혁 이후 과거제가 폐지되면서 서당의 효용성이 줄어들었을 수 있다. 그러나 서당의 모습이 크게 변했으리라 볼 수는 없다. 〈그림 11〉을 살펴보자. 독일에서 간행된 책《Korea: Das Land des Morgenrots》에 실린 '한국의 사립학교'라는 설명을 단 서당 내부를 찍은 사진인데, 이 사진이 당시 서당의 일반 모습이었다고 판단된다.[69] 구레나룻이 보기 좋은 훈장의 당당한 모습, 5명만 보이지만 다양한 연령대의 학동, 제법 정돈되고 안온한 실내 공간 등 전형적인 서당으로 보인다. 물론 사진을 찍기 위해 정면을 주시하고 있어서 김홍도의 〈서당도〉처럼 수업을 진행하고 있는 모습은 아니다.

이 당시에 제대로 갖추어진 서당도 물론 많았다. 예를 들어 경상북도 영천의 백학서당은 본래 서원이었는데, 대원군이 훼철했다가 (1868) 그 뒤 1900년 다시 서당으로 이름을 붙여 세워졌다.[70] 이런 경우는 거의 서원 체계를 갖추었을 것이다.

이 시기에도 18~19세기 이후처럼 평민서당이 많이 있었다. 백범 김구의 사례에서 잘 드러난다.[71] 그는 출신이 한미해서 공부하고 싶어서 서당에 다니고자 했지만 자기 동네에는 서당이 없었고 다른 동

〈그림 11〉 한말 서당의 훈장과 학동[Augus Hamilton, *Korea; Das Land des Morgenrots*, 1904(박현순 외, 《코리안의 일상》, 청년사, 2009, 313쪽 재수록)]
외국인에게는 서당도 '한국의 사립학교'인 셈이었다.

네 양반서당에서는 상놈은 잘 받아주지 않았다는 것이다. 설사 받아
준다고 해도 그곳을 다니는 양반 집의 학동들이 업신여길 것이라고
고개를 저었다. 결국 김구 아버지가 집안 아이들과 이웃동네 아이 몇
명을 모아 새로 서당을 하나 열었다고 한다. 훈장으로 모신 청수리
이생원은 신분은 양반이지만 글공부가 모자라 양반서당에서는 써주
는 데가 없어서 평민서당에 똬리를 틀었다. 이처럼 평민들도 글공부
를 했고 이들을 위한 교육기관으로서 서당이 계속 만들어졌으며, 훈
장은 일반 서당에서 채용되기 힘든 낮은 수준인 경우가 많았음을 알

수 있다.

　김구의 사례를 보더라도 평민서당은 양반서당에 비해 오래 존속되기 어려웠다. 경제적 여건 때문에 서당으로 활용할 수 있는 공간을 마련하기 어려웠고 훈장의 숙소라든가 학채를 지급하기도 어려웠기 때문이다.

한말 훈장의 사례

이 시기 서당의 형태가 다양한 만큼 훈장의 수준이나 조건 등도 다양할 수밖에 없었다. 이 시기 안정적으로 훈장을 지낸 사례로서 동학농민전쟁의 지도자 전봉준에 대해서 살펴보자.[72] 전봉준은 고창군 죽림리 당촌에서 태어나 태인군 산외면 동곡리를 거쳐 고부군 궁동면 조소리로 옮겨 살았다. 전봉준이 태어난 고창은 당시 천안전씨 집성촌이 있었으며, 부친 전창혁이 서당을 짓고 아이들을 가르친 곳이다. 그곳에 서당터라고 추정하는 곳이 있었으니 제법 규모가 큰 서당이었던 모양이다. 태인으로 가기 전에 원평 황새마을에 거주하면서 서북쪽 3킬로미터 정도의 거리에 있는 종정마을(지금은 김제군 봉남면 행촌리)을 오가며 그곳 서당에서 한문을 익혔다는 증언이 있다. 사실이라면 전봉준은 어릴 때부터 서당이라는 공간을 통해 자라났다고 하겠다. 그 다음 태인으로 옮겨 살았는데[73] 언제 왜 태인으로 옮겼는지는 잘 알수 없지만 이곳에서 전창혁 또는 전봉준이 서당을 열었을 가능성이 있다. 고부로 이거하자마자 바로 서당을 열었다는 것은 이전 태인에서도 서당을 열었기 때문일 것이다.

태인에서 고부로 이거한 것은 전봉준의 선택인 듯하다. 이미 그의 나이가 30대 초반이니 그가 중심이 되어서 부모님과 그의 처자를 데리고 옮겼을 것이다. 이렇게 몇 차례 이거했지만 이는 유랑과는 달랐다. 여기서 집과 토지를 구입하고 가족들과 함께 옮겼기 때문이다. 이때 그는 적어도 부친이 계셨고 전처(송두옥의 딸)는 1877년 사망했지만 남평이씨와 재혼해 아이들도 있었다. 특히 부친을 모시고 이거했다는 것은 고향을 떠나 이곳에 뿌리내리려고 했다고 하겠다. 집에서 서당 운영을 했으니 징착형 자영훈장인 셈이었고, 3마지기의 토지를 지녔으니 '반문반농'의 삶을 이루었던 셈이다. 사실 3마지기는 가난의 상징일 수 있겠지만 한편으로는 타지에서 정착했다는 점이 중요하다.

전봉준이 고창에서 태인, 태인에서 고부로 이거한 이유가 무엇일까? 잘 알 수 없지만 이거 지역이 바로 인근인 점으로 봐서 앞서 박천우처럼 유랑하는 과정이었다기보다 좀 더 나은 여건을 찾아 옮겼다고 보고 싶다. 서당에 적합한 곳이거나 정착에 필요한 토지를 구입할 만한 곳을 찾아서 이거했을 가능성이 있다. 당시 조소리는 상당히 여건이 좋은 곳이었다고 한다. 그리고 이거하자마자 서당을 열고 정착했다. 전봉준은 서당교육 또한 매우 열심히 했던 듯하다. 제자 박문규는 만년(1951)에 《석남역사》에 전봉준에게서 가르침을 받아 공부하는 과정을 담았다.

한해두해 지내가니 8살이 당도하니 3월 3일 좋은 날에 잔등 넘어 조소리로 《천자문》 들고 아버지를 따라 입학 간다. 고모 댁의 윗집이라 동학대장 전녹두 선생님 전에 인사하고 하늘 천 따 지 가물현 누르황 … 전 선생님 가르쳐준다. 서당 아들 3, 4 동무 재미 부쳐 배워간다 선생님의 노부친이 대代를 서서 감독한다. 《천자문》 뗐고 《추구》를 배웠다. 10살 먹어지니 무자대흉 흉년만나 전북일대 적지되어 충청남도로 몰려간다. (…) 기축년 (1889)까지 서당이 없어지고 경인년(1890) 삼동공부로 《통감》 초권을 배웠다. 13살에 말목서당으로 건너가서 사년과량四年裹糧 공부할 제 《맹자》·《중용》·《대학》은 내게 있고 《논어》·《시전》·《서전》은 앞마을 김 진사 댁에서 얻어 읽었다. (…) 나는 갑오 삼동에 말목에서 《시전》을 읽었고, 을미년 삼동에 국정동 이 진사 앞에서 《서전》을 읽었다.[74]

훈장 전봉준이 열심히 가르치면서 여러 학동이 재미있게 공부하는 모습, 그리고 '선생님의 노부친이 대를 서서 감독한다'고 한 점도 주목된다. 부친 전창혁은 훈장을 지냈다. 이 시기 대를 이어 훈장을 하는 사례가 어느 정도인지 알 수 없지만 훈장이 직업으로서 정착되어 가는 모습을 보여준다고 볼 수 있다. 아버지가 계셨기에 전봉준이 서당을 비우며 바깥 활동도 하기가 쉬웠을 것이다. 전봉준은 주민들에게서 좋은 평을 받았다. 훗날 이 지역 고로古老들은 그가 "부모를 섬겨 봉양하지 않은 바가 없"고 "가끔 마을에 경조사가 있으면 그는 절하여 축하하고 찾아가 조문했"다고 했는데,[75] 안으로는 효도, 밖으로는 예의를 잘 차렸다. 그런데다 지식인으로서 학동들을 데리고 교육했기에 마을 사람들에게서 공경을 받았다. 이렇듯 전봉준은 일상 속에서 그의 존재를 인근에 각인시키고 향촌의 지도적 지식인으로서 자리 잡아갔다. 그는 경제적으로 어려움을 겪으면서도 부모를 모시고 인근으로 이거했다는 점에서 앞서 유랑지식인과는 차이가 있다. 《전봉준공초》에서 전봉준이 학구로서 업을 삼아 생활을 했다고 이야기했으니 서당이 생계의 수단임을 알 수 있다. 이렇게 완전히 정착하면서 훈장을 했기에 1888년 전라도에서 큰 가뭄이 들어서 2년간이나 서당을 열지 못했을 때도 그는 조소리를 떠나지 않았다. 그 밖에 전봉준은 전답이 3마지기 정도 있었다고 한다. 전봉준은 '조반석죽' 성도여서 늑렴을 당하지 않았다고 하지만 이 점은 이 시기 일반적인 상황이 아니었다. 서당은 면역·탈호 되기가 쉬웠으므로 세금 부담이 적었을 수는 있다.

전봉준은 그 뒤 1894년 1월 일어난 고부농민항쟁 때 장두狀頭가 되었다. 《전봉준공초》에서 전봉준은 장두가 된 이유에 대해서 "문자를 꽤 알고 있기 때문(粗解文字)"[76]이라고 답했다. 이는 서당 훈장의 학식 정도면 장두의 자격이 충분하다는 점을 말하는 듯하다. 그런데 고부농민항쟁은 고을 차원에서 일어난 사건이었다. 한 고을 내 글을 아는 사람이 숱할 텐데 단순히 문자를 잘 알고 있기 때문에 장두로 뽑지는 않았을 것이다. 앞에서 이야기했듯이 이 지역에 정착한 훈장이었다는 점이 우선 중요할 것이다.

여기에다가 두 가지 점을 생각할 수 있다. 하나는 마을에서 그가 행한 처신이다. 앞서 보았듯이 전봉준은 마을에서 예의를 깍듯하게 차렸기에 마을사람들로부터 좋은 평가를 받았다. 또 전봉준이 집안에서는 부모에게 지극히 효성스럽고 부인에게는 지극히 다정스러워서 집안이 화기가 가득 찼다고 했다.[77] 이 점이 그를 내세우는 데 도움이 되었을 것이다.

다른 하나는 이미 동학 접주로서의 전봉준의 영향력이 알게 모르게 커졌던 것이 아닐까 하는 점이다. 이 또한 고로의 말을 빌리면 '때때로 멀리서 손님이 찾아와 여러 날 머무는 경우가 있었다'고 했는데,[78] 아마도 동학 세력들의 모임이었을 것이다. 이런 점이 향촌 내에서 영향력을 키워나갔을 수 있다. 이런 점에서 전봉준이 말한 '문자'를 잘 안다는 것은 오히려 세상 돌아가는 실정을 잘 안다는 뜻으로 해석할 수 있다. 고부군수 조병갑의 수탈이 심했다고 하더라도 고부의 폐단은 한두 해 일어난 것이 아닐 텐데 항쟁으로 발발한 것은 전봉준과 같은 인물이 역할을 했기 때문으로 볼 수 있다. 전봉준을 중심으로 말목장터에 모여 항쟁이 일어났을 때 정부에서 해산명령을 내렸으나 《석남역사》에 따르면 '민중이 해산을 하면 장두가 죽기 때문에 오랫동안 모여서 엄수했다'라고 했다.[79] 이는 장두에 대한 다중의 보호의식 때문이다. 이 또한 전봉준도 평소 이곳에서 훈장을 하면서 신망을 쌓았고 장두 역할을 제대로 했음을 알 수 있다. 전봉준이 동학 접주를 통해 지도자로 성장했다고 하더라도 그가 적극적으로 동학 전도에 앞장서지 않았다는 점이 지도자로서의 명망에 더 힘을 싣지 않았을까? 전봉준의 사례를 보면 훈장이라는 사회적 존재로서는 새로운 단계로 발전했다고 할 수 있다.

이렇게 볼 때 1894년 전봉준의 사례는 당시 훈장의 의식과 활동을 볼 수 있는 적절한 사례라고 하겠다. 전봉준이 1892년 이후 동학에 입도한 점도 주목할 필요가 있다. 그의 행동은 농민항쟁기 등소에서 시작된 항쟁을 뛰어넘는 것으로서 농민항쟁기와는 또 다른 선택이었을 것이다. 저항지식인으로서 1894년을 이끌었는지 아니면 동학 접주로서 그의 명망이 덧붙여졌는지 살펴봐야 할 것이다. 고부농민항쟁에서 그의 활동으로 봐서 이미 동학에 들고 난 뒤 의식과 관계망이 작용한 것으로 볼 수 있다. 농민봉기에서 전봉준과 쌍벽이라고 일컬어지던 김개남도 처가 쪽인 임실에서 훈장을 했다고 한다. 이 점도 상당히 의미가 있을 듯하다.

한말 의병투쟁 때도 서당이 모의처가 되기도 했다. 이는 훈장의 지식인적 역할과 관련 있어 보인다. 거창 북상면 월성리 양지마을에서는 1905년 을사조약이 강제로 체결되자 오일선·김성진·김현수·하거명·박화기 등 40여 명은 월성서당에 모여 의병투쟁을 모의했다.[80] 이때 내부 조직도 구성하고 스스로 월성의병이라고 일컬었다.

공산주의 활동으로 유명한 김철수金錣洙(1893~1986)도 한때 말목에 있는 서씨 집성촌의 서당에 다녔다.[81] 15살 무렵인 1907년 김철수가 다녔다는 서당의 훈장 서택환徐宅煥은 그에게 민족의식을 불러일으키

는 교육을 했다. 서택환은 구
례군수(1897년 4~11월)를 지낸
인물이었다. 구례에 부임한 지
석 달 만에 부친이 돌아가서
관직을 버리고 돌아왔다고 한
다. 김철수가 재판을 받을 때
예심판사가 사숙하는 사람을
물어서 근본적으로 반일투쟁
을 해야 되는 사상은 서택환에
게 배웠다고 이야기할 정도로
영향을 받았다고 한다. 구체적
인 내용은 알 수 없지만 서택

〈그림 12〉 월성의거사적비(경상남도 거창군
북상면 월성리 소재)

환은 훈장으로서 한문을 가르쳤지만 학동들에게 학교를 다니게 권유
한 것으로 봐서 아마도 외세의 침탈 시점에서 근대화를 통한 극복을
주장했을 수 있다.

함경북도 명천 출신 허헌許憲(1885~1951)이 1889년 5살부터 다닌
서당은 하우면 읍성 성문 건너편 보성각 앞에 있었으며, 초시를 한 윤
창훈이 가르쳤다.[82] 허헌이 성장한 뒤로도 자주 문안을 드리고 윤창
훈이 1931년 83살을 일기로 세상을 떠나자 제자들이 송덕비를 세울
정도로 윤창훈은 존경을 받았다. 허헌은 이때 비문을 썼다. 윤창훈·
서택환 등은 김구가 배운 평민서당의 훈장과는 격이 달랐고 따라서

훨씬 존경을 받았던 것이다.

1907년 국채보상운동 때에도 서당이 일정한 역할을 했다. 서울 동부 배오개의 의관議官 박승호 집 서당 학동 15명이 각기 10전, 20전씩 모두 1원 90전을 모아서 기성회로 납부했다.[83] 국채보상운동 주창자들은 취지서를 만들고 기성회를 설립했는데 서당 학동들이 운동 초기인 3월에 곧바로 이곳에 돈을 보낸 것이다. 경상남도 의령에서는 4월 16일 덕곡서당에 사람들이 모여 기성회를 만들기로 했다.[84] 덕곡서당은 의령읍 하리에 있으며 본래 이황을 추모하기 위해 만든 서원이었으나 1869년 흥선대원군의 서원철폐령으로 훼철된 뒤 서당을 세웠다. 따라서 상당히 규모가 있는 서당이었다.

전통서당의 훈장들도 한말 사립학교가 만들어지고, 서당이 개량화되는 추세 속에서 일부는 이를 거부하지만 않고 어느 정도 동화했던 것 같다. 학교의 모습이 달라졌다고 해서 한문수업이 완전히 없어지지 않은 데다가 나름의 교육을 담당했기 때문이다.

평안북도 선천군 산면 향산리에 있는 사립유신학교의 예를 들어보자. 교사 김창곤金昌坤(1846~?)은 고향에서 계속 한문공부를 한 뒤 훈장 생활을 시작했다.[85] 1872년에는 선천군 읍면 역락재, 1874년 수청면 안산리 인남재, 1876년 읍면 교서리 진흥재, 1892년 산면 향산리 용연재, 1900년 산면 인봉리 곡강재 등으로 여러 차례 옮겨 다니면서 훈장을 했다. 다른 경력이 없는 것으로 봐서 전형적인 훈장 생활자였다. 자기 스스로 더 나은 서당을 찾아간 것인지는 알 수 없지만 자주 옮겼음을 알 수 있다. 그 뒤 1907년 선천군 산면 은봉리 사립신명학교, 1908년 산면 향산리 사립진명학교, 1910년 산면 향산리 사립유신학교에서 한문교사를 지냈다. 한문교사인 데다가 별다른 자격증이 없어도 가능했으므로 훈장의 연속선에서 볼 수 있다. 또한 설립대표자 겸 학교장 류중승劉仲承도 1893년 무렵 훈장을 지낸 인물로서 그 뒤 사립학교의 학감·교장을 거쳐 사립유신학교 설립 대표자 겸 학교장을 지낸 것을 보면 훈장 경력은 결국 교육 활동으로 연결이 되었다.

한말 일제 초기 사립학교 32개교 교원 130여 명의 이력서를 분석한 연구를 보면 대부분이 전통서당에서 공부했고, 그 가운데 상당수는 훈장으로서 활동한 인물이었다.[86] 이들이 그 뒤 적극적으로 공사립학교에서 교육 활동을 한 점으로 봐서 한말 전통서당의 공부가 결코 무익한 것은 아니었다고 평가할 수 있다.

학동의 모습

이 시기 학동들의 서당 경험에 대한 사례 몇몇을 살펴보자.

앞서 언급했던 양반 출신 허헌의 서당 경험을 알아보자.[87] 허헌(1885~1951)은 서울에서 멀리 떨어진 함경북도 명천 출신이었다. 명천군은 함북에서는 남단 해안 쪽으로 유명한 칠보산이 있는 곳이었다. 이곳은 변방 중의 변방이라 하겠다. 부친 허추가 내직도 맡고 외직으로 경원부사까지 지냈으니 권세 있는 집안이라고 할 수 있다.

허헌은 다섯 살 때인 1889년 동짓날 아침 서당에 갔다. 이때 아버지 허추는 함경북도 최북단 경원군의 부사로 부임했다. 가족들은 따라가지 않았다. 허추는 이따금 향리에 들르곤 했다. 그는 아들을 데리고 서당으로 갔다. 동짓날을 잡은 것은 겨울 동안 기초를 닦아나가라는 뜻일까? 다섯 살의 나이로 서당에 간 것은 양반집에서는 일찍 교육을 시작했다는 사실을 알려주는 듯하다.

허헌은 하우면 하평리(장골마을)에서 들판과 냇물을 건너 하우면 읍성 성문 건너편 보성각 앞에 있는 서당으로 갔다. 서당은 초시 출신인 윤창훈尹昌勳 훈장의 서재였다. 윤창훈은 1931년 83세까지 살았으니 당시 서당을 할 때는 40대 초반으로 원숙한 인물이었다. 이 또한 양반 집안이어서 제법 명망 있는 훈장을 찾아 공부했음을 알 수 있다. 뒷날 윤창훈이 1931년 83세로 돌아갔을 때, 허헌이 주도해 읍성 성문 밖 큰 길에 송덕비를 세웠을 정도였다. 토박이 학자로서 윤창훈의 학문이 뛰어났음을 알 수 있다. 그의 지도를 받아 허헌은 천자문으로 글공부를 시작했다. 1891년 7살이 되면서 책씻이 잔치를 치르며 향교로 진학하고는 과거를 준비했다. 1892년 향교에서 실시한 소과 초시에 응시해 겨우 8살의 나이로 급제했다. 뒤이어 1895년 소과 복시를 치르려고 했으나 갑오개혁 이후 과거제가 폐지되었으므로 대신 〈교육칙어敎育勅語〉(1895년 2월) 이후 재동소학교에 입학했다. 1899년 봄까지는 재동소학교 고등과를 마치고 한성중학교에 다녔다. 이때 대한제국기 권력가로서 명천 출신이었던 이용익의 사랑채에서 공부했다고 한다. 허헌은 과거를 목표로 어린 나이에 실력 있는 훈장을 찾아가서 체계 있게 공부했던 것이다.

앞에서도 나왔듯이 백범 김구(1876~1947)는 평민 출신으로 자기 집 사랑방에서 서당을 차렸다.[88] 훈장의 숙식은 당연히 김구 집에서 담당했다. 훈장이 처음 오는 날 김구는 너무 좋아서 머리 빗고 새 옷 입고 마중 나갔다고 할 정도였다. 50살쯤이며 공부가 넉넉하지 못해 상놈의 선생이 되었지만 김구 눈에는 신선이나 하느님처럼 거룩해 보였다고 한다. 김구는 새벽 일찍 일어나 먼저 선생님 방에 가서 글을 배우고, 멀리서 밥 구럭을 메고 오는 동무들을 자기가 가르쳐 줄 정도로 열성을 부렸다. 이처럼 훈장은 학문의 수준과 관계없이 스승이라는 점에서 학동들의 존경을 받을 수 있었다.

돌림서당이어서 석 달 뒤에는 산동 신존위 집 사랑으로 글방을 옮겼다. 산동까지 거리는 얼마였을까? 산 고개를 넘어야 했으니 꽤 멀었던 것 같다. 이제는 김구가 밥 구럭을 메고 가 종일 공부했다. 오가는 시간도 글을 외우는 시간이었다. 그랬기에 자기보다 수준이 높은 동무가 있음에도 항상 외우는 시험에서는 그가 제일 앞섰다. 이러한 서당 시절은 반년 만에 끝이 났다. 집 주인 신존위와 선생 사이에 반목이 생겨서 선생을 내보냈다. 표면적으로는 선생이 밥을 많이 먹는다는 것이었지만, 사실은 신존위의 아들이 공부를 못하는 데 비해 김구의 공부가 날로 발전하자 이를 시기한 것이었다. 심지어 월강月講을 앞두고 훈장이 김구에게 일부러 못 외우는 것처럼 해달라는 부탁까지 했다. 그래서 결국 신존위 아들이 일등을 해서 닭 잡고 술상차려 잘 먹었다고 한다. 그런데도 결국 선생을 해고하고 말았다. 선생도 김 구가 눈에 밟혔는지 어느 날 아침 식전에 그의 집으로 찾아와서 작별을 고했다. 김구는 정신이 아득해 선생에게 매달려 통곡을 했고, 떠나보낸 뒤에도 밥도 먹지 않고 울기만 했다고 한다. 그 뒤 비슷한 돌림 선생을 모셔 공부를 하다가 아버지가 전신불수가 되자 김구는 아버지 심부름에 매달려야 했다. 게다가 병원비로 가산을 탕진하면서 공부를 할 수가 없었다.

이후 김구는 한동안 장령군에 있는 친척 누이 집에 있으면서 나무하러 다니고 농사일을 했다. 동네 큰 서당에서 밤낮 책 읽는 소리를 들을 때마다 고통스러워서 부모님에게 고향으로 돌아가 공부하겠다고 졸라서 결국 다시 돌아왔다. 그리고는 곧 서당에 다녔다. 책은 빌려서 읽고 어머니가 품을 팔아 김매고 길쌈해 먹과 붓을 사 주었다. 그러나 훈장들이 그리 탐탁지 않아서 불만스러웠다. 그런 가운데 아버지의 충고로 땅문서 짓기, 소장 쓰기, 축문 쓰기, 혼서婚書 쓰기, 편지 쓰기 등 실용문을 익혀나갔다. 앞서 나왔듯이 조선 후기 향촌사회에서 소송이 빈번하게 일어나면서 서당의 학동 가운데 탄원서 작성법을 배우려는 자들이 적지 않았기 때문이다. 이들은 탄원서 관련 서식집과 용례집 등을 공부했다고 한다.[89] 김구도 평민층이었기에 이런 공부가 이어졌으리라 보인다.

그러면서 《통감》·《사략》을 읽기는 했지만 제대로 읽은 단계는 아니었다. 김구의 공부에 대한 욕구는 이것으로 만족스럽지 않았고 아버지도 고민할 정도였다. 그러다가 김구의 동네에서 동북쪽으로 십리쯤 되는 곳인 학명동의 정문재라는 선비를 찾아갔다. 평민이었고 큰어머니와 재종 남매였으며 그 지역에서는 이름난 선비였다. 그곳은 선비들이 모여 시와 부를 짓는 곳이었으나 한쪽에는 서당도 열어 아이들을 가르쳤다. 아버지가 정문재에게 부탁해서 김구는 수강료 없이 배우는 면비학동이 되었다. 그래도 너무도 만족스러웠던 김구는 매일 밥 구럭을 메고 험한 고개 깊은 계곡을 넘어 그곳에 기숙하는 학생들이 일어나지도 않았을 때 도착한 적이 한두 번이 아니었다고 한다. 여기서 시를 짓는 데 초보적인 대고풍십팔구大古風十八句를 익혔고, 한당시漢唐詩와 《대학》·《통감》을 배웠다고 한다. 글자 연습은 분판粉板만 사용했다고 하니 종이와 먹을 구하지 못했던 어려운 사정을 알 수 있다. 1892년 해주에서 경과慶科를 거행하자 여기에 참여하기 위해 아버지가 장지를 구해줘서 글씨 연습을 하고 경과에 참여했다.

이처럼 김구는 12살에서 17살까지 5년간 여러 서당을 전전하면서 배움을 이어갔다. 목표하던 과거가 부정으로 얼룩지자 회의를 느끼면서 더는 서당 학업을 포기했지만 5년간의 서당생활은 김구 평생에 큰 자산이 되었다. 김구의 사례를 볼 때 한말 서당에서도 신분 차별이 있었고, 가난한 집안이거나 일반 평민들에게는 서당에 다니는 일이 그리 쉽지는 않았다. 그러나 김구처럼 평민이 끊임없이 공부에 대한 욕구를 가질 수 있고, 또 그를 실현할 수 있는 길이 어느 정도 열려 있었

〈그림 13〉 조소리 전봉준의 집
사랑방이나 별채가 서당으로 활용되었을 것이다.

음을 알 수 있다.

　앞서 보았듯이 김구와 비슷한 시기 전라도 고부읍에서 박문규는
전봉준이 운영한 서당에서 공부를 시작했다. 박문규는 1879년 고부
군 궁동면 석지리(전라북도 정읍군 이평면 장내리 석지마을)에서 태어났다.
이곳은 밀양박씨 세거지로서 그의 집안은 '면에서 가장 부유했다'고
한다. 박문규의 집안은 7세 선조의 직함이 통정이었다고 하지만 그
뒤로는 관직이 없는 듯하다. 면내 부자로 일컬어지고 아버지 대까지
남녀노비를 두었다고 한다. 박문규는 장자로 태어났으며 학문과 과거
에 대한 열망이 있었을 듯하다.

박문규가 조소리로 전봉준에게 가서 배운 것은 일반적으로 소학에 들어갈 나이인 8살(1886) 때였다. 박문규는 3월 3일 아버지를 따라 석지마을에서 잔등 하나 넘으면 보이는 조소리 전봉준 집으로 공부를 하러 갔다. 3월 3일은 절일이어서 아버지가 일부러 좋은 날을 선택해서 갔을 수도 있고, 전봉준이 이날을 학습을 시작하는 개접일로 미리 잡았을 수도 있다. 전봉준은 '평생 집에서' 동몽들을 가르쳤으니 그의 집 방 하나를 서당으로 사용하는 이른바 자영형 서당을 운영한 셈이었다. 박문규는 왜 조소리를 택했을까? 첫째 석지리에는 서당이 없었을 수가 있다. 둘째 있더라도 조소리 서당을 선택했다면 조소리 서당이 조금 더 나았기 때문일 수도 있다. 조소리와 석지리의 거리는 500미터 정도로 매우 가까웠고 조소리 이 씨 댁에 출가한 박문규 고모의 윗집이어서 고모의 권유를 받았을지도 모른다. 첫날 아버지가 따라간 것은 학부모로서 직접 만나 부탁하고 한편으로는 전봉준의 학덕을 살펴려고 했을 수도 있다. 박문규는 어쩌면 집안 어른에게서 글자를 조금씩 배워가던 상황에서 전봉준이 이거해서 서당을 열자 곧바로 보내졌을 수도 있다. 이때 이미 8살이었으니 양반 가문에서는 더 미룰 수 없는 나이였다. 전봉준이 박문규에게 《천자문》의 '하늘 천, 따 지' 첫 구절부터 가르쳤다는 것은 학습의 첫 단계를 시작했다는 것을 의미한다. '서너 동무끼리 재미를 붙이며 배웠다'고 했는데,[90] 전체 학동 수를 가리키는지는 분명하지 않지만 적어도 3~4명의 학동이 함께 공부했던 것으로 보인다.

다른 학동들은 어디서 왔을까? 박문규와 달리 조소리 출신일 수도 있고 또 다른 주변 마을에서 왔을 수도 있다. 그들도 마찬가지로 초보였기 때문에 더욱 재미를 붙이고 열심히 함께 배웠음을 알 수 있다. 전봉준은 동몽들을 주로 가르쳤으므로 그에게 배운 것은 주로 박문규 또래의 동몽이었다. 나이 많은 학생들은 대상이 되지 않은 것으로 봐야 할 것이다. 그때그때 달랐겠지만, 박문규가 배울 때는 동몽 3~4명 정도의 작은 서당이었을 것이다. 전봉준을 아는 고부의 노인들도 '평생 집에서 마을 소년에게 《동몽》(동몽선습을 가리키는 듯-인용자)을 읽히고 《천자문》을 익히게 했다'[91]고 증언했다. 또 다른 기록에도 촌락의 작은 아이들을 모아서 《천자문》과 《소학》을 가르쳤다고 한다.[92] 박문규가 《천자문》·《추구》를 배웠다는 점과 서로 비슷하다고 하겠다. 아무튼 이렇게 초보적인 문자 교재와 문해 교재를 가르친 것으로 봐서 초보 아동들을 위한 서당인 셈이었다.

앞서 보았듯이 학동 박문규는 《천자문》부터 배웠다. 유학적 식견이 있는 집안에서 자라 8살에 서당에 가서 처음으로 《천자문》을 배운 것은 보통의 과정이라고 하겠다. 이후 《추구》 등 일반 과정을 밟았다. 그런데 《추구》의 양은 그렇게 많지 않아서 오래 걸리는 과정은 아니었다. 《천자문》과 《추구》를 거론한 것은 처음 배우기 시작한 책이라는 뜻으로 봐야 할 것 같다. 박문규의 재주로 봐서는 훨씬 진도가 더 나아갔을 것인데 그 뒤 무엇을 배웠는지는 나타나지 않는다.

박문규가 한창 공부를 하는 과정에서 1888년 전라도에 큰 가뭄이

들었다.[93] 전라북도 일대가 땅이 말라 들어 농작물을 거둘 수 없는 지경이어서 부농이던 그의 아버지(박병관)는 장사를 나서야 했으며, 어머니는 임신 중이었다. 박문규는 공부하기 어려운 상황에 처했고, 다른 동무들도 마찬가지였을 것이다. 이런 상황에서는 서당도 문을 닫을 수밖에 없었을 것이다. 다음 해인 '기축년(1889)년까지 서당이 없어졌다'라고 했듯이 흉년의 여파가 다음 해까지 미쳤다. 이 기간에 박문규는 공부와는 멀어질 수밖에 없었다.

그러다가 조금 사정이 나아지자 박문규는 다시 공부를 시작했다. 그는 1890년 겨울에 《통감》[94] 초권을 배웠다고 한다. 누구에게 배웠는지 명확하게 적지는 않았지만 앞서 1889년까지 서당이 없어졌다고 했으니 전봉준도 이때쯤이면 다시 조소리에서 서당을 운영하지 않았을까 한다. 1888년 이후 계속 서당을 운영하지 않았다면 생계 문제도 있고 또 본인도 계속하지 않았다는 말은 없었다. 앞서 고부의 노인들도 그가 평생 집에서 글을 가르쳤다고 증언했듯이 전봉준은 서당을 계속 운영했던 것으로 보인다. 《통감》 또한 서당에서 동몽류의 학습을 끝난 뒤 가장 많이 배우는 책이었다. 초권만을 읽은 것은 문리를 깨우치는 수단으로 일부만 읽기도 했지만 삼동공부여서 초권만을 목표로 했을 수도 있다. 앞선 흉년여파 때문인지 겨울에 들어서야 서당이 문을 열었거나 아니면 박문규가 서당에 나갈 여유를 가질 수 있었던 것으로 볼 수 있다. 결국 《통감》은 그가 전봉준에게 배운 마지막 공부가 되었다.

박문규는 13살(1891)부터 말목서당으로 옮겨서 공부했다. 전봉준이 말목서당도 운영한 것으로 해석한 글도 있지만 일반적인 실태를 볼 때 그렇게 보기는 어려울 듯하다. 말목 곧 마항리는 석지마을에서 1킬로미터 이상 떨어져 있어서 조소리보다는 꽤 먼 편이었다. 여기서 4년 동안 '먹을거리를 싸서' 공부를 하러 갔다고 하는데 도시락을 지참한 것은 조소리보다 먼 탓이기도 하고 여기서는 종일 공부했다고 볼 수도 있다. 어쩌면 전봉준의 서당보다 약간 격이 높았을 것으로 추측할 수 있다. 오늘날로 치면 조소리에서 초등교육을 받고 말목에서 중등교육을 받은 셈이었다. 이때부터 본격적으로 사서삼경을 읽기 시작했다. 1891~1893년까지 사서를 모두 읽었다고 볼 수 있어서 연차로 본다면 박문규의 글 속에 책명이 나타나는 순서인 1891년《맹자》, 1892년《중용》·《대학》, 1893년《논어》의 순으로 볼 수 있다. 그러다가 1894년부터 삼경으로 단계를 높여서 1894년 삼동에는《시전》을 읽었다.

　그런데 박문규는 왜 말목서당으로 공부하러 갔을까? 말목은 교통 요지였기 때문에 서당이 있었다고 보인다. 그렇지만 조소리보다는 꽤 떨어져 있고 전봉준의 신망 때문에 처음에는 말목보다 조소리를 선택했다고 하겠다. 1888년 흉년 때 말목서당도 사라졌다가 이즈음 서당이 다시 문을 열었을 수도 있다. 13살부터 말목서당으로 간 것은 거리는 멀지만 자기가 공부하기에 더 적합한 훈장을 찾아 나섰을 수도 있다. 이를테면 전봉준이 이즈음 입도를 해서 서당에 소홀했을 수도 있고, 아니면 박문규가 사서를 공부하는 단계부터는 새로운 선생을 찾았을지도 모른다. 다만 말목서당 훈장의 이름을 기록하지 않은 것은 특별히 주목할 일이 없기 때문이거나 이름을 잊었을 수도 있다. 마항리라는 지형상 교통의 요지인 데다 이름을 기억하지 못한다면 유랑지식인으로서의 훈장일 수도 있다. 1894년에 삼동에 글을 읽게 된 것은 그의 형편 때문일 수도 있지만 농민봉기의 여파로 겨울에 들어 수업이 가능했을 수도 있다. 다만 1894년 삼동에 《시전》을, 그다음 해 삼동에는 《서전》을 배웠는데, 한 해 삼동 기간에 《시전》이나 《서전》을 배울 수준이면 1891~1893년에는 어떻게 사서를 읽는 데 그쳤을까 하는 의문이 든다.

1895년에 들면서 박문규는 석지리에서 북쪽으로 1.5킬로미터 이상 떨어진 국정동 이 진사에게 가서 공부했다. 이 경우 1894년에 농민봉기가 휩쓸면서 중심 역할을 한 말목장터의 서당이 폐쇄되었든가 아니면 이제 박문규도 '동몽'의 단계를 넘어서는 나이였기 때문에 '동몽 서당'을 벗어나서 좀 더 학식이 높은 이 진사를 찾아갔을 수도 있다. 그렇다면 이 진사는 일반 훈장보다 수준이 높은 이 지역의 학자였으며 진사라는 점에서 생계를 위해 서당을 열지 않은 것으로 보이는데 박문규가 수준 높은 스승을 구하려고 직접 찾아가서 요청했을 수도 있다. 이때에도 삼동 동안에만 《서전》을 읽었다. 경제사정 때문인지 아니면 이 진사가 항상적인 서당을 운영하는 것이 아니어서 삼동이라는 기간을 잡아서 배웠을 수도 있다.

그런데 《맹자》·《중용》·《대학》은 자기 책으로, 그리고 《논어》·《시

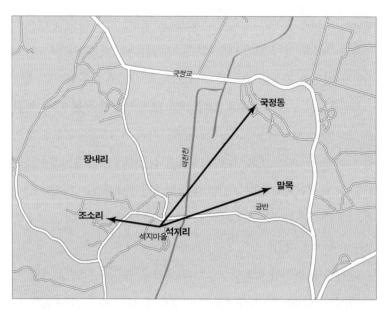

〈그림 14〉 박문규의 학습 공간

전》·《서전》은 얻어 읽었다고 하니 박문규처럼 그 지역 부호 집안의
자식인데도 사서삼경을 모두 갖추지 못한 것으로 본다면 당시 책을
구하기 얼마나 어려웠나 하는 점도 알 수 있다. 특히 그가 가졌다는
《대학》·《중용》은 매우 얇은 책이었다. 이런 점에서도 일반 집안에서
책값의 부담이 컸다고 하겠다.

　이와 같이 박문규는 삼남 지역의 사족이자 부농인 집안의 사례로
서 평민이자 빈농인 김구와는 여러 가지로 차이가 있다. 박문규의 수
업과정을 보면 학동의 입장에서 훈장을 선택해서 이동했음을 알 수

있다. 무엇보다도 성장해나가면서 자기의 여건에 맞는 훈장을 선택했을 것으로 보인다.[95] 때로는 자기의 처지에 따라 삼동공부를 선택하는 경우도 있다. 또한 수준이 올라갈수록 공부하는 시간이 길었는지 말목서당에는 도시락을 싸들고 다녔다.

이와 달리 공부에 전념하도록 기숙하게 하는 서당도 있었다. 뒤에 나오듯이 충청도 연기군의 문중서당 송동재의 학규에 따르면 공부와 함께 잠자리까지도 규율 속에 들어 있다. 만일 이를 어기면 꾸짖고, 그래도 지키지 않으면 체벌을 하고, 그다음에도 어기면 부형에게 통보해서 책을 싸서 집으로 보낸다는 것이었다. 요즘 기숙학원 못지않게 엄했다. 물론 서당마다 이렇게 엄격하지는 않았을 것이다. 김구가 잠깐 다닌 정문재의 서당은 필요에 따라 기숙을 했던 것 같다. 이렇게 기숙하는 학동들은 밤늦게까지 호롱불 아래서 열심히 공부를 했다. 흐린 호롱불이어도 당시 책을 읽고 외우기에는 큰 무리가 없었기 때문이다.

한 장의 성적표로 교육 실상을 엿보다

학동들은 서당에서 무엇을 어떻게 공부했을까? 구례의 한 서당 사례에서 좀 더 상세히 찾아볼 수 있다.

〈그림 15〉는 전라도 구례현 문척면에 있었던 이재里齋, 즉 마을서당의 학동들의 어느 해 4월 초하루 고강을 기록해 놓은 것이다. 문척

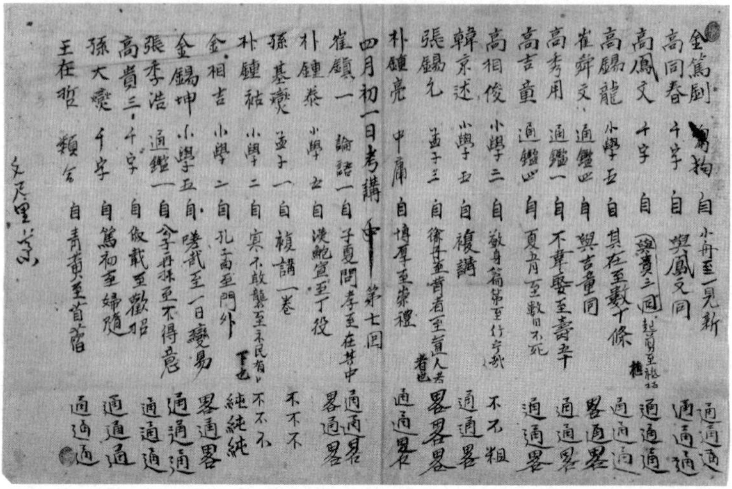

〈그림 15〉 구례 문척면서당의 고강 기록(순천대학교박물관, 《옛문서로 만나는 선비의 세계》, 순천대학교박물관, 2005).

면에는 죽윤리·마고리·산치리·토고리·금평·월평·전상동·전하동 등이 있었다.[96] 서당은 그 가운데 한 곳에 자리 잡았다. 해당 학동은 21 명이었다. 첫 번째 학동의 이름이 독쇠인 점으로 봐서 평민 학동들도 참여한 듯하다. 고강 기록은 각 학생마다 그간 어떤 책을 어디부터 어디까지 읽었으며 그 성적은 어떠했는지를 기술했다. 4월 초하루인데 7회라는 점으로 봐서 1월부터 보름에 한 번씩 고강을 했던 모양이다. 예산현감 김간의 〈동몽학규〉에서도 보름마다 그동안 배운 바를 통독 通讀하게 해서 보통 보름이 단위가 된 듯하다.[97] 반면 충청도 연기군에 있는 송동재는 5일 단위였다고 한다.[98]

〈그림 15〉는 학동별 강독하는 책과 정확한 진도, 그리고 성적에 대해 순純 – 통通 – 약略 – 조粗 – 불통不通의 순서로 평가했다.[99]

《천자문》을 4명, 《유합》을 1명, 《추구》를 1명, 《통감》을 4명, 《소학》을 7명, 《논어》를 1명, 《맹자》를 2명, 《중용》을 1명이 읽었다. 무슨 책을 읽느냐를 가지고 별호처럼 통감짜리, 동몽선습짜리 등으로 부르기도 했다.[100] 여기 서당에는 소학짜리가 가장 많은 셈이었다.

손대섭은 가장 초보여서 혼자서 앞부분을 읽고 있었는데, 이번에는 《천자문》73구 '독초성미篤初誠美'에서 84구 '부창부수夫唱婦隨'까지 12구 48자를 외워서 통과했다. 보름 동안 48자라면 분량이 아주 적은 듯한데, 아주 어리거나 진도가 늦기 때문일 것이다. 고동춘·고봉문은 함께 좀 더 진도가 나갔다. 149구 '기전파목起翦頗牧'에서 176구 '면기지식綿其祗植'까지 28구 112자를 외워서 통과를 했다. 고귀삼은 이들보다 진도는 약간 앞서서 165구 '숙재남묘俶載南畝'에서 188구 '척사환초慼謝歡招'까지 24구 96자를 외워서 역시 좋은 성적으로 통과했다. 한 번에 익히는 양으로 봐서 곧 고동춘·고봉문에게 따라 잡힐 듯하다. 이처럼 능력에 따라 배우는 양이 달랐다. 《천자문》을 배우는 숫자가 적은 것은 학동 대부분이 초보 단계를 넘어섰기에 전체적으로 진도가 꽤 나갔다는 뜻이다.

앞에서 언급했듯이 《추구》는 중국과 우리나라의 시 가운데 뛰어난 시구를 뽑아서 엮은 책이다. 그런데 〈그림 15〉에서는 책명이 《추구芻狗》이고 고강한 내용도 소주小舟에서 일견신一見新까지라고 해 흔히 알려진 《추구推句》와는 차이가 있으며 어떤 내용인지 알 수 없다. 《추구》는 단 1명만이 공부했다.

이런 과정을 거치면 이제 한문을 이해하기 위한 기본 한자는 익힌 셈이었다. 이때부터는 한문 문장을 이해하기 위한 공부를 했다. 《동몽선습》이나 《소학》으로 들어갔다. 이 서당에서는 《동몽선습》은 채택하지 않았는지 아니면 이즈음 여기에 진도가 맞는 학동이 없어서인지 명단에는 나오지 않는다. 그렇지만 《소학》을 무려 7명이나 읽고 있다는 점에서 이 서당에서는 적어도 《소학》을 더 중시한 것은 사실로 보인다. 진도가 제 각각인데 이 단계에 오면 수준이 차이가 나는지 평가점수도 각각이었다. 특히 불통도 여럿이어서 쉽지 않은 공부였던 모양이다.

《동몽선습》과 《소학》 사이에 《사략》·《통감》 등 역사책을 읽기도 했다. 여기서 《사략》은 《십팔사략》, 《통감》은 《통감절요》를 가리킨다. 역사적 사실을 많이 아는 것이 공부와 흥미를 내는 데 도움이 되었기 때문이다.

《소학》 다음은 사서삼경인데 여기서는 《논어》·《맹자》·《중용》을 각각 한 명이 읽고 있었고 반면 삼경은 아무도 없다. 주로 사서까지를 다루었을 수 있다. 다만 역사에 대한 이해를 넓히기 위해 《통감》·《사기》 등을 배웠으며 여기서는 《통감》을 4명이나 읽고 있는 것으로 봐서 《통감》만을 다룬 것으로 보인다.

고강은 여러 가지를 시험했다. 〈표 3〉에서 보듯이 '통통통'·'불불

〈표 3〉 구례 문척면서당의 고강표

이름	교재	진도	고강	비고
김독쇠	《추구》	小舟－一見新	通通通	어떤 책인지 알 수 없음
고동춘	《천자문》	고봉문과 같음	通通通	
고봉문	《천자문》	起翦－祇植	通通通	149구(起翦頗牧)에서 176구(綿其祇植)까지 28구
고석룡	《소학》 5	其在－數十條	通通通	其在라는 문구는 경신편 1곳, 선행편 2곳에 나와서 어디인지 알 수 없다.
최순문	《통감》 4	고길동과 같음	略通略	
고수용	《통감》 1	不韋娶－壽伍十	通通略	赧王下에서 秦王까지 1050자
고길동	《통감》 4	夏伍月－數日不死	通通略	정확하게 알 수 없음
고상준	《소학》 3	敬身篇 第一－行乎哉	不不粗	권3 敬身 232자
한경술	《소학》 5	複講	通通略	
장석윤	《맹자》 3	昔者－直人者也	略略略	昔者라는 문구가 여러 곳이어서 정확하게 알 수 없음
박종량	《중용》 5	博厚－崇禮	通通略	26-27장 285자
최진일	《논어》 1	子夏問孝－在其中	通通略	권2 爲政 359자
박종태	《소학》 5	漢鮑宣－丁役	略通略	권6 善行 643자
손기섭	《맹자》 1	複講 1권	不不不	
박종우	《소학》 2	寒不敢襲－示民有上下也	不不不	권2 明倫 263자
김상길	《소학》 2	孔子曰－門外	純純純	어느 곳인지 알 수 없음
김석곤	《소학》 5	嗟哉－一日變易	略通略	권6 善行 286자
장계호	《통감》 1	公子再拜－不得意	通通通	권2 赧王下 438자
고귀삼	《천자문》	俶載－歡招	通通通	165구(俶載南畝)에서 188구(懸謝歡招)까지 24구 96자
손대섭	《천자문》	篤初－婦隨	通通通	73구(篤初誠美)에서 84구(夫唱婦隨)까지 12구 48자
왕재철	《유합》	靑黃－首蓿	通通通	447자

불'은 세 가지를 시험했음을 뜻한다. 아마도 모두 외웠는지, 발음은 맞는지, 해석은 제대로 하는지 등이 포함되었을 것으로 보인다. 송동재의 경우 뜻이 불통하면 회초리 15대, 음이 불통하면 회초리 20대, 모두 불통하면 회초리 30대라고 했다.

서당의 규율

서당 나름의 규율이 정해진 곳도 제법 있으리라 생각한다. 한말이라고 해서 규율이 크게 차이가 있지는 않을 것이다. 앞서 구례 문척면 서당규칙을 통해 살펴보자. '서당규칙'은 크게 '사설師說'·'제자직弟子職'·'과정科程'·'과공課工' 등으로 구성되었다.

사설은 선생의 필요성과 가치를 설명했다. 근래 사도師道가 해이해졌음을 비판하면서 선생은 주역에 이르기를 '내가 동몽을 구하는 것이 아니라 동몽이 나를 구하게 하라'는 점을 강조했다. 이는 훈장의 입장이므로 일단 학동의 규율에서는 제외할 수 있다.

제자직은 제자의 도리에 해당한다. 여기에 학동들의 규율을 담았다. 일찍 일어나서 세수하고 의관을 갖추고 부모를 돌아보고 서당에 가서 방과 뜰을 청소하게 하고 어린 사람이 떠들거나 나쁜 놀이를 하지 못하게 하고 어기는 자는 사장師長에게 고해서 회초리 5대를 맞게 하고 출입할 때나 일이 있을 때는 반드시 고하고 마음대로 하지 못하게 하며 선생의 이부자리나 옷은 경건하게 대하고 물건은 함부로 사

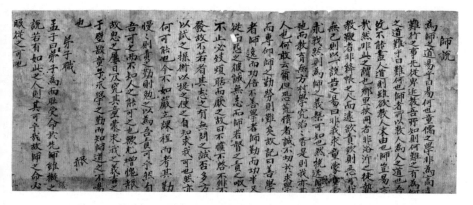

〈그림 16〉 구례 문척면의 서당규칙의 일부(순천대학교박물관 소장)

용하지 못하게 했다.

　과정은 학동들의 교육목표라고 할 수 있다. 언어는 삼가 방언을 쓰지 말고 패란의 말을 하는 자는 엄하게 회초리를 맞게 했다. 덕행은 별다른 일이 아니라 망언을 하지 않고 가볍게 행동하지 않고 다른 사람의 나쁜 것을 들추지 않고 착한 일을 칭찬하고 사람들과 이야기할 때 효제신 등을 말하면 덕이 쌓인다는 것이다. 문학은 문장만 배우지 않고 언행도 배우는 것이다. 정사政事는 관리가 되었을 때 하는 일이지만 책을 읽으면서 옛사람들이 왕을 섬기고 일을 명확하게 처리하며 백성을 사랑하고 형벌을 살핀 것을 열심히 공부하면 후일에 쓸 수 있으며 급무가 아니라고 소홀하면 안 된다고 했다.

　과공은 공부하는 방법을 가리키는데, 첫째 매일 열 줄의 글을 받아서 동자를 가르치고 식사 후에 법첩을 베끼고 독서는 숫자를 헤아려 1차에 20번으로 해서 오전에 2차, 오후에 2차 밤에는 이미 공부한 글을 외우고 오늘 받은 글을 읽는 것을 항상 하며 어기면 벌을 받게 했다. 둘째 역사책(通史)은 10일에 1강을 하고 경서는 한 책을 마친 뒤에 1책을 강회하게 했다. 셋째 봄과 겨울은 글을 읽고 근체시를 지으며, 여름과 가을은 고시문古詩文과 짧은 편지글을 공부하게 했다. 넷째 스승은 비유컨대 길을 가리키는 승려와 같아서 어디서 어디까지를 가리킬 뿐이며 잘 걸을지는 각 사람의 다리 힘에 달려 있으니 제생이 이상의 사항을 금과옥조처럼 지키고 율령처럼 받들어서 열심히 하면 1년의 공부가 3년을 겸할 수 있다고 했다.

문척면서당은 20여 명의 학동이 있어서 서당으로서 규모가 작지 않은 편이며 공부하는 과목이 《천자문》에서 사서, 《통감》 정도를 교육하는 것으로 봐서 어린 학동 중심이며 규칙도 엄격한 편은 아닌 듯하다. 그러나 제자직을 통해 기본적인 예절을, 과정을 통해 공부의 목표를, 과공을 통해 공부하는 방법을 규정해 잘 따르면 격려를 하지만 따르지 못할 때는 엄격하게 처벌했다는 점에서 나름의 규율을 잘 갖추고 있었다. 다만 한말 시기인 데다가 초보 서당이라는 점에서 성리학에 대해 특별히 강조하지는 않았다.

19세기 말 송동재도 〈사숙학규〉에 학동들의 공부방법과 규율을 담았다. 공부는 매일 초사楚詞와 이태백·두보의 시 수십 편과 우리나라 사람들의 시 몇 편을 읽고 책을 베끼고 문자를 베끼게 했고, 저녁을 먹은 뒤에는 읽은 글에 따라 7서 중에 몇 대문,《시경》·《서경》·《중용》·《대학》의 서문과《동명》·《서명》, 정주의《행장》·《묘표》·《상찬》 등의 책을 크게 읽게 했다. 또한 사마천의《사기》와 당송 대가들의 글을 몇 편 외우고 주자학자와 동방 제현의 글을 외게 했다. 과거 공부에 목표를 두었음을 알 수 있다. 생활규칙은 '밤이 깊으면 잠자리에 들고 새벽에 일어나 책상을 청소하고 서책을 정리한 다음 각자 귀가해 어른께 문후하고 식사 후 모여서 멱구覓句를 출제하며, 떠들고 낮잠 자거나 술에 취하는 행위를 엄금하며, 어린아이들은 그 연기의 다소와 재주의 우열에 따라 각자 이끌고 반드시 언어, 걸음걸이, 청소 등 예의범절을 먼저 익히게 했다. 또한 학동 가운데 관례를 한 자와 아동을 나누어 교육하고 생활예절은 관자가 아동을 가르치는 형태를 취했다. 이 같은 학규는 서당급에 해당하고 일반 사숙급은 학규가 체계적으로 갖춰지지는 않았을 것이다.

교과만으로 평가할 수 없는 것은 교육과정에서 교과를 넘어 시대상에 대해서 이야기를 듣는 공간이 될 수 있기 때문이다. 한글학자 이윤재李允宰(1888~1943)는 1896년 8살 무렵 서당에 다닐 때 '선생님'이 쉬는 시간을 이용해 중국 고전 속의 주무왕, 제환공, 굴원, 오자서 등의 이야기를 해줬는데, 하루는 조선의 상황을 다음과 같이 이야기해 줬다고 한다.

"조선도 지금부터는 천자국이 되었다."

"천자국요? 진시황 한고조처럼 우리 임금도 천자가 되었단 말씀입니까?"

"그렇다."

"그러면 우리가 언제부터 남의 속방이 되었습니까?"

"병자호란 적에 오랑캐(虜)에게 '성하의 맹'을 맺은 후 300여 년 동안 조선은 자주국이 못되고 중원에 칭신하고 조공을 하고 지내었다. 그러나 지금은 우리도 자주국이 되었으니 인제부터는 영영 그럴 일이 없겠지."[101]

대한제국의 수립으로 고종이 황제를 칭했다는 소식이 시골까지 전해졌던 모양이다. 이윤재는 절로 어깨춤이 나고 기쁨을 이기지 못해 문밖 못가에서 여러 동무와 함께 즐거이 뛰며 춤추다가 도랑에 빠져 옷을 버렸다. 집에 돌아가 어머니께 꾸중을 들었지만 자신의 삶에서 가장 통쾌한 일 가운데 하나로서 기억되었다고 한다. 이야기 속에서 훈장의 역사에 대한 이해나 현실 인식이 대단히 소박하지만 서당은 교과 외적으로 이 같은 이야기를 건넬 수 있는 공간이었다.

특히 근대에 들어서 우리 사회가 위기에 처해 있을 때 서당교육을 통한 사회이념의 확대 또한 당시 지배층의 사회적·정치적 행동을 비판하고 나아가 앞으로의 대응을 제시하게 된다. 실제 학동들이 여기서 영향을 받은 것도 사실이었다. 백낙준白樂濬(1895~1985)은 소년 시절 서당에 다닐 때 서당교사들이 최익현의 글이나 곽종석의 글을 베껴온 것을 읽었으며 이것이 민족을 발견하는 데 도움이 되었다고 한다.[102]

동학농민전쟁 때 〈무장포고문〉의 내용은 서당 교재에서 많이 활용한 《동몽선습》 서문의 첫 문장과도 유사하다.

사람을 세상에서 가장 귀하게 여김은 인륜이 있기 때문이며, 군신과 부자는 가장 큰 인륜으로 꼽는다. 임금이 어질고 신하가 충직하며 아비가 자애롭고 아들이 효도를 한 뒤에야 국가를 이루어 끝없는 복록을 불러오게 된다.[103]

《동몽선습》은 서당에서 학동들이 《천자문》 다음으로 배운 교재다. 이러한 내용이 포고문 속에 들어 있는 것은 많은 사람이 대체로 서당을 통해 배운 의식과 소양을 잘 활용했다고 볼 수 있다. 곧 서당에서 배우는 《동몽선습》 정도의 유학적 소양이 당시 대중들에게도 하나의 상식으로 정착되어 있었고, 이에 의거해 지배층을 비판하고 인정을 회복하려고 시도했음을 알 수 있다.

식민지 서당,
활로를 찾아 나서다

3

서당을
체제 속으로!

서당에 관한 여러 제도

이 장에서는 일제강점기 가운데 전반부에 해당하는 1920년대 말까지를 다루고자 한다. 전후 시기 구분은 서당정책이 개정되는 1929년을 기준으로 삼았다. 조선총독부의 서당정책은 큰 틀에서 보자면 그들이 시행한 보통학교정책과 분리할 수 없다.

일제강점기에 들면서 교육정책은 식민정책과 맞물리면서 더욱 치밀해졌다. 1911년 8월 23일 공포된 〈조선교육령〉은 식민교육정책의 본질을 잘 보여준다.[1] 2조 '교육은 〈교육에 관한 칙어〉의 취지에 기초해 충량한 신민을 육성하는 것을 본의로 한다'에서 '충량한 신민 육성'이란 곧 순종과 복종을 강요해 한국인을 일본인화 하려는 의도가

드러난다. 3조 '교육은 시세와 민도民度에 맞도록 이를 베푼다'라고
해 매우 추상적인 규정을 제시했다. '민도'는 생활, 문화수준을 가리
키므로 이는 일본인과 한국인에 대한 차별교육을 실시하려는 의도가
드러난다.

〈조선교육령〉은 보통학교·고등보통학교·사범학교 등 각급 학교
의 종류와 교육목적에 대해 상세하게 밝히고 있다. 이 가운데서도 보
통학교가 가장 중요하다. 보통학교의 교육 목적은 '신체 발달에 유의
하고 국어(일본어. 이하 국어는 모두 일본어를 가리킨다)를 가르치며 덕육을
실시해 국민으로서의 성격을 양성하고 그 생활에 필요한 보통지식
과 기능을 가르친다'(8조)고 규정했다. 곧 조선의 아동을 일본 국민으
로 만드는 데 있었다. 이렇게 보통학교에 비중을 둔 것은 대한제국기
만 하더라도 전체적인 교육체제를 마련하려고 했지만 일제강점기에
들어와서는 '당분간 주로 초등교육 및 직업교육으로 충분함을 분명히
할 것'이라고 규정했기 때문이다.[2]

〈보통학교령〉에서 이야기하는 보통학교는 물론 오늘날과 같은 무
상 의무 공교육기관이 아니라 수업료를 징수하는 유상제 교육기관이
지만 오늘날 초등교육기관과 매우 유사한 학교였다. 교육과정·교육
체계·교수방법 등도 그러했으며, 교육기회 또한 최소한 제도적으로
는 모든 조선인에게 개방되어 있었다.[3] 따라서 보통학교는 식민교육
기관이면서 근대교육기관의 모습을 띠었다.

일제강점 초기 총독은 훈시를 통해 교육방침을 '조선과 같은 곳에

서는 사상의 통일을 요구하는 것이 한층 절실하므로 생도가 착실 온건한 기풍을 양성하게 하고, 자기의 분수(分限)를 알게 해 질서·절제·규율·종순의 좋은 습관을 어려서부터 순치(馴致)하게 할지어다'라고 강조했다.[4] 이러한 정책은 조선인들이 저항 차원에서 시행한 사립학교 설립과 길항관계였다. 〈조선교육령〉으로 학교제도가 체계화되자 관공립학교는 조선총독부의 정책에 따라 설치되었으나 사립학교는 보통학교나 고등보통학교로 제도화된 학교로 포섭되거나 인가되지 못해 학교제도 밖에 존재하는 사립각종학교로 자리매김해야 했다.[5]

총독부의 교육 통제 속에는 사립학교와 아울러 서당도 포함되었다. 1913년 총독부에서는 부군(府郡)교육회를 만들어 교육의 통일과 사립학교 및 서당 지도 계발을 목적으로 공사립학교 직원 등으로 조직된 부군교육회를 〈학회령〉에 따라 총독의 인가를 받게 했다.[6] 또한 그 무렵 1913년 조선총독부 내무부장은 이렇게 훈시했다.

조선의 교육은 의무교육이 아니다. 조선의 민도는 아직 의무교육을 실시할 정도에 이르지 못하였다. 그런데 보통학교장 중에는 자칫하면 취학의 비율을 운운하고 생도 수의 적은 것을 한탄하며 혹은 일본에 있어서와 같은 완전한 설비를 하려고 초심(焦心)하는 자가 있다. 이는 모두 잘못이다. 사립학교와 서당에 대해서도 쓸데없이 급극한 개선을 시도한다든가 이의 폐합에 손을 대는 자가 있는데 이 같은 일은 조선교육의 본지가 아니다. 그러므로 제자(諸子)는 이 뜻을 체득하고 항상 민도에 적합한 시설과 시세에

응하는 교육을 실시해 결코 공을 한숨에 세우려는 일이 없게 하라.[7]

　이 훈시는 앞서 〈조선교육령〉을 완벽하게 적용해 조선의 민도는 의무교육을 실시할 수 없다는 점을 기준으로 삼았다. 그러면서 강점 초기 보통학교에서 학생 수가 아직 적은 점에 대해 대책에 급급한 학교장이 있어서 이를 제어하려는 가운데 나온 발언이었다. 사립학교·서당을 급격하게 개선하려고 하다가 반발 등 문제를 일으켰기 때문에 조절하려는 의도도 있겠지만, 다음의 보통학교 사례로 미루어 볼 때 반발 등의 문제보다도 당장 보통학교로는 한국의 학생들을 모두 수용할 수 없다는 것을 인지한 현실적인 판단의 결과일 수 있다.

　먼저 식민지배에 따른 근대교육에 반발이 일어났기에 보통학교는 주요 초등교육기관으로 정착하지 못했다. 이런 가운데 서당이 초등교육의 주류를 이루었고 총독부는 서당에 대해서 견제와 더불어 온존하게 하는 입장을 취했다.[8]

　게다가 객관적인 조건으로서 보통학교에서 취학아동을 모두 수용하지 못했다. 일제강점 초기에 천황의 은사금 이자는 전국 380개 군수 소재지에 학교 하나를 설립할 정도에 지나지 않았고, 면동리에는 서당이 있기 때문에 서당을 없애기 어려웠다.[9]

　당시 보통학교는 지원자의 30~40퍼센트를 간신히 수용하는 형편이었다.[10] 1921년 봄 경성에서 보통학교에 입학을 지원한 아동은 6000명에 이르렀으나 그중 1500명이 간신히 입학하고 나머지 3500

명은 그대로 떨어졌다.[11] 숫자에 착오가 있지만 대략의 추세를 말해준다. 이렇게 떨려나온 아동은 어쩔 수 없이 대부분 글방으로 가서 옛날식으로 훈장에게 한문이라도 배울 수밖에 없었다. 그래서 경성의 길거리에는 여기저기 서당에서 아동을 모집하는 광고까지 붙어 있을 정도였다. 이러한 상황으로 보면 서당이라는 것을 결코 소홀히 볼 수가 없는 것이다. 1923년 자료로는 학교에 못 들어가는 아이가 6000~7000명인데, 학습회에 1200명, 11개 사립보통학교와 부속학교에 800여 명, 잡종 학교 16개에 1000여 명, 모두 합하더라도 나머지 3000~4000명은 갈 곳이 없어서 가정에서 놀든지 아니면 부내 135개 서당에서 천자문을 배워야만 한다는 것이다.[12]

1911~1916년에 서당은 6000여 개에서 2만 5000여 개, 학생은 14만여 명에서 25만여 명으로 늘어났으며, 1922년까지 서당 학생이 보통학교 학생보다 많았다. 또 다른 비교는 인구 1만 명당 서당 학생 수는 많을 때는 170여 명까지였으며 특히 일부 지역에서는 300명을 넘어서기도 했다.[13]

1920년 보통학교 입학자의 65.5퍼센트가 서당교육 경험자라는 점도 주목된다.[14] 특히 남학생의 경우는 78퍼센트에 이르렀다. 이는 서당교육과 신식교육을 상호 보완관계로 인식했기 때문이다. 여기에는 조선인 스스로 서당 이후 보통학교를 들어가기도 했지만 총독부 정책과도 연결이 된다. 곧 1910년대 4년제 보통학교 교과를 보면 일본어를 중심으로 산술, 조선어·한문 등이 묶인 간이 실용의 교육 형태였는데, 여기서 조선어·한문을 결합한 것은 서당 학생을 보통학교로 끌어들이려는 의도가 있었기 때문이다.

일제강점 이후 1920년 전반까지 서당에 대한 중요한 대책을 살펴보자. 먼저 일제강점 직후인 1911년 8월 18일 총독부는 〈서당에 관한 주의의 건〉을 발포했다.

서당은 현재 아직도 구제에 빠져 있어서 일용의 지식을 가르쳐줌이 적다 하지만 초등보통교육기관의 시설이 부족한 금일에서는 갑자기 이를 폐지할 것은 못된다. 그러나 지방은 자칫하면 그 폐지를 기도하는 경향도 있는데 그것은 한편 지방의 자제들로 하여금 취학의 길을 잃게 하고 다른 한편 서당의 교사로 하여금 의식을 길을 궁하게 한다. 따라서 민심을 불안에 빠뜨릴 우려가 있음이 결코 적지 않다고 인정되므로 서당은 이를 지도 유발誘發하여 점차 내용의 불비를 보충할 것이다. 이상은 앞서서 도장관회의에서 총독지시가 있었으니 차제에 특히 이 조치를 틀림이 없이 귀관 하 각 부윤 군수에게 지시를 내려 주시옵기 바라나이다(정무총감 → 각 도장관).[15]

이는 식민화가 되면서 첫 번째로 나온 서당에 관한 조치로서 좀 더 주의를 요구했다. 여기서도 서당의 보존책을 지시했는데 앞서 〈서당 관리에 관한 건〉처럼 폐지에 대해서는 매우 경계했다. 곧 지방에 따라서 서당을 폐지하려는 움직임에 대해서 지방의 어린아이들이 취학할 수 있는 길을 잃게 하고, 서당의 교사의 입장에서 본다면 생계를 잃게 되기 때문에 이로써 민심이 불안해질 것까지 염려했다.

이 무렵 경기도 장관 히카키 나오스케檜垣直右의 서당에 대한 발언은 좀 더 구체적이었다.[16] ①국어 및 산술의 초보를 가르치기 위해 보통학교 졸업 정도의 사람을 수 곳의 서방書房[17]이 공동으로 고용케 할 일 ②서당교사에게 국어 및 산술을 연구케 할 일 ③교수법의 일반, 특히 한문·작문·습자의 교수법을 알게 할 일 ④교과서의 개선에 관해 지도할 일 ⑤사립학교가 전무한 부면府面의 서당은 한둘을 뽑아 사립학교 정도로 발달케 함을 도모할 일 ⑥각 서당의 쇄소 청결에 관해 크게 개선을 도모할 일 등을 내세웠다. 당시로서는 서당을 교육체계 속으로 포괄할 수 있는 매우 구체적인 방안을 거론한 것이었다.

이는 이즈음 만들어진 〈1차 조선교육령〉과 관련이 있다. 여기서 일본인 소학교는 입학 연령이 6살 이상인데 비해 조선인 보통학교 입학 연령은 8살 이상으로 정한 것(〈조선교육령〉 10조)은 다분히 서당을 의식한 듯하다. 보통 서당에 6~7살에 들어가기 때문에 서당에 다닌 다음 보통학교에 입학하는 경우를 충분히 포함한 것으로 보인다. 이처럼 서로 공존하고 있지만 당연히 보통학교를 중심으로 했다.

이 시기 총독부는 서당에 대해 계속 경계를 하면서 활용 방안을 모색했다. 총독부가 서당의 존재 및 확산을 경계하면서도 현실적인 이유 등으로 보통학교 제도 등에 상호 보완제로서 활용하는 방안 또한 구상한 것이다. 그 같은 양면적·양가적 특성이 일제강점기 총독부(내지는 일제의 지배권력)와 (개량)서당의 관계였다.

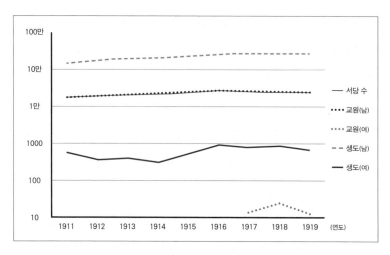

〈그림 17〉 1910년대 서당 현황(《조선총독부 통계연보》, 1929)

1913년 조선을 시찰한 일본 내무성 고바시 이치타小橋一太 지방 국
장은 신문기자들과 이야기를 나누면서 서당은 일본 통치에 아무런 지
식을 주지 않으므로 여기에서 교육을 받으면 자연히 보수적 기풍이
될 수밖에 없음을 경계해야 하지만 서당을 폐지할 수 없으므로 교과
서를 간섭해 신지식을 주는 방법을 강구해야 한다고 했다.[18] 서당을
이용한 일본어교육의 중요성도 아울러 거론했다.

1910년대 서당의 수는 〈그림 17〉에서 보듯이 지속적으로 증가했
다. 절대 다수를 차지하는 남학생과 남교원의 경우도 마찬가지였다.
반면 여학생, 여교원의 절대적인 수치 및 증가폭은 그리 크지 않았다.

〈서당규칙〉을 발포하기 직전인 1917년 말 총독부에서 조사한 바로

는 전국의 서당 수는 2만 4274개, 교원 2만 4507명, 학생 26만 4835명, 경비 114만 8515원에 달했다.[19] 총독부는 조선 재래의 무질서한 서당이 계속 증가하는 것에 대해 이상하게 생각하면서도 그들의 교육 정책에 따라 개선하지 않을 수 없었다.[20] 실제로 1916년 경기도 관내 서당 수가 2171개로 전년 말에 비해 249개나 늘어났는데, 여기에 대해 교육이 급무라는 것을 점차 깨달았다는 점과 통학이 불편한 아동들에게 당국에서 취학방법을 장려한 까닭이라고 진단했다.[21]

이런 상황에서 총독부는 1918년 2월 21일 〈서당규칙〉을 발포해 시행하게 했다. 총독부 기관지인 《매일신보》에 그 의미를 잘 설명했다. 곧 〈서당규칙〉 발포 전날 기사를 보면 규칙을 만든 이유를 '종래 서당에 관해 바로 지금 조선교육의 현황에 비추어 급격하게 처치하는 것을 피했으나 근래 서당 중 한문 외 보통 학과를 받는 곳이 있음으로써 이는 단속을 요하기에 이름이며 간이한 감독을 받고자 함이라 하더라'고 해 서당을 단속하고 쉽게 감독하기 위함임을 알 수 있다.[22]

이때 만들어진 〈서당규칙〉의 내용을 풀어서 소개하면 다음과 같다. 첫째 서당을 개설하려는 자는 이름과 위치를, 학동의 정원과 가르치는 서적의 이름, 서당을 유지하는 방법과 서당을 개설하는 자와 서당 교사의 성명과 경력, 한문 이외 국어, 산술 등을 가르칠 때에는 그 사항과 1년 중에 시기를 정해 글을 가르칠 때에는 그 시기를 기록해 그 지방을 관할하는 부윤이나 군수 또는 도사島司[23]에게 신고를 하게 했다. 또 이왕 있는 서당은 규칙을 시행한 지 여섯 달 이내 이러한 사항을 기록해 신고하고 신고한 뒤라도 신고한 사항에 변경이 생길 때마다 그 사유를 즉시 신고하며, 서당의 개설자나 교사가 변경된 때에는 새로이 변경된 사람의 이력서를 붙여서 신고를 해야 하고 또 서당을 폐지한 때에도 즉시 그 사연을 신고해야 하며, 서당의 이름은 학교와 같은 문자를 쓰지 말고 또 서당의 이름은 문이든 현관이든 길에서 보기 쉬운 곳에다 걸어 놓게 했고 금고 이상의 형벌을 당한 일이 있거나 성행이 불량한 자는 서당의 개설자나 교사가 되지 못하게 했다.[24] 이는 서당 건물·학생·교사·교과 등을 총체적으로 통제하는 내용이었다. 특히 한문 이외 국어, 산술 등을 가르칠 때에는 그 사항을 기록하게 해 개량서당이 주된 대상임을 알 수 있다. 심지어 이전 서당이 농한기 등 한정된 시기에 서당을 운영하는 경우에도 모두 신고를 하게 하고 서당을 폐지할 때도 신고하게 했다.

이처럼 일제강점기간이 10년이 되는 상황에서 서당에 대해서도 좀 더 구체적인 규칙이 마련되었다. 따라서 식민지배에 대한 총체적인 운영의 일환으로 서당에도 세밀한 정책이 시행되었음을 짐작하게 한다. 〈서당규칙〉을 만든 중요한 이유 중 하나는 사립학교에 대한 통제와도 서로 통한다. 따라서 모든 서당을 대상으로 하기보다는 서당이라는 이름을 빌려 학교와 비슷한 교육을 실시하는 것을 통제하려는 뜻이 있었다.[25]

〈서당규칙〉과 함께 지방장관에게 발한 시행령인 〈서당규칙 발포에 관한 건〉을 보자. "서당은 그 유래가 학교와 같지 않으므로 다수의 학동을 수용해 학년 학기에 의해 학급을 조직하고 각종의 사항을 교수하는 것은 할 수 없다"라고 학교와 비슷한 조직을 만드는 것부터 철저하게 제한했다.[26] 학동 수도 많아도 30명을 넘지 않게 규정했다. 한편으로는 서당 이름을 '문이든지 현관이든지 길에서 보기 쉬운 곳에다가 걸어놓을 것'이라고 못 박아서 서당을 파악하기 좋게 만들었다. 서당이라고 해서 구체적인 이름을 쓰는 경우가 많지 않았는데 이제 모든 서당이 이름을 만들어서 걸게 했다. 한문만 가르치지 말고 일본어, 산술 등을 가르치게 했으며, 가르치는 교재는 미리 명기하고 그 가운데서 선택하며 이른바 불량 서적은 사용하지 못하게 제한했다.

이러한 내용은 총독부 기관지인 《매일신보》를 통해 널리 홍보되었다. 먼저 1918년 일제가 〈서당규칙〉을 선포하며 개량서당정책을 본격화하던 당시의 신문기사를 보자.[27] 〈훈장의 두상頭上에 신법령〉이라는 상당히 자극적인 제목을 달고 〈서당규칙〉이 마련되었음을 기사화했다. 그와 함께 한 장의 사진(〈그림 18〉)을 실었는데, 길게 수염을 늘어뜨린 백발의 훈장이 머리를 땋아 기른 4명의 학동을 앞에 앉히고는 가르치고 있다. 우리에게는 전통서당의 정겨운 모습으로 보일 수 있지만, 사실은 철저하게 연출된 사진이다. 〈그림 18〉은 1894년 8월 4일 프랑스 주간신문 《릴뤼스트라시옹L'illustration》에 실린 것으로,[28] 여기서는 사진의 위 테두리만 아치형으로 바꾸었을 따름이다. 이들은 사진관으로 추정되는 넓은 공간에 깔린 돗자리 위에 앉아 있다. 실제 훈장과 학동이 아니라 촬영을 위해 연출된 것이다. 이 같은 사진관 사진의 생산 주체는 이 시기에 영업 활동을 한 일본인 사진사로 보인다.[29] 20여 년 전의 사진을 끌어 쓴 이유는 알 수 없다. 사진의 설명이나 출처를 밝히지 않고 '금일 새 법령 래래[30]에 지도를 받을 경향의 글

〈그림 18〉 '새 법령 지도'를 받을 글방의 모습
《매일신보》1918년 2월 22일)

방'이라는 설명을 달았으니 조작된 이미지라고 하겠다. 훈장에 대해 비판하는 글 대부분에서 거론하는 내용처럼 훈장은 매우 고루하고 권위적인 모습이다. 특히 남녀 학동을 2명씩 가르치는 장면을 보면, 이는 집안 어른에게 배우는 아이들일 수는 있어도 당시 일반 서당의 모습은 아니다.[31] 단지 기사의 목적에 맞춰 새로운 법령을 통해 앞으로 바꿔나갈 대상으로 서당의 고루한 이미지를 연출했을 따름이다.

일제는 보통학교장 등에게 강연을 하게 해 〈서당규칙〉을 일반인들에게 알리려고 노력했다.[32] 따라서 1920년 경기도청에서 보통학교장 회의가 열렸는데 이때 스도 모토須藤素 제일부장[33]의 지시 사항 가운데 '공사립학교와 서당의 연락에 관한 건'도 있었다.[34] 보통학교와 학교장을 서당정책을 시행하는 데 담당자로 활용한 것이었다. 1921년 4월 25일 총독부에서 열린 도지사회의에서는 몇 개 사항을 협의했는데, 그 가운데 서당 문제를 첫 번째 사안으로 다룰 정도였다.[35] 다음

해 1922년 부산 유지들이 발기한 조선교육개선기성회에서 조선교육 조사위원회에 제출한 진정서에도 "전통서당은 당연히 철폐할 방침으로 1면1교를 실시할 때까지 이의 응급개선을 꾀하는 일"[36]이라고 한 것도 서당을 바라보는 기본적인 방향이었다고 하겠다.

　1921년 천도교 인물 박달성朴達成에 따르면 부령이 내린 시점에 서당은 조금씩 부활의 기운을 띠어서 없던 곳에 새로 개설되고, 어떤 곳에서는 다시 확장되며 서당교육이 다시 흥성해졌다고 한다.[37] 이때 자료에 따르면 이 무렵 서당 수는 전국에 2만 1619개(전통서당 1만 9333개, 국어·산술 포함 교수 2286개)에 아동 수는 서당 1개에 10명으로 잡아 21만 6290명 정도였다. 당시 전국은 13도 219군 2516면 2만 8014동리로 구성되었다. 이와 비교하면 도별 1663개, 군별 98개, 면별 8개 이상, 동리별 1개가 조금 못되는 정도로 파악된다. 곧 동리별 1개씩은 있고 면별로는 거의 10개, 군별로는 거의 100개의 서당이 있었다는 것이다. 서당의 수치로 볼 때 1919년의 자료를 인용한 듯하다. 1919년의 자세한 숫자는 경기도 2323개, 충청북도 672개, 충청남도 1257개, 전라북도 1264개, 전라남도 2055개, 경상북도 1248개, 경상남도 1480개, 황해도 2954개, 평안남도 1899개, 평안북도 2128개, 강원도 1963개, 함경남도 1901개, 함경북도 485개, 총계 2만 1629개였다.[38] 교사는 2만 1758명(여성 25명)으로 서당 약 1개에 1명이며 학생 수는 25만 2595명(여학생 1079명)으로 1개 평균 12명에 해당하며 학생 30명 이상은 544개이었다. 경비 총액은 1년 123만 3618원으로 1개 평균

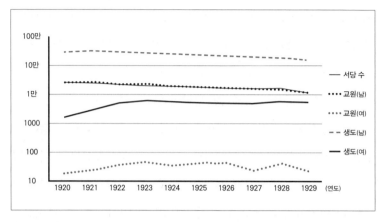

〈그림 19〉 1920년대 서당 현황(《조선총독부 통계연보》, 1929)

56원, 학생 1명당 5원이었다.[39]

　다른 신문 자료에 따르면 1920년 전후 서당의 숫자는 대략 2만 개, 학생은 서당 하나당 10명씩 계산해 20만 명 정도로 보았으며, 여기서 중요한 것은 경향 각 학교의 학생 수가 보통·중등을 통틀어 8만여 명 정도이므로 그에 비해서도 12만 명이 더 많다는 것이다.[40] 이러한 현상이 일어난 것은 1919년 3·1운동의 영향 때문이었을 것이다. 게다가 1920, 1921년은 서당 수, 학생 수에서 최고점을 찍었다. 이 때문인지 1922년 총독부령으로 〈교육효적자선장규정敎育效績者選獎規程〉을 만들어 교육에 공헌이 현저한 사람을 총독이 선정하는데 여기에 서당 개설자까지도 포함했다.[41] 서당 개설도 교육의 중요한 공헌에 속한다고 평가한 것이다.

(단위: 명)

연도		서당 수	교원 수	학생 수		자료
				남	여	
1917		126	126	1060	2	《조선총독부 경상북도 통계연보》
1922	전통서당	94	94	881		《경상북도 교육급종교일반》
	개량서당	23	31	747		
	합	117	125	1628		
1925		83	83	820		《동아일보》 1925년 3월 4일
1926		98		858		《동아일보》 1926년 10월 16일
1928		43	43	511		《경상북도 통계연보》

출전: 이타가키 류타 저, 홍종욱·이대화 역 《한국 근대의 역사민족》, 혜안, 285쪽

이 시기 서당을 파악하는 데는 정확한 기준이 없었다. 예를 들어 아래 〈표 4〉의 상주 사례를 살펴보자. 1917~1928년까지 서당의 숫자가 파악되어 있다. 1922년에는 재래서당과 개량서당이 각각 파악되어 있는데, 그뒤로는 하나의 숫자로만 기록되어 있다. 그런데 1925, 1928년은 1922년의 전통서당과 숫자가 비슷하다는 점에서 전통서당으로 보이며 그 숫자는 점차 줄어들었다. 반면 1926년은 파악하기가 쉽지 않다. 1925년에 비해 늘어났기 때문에 전통서당과 개량서당이 포함되어 있지 않을까 한다. 그리고 1922년의 자료를 보면 전통서당은 서당별 교원이 1명이고 학생은 평균 9.4명이었고 개량서당은 서당별 교원이 1.35명이었는데, 대략 서당의 3분의 1은 교원이 2명이며 학생은 평균 32.5명으로서 전통서당보다는 3~4배나 많았다.[42]

통제와 개량화

'일신할 서당의 면목'

총독부는 서당에 대한 통제가 필요하다는 생각을 일찍부터 가졌다. 예를 들어 1915년 경성부 내 서당에 대해서도 당국이 일본어와 수신 교과서를 참고하게 했으나 별효과를 거두지 못했다고 한다.[43] 그러나 곧바로 대책을 세우지 못했고 다만 학생들을 보통학교에서 수용하면 서당 수는 자연 줄어들 것이라는 정도였다.

전라북도에서는 도장관의 지시로 서당 문제를 적극적으로 검토한 흔적이 보였다. 1917년 전주학사협의회는 서당이 일본식 교육방침을 취하기 어렵고 일본의 여러 축일祝日에도 휴학하지 않아 한일 화합에 장애가 되며 서당 학동이 학생 모집에 불응해 학생 모집이 곤란하다는 등의 이유로 서당의 전폐를 주장했다. 그러나 당국은 전래의 조선 교육법을 타파해 악감을 사는 것보다는 구식 교사를 차차 줄이고 보통학교 출신으로 대치해 일본어 교육과 일본식 교육을 교수하는 것이 좋다고 했다.[44] 도장관은 한두 면의 서당을 통합해 1개의 사립학교로 개선하는 안까지 검토해본 듯하다.[45] 조선인이 보통학교의 통학을 꺼리고 유치한 서당교육을 받고 있지만 서당을 전폐하는 것도 좋은 방법이 아니고 장려하는 것은 원래 불가하기 때문에 다른 대책이 필요하다는 것이다. 그래서 위와 같이 서당을 합동해 사립보통학교와 같이 개선하는 방법이 있다고 하면서 다만 경비문제 때문에 바로 결행하기 어렵기 때문에 학사협의회에서 십분 연구해 전주에서 시험한 뒤 관내 보급하는 방침을 세웠다.

그러다가 서당에 대해 구체적인 대책이 마련된 것은 앞서 나온 〈서당규칙〉이었으며, 구체적인 방법은 곧바로 〈서당 감독의 훈령〉과 《매일신보》 해설기사 〈일신할 서당의 면목〉에 잘 정리되었다.[46]

〈서당 감독의 훈령〉은 〈서당규칙〉의 발포와 함께 서당에 대한 감독상 일반적 주의사항을 들어서 도·부·군·도에 훈시를 내린 것이다. 원래 〈조선교육령〉을 실시하면서 여기에 필요한 여러 법규를 제정 발포했지만, 서당에 대해서는 아무런 규정을 만들지 않았다. 다만 서당의 연혁과 민도에 비추어 지도개발을 하는 방식으로 지금까지 내려왔을 따름이었다. 이제 제반교육의 설비가 차례로 진행되어 여러 교육기관이 대략 완비되었으므로 서당에 대해서도 간단한 규정이 필요하다고 보고 〈서당규칙〉을 만들어서 서당이 앞으로 어떻게 나아가야 할 것인가를 알려주고, 이와 더불어 도장관·부윤·군수·도사에게 〈서당규칙〉의 실시에 대해 주의할 훈시도 발했다. 곧 일제강점 이후 교육정책이 어느 정도 완비되었기 때문에 서당에 대해서도 규칙을 만들겠다는 것이다. 〈서당 감독의 훈령〉의 내용은 다음과 같다.

1조 서당에 대해 급격한 개선을 촉구하거나 그 폐합을 강제함과 같은 것은 종래와 같이 피하겠으며, 그중 민도가 낮고 보통교육기관의 시설이 미흡한 지방에서는 특히 뜻을 써서 그 방도가 어그러지지 않게 한다. 그러나 그 토지의 상황이나 서당의 사정으로 상당히 개선할 여지가 있는 자에 대해서는 그 실정에 비추어 실행함을 얻을 정도에서 지도하라.

2조 서당은 그 유래가 학교와 같지 않아서 다수의 학동을 수용하고 학년 학기에 학반을 조직해 각종 사항을 교수함과 같은 것은 서당의 사업으로 할 것이 아니며, 따라서 서당의 학동 수는 많아도 30명을 넘지 않는 범위에서 이를 정하게 하고 또 현재 존재하는 서당에 대해서도 점차 권장해 이를 따르게 하며, 또 서당의 교수는 종래 대개 오직 한문의 송독誦讀에 그쳤으나 토지의 상황과 서당의 실정에 따라 점차 국어 및 산술을 가르치게 함이 필요하며, 그리하여 이름을 서당에 등록하고 〈사립학교규칙〉의 적용을 면하고자 하는 자와 같음은 특히 유의해 단속의 실효를 거두게 하라.

3조 서당교사 중 왕왕 편견이 있고 고루해 시세를 이해하지 못하는 자가 있을 것이니 여기에 대해서는 평소 그 사상의 계발에 노력함과 아울러 그 언동에 주의해 상당 단속을 게을리하지 않기를 요하며, 공립보통학교장이 수시로 서당을 시찰하게 하고 또 때때로 서당교사를 모아 필요한 사항을 훈유하는 등 지도에 힘쓰게 하라.

4조 서당에서 교수하는 서적은 종래의 관례에 따르는 것이 무방하지만 앞으로 시세와 아울러 학동의 능력 등에 비해 부적당한 것이 적지 않으므로 아래에 적당하다고 인정할 것을 열거하니 마땅히 서당이 이내에서 선택·사용하게 하고 발매 반포 금지, 기타 불량 서적을 사용함과 같은 일이 없도록 하라. 《천자문》·《유합》·《계몽편》·《격몽요결》·《소학》·《효경》·사서삼경·《통감》·《고문진보》·《명심보감》·《문장궤범》·《당송팔가문독본》·《동시東詩》·《당시唐詩》·《법첩》, 조선총독부 편찬 교과서

1조는 서당에 강제하지 않는 것을 원칙으로 하고 개선할 여지가 있는 경우에도 실정을 살펴서 지도하는 정도로 온건하게 하게 했다. 매우 조심스럽게 접근하게 했다. 2조는 서당 학생의 숫자를 30명으로 제한했는데 여기에는 중요한 이유가 있다. 기존의 서당은 30명을 넘는 경우가 거의 없기 때문에 사립학교로 발전할 것을 차단하려는 방법인 듯하다. 곧 〈사립학교규칙〉을 모면하면서 실제 학교를 운영하던 방식을 활용하지 못하게 제한했다.[47] 또한 사립학교는 1915년부터 교원 자격 제도를 도입했는데[48] 자격이 없는 자가 서당에 이름을 올려서 〈사립학교규칙〉에서 빠져 나오려는 점에 대한 대비가 아닌가 한다. 3조는 시기로 봐서 민족주의적 성향을 가진 서당교사에 대해 감시와 훈유를 하라고 지시했다. 4조는 서당 교재에 대해 한문 서적까지도 철저히 통제하면서 총독부 편찬 교과서를 사용하게 유도했다. 이러한 내용들이 지방 관리들을 통해 이후 서당정책을 시행하는 기본 방침이 되었다.

이와 더불어 같은 날 《매일신보》는 또 다른 면을 활용해 〈서당규칙〉에 대해 쉽게 설명하는 글을 실었다.[49] 먼저 그 목적이 '법령의 속

뜻을 알지 못하는 서당의 개설자나 교사들이 다소간 의심을 품는' 점을 해소하고자 함임을 밝혔다. 곧 〈서당규칙〉이 실시된다고 서당에 대해 급속히 개선을 하라고 하거나 강제로 서당을 폐해 합하게 한다든지 하는 일은 이전과 같이 하지 않을 것을 명확히 했다.

또 서당은 학교와 같지 않아서 다수의 학생을 수용하고 학년 학기를 따라서 각 반을 구별하며 또 여러 가지 학과를 가르치는 것은 결단코 서당의 사업이 아니므로 그러한 것을 하라고 명령할 리는 없다는 점을 강조하고, 서당은 학생을 하나씩 가르치기 때문에 학생이 많으면 가르치는 것이 흡족하지 않을 것이므로 정수를 30명 이내로 한정한다는 것이다. 기존 서당도 점차 30명이 넘지 않게 권장할 텐데, 실제 조선의 서당 규모가 거의 30명 미만이기 때문에 여기에 대해 고통을 겪는 서당은 없다는 점을 강조했다. 오히려 서당에 다니는 학생의 집안에서는 기껍게 생각할 것이라는 점도 부연했다.

앞서 〈서당 감독의 훈령〉과 비교한다면 토지의 상황, 서당의 사정을 살펴서 한문과 더불어 국어·산술을 가르치는 문제를 좀 더 상세히 설명했다. 곧 종래 서당교사 가운데 국어와 산술을 한문과 함께 가르칠 만한 사람이 실상 적은 것이 유감이라고 하면서 기존 교사가 한문을 가르치고 독지가를 구해서 국어와 산술을 가르치게 권유했다. 종래 서당에서 한문만 가르치는 것은 절뚝발이 교육이니 새로이 발포된 〈서당규칙〉의 취지를 본받아 국어와 산술을 아울러 가르치는 것은 지금 시세에 긴급한 일이라고 설명했다. 물론 기존 서당교사 중에는 완고해서 시체를 알지 못하는 자가 있지만 감독관청에서 계발에 노력하고 공립보통학교장이 시기를 따라서 서당을 시찰하고 서당 개선에 대한 고문도 되고, 때때로 서당교사를 모아서 강습회를 연다든가 여러 가지 방법으로 훈유·지도를 할 것임을 부연했다. 공립보통학교장의 시찰, 서당교사강습회는 이후 각지에서 시행하려고 노력했다.

마지막으로 서당 교재에 대해 언급하면서 학생에게 가르치는 서적은 별로 규정으로 제한하지 않고 종래의 관례를 좇는다고 하면서도 시체에 적합하지 못한 것, 학생의 배우는 힘에 합당하지 못한 것이 적지 않다고 했다. 따라서 종래 서당에서 사용하던 서적 중에 적당한 것 16가지와 총독부 편찬 교과서를 사용하게 했는데 이것이 실제 서당에서 쓰던 서적의 거의 전부이기 때문에 그것만 가지고도 서당이 선택하기에 조금도 곤란한 일이 없을 것이라고 강조했다. 그렇지만《동몽선습》과 같이 발매금지된 책이나 불량한 서적을 사용하는 것은 금지되었음을 분명히 했다.《동몽선습》은 한국사 부분 때문에 금지가 되었다.[50]

결국 이러한 서당정책으로 관청은 서당에서 교육하는 효력이 전보다 늘어나게 지도·감독해서 서당의 면목은 개선되어 갈 것이고, 서당 관계자가 의심하고 근심할 일은 조금도 없으며 일반 서당에서 교육받는 학생들에게는 크게 기꺼운 일이라고 홍보했다.

〈서당규칙〉이 제시한 방향은 이후 서당정책의 골격이 되었다. 이러한 방향은 일제 초기부터 부분적으로 시행되었다. 앞서 "교과서를 간섭해 신지식을 주는 방법"[51]도 그 가운데 하나였다. 특히 일본어교육을 강조했는데 여기에는 총독부 교과서 사용과 관련이 있다.[52] 식민지 민중을 동화하는 데에는 일본어를 읽고 쓰고 말할 수 있는 능력을 갖추게 하는 것이 가장 먼저 필요했다. 그래서 '구식서당도 일본어를 교수하기에 이르렀'으며, 때로 강습소를 설치하고는 일정기간 서당 학생들에게도 일본어를 가르쳤다.

강습회를 열다

교사들에 대한 강습회는 재교육을 위해서 이루어졌다. 통감부 시절부터 있었지만 공립학교뿐 아니라 사립학교에 대해서도 상당히 많은 교사에 대해 강습회가 이루어졌다.[53] 처음에는 여름방학 때 이루어졌으나 그 뒤로는 학기 중에도 짧게 단기강습회가 개최되었다.

서당도 교육체제 속에 편입되면서 서당교사에 대한 강습회도 개최되었다. 1912년 3월 충청남도 아산에서는 신교육의 보급을 위해 서당교사가 소집되었고 '〈교육칙어〉 의해義解', '교육학 대의大意'를 비롯한 기타 과목에 관한 강습회가 개최됐다. 이때 강사는 군수가 학교 교사, 군서기, 경찰서장 등에게 맡겼다.[54] 일본의 〈교육칙어〉는 1890년에 만들어졌다. 조선에는 일제강점 다음 해 1911년 10월 24일 메이지 천황이 조선총독에게 내렸다. 〈교육칙어〉를 강조한 것은 일제 식민지교육의 일원으로서의 역할을 하도록 강요한 것이었다.

평안남도 진남포 부청도 1913년 4월 부남 원당면에 있는 각 서당

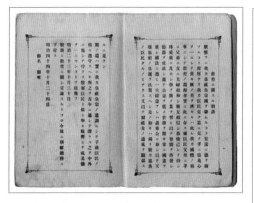

〈그림 20〉 〈교육칙어〉
〈그림 21〉 〈교육칙어〉 발표 50주년 기념우표(1940년 발행) (우)

의 설립자와 교사 18명을 소집했다. 이때는 공립보통학교와 서당의
연락에 관한 건과 조선 아동 취학에 관한 협의 등이 있었다.[55] 설립자
까지도 대상으로 삼은 것은 서당 운영 전반에 걸쳐 다루려고 했기 때
문일 것이다.

　서당교사들을 대상으로 한 강연회는 〈서당규칙〉 이후 체계적으로
시행된 듯하다. 1918년 인천공립보통학교장은 〈서당규칙〉의 세밀한
사항에 대해 학교 내에서 강연회를 열기로 했다.[56] 기본적으로 서당
훈장이 대상이었으며, 일반인들도 참여하라고 권유했다. 실제 많은
사람이 모였다고 한다. 훈장 외에도 많은 사람, 이를테면 학부형의 관
심도 많았음을 뜻한다. 같은 해 5월 마산에서는 마산공립보통학교에
서당교사들을 모아놓고 이틀간 교장 주최로 교육학과 교수의 대요를

강습하기도 했다.[57] 앞서 〈서당규칙〉을 풀이하는 설명에서도 거론되었듯이 공립보통학교장이 서당을 시찰하고 서당교사를 모아서 강습회를 여는 등 훈유·지도의 중심 역할을 했다.

1923년 전라남도 순천에서는 공립보통학교에서 2월 24일부터 5일간 일정으로 순천군 각 면 서당교사강습회가 개최됐다.[58] 모두 22명이 출석했으며, 이 또한 항상 그러하듯이 보통학교장 오다 도쿠지로織田德次郎가 강사를 맡았다. 이런 행사 때문인지 보통학교와 인근 서당은 강습회를 넘어서 밀접한 관계를 맺기도 했다. 예를 들어 1927년 함경북도 경흥군 경흥면 고읍동에 서당을 신설하자 경흥공립보통학교는 이를 모범서당으로 지정하고 교장 이하 직원들이 매월 공휴일을 이용해 서당에 가서 교과 내용이 충실하도록, 그리고 기타 여러 가지를 지도하려고 열심히 노력했다.[59] 행정적으로 부설 관계는 아니더라도 그 같은 관계를 맺으면서 키워나갔다.

서당교사강습회에 대해 비교적 자료가 많이 남아 있는 곳은 경상북도 달성이다. 경상북도는 조선인 아동 '초등교육 보조기관'인 서당교육의 개선에 대해 연구했으며, 그 일환으로 달성군 교원회는 1928년 8월 20일부터 22일까지 3일간 달성공립보통학교에서 군내 서당교사 60여 명을 소집해 강습회를 개최하기로 했다.[60] 이 강습회의 목적은 도시학道視學[61]·학교장 등을 강사로 해 서당교사들에게 '신지식의 일단'을 알게 해 장래 서당교육의 개선에 도움을 주는 데 있었다. 그리고 이 같은 새로운 시험이 성과를 얻으면 앞으로 도내 각처에서 이러한 강습회를 때때로 열겠다고 했다. 이로써 볼 때 도→군→보통학교의 공적 경로를 통해 강습회가 기획되었다고 볼 수 있다.

초청 강사와 강의 내용이 조금씩 차이가 있듯이 강의 기간도 각각 실정에 따라 차이가 있었다. 예를 들어 1926년 강원도 희천에서는 1주간, 평안북도 위원에서는 다른 지역보다는 길게 13일간 시행되었다.[62] 달성에서 겨우 사흘간 강습회를 시행했다는 것은 근대식 교육의 내용이 무엇인지 홍보하는 정도였을 것이다. 그리고 그 신지식도 주로 일본어·산술 등이었을 것이다. 사립학교에 비해 위험성이 적은 서당을 온존되게 하면서 통치에 필요한 일본어 보급 등을 담당하는 보조교육기관으로 활용하려는 뜻이었다.

강습회에 참석한 서당교사는 어떤 사람들이었으며 어떤 상황 속에서 참여했을까? 궁금하지만 기록으로는 잘 남아 있지 않다. 다만 강습회 사진(〈그림 22〉) 한 장으로 유추해 보자. 사진이 찍힌 1928년이라면 서당교사강습회가 제법 자리 잡은 시점이다. 강습회 직후 강습회가 열린 보통학교 건물 앞에서 갓을 쓴 전형적인 옛날 훈장과 이들을 가르친 강사들이 함께 기념사진을 찍었다. 한눈에도 양측의 모습이 상당히 대비됨을 알 수 있다. 양복을 입은 사람은 모두 6명으로 학교장과 강사 등 강습회 주체들의 모습으로 유추할 수 있다. 보통학교에서 강습이 이루어진 것도 그곳이 강습에 가장 적절한 공간이기도 했지만 서당을 보통학교 하부교육기관으로 배치한 점도 장소 선정의 이유였을 것이다.

〈그림 22〉 서당교사강습회(《매일신보》 1928년 8월 26일)

갓을 쓴 훈장들은 일제강점기에는 정책에 따라 '서당교사'라고 불렸겠지만 실제로는 전형적인 조선시대의 훈장이다. 강습회에 참석한 자들은 재래식 전통 훈장 가운데서도 생계형 훈장이 아닐까 한다. 이들은 생계를 위해 어쩔 수 없이 관의 통제에 순응하고 받아들여 강습회에 참석했을 것이다. 평안북도 위원군에서는 '매일 일몰시까지 계속 수업'했다고 서술됐듯이[63] 힘든 수업을 받고 그 대가로 수료증을 받을 수 있었다. 훈장 일을 생계를 위해 하지 않는 이들이나 일제 정책에 대한 반감 때문에 또는 통제를 받기 싫은 경우에는 적극적으로 참석하지 않았을 것이다.

〈그림 22〉에서 가장 두드러진 점은 주최 측과 훈장의 관계가 아닐

까 한다. 양자의 관계는 거의 감시자와 포로처럼 보인다. 오른쪽 끝 허리에 손을 올리고 비스듬히 서 있는 인물은 그 가운데서도 책임자 처럼 보인다. 왼쪽 끝과 앞쪽에 앉은 관계자는 모두 양복과 넥타이를 매고 모자까지 갖춘 근대적인 복장이다. 모자를 쓰거나 손에 들고 자연스럽게 서거나 앉아 있으며 카메라에 대한 시선까지도 자유로울 정도로 매우 여유 있는 자세를 취했다. 반면 이들에 의해 포위된 듯한 10여 명의 강습생 '훈장'은 갓을 쓰고 두루마기를 입고 기념사진이 몹시 어색한 듯 차렷 자세를 취했거나 손을 앞으로 공손히 모으고 서 있다. 여기에 더해 훈장으로서 처음으로 이런 교육을 받고 또 바깥으로 그 현장이 노출된다는 점이 몹시 불편해 더 어색할 수 있다. 사진 한 장 속에 통치 세력과 피통치 집단이 '문명과 야만'이라는 형태로 대비된다는 점이 인상 깊다.

강습이 이루어진 보통학교는 대단히 근대적인 건물로 보인다. 벽돌 건물로 보이며 꽤 높은데도 지붕이 보이지 않는 점에서 복층 건물이 아닐까 한다. 건물 앞에는 나무를 간격을 맞춰 심어 조경까지도 잘 갖추어진 환경이다. 뒤에 설명할 개량서당과 비교해도 큰 차이가 난다. 강습회 운영은 개량서당으로 나아가는 과정의 초보적인 방법이자 여러 가지 길 중 하나에 지나지 않는다. 강습회의 효과는 얼마나 될까? 이렇게 교육받은 '훈장'들은 과연 서당 운영이나 교육에 얼마나 반영했을까? 학생들에게 일본어·산술 등 약간의 새로운 내용을 가르치려 했을 수도 있다. 그러나 훈장 개인의 변화로 교육이 크게 달라지기는 쉽지 않다. 훈장만이 서당 운영의 주체는 아니었으므로 지역 여건과도 관련이 있었을 것이다. 게다가 모든 서당을 대상으로 강습회를 열었다고 보기는 어렵기 때문에 얼마나 성과를 거두었을지는 알 수 없다. 이런 사회적 분위기 속에서 유림회에서 강습회를 개최한 사례도 보인다. 1923년 평남유림회는 평양부 내 각 서당 교원을 회집해 5월 23일부터 매일 오후 5시부터 2시간씩 명륜당에서 강습회를 개최했으며 매우 성황을 이루었다고 한다.[64] 유림회의 달라진 모습을 엿볼 수 있다.

이러한 순회 교육에서는 서당 학생들을 대상으로 해서 가르치는 방법도 사용했다. 경기도는 처음에 각 부군에 순회교사를 파송해 교육 사무에 종사하게 하더니 이후 순회 강습의 방법을 바꾸어 한 군내에 5개의 강습소를 설치하고 부근 서당 학생을 모집해 하나의 강습소에서 1개월에 5일 이상으로 '국어' 강습을 하기로 했다.[65] 이런 일이 어느 정도 일반화되었는지 자료를 찾지는 못했지만, 기본적으로 일본어를 보급하는 방편이면서 학생이 서당의 개량을 채근하게 하는 효과를 가져올 수도 있었다.

서당 개량화의 실태

앞에서 보았듯이 보통학교와 서당이 공존하고 있었지만 전통적인 전통서당을 일제의 입장으로서는 근대교육기관으로 내세울 수 없었다. 따라서 서당을 개량하지 않을 수 없었다. 일제는 통감부 시기부터 서당·사숙 등을 일본어를 가르치는 개량서당으로의 전환을 모색했다. 이처럼 서당의 존속과 개량은 보통교육기관이 부족한 상황에서는 어쩔 수 없는 선택이었다. 일제강점기 총독부의 서당 개량은 교육의 근대화라는 측면보다는 지배의 필요성이 강했다. 교과목도 한문 위주에서 탈피한다지만 한문만이 아니라 일본어와 산술을 보급한다는 점이 중요하다. 개량의 범주가 한정되었다고 하겠다. 교수방법도 전통적인 암기 위주가 아니라 시세 변화에 부응하는 새로운 방법론을 모색했다.[66]

1920년대 초에 서당의 개량은 매우 적극적으로 이루어진 듯하다. 전라남도 여수군의 사례를 살펴보자.

〈표 5〉는 주로 1922~1924년경 여수군 소라면·화정면·화양면·율촌면·삼산면 등 5개 면에 걸쳐 10여 개의 개량서당이 설립된 기록이다. 여수군의 모든 면리를 상세히 조사한 것은 아니므로 더 많은 개량서당이 있었으리라 생각할 수 있다. 같은 시기인 1923년 3월 4일 여수군의 여러 동리 교사들이 삼일면 흥국사에 모여 교원연구회를 조직하고 종래의 개량서당을 학술강습소로 변경하는 동시에 보통학교 과정에 준하는 속성교육을 실시하기로 결의했다. 이 내용은 상당히 흥미롭다.[67] 위 5개 면 외 다른 면에서도 상당한 개량서당이 설립되었다고 추측된다. 교원연구회와 같은 자체적인 조직도 만들어졌음을 알 수 있다. 또 삼산면 초도개량서당은 다른 개량서당에 비해 규모가 컸다. 이는 곧바로 사립보통학교로 승격하려고 계획했기 때

〈표 5〉 1920년대 초 여수 지역에 설립된 개량서당

지역	이름	설립자	설립 시기	학생	기본금	출전
소라면	복산리 개량서당	교사 이선우				《동아일보》1922년 11월 24일.
화정면	백야도 개량서당	도내 유지	1922년 10월	50여 명	3000여 원	《동아일보》1923년 1월 13일.
화정면	낭도리 개량서당	강순익· 유환상·신문휴	1922년 11월	100여 명	4000여 원	《동아일보》1923년 1월 23일.
화정면	적금도 개량서당	도내 유지		60여 명	2000여 원	《동아일보》1923년 1월 30일.
화양면	나진리 개량서당	김채두· 박중영 외	1922년 겨울	40여 명		《동아일보》1923년 3월 6일.
	내각리 개량서당					《동아일보》1923년 4월 3일.
율촌면	산수리 개량서당	위재량 등 6명			500원	《동아일보》1923년 4월 4일.
삼산면	손죽도 개량서당	이형진·김태화	1917년 경68	50여 명	3000여 원	《동아일보》1923년 4월 5일.
율촌면	취적리· 신풍리 개량서당	유재영·유현 보·유재구· 유재남·차진환			1000여 원	《동아일보》1923년 4월 9일.
율촌면	월산리 개량서당	정기주· 주현순·최순모				《동아일보》1923년 4월 14일.
율촌면	조화리 개량서당	서기홍· 이해린· 박동석				《동아일보》1923년 4월 23일.
삼산면	초도 개량서당	이화인	1923년 9월 10일	80명	1만 4500원	《동아일보》1924년 1월 15일.

문이다.

서당의 개량은 개인이나 면리에서 개별 서당 단위로 할 수도 있었지만 군 단위로도 많이 이루어졌다. 앞서 본 한말 시기 김해 군수 양홍묵이 그 예다.[69] 그리고 일제강점기에 강원도 평강군수 오태환은 총독부 정책에 호응해 서당 개량 의견서를 당국에 제출한 뒤 먼저 각 면리의 서당을 개량하고 교사는 보통학교 졸업자를 초빙해 15개 서당을 개량했다.[70] 총독부도 군마다 모범서당 1개를 지정하고 보조금을 지급하기도 했다.[71] 그 예로 1923년 대전군 구즉면 봉산리서당과 기성면 용천리서당은 모범할 만한 서당이라 해 충청남도 당국에서 각각 보조금 140원과 80원을 받았다.[72] 보조금의 기준을 알 수 없고 등급에 따른 액수인지는 알 수 없으며, 아마도 일회적인 듯하다. 총독부는 이를 개량을 선도하는 서당으로 적극 활용했다.

지역에 따라서는 관에서 개량서당 가운데 군마다 1개를 선정해 모범서당이라는 이름을 붙이고 보조금을 지급하는 등 지원책을 실시했다.[73] 1930년대 모범서당은 간이학교로의 전환과 관련 있는 듯하다. 충청도에서도 모범서당을 설치한 사례가 많았고,[74] 함북에서는 우량모범서당이라는 표현까지 보인다.[75] 평남에서는 특별개량서당과 보통개량서당으로 구분했다. '특별개량서당'이라고까지 표현한 것은 역시 간이학교로의 전환과 관련 있는 듯하다.[76]

군 단위에서 서당 개량 정책을 시행한 대표적인 사례는 1927년 평안남도 평원군에서 볼 수 있다. 이에 대해 좀 더 자세히 서술하고자 한다.[77] 평원군에는 당시 서당이 137개(학생 1834명)가 있었는데, 경영과 유지를 하는 데 방침이 철저하게 수립되지 않아 개폐가 무상하고 순한문으로 '어린 뇌를 어지러이 한다'는 구실로 지역 유력자와 협력해 그해 가을부터 군내 재래의 한문사숙을 개선할 계획을 세웠다. 구체적인 내용은 다음과 같다.

첫째 공사립보통학교 소재지를 중심으로 10리에서 15리 안에 있는 촌락에는 서당을 두지 않겠다는 것이다. 보통학교 중심으로 학생들을 모으겠다는 뜻일 것이다. 둘째 종래 소규모 서당은 1개 리 또는 교통기관 등을 고려해 2개 리에 기초가 공고한 서당 1개를 설치해 주변 서당을 적절히 정리한다고 했다. 즉 기존 서당을 통합·정리하는 형태다. 셋째 교사는 보통학교를 졸업하거나 그 이상의 학력이 있는 자를 초빙케 한다고 했다. 이 또한 학력을 기준으로 서당을 변모되게 하겠다는 뜻이다. 나아가 지역이 원하거나 지역의 필요에 응해 군에서 선정하는 것도 고려했다. 넷째 교과서는 보통학교용을 사용케 한다고 했다. 앞서 보았듯이 서당 개량의 가장 큰 무기는 총독부에서 개발한 보통학교 교과서를 사용하는 것이다. 다섯째 교실의 개선 및 교원의 설비는 특히 위생상 경비가 허용하는 한도 내에서 교실을 완비·청결케 한다고 했다. 단 책상을 비치하기 곤란한 경우에는 석유상자라도 사용하게 한다는 단서까지 첨부해 의지를 표명했다. 근대학교로 나아가기 위해 위생 문제를 해소할 것임을 제시한 것이다.

1925년 평안북도 태천군에서도 전체 서당 100여 개 가운데 서당

설립자 70명이 군청에 모여서 개량서당의 건을 결의했다고 한다.[78] 전체 설립자 가운데 70퍼센트 정도가 모였으니 상당한 수치다. 서당 설립자 간의 자체적 회합일 수도 있으나 군청에서 모였다는 점에서 군청의 영향이 있었으리라 보인다.

서당에 대해서는 군이나 보통학교 쪽에서 견제하려는 움직임이 있었다. 서당 학생 수가 증가하자 군에서는 신고하지 않은 서당이나 〈서당규칙〉을 위반한 서당에 대한 폐지 계획을 수립했다.[79] 평안남도 덕천에서는 이해하기 어려운 사례가 있었다. 개량서당에 다니는 학생이 보통학교 학생보다 좋은 성적을 거두자 군수가 서당에서는 〈서당규칙〉대로 경사를 주로 가르치고 일본어와 산술 같은 것은 간접 교수하되 체조와 창가는 전부 폐지하라고 했다.[80] 이는 일면 개량을 통제하는 의미도 있어서 서당 설립자는 군 당국의 이러한 '괴상한' 태도를 비난했다.

이렇게 일제의 강압과 권유로 형성된 개량서당은 어떤 측면에서는 발전이지만 결국 보통학교의 아래에 편제되면서 역할이 제한되었다고도 볼 수 있다. 전통서당은 그 범주가 넓었기 때문에 여러 가지 길을 선택할 수 있었을 것인 반면에 서당이 개량되는 과정에서는 일정한 틀 속에 갇혀 나가기 때문이다. 일제는 사립학교를 통제하고 식민 교육기관을 보완할 방법으로 서당을 활용하려 했다.

서당은 지역에서 보통학교 다음으로 공간을 갖춘 건물이었으므로 다른 조직이나 활동에 활용되기도 했다. 특히 보통학교가 없는 곳에서는 가장 중요한 행사와 사회 활동의 공간이었다.

가장 많이 활용된 것은 아마도 같은 교육기관인 야학이 아닐까 한다. 서당에서 야학이 이루어지는 사례는 매우 많다. 어떤 측면에서는 서당과 야학을 구분하기 어려운 경우가 있다. 서당에서 주간 반, 야간 반을 교육하기도 했다. 야학과 서당의 연관성에 대해서는 좀 더 규명할 필요가 있다.

다음으로 면리 내 각종 행사에 활용했다. 함경남도 홍원군 주익면 신익新翼청년회는 1927년 7월 7일 밤 같은 면 시흥리서당 내에서 임시총회를 개최했다.[81] 이는 이 시기에 여러 가지 조직이 만들어지고 활동이 활발해진 측면과 함께 특히 개량서당의 경우 충분히 공간을 갖추었기 때문으로 볼 수 있다. 함경북도 온성군 연와면은 1932년 보통학교 설립과 관련해 면민간담회를 영창의숙에서 열었다.[82] 주민들의 각종 모임을 열 수 있는 가장 근접한 공간이 되었다.

그렇더라도 보통학교만큼 행사가 이루어지지는 않았을 것이다. 그만큼 학교와는 규모뿐 아니라 공공성의 측면에서도 역할의 차이가 컸다. 따라서 대부분 보통학교를 중심으로 행사가 이루어졌을 것이므로 서당이 널리 활용되지는 않았을 것으로 보인다.

서당에서 보통학교로

개량서당은 강습소, 사립학교, 나아가 보통학교로 발전하기도 했다. 고원군 상산면 송현 등에서 1925년 개량서당을 세우고 장래에는 '학원제도로 인가를 얻기로[83] 한 것도 그 같은 발전을 전제로 한 것이었다. 이는 개별 서당에서 시행하기도 하고 관에서 시행하기도 했다.

앞서 1923년 여수군의 여러 동리 교사들이 교원연구회를 조직하고 종래의 개량서당을 학술강습소로 변경했는데, 이와 동시에 보통학교 과정에 준하는 속성교육을 실시하기로 결의했다.[84] 이 점으로 볼 때 강습소가 좀 더 근대교육으로 나아가는 과정인 듯하다.

충청남도에서는 1923년 종래 모범서당을 사립학술강습회로 변경하고 입학난 구제에 대해 실적을 거두도록 25일 각 군에 다음과 같은 통첩을 발했다.

① 모범강습회는 전년 모범서당을 변경한 것을 선정하거나 새로이 선정함도 무방함. 단 1군 2회소에 한함.
② 모범강습회는 아래 기록한 각 항에 해당할 것.
　-강사 1명은 보통학교 촉탁 교원과 동등 이상의 학력을 유한자.
　-교과목은 일어·조선어·산술·한문, 기타.
　-회원은 30명 이상.
　-회비는 매월 1명 1원 이내.
③ 군수는 모범서당의 선정을 마친 때는 아래 기재한 것에 따라 도지사에게 보고할 것.[85]

제목에서 '모범서당 개량'이라고 했듯이 개량서당 가운데 제대로 갖춘 것을 모범서당이라고 한다면 이것을 좀 더 개량(또는 변경)해 모범강습회를 만들자는 것이다. 이것이 입학난 구제에 대해 실적을 거둘 수 있다는 것은 그만큼 학교에 가깝기 때문이다. 일차적인 '서당 개량'을 넘어서 '개량한 서당에 대한 개량'을 꾀한 셈이었다.

개량서당에서 곧바로 사립학교로 변화하기도 했다. 지역은 나와 있지 않지만 화산학교는 지물상 출신 정봉현이라는 이가 세웠는데 1920년경 서당에서 사립보통학교로 바뀌었다.[86] 최초는 한 칸 집을 마련해 근방 무산 아동을 모아 가르치다가 학생들이 늘어나면서 학교의 이름을 가지고 확장해왔다고 한다. 4학년제로 운영하다가 1932년 봄부터는 6학년제로 발전했다. 그간 졸업생이 600여 명이고, 현재 수용한 학생이 300여 명이라고 하므로 근대 들어 급격하게 발전했음을 짐작할 수 있다.

평안북도 삼수에 삼흥학교가 있었다. '아직은 한 개량제의 서당으로 진행 중'이라고 했듯이 학교를 염두에 두고 개량서당 형태로 운영하고 있었다.[87] 그러나 이미 '삼흥학교'라는 이름을 붙인 점에서 알 수 있듯이 학교를 지향한다는 구상을 담고 있었다.

1918년 충청남도 연기군 금남면 대평리서당은 군청의 알선으로 사립보통학교로 만든 후 내용의 충실 완비를 기다려서 공립보통학교로 승격하려고 했다.[88] 군청도 가급적 학교로의 전환을 기대했다. 그래서인지 금남면 유지에게서 기본금 2000원을 기부받고, 조치원 6면에서 교사 건축비 1200원을 거두며, 운동장 1000평은 천전농장에서 기부

받고, 개교 이후 유지비는 금남면 거주자에게 한 집당 보리 한 말, 벼한 말을 거두기로 하는 등 면의 유지에게는 강압적으로, 면민에게는세금 걷듯이 부담하게 했다.

서당에서 사립학교로의 전환은 크게 어렵지 않았던 듯하다. 경상북도 경주군 내남면 망성리 권영구權寧九는 1922년 9월 문중의 전통서당을 수선하고 비품비 300여 원을 직접 부담해 성남학교城南學校를 설립했다.[89] 그는 교주가 되어서 지방인사 의연금과 자기의 기부로 학교를 운영하고 교원 이상우와 김진용을 초청해 학생 120명을 모집·운영했는데, 교실이 부족하자 1923년 여름휴가를 이용해 교실 4칸을증축했다. 이때 교장·교감 등을 비롯해 지방 유지와 학부형이 의연금을 내었다고 한다. 성남학교는 교장 이규철, 교감 한악현, 재무 권영규, 간사 권영석, 교원 이상우·김진용 등 상당히 구성을 갖추었다. 이처럼 여건이 괜찮은 곳은 바로 사립학교로 변신했다.

전통서당에서 개량서당을 거쳐 사립학교, 공립보통학교로 변신하는 사례도 찾아볼 수 있다. 충청북도 제천군 봉양면의 이용태李容兌는 22살이 되던 해인 1911년 집에 서당을 차렸고, 1917년 면장 이종승과 더불어 봉양면 주포리에 모범서당을 세웠다.[90] 1919년 8월 학생을 모집해 40명에서 60명 정도를 수용했다고 하니 꽤 큰 서당이었다. 모범서당은 1923년 사립봉양공립학교 허가를 받았으며, 1928년에는공립보통학교의 설립인가를 받았다. 같은 제천군 수산면에서는 1922년 모범서당을 창설해 곧 사립강습소로 개칭했다가, 1925년 사립수

산보통학교의 인가를 받고, 다음해 1926년 수산공립보통학교로 승격했다.[91]

거꾸로 사립학교에서 탄압을 받으면서 개량서당으로 바뀐 경우도 있다. 제주읍의 사립명신학교는 4년제 남녀공학으로서 보통학교의 과정과 동일하게 가르치되 조선어·산술·지리 등을 주력해 지도했는데, 일제의 간섭이 강화되고 교육재정이 곤란해지면서 갑자의숙으로 개칭해 개량서당으로 명맥을 유지하다가 1925년 폐교되었다.[92] 사립학교를 운영하는 데 어려운 점이 있어 서당의 형태로 유지되었다. 평안북도 선천군 동면 일봉동 사립유명학교는 10여 년간 운영됐지만 경영자의 무력과 경제의 곤란으로 근근이 서당 형식으로 유지됐다고 한다.[93] '근근이 서당 형식'이란 구체적으로 어떤 형식인지 알 수 없다. 아마도 학교 운영에 부담이 가장 큰 급료 때문에 신식 교사를 채용하지 못하면 신식교육을 제대로 하지 못하고 이전처럼 한문 중심으로 운영할 수밖에 없었을 것이다.

개량서당은 이처럼 다양한 형태와 방식으로 만들어졌기 때문에 개량서당의 성격을 일률적으로 정의를 내리는 것은 위험하다. 특히 개량서당 교육이 총독부의 동화교육인가 아니면 조선인들이 자발적으로 선택한 근대교육인가 하는 점을 살펴봐야 한다. 보조교육기관으로 서당이 필요해서 개량에 나섰지만 조선인 스스로 개량서당운동에 나서는 것이 더 나을 수 있다는 판단도 가능하다. 따라서 총독부가 어느 정도 조선인의 개량서당운동을 방임하거나 지원하기도 했다.[94] 마땅히 시대적 변화상을 염두에 두어야 한다. 개량서당 또한 조선인의 높은 교육열의 산물 가운데 하나임은 분명하다고 하겠다.

2

서당개량화
운동

근대 이후 서당에서 가장 중요한 문제는 시세에 따라 변화해 나가는 일이었다. 사립학교의 경우 통감부 시기에 이미 〈사립학교령〉으로써 통제했고 일제강점기에 들면서 1911년 〈사립학교규칙〉이 만들어지고 1915년, 1920년 계속 개정되었다. 반면 서당에 대해서는 앞서 보았듯이 총독부에서 외형적으로는 온존책을 거듭 천명했지만 서당의 개량은 피할 수 없는 추세였고, 이것이 개량서당으로 귀결되었다.

그렇다면 개량서당(또는 개량사숙)은 무엇을 가리키고 어떤 모습이었을까? 개량서당은 아래로는 전통서당과 경계, 그리고 위로는 사립학교 등과 경계가 명확하지 않은 경우가 많다. 실제로 "개량서당 비슷한 교육기관을 설립하고"[95]라는 표현까지 했다. 예를 들어 신흥의숙을 방문한 글에서는 '학교도 아니오 서당도 아닌 즉 반학교적 개량서당'

이라고 일컬었다.[96] '학교 기초적 용흥서당'이라는 표현도 이 같은 개량서당의 실상을 말해준다.[97]

보통학교는 그 자체로 학교 이름으로 사용되었지만 개량서당은 꼭 그렇지만은 않았다. 대체로 개량서당은 서숙書塾·학숙學塾·의숙·사숙·학당學堂·학원·재 등의 이름을 붙인 경우가 많았다. 일례로 향정재香亭齋라고 이름 붙였지만 실제로는 개량서당이었다.[98] 이 가운데 서숙·사숙·학숙 등은 조선시대에도 많이 보인다. 이들은 서당을 가리키기도 하지만 학동들을 가리키는 서당보다 지식인들의 학문 터인 경우가 많지 않았을까 한다. 이를테면 '사숙 및 서당'이라고 표현할 때는 넓게는 서당을 가리키기도 하지만 좀 더 구분을 한다면 등급의 차이를 두었을 듯하다. 의숙·학당·학원 등은 근대 이후 많이 사용한 것 같다. '구학서당'을 개량해 광명의숙으로 변경'한 것이나 동리의 '재래서당'을 개혁해 개량서당 명물학원明物學院으로 조직체를 고친 사례가 그것이다.[99]

개량서당을 직접 이름으로 삼기도 했다. 특히 전라북도 영광군의 경우 송죽개량서당·오동개량서당·남창개량서당·금계개량서당 등 개량서당이라고 붙인 서당이 많았다.[100] 비슷한 시기의 전라남도 무안군 망운 지역에서도 양학개량서당·내리개량서당 등의 이름이 보인다.[101]

이름이 이렇게 다양하다는 것은 제도가 완비되지 않았다는 뜻이며 역할이나 운영도 매우 다양했다는 뜻이기도 하다. 개량서당 이전 서당은 전통서당·재래서당·구학서당(구서당)·한문서당 등의 이름으로 불렸다. 다만 개량의 진행에 따라 이전의 개량서당도 전통서당 취급을 받을 수 있었다.

서당에 대해서는 실력양성운동 차원에서 전면적인 철폐를 주장하는 지식인들도 있었다. 예를 들어 김종범金鍾範이라는 이는 "현대교육에 적응치 아니한 '한문서당'은 조선 전국에 2만 5000여 개가 있어서 그 아동 수가 30만을 넘어 실로 조선 교육계의 일대 문제라 할지니 속히 이를 철폐할 방침에서 '1면1교제'를 실시하기까지는 응급의 개선을 위함과 동시에 사립학교에 대한 취체取締 대우를 개선하므로써 이의 장려 발달을 계도할 일"[102]이라고 했다. '한문서당'이라고 못 박았지만 숫자로 봐서는 서당 일반을 가리킨다고 할 수 있다. 그렇지만 대부분은 서당을 개량하는 방향을 주장했다.

총독부의 서당 개량과 별도로 조선인 사이에서도 이 같은 서당개량화운동이 필요하다고 생각했다. 일면 사립학교가 탄압받는 상황에서 대체의 수단으로 활용했을 수도 있으며, 한편으로는 농촌 동리까지도 개설될 수 있어서 사립학교보다도 더 넓은 범주가 되지 않았을까 한다.

먼저 신문·잡지 등에 나타난 주장을 살펴보자. 《매일신보》에 1921년 1월 15~19일까지 〈향촌서당 개량 문제〉라는 주제로 다섯 차례에 걸쳐, 그리고 1월 18일 별도로 〈서당 개량에 대하여〉라는 제목으로 보통학교 훈도가 글을 실었다. 여기서 모두 '학구學究'와 교과서를 개

량하자고 했다.[103]

특히 1920년 창간된 《개벽》을 통해 여러 지식인이 집중적으로 거론했다. 이돈화李敦化는 《개벽》 4호에 지금 급한 방책으로 서당교육을 개량해 비록 원시적 교육일지라도 교육을 보급함이 문화 건설에 필요한 급무라고 하면서 그의 계획을 말했다.[104] 곧 두세 마을이 힘을 합해 서당 하나를 경영하는데 이는 규모와 학업을 충분하게 하기 위한 방편이었다. 초가집이나마 아동 100여 명가량 수용할 수 있게 규모를 갖추고 교사를 2명을 두면 웬만한 보통교육이 가능하다는 것이다. 수신교육 같은 것은 교사가 통일적으로 가르치고 나머지 문자교육 같은 것은 기왕 서당교육제도에 따라 '수반首班 생도'가 어느 정도 가르치는 책임을 지면 될 것으로 봤다. 수반 생도는 우수한 학생을 가리키는 것으로 이전 서당에서 훈장을 돕는 접장接長과 같은 역할을 하는 듯하다.

그러면서 그는 이상적인 농촌의 모습을 그렸다. 그는 영동의 한 모범 농촌을 소개했는데, 이는 사실 머릿속으로 상상한 농촌인 듯하다. 촌으로 들어가면 십자 형태로 도로가 갖추어졌고 도로 양편에는 나무가 빽빽했는데 모두 몇 년 내에 심었다. 집은 140채 정도이고 서편 쪽 산 밑으로 개량서당이 있는데 학도는 40여 명가량이었다. 서당과 이어진 여러 빈방이 있었다. 곧 촌 회의실, 저축조합실, 종자개량시험 및 잠업시험, 농우 및 계돈종 품평장, 신문잡지 공람소, 산림 및 목초보호 같은 것이었다. 여기에는 특별히 종사하는 특무원이 있지는 않고 일요일이면 촌민 전체가 그 서당에 모여서 1시간쯤 강연을 듣고 그다음에 농촌 발달에 관한 모든 일을 보고 들은 대로 이야기를 나누다가 그 중에 조선 현상에 제일 적당하다 인정한 것이면 촌민 일동이 이의 없이 채용해 그날부터 실지 착수했다고 한다. 곧 서당은 학업의 공간이자 촌민들의 회의 공간인 셈이었다.

당대 대표적인 천도교 계열 언론인 박달성朴達成도 《개벽》에 개량 서당에 대해 적극적인 의견을 내었다. 그는 '옛 서당을 파괴하고 신서당을 건설할 것이냐, 한문 훈장을 내쫓고 신식 교사를 초빙할 것이냐, 학생들에게 양복을 입히며 모자를 씌울 것이냐, 서양 북과 나팔을 두들기며 '앞으로 가 뒤로 가'를 하게 할 것이냐?'[105]라고 반문하고는 이렇게 하는 것은 서당 개량이 아니라 학교 건설이니 문제 밖이라고 했다. 따라서 서당제를 두고 고칠 것만 고치는 것이 서당 개량이라고 하며, 구체적인 방안으로는 다음과 같이 제안했다.

첫째 서당 건물인데 서당이 10명도 앉기 어려울 정도로 좁고 위생적이지 않은 곳에서 50~60명을 수용할 정도로 하고 실내를 글방답게 고치자. 둘째 용모나 학식이나 구식인 훈장에서 적어도 우리글과 역사를 알고 산수와 시사를 아는 신구학을 겸전한 훈장을 초대하자. 셋째 학당의 규칙 … 아동의 용모를 단정하게 하고 책 읽기도 중간에 쉬게 하고 운동하는 시간을 가지고 체벌을 금지하고 자유롭고 유쾌하게 공부할 수 있게 만들자. 넷째 교과목에서 《천자문》· 시구 · 사략 · 고문 · 사서삼경 등 한문만 넣지 말고, 조선어 · 산술 · 일본어, 기타 지리 ·

역사 같은 과정을 몇 가지 편입하자. 그런데 이렇게 여러 과정을 넣으려면 교사가 많아야 되고 또 재정이 많아야 하니 차라리 학교를 설립하는 게 낫지 않느냐는 질문이 있을 수 있지만 가능하다고 했다. 교사 1명만 있으면 서당에서 쓰는 훈장제를 본받아 상급은 중급, 중급은 하급, 교사는 상급을 가르치고 하급은 감독만 잘하면 서당교육으로서는 넉넉하다는 것이다.

이 같은 개량서당은 지방처럼 열악한 곳에서 하는 일이고 경성·평양 같은 대도회지나 학교가 있는 군 소재지에서는 개량서당도 안 되며 서당을 폐하고 학교를 다니게 하자고 했다. 곧 지방 서당은 개량하고 도회 서당은 폐지하자는 것이 그의 주장이었다.

김기전金起瀍은 《개벽》에 근대교육을 위해 학교가 필요하지만 비용 때문에 설립하기 어려우면 서당을 개량하거나 신설하자는 주장을 폈다.[106] 학교 아니면 서당 둘 중 하나는 동리마다 필요하다는 것이다. 묘향산인妙香山人은 학교는 적고 입학을 원하는 자의 일부밖에 수용하지 못하고 그 외는 서당으로 가고 있으니 서당을 개량해 학교에서 배우는 교과를 서당에서 배우게 해야 한다고 했다.[107]

김병준金秉濬은 유림들에게 현재 〈서당령〉에 따라 신교육제도를 모방하는 곳은 불과 100분의 1이고 나머지는 모두 이전처럼 중국의 시와 역사를 읽는 교육에 지나지 않는다고 했다. 매년 수입 30만 원 이상의 향교 재산으로 시회·백일장·향음주례 등 필요없는 퇴화사업에 소진하지 말고 2만여 개가 넘는 서당의 개량사업에 나서라고

호소했다.[108]

이처럼 서당은 조선시대 대표적인 사립교육기관이었지만 근대에 들어서면서 변신을 모색했다. 변신은 일제가 교육을 통해 식민정책을 끌어나가려고 하지만 근대교육기관 설치가 어려워서, 또 조선인의 입장에서도 근대교육이 필요해 교육기관을 요구하지만 현실적으로 설치하기 어려운 경우 서당을 개량하는 방식을 사용했다. 결국 사립교육기관이므로 설립이나 변신을 통해 새로운 형태로 만드는 주체는 조선인일 수밖에 없었다. 일제 정책은 '개량화'에는 어느 정도 역할을 했겠지만 적극적인 변화와 새로운 형태의 설립 주체는 조선인이었다고 하겠다. 3·1운동 직후 조선인의 교육 여론을 총독부에 반영하기 위한 민족주의 진영의 교육운동 조직으로서 '조선교육개선회'가 있었다. 여기서 총독부에 요구한 내용에도 각처에 있는 서당을 개량할 것이 있었다.[109]

계몽운동론자들은 민족교육을 위한 방편으로 서당 개량에 나서서 새로운 교수법과 교과목 편성 등을 시도했고, 개신유학자 중 일부는 개량서당으로 전환을 시도했다. 나아가 개량서당으로 바꾸려는 것은 넓은 의미에서는 서당을 보통학교로 발전되게 하려는 시도와도 맥이 통한다. 곧바로 사립보통학교로 승격되게 하거나 서당계 자본금과 기부금을 바탕으로 공립보통학교의 설립을 추진하는 시도를 했다.[110] 한 선교 단체는 전통서당을 운영하다가 신식교육의 필요성을 느끼고 건물을 신축해 학교로 변경하기도 했다.[111]

1920년대는 실력양성운동의 일환으로 민립대학설립운동이 일어났다. 이를 맨 처음 발의한 조선청년연합회에서 1922년 4월 1일부터 열린 3차 집행위원회에서 〈교육에 관한 건〉 가운데 '서당 개선을 기할 것'을 주장했다.[112] 서당을 개선하고 활용하는 것을 중요한 문제로 다뤘다.

이 시기 젊은 지식인들이 성장하면서 청년 단체가 교육에도 영향을 미친 듯하다. 함경남도 안변군에서는 청년연맹이 서당을 개량해 시대에 적합한 신교육을 장려할 것을 결의했다.[113] 경상북도 예천군의 예천청년동맹은 정기대회에서 〈군내 각 서당에 관한 건〉을 결의했는데,[114] 이 또한 서당 개량에 관한 사항으로 볼 수 있다. 교육운동을 이끌어나가는 청년 단체가 좀 더 적극적으로 서당 문제를 다루었다.

흥미로운 것은 해외 독립운동 세력들도 인재를 양성하기 위해 서당의 개량을 바랐다. 〈대동단결선언문〉에는 "저 향곡 사숙을 보건대 마을마다 사숙과 집집마다 독선생(村村立塾 家家獨師)의 유풍을 제거해 통일 개량의 논의가 있었으나 완고한 습관을 깨기 어려워 자제들을 잘못 이끄는 구태를 반복하고 있다"라고 하면서 해외의 사정도 비슷해 인물 양성이 어렵다고 말했다.[115] 독립을 통해 황제국이 아닌 민정에 부합하는 정치체제를 지향하는 이들 독립운동가의 입장에서는 한문 일변도의 교육이 아닌 근대교육을 원했을 것이다.

이처럼 서당 개량에 대해서는 식민교육을 담당하는 총독부만이 아니라 조선 내 다양한 주체가 필요성을 느끼고 이루어갔다.

3

끈질긴 전통서당의
실태

일제강점기에 들어서도 전통적인 사족 관계망으로서의 서당도 여전히 존속했다. 상주의 사례를 본다면 상주읍 서곡리 도곡서당은 여덟 문중이, 화동면 선교리의 봉암서당은 여섯 문중이 공동으로 운영했으며, 임원과 당원 명단이 남아 있다. 이 경우는 앞에서 말했듯이 사족 관계망으로서 이루어진 것으로 우리가 생각하는 서당과는 차이가 크다. 따라서 그 임원도 산장·유사有司 등으로 이루어졌다.[116] 그러나 여기서 다루고자 하는 전통서당은 대중을 위한 서당을 중심으로 한다.

전통서당도 한동안 공고해진다. 보통학교에 대한 반발 때문이었다. 한 조선인은 신문을 통해 당시 보통학교를 기피하는 양상을 이렇게 담았다.

"숨어라 숨어라! 순검 잡으러 올라!"

순사나 헌병 보조원들의 제 키만이나 한 장검이 동리밖에만 번쩍여도 이런 탐보가 각 서당에 쫙 퍼진다. 그럴 때마다 서당에서는 일대 소동이 일어나며 통감, 동몽선습짜리들이 제마다 피난처를 찾노라고 괭이 만난 쥐가 담구멍 찾듯 쌀쌀멘다. 장검을 앞세운 면서 기구장, 군청 고원 같은 사람들이 시시로 서당을 습격하여 잡히는 대로 아이들을 끌고 가는 까닭이다. 머리깎기는 죽기보다 더 싫고 학교에 다니면 나중 일본 병정으로 뽑혀 간다는 바람에 학교라면 금방 경풍을 하였다.[117]

당시 서당이 처한 상황을 아주 구체적으로 묘사했다. 보통학교에 강제로 끌고 가기도 했으며, 심지어 학교에 다니면 일본 병정으로 뽑혀 간다는 소문까지도 돌았다. 당시 일반 서당에는 여러 층의 학생들이 있었다. 주로 《통감》·《동몽선습》을 배우는 정도의 학생들이 보통학교에 끌려갈 대상이었던 모양이다. 대체로 식민지교육에 대한 반발 양상이라고 하겠다.

다음 사례도 비슷하다. "사실 내가 어렸을 때만 해도 집집마다 선생이 다니면서 면 서기 모양으로 학령 아동을 데려다가는 강제로 공부를 시켰었다. (…)"[118] 결국 순사와 헌병 보조원뿐 아니라 면 서기 심지어 교사까지도 보통학교에 끌어가는 일을 맡았던 듯하다. 학생들을 빼앗는 일뿐 아니라 서당 재산을 침탈해 보통학교 쪽으로 끌어가기 위한 측면도 있었다. 일제 통치에 대한 반감과 일제가 진행하는 근대

교육 자체에 대한 반발도 있었을 것이다. 반면 서당교사는 일부 학생들을 감추고 인원과 연령을 속이기도 했다.

이런 분위기는 1920년대에도 꽤 있었던 것으로 보인다. "자식을 학교에 보내면 예의도 윤리도 모르는 경박한 인간이 된다 하여 토굴 같은 서당으로만 들여보내는 노인이 아직 많"다고 했다.[119] 시조작가 이병기李秉岐(1891~1968)와 같이 근대학문을 한 집안에서도 할아버지가 아이들을 보통학교에 보내지 못하게 해 이병기는 올해도 그냥 넘겨버리면 학령이 지나고 그러면 보통학교에 보낼 수가 없겠다면서 아이들 전도가 낭패가 되니 간섭을 마셨으면 좋겠다고 했다.[120] 충청북도 청풍군 구룡리에서는 1920년대 말쯤인데도 금성보통학교가 설립되자 당시 부형들이 신학문을 기피해 선생들이 모집하러 다녔다고 한다.[121] 보통학교는 학생 확보가 힘들었고 서당 취학자는 크게 늘어났다.

이 같은 분위기는 상당히 강했을 것이다. 앞에서 보았듯이 어렸을 때는 서당을 다니고 곧 보통학교로 옮기는 경우도 있지만, 계속 서당을 전전하기도 했다. 전라남도 무안군 망운 지역의 모석기(1914~?)는 1921년경인 8살 때 팔학서당, 이듬해 둔전서당에서 기초를 배우고 13살 때는 수준이 높은 한학자가 가르치는 연동서당을 다녔다.[122] 계속 서당을 전전하면서 수준을 높여나갔다.

그러나 총독부가 지속적으로 보통학교정책을 펴는 상황에서 기존 서당은 상당히 축소될 수밖에 없었다. 1920년대 초까지 서당의 숫자가 늘어났다고 하지만 상당 부분은 개량서당 때문이라고 봐야한다.

보통학교의 설립은 취학아동을 점차 잠식해나가면서 아울러 서당의 재정을 흡수하는 경우가 적지 않았다. 그렇더라도 양적으로는 전통 서당이 개량서당보다 숫자가 많았을 것이다. 1927년 이병기의 《가람일기》 속에 서울 봉래정 유직렬이라는 글방 선생을 찾아간 이야기가 실려 있다. 유직렬은 50살 정도의 나이에 자기 집에 아이들을 모아놓고 구식서당을 운영하고 있었다.[123] 서울이 아니라도 이런 서당은 여전히 남아 있었다. 이 같은 전통서당의 실태에 대해서도 간략히 살펴보겠다.

그러나 총독부뿐 아니라 조선인 지식인에게서도 전통서당에 대한 비판이 많았다. 한 신문은 학부형에게 보내는 글에서 "금일 사회의 선진자先進者는 누구를 막론하고 한문을 질시하며 서당을 원수처럼 인식한다(敵認)'라고 했으니 비판이 대단했음을 짐작할 수 있다.[124] 그러나 전통서당도 상당히 존재했으므로 개량서당만을 관심에 두고 전통서당을 지나간 제도의 잔존물로서 처리할 수는 없다. 그렇다면 전통서당의 역할은 무엇이었을까? 보통학교의 저렴한 등가물이 아닌 고유한 가치를 갖춘 교육기관이었다고 보기도 한다.[125] 그러나 '저렴한 등가물'로서의 역할도 무시할 필요는 없을 것이다. 1910년대는 신식교육에 대한 반발과 서당 확대의 분위기였다. 그러나 1920년대 보통학교에 적극 참여하면서 조선인들도 전래 서당에 대해 비판적인 분위기였다.

먼저 신식교육을 부정하는 입장에서는 전통서당을 적극적으로 유지하고자 했다. 또한 한문교육으로 앞으로의 학교교육을 보완하려는 의미가 있었다. 실제 보통학교 입학생 중 서당 수학자 비율이 30퍼센트 정도였다.[126]

전통학자는 신식 학교를 통한 신학문교육을 부정적으로 보면서 서당을 통한 인성교육에 주력했다. 용인 지역의 농촌지식인 정관해鄭觀海(1873~1949)는 "눈 덮인 가난한 산중에 서숙이 있어 독서 소리가 원근에 들리니 신기하지 아니한가? 이는 실로 천심이 있는 바이니 사람들이 비록 없애려 한들 그렇게 되겠는가?"[127]라고 하며 전통서당을 없애려는 당시 분위기에 반발했다. 반면 신식 학교를 통한 신학문교육이 사회 가치를 혼란하게 하는 점을 구체적으로 들었다. 곧 보통학교만 졸업해도 뜻이 높아져서 농사일은 하지 말아야 할 것으로 여기고 오직 월급을 받는 관리만을 추구해 잘하면 서기·순사에 그치고 그마저 못하면 장사꾼이고, 그도 못되면 헛돈 생기기를 구하게 된다고 했다. 또한 지금 시대에 재물로 사기를 치면 감옥에 들어가서 죄수가 되기 쉬우므로 징역을 사는 사람 중 학교 졸업생이 대부분이라고 비판했다. 따라서 정관해는 이 같은 사회변화 속에서 근대교육을 비판하고 서당을 통한 한문교육을 고수하고자 했다.

2·8독립선언의 한 인물인 서춘徐椿이 1921년 작성한 글도 내용이 비슷하다. 구식서당에 다닌 아동들은 농사·장사를 하더라도 잘 하지만 신식교육을 받은 소년·청년들은 보통학교만 졸업해도 부모의 말을 따르지 않고 농상은 물론 일하기 싫어한다고 하면서 신교의 폐해

라고 보았다.[128]

　이런 분위기는 사회 내에서도 상당히 있었던 듯하다. 이미륵李彌勒의 소설을 보면 신구학문에 대한 인식이 교차하는 모습을 찾아볼 수 있다. 곧 학교에서 한학을 가르치지 않음으로써 아이들이 못쓰게 되지 않을까 두려워하고 있었다. 옛 공부와 새로운 공부의 갈등을 담고 있는, 미륵의 누나 어진이와 미륵의 대화를 보자.

"이 책들은 너무 이상해 (…) 고전적인 글귀들도 하나 없고, 깊은 의미가 들어 있는 문장들도 없어. 너는 이 책들이 너를 현명하게 만들어준다고 믿니?"

"그렇게 생각해."

"(…) 그래도 너는 재능이 있는 아이인데 말이야. 이미《중용》도 읽었고, 또 시도 그렇게 많이 익혔잖니. 게다가 율곡에 대한 일화들을 정서하기까지 했잖니. 그런데 지금은 이렇게 쓸모없는 것들로 너의 재능을 낭비하고 있구나."

(중략)

"신학문은 전혀 달라. (…) 거기에선 예를 들어 매일 수천 마일을 달릴 수 있는 기차 만드는 것을 배워."

"그럼 넌 현자는 되지 못하겠구나."

(중략)

"딴 시대가 왔어."[129]

〈그림 23〉 이정근 창의탑(경기도 화성시 향남면 장짐리 소재)

누나는 한문자도 없고 깊은 뜻을 지닌 문장도 없으니 현명한 인간이 될 수가 없다는 뜻으로 말했다. 당시 신식교육에 대한 반대 가운데는 교육 자체에 대한 반대뿐만 아니라 일본인에 대한 반감도 상당했다. 학제나 교육에 대해 비판하면서 차라리 아이들을 우매한 채로 두겠다는 일부 주장은 언급할 가치도 없지만, 교장이 일본인이어서 조선의 풍속과 습관을 잘 알지 못하고 학부형과 의사소통이 되지 않으므로 아이들을 맡기기 어렵다는 점에 대해서는 교육 당국에서도 보완이 필요하다고 느꼈던 듯하다. 이런 점 때문에 실제로 조금씩 조선인을 교장으로 채용해 나갔다.[130]

좀 더 적극적으로 전통서당을 고수하고 활용한 경우도 있었다. 대한제국 때 관직을 지낸 한학자 이정근李正根(1863~1919) 같은 이는 수원 군내에 팔탄면·향남면·봉담면·정담면·우정면·장안면·남양면 등 7개 면에 서당을 세웠다.[131] 이 경우는 전통교육을 지키고 민족교육을 고취하려는 의도까지 다분히 있었을 것이다. 단순히 한문교육을 넘어서 조선 역사와 문화를 가르치려는 노력까지도 포함되었을 것으로 보인다. 산수교육도 어느 정도 하는 서당이 있었던 듯하다. 수학자

최규동崔奎東(1882~1950)은 1901년 신학문을 하기 위해 서울로 올라가던 중 화성향교의 전신인 차씨서당에서 하루를 묵었는데, 여기서 아라비아 숫자로 덧셈과 뺄셈을 가르치는 것을 보았다고 한다.[132] 구식서당이 교육에서 약간의 변화를 한다면 개량서당으로 취급할 수 있을 것인가?

일부 서당에서는 사립학교처럼 학년·학기·학급을 조직하고 한문뿐 아니라 조선역사·조선지리를 비롯해 근대적 지식을 담고 있는 과목을 가르치기도 했다.[133] 일제강점기 개량서당에 비한다면 한말에도 내부적으로 개량의 움직임이 어느 정도 이루어졌다고 하겠다.

교육열은 높아갔지만 교육기관을 갖추지 못했을 때 어쩔 수 없이 전통서당을 선택했다. 1925년 익산군 망성면의 사례가 흥미롭다. 이곳에는 교육기관으로 사립학교 몇 개가 있었으나 폐교되자 학생들이 충청남도 강경공립보통학교로 많이 통학했는데, 이때 다른 도 다른 군의 학생에게는 입학을 허용하지 않자 어쩔 수 없이 구식서당으로 갔다.[134] 익산에서 단 하나 남은 천주교회에서 운영하는 계명학교가 있었으나 지역적으로 편제되어 있어서 다니기 어려웠다. 이처럼 지역에서 학교를 제대로 갖추지 못해서 구식서당으로 역전된 셈이었다.

1924년에는 조선총독부 중추원에서 서당에 관한 자료를 조사했다. 여기에서 당시 전통서당의 모습을 잘 찾아볼 수 있다.

2. 서당수학시대

1) 남자

(1) 서당 또는 가숙家塾에 들어가는 것은 보통 몇 살에 시작해서 몇 살에 수료하는가.

(2) 처음 서당에 들어갈 때 부형을 따라가는가. 입학식과 같은 것이 있는가.

(3) 처음 서당 또는 가숙에 들어간 자는 어떤 책으로 입문하는가. 학습할 책 이름, 순서, 방법, 하루의 진행 정도는 어떠한가.

(4) 습자는 어떤 방법으로 배우는가. 그 기간은 어떠한가.

(5) 사례의 방법, 시기, 예물의 종류는 어떠한가. 연말의 선물은 어떻게 하는가.

(6) 사장에게 질병, 기타 오랜 기간에 걸친 사고가 있을 때에는 어떻게 하는가.

(7) 서당에서 휴식기간에는 무엇을 하며 노는가. 휴일이 있는가. 친구와의 관계는 어떠한가.

(8) 서당 통학 중에 처를 맞이하는가. 처를 둔 후 공부를 그만두는 일은 없는가.

(9) 서당에 들어가지 않고 절에 가서 승려에게 배우는 자가 있는가. 그 방법은 서당과 다른 점이 있는가. 경문經文도 배우는가.

(10) 서당의 공부에 도움이 될 만한 오락유희가 있는가.

(11) 서당은 동리의 소유인가. 그 수선 및 유지 방법은 어떠한가.

2) 여자

(1) 여자도 서당에 통학하는가. 통학하지 않으면 어떻게 공부하는가. 몇
    살경에 시작해서 몇 살에 마치는가.

(2) 여자의 독서는 누가 가르치는가.

(3) 가정교사를 초빙하는 일이 없는가.

(4) 여자의 수예 및 가사는 어머니 또는 언니에게서 전습할 뿐이고 타인에
    게서 가르침을 받는 일은 없는가.[135]

　　이 조사의 목적은 서당의 실질적인 운영, 훈장에 대한 대우, 교육내
용, 소유관계, 학생들의 입학관계, 특히 여학생들의 실상 등 다양한 서
당문화에 대한 파악을 하고자 했다. 대부분 전통서당을 대상으로 했
다. 이것이 총독부의 서당정책과 직접 연결되었는지는 알 수 없다.

　　보통학교와 서당의 개량화로 전통서당의 위상은 약화되었지만 그
나름의 역할은 있었다. 더구나 보통학교와 서당이 서로 맞서는 것은
아니었다. 서당을 나와서 보통학교를 다니기도 했다. 보통학교에서
한문 교과가 폐지되었기 때문에 이를 보완하는 측면이 있다. 그리고
서당은 수업연한이 없으므로 서당 이후 보통학교를 다녀도 충분했다.
〈1차 조선교육령〉에서 보통학교 입학 연령은 8살 이상으로 규정했으
므로(이는 당시 수업연한이 4년이라는 것과 맞물리는 것으로 보인다) 서당에 다닌
다음 보통학교에 입학하는 경로가 어느 정도 형성되어 있었다.[136] 실
제로 앞서 보았듯이 1920년 보통학교 입학자의 65.5퍼센트가 서당교

육 경험자였다. 때로 거꾸로 보통학교를 다닌 뒤 전통서당을 다니기도 했다. 충청남도 예산군 덕산면 출신인 윤봉길(1908~1932)은 6살 때 서당을 다니다가 11살이던 1918년 덕산보통학교에 다녔다. 그러다가 3·1운동 이후 학교를 그만두고 다시 인근 마을 오치서숙에서 본격적으로 사서삼경을 공부했다.[137] 이 때문에 근대교육 속에서도 전통서당의 역할도 있었다. 다만 보통학교 입학 연령이 6살로 낮아지면서(〈2차 조선교육령〉, 1922) 서당 출신 비율이 차츰 낮아져갔다.

소설가 정승박鄭承博이 유년시절이었던 1920년대 말 안동 지역의 경험을 쓴《서당》이라는 소설을 보면 서당과 훈장에 대한 이 시기 마을 사람들의 인식을 알 수 있다.[138] 곧 서당은 마을 사람들에게 경애와 동경의 대상이고 마을 사람들의 중요한 문서들을 읽어주고 대필해주는 역할을 했으며 훈장은 마을 사람들에게서 신뢰와 존경을 받았다고 한다. 훈장 생일에 마을 사람들이 음식을 준비해서 서당에 가져와 성대한 잔치가 벌어진 것도 그 때문이었다. 그러나 생일 축하연 때 정당하게 사온 술을 마시는 데도 밀주 단속을 하러 들이닥친 순사들이 훈장을 구타했다는 점(그것도 조선인 순사가…!)을 통해 일제강점기에 들면서 훈장의 위상이 매우 달라졌음을 알 수 있다. 그 뒤 훈장이 서당을 떠나 도산서원에서 더부살이를 하면서 살아가는 모습, 그리고 훈장이 떠난 썰렁한 분위기의 서당을 묘사해 전통서당이 처한 실상을 간접적으로 보여주고 있었다.

1923년 황해도 곡산 출신 지식인이 고향을 둘러보면서 10년 전과

서당을 비교해 쓴 글도 흥미롭다.

시골의 농촌은 더구나 말 못하게 되었나이다. 원래 아무 취미도 활동도 없
던 농촌은 이제야말로 생명이 떠난 지 오래인 송장이 된 듯하나이다. 10년
전만 하여도 동리마다 서당이 있어서 글 읽는 소리가 동구 밖에까지 들리
더니 지금은 그것조차 없어졌나이다. 간혹 있다 할지라도 코 흘리는 어린
애의 장난이나 금하기 위해 뿐이다. 그러므로 서당의 선생이란 대개 동네
에서도 그리 존경을 받지 못하는 사람이며 생도라고는 10살 내외의 어린
것, 많으면 7, 8명, 적으면 3, 4명이나이다. 이것이 시골 농촌의 교육상황이
겠지요.[139]

10년 사이 농촌의 몰락과 더불어 서당의 모습이 훨씬 싸늘하고 학
생들도 부족하고 훈장의 권위도 낮아졌고 교육의 실상도 흐트러졌다
고 한다. 다만 이런 모습이 얼마나 일반적인지 알 수 없다.

서당 운영자들 나름의 고민도 적지 않았다. 변화하는 시대에 전통
서당을 그대로 유지해야 할 것인가, 변화에 발을 맞출 것인가? 개량서
당으로 모습을 바꾸기도 하고, 사립학교·야학 등으로 바꾸기도 했다.
1925년 함경남도 안변군 배화면 풍상리와 풍하리에서는 동내 유지들
이 발기해 전통서당을 전폐하고 그 재산을 이용해 두 마을 경계지에
노동야학을 설치하고자 했다. 두 마을의 여러 서당을 모두 아울러서
노동야학으로 바꾼 것으로 보인다. 노동야학은 경술국치 후에 한층

강화되었다. 이때는 아직 야학의 성격을 일제가 파악하지 못하고 있어서 〈사립학교령〉 밖에서 민족교육을 수행하기 쉬운 편이었다. 그리하여 3·1운동의 대중적 기반이 되었고, 3·1운동 뒤에 노동야학은 크게 발전했다.[140]

전라남도 강진군 병영면은 면장 명선욱 등이 자본금을 마련해 병영서당을 넘겨받아 내지인(일본인) 교사를 초빙해 사립융흥학교를 창립해 경영하다가 1918년에는 당국의 인가를 받아 세류공립보통학교라고 개칭했다.[141] 병영서당은 아마도 전통서당으로 보인다. 자본금을 투여해 사립학교를 거쳐 보통학교로 변환해나갔다.

또 한 가지 중요한 사례는 전통서당으로서 위상을 높이는 것이었다. 1928년 황해도 황주군 이교면에서는 전통서당 도강회를 열었다.[142] 이곳 금석리 석정동의 한문사숙 광사재 주최로 같은 면의 금석·장사·영량 등 세 개 이의 7개 서당이 모여서 함께 한문 시험을 본 듯하다. 이를 위해 강장講長·강사講師·서기 등의 직임도 두었다. 그 결과 1~4등의 등수를 매겨 모두 11명에게 상품을 수여했다. 이러한 행사는 처음이어서 학생들에게도 큰 격려가 되었다. 전통서당으로서 생존과 위상을 높이는 방법이었다. 그 이후 변화는 알 수 없지만 전통서당에서 이러한 시도가 있었음은 흥미롭다.

서당에도 여학생이 늘어나지만

조선시대에는 여성들을 위한 교육기관은 없었다. 한말에 들어 여성교육기관도 설립되었으며, 이후 여학생에 대한 교육을 강조하기 시작했다. 그러면서 학교에 보내기 어려우면 서당에라도 보내자고 했다. 1921년 박사직朴思稷이라는 이는 다음과 같이 주장했다.

이를 자각한 금일에 우리는 하루바삐 부인교육을 착착 진행하되 그 교육하는 방법 및 기관은 비록 구체적이 아니나마 아직은 이렇게 하는 것이 어떠할지요? 우리 개개의 어머니와 우리 개개의 아내는 벌서 학령이 지났으니 임시강습소 비슷하게 설치하여 가지고 과정은 먼저 "아야, 어여, 오요, 우유, 으이, 아"부터 가르칩시다. 강습생 모집 범위는 각각 자기네의 근린으로만 하고 다시 자세히 말할진대 우리 각각의 최근린이 5호면 5호, 10호면 10호 그 안에 있는 부인으로만 하고 장소에 이르러서는 그 5호나 10호 중에 가장 큰 집 사랑에 칠판이나 하나씩 달아놓고 가르치기로. 우리 개개의 어린 누이 우리 개개의 어린 딸은 지금 학령에 있으니 어서 어서 학교에 보냅시다. 그런데 현재 우리 조선 안에 학교 수부터 적으니 우리는 아직 서당규례에 의하여서라도 면면동동에 각각 아동교육기관을 설치하고 가르치는 과정과 방식은 반듯이 보통학교와 비슷하게 자세히 말하면 그 우리 구식서당제, 즉 곱장이 제조소이던 그대로 하지 말고 반듯이 시대적으로 합시다. 우리 조선 사람이 빈한한 것은 사실입니다. 그러나 우리는 울

며 불며서라도 남의 종노릇은 할지라도 우리 어린 누이 어린 딸은 반드시 가르치기로 역설하오.[143]

여성들도 학교에, 그러나 아직 학교 수가 적으니 서당에라도 보내자고 하면서 다만 과정과 방식은 보통학교와 비슷하게 (결국 개량서당의 형태로) 하자고 했다. 이처럼 일부 지식인들의 염원에도 실제 여성들을 위한 서당교육은 거의 이루어지지 않은 듯하다. 앞서 소개한 《중추원 조사자료》(1924)에 의하면 대부분 조사내용에서 여성은 서당에 통학하지 않고 가정에서 한글을, 그리고 드물게 한문을 배운다고 했다. 또한 가정교사를 초빙하는 일도 없다고 했는데, 이 또한 남학생과의 차이다. 다만 기생 산지인 평양·의주·해주·진주·대구·함흥 등 지방에서는 기생의 후보를 만들 목적으로 서당에 통학하게 하는 경우가 있다고 한다.

남녀학생의 비율에서 공립보통학교·사립보통학교·강습소 등에 비해 서당에서 여학생의 비율이 제일 낮은 것은 무엇보다도 전통서당이 여학생에 대한 문이 가장 좁았기 때문이다.[144] 그래도 전통서당에 여학생들이 조금씩 다닌 것은 변화라고 하겠다. 소설가 최정희崔貞熙 (1912~1990)의 기억에 따르면 아마도 1920년 전후쯤 서당에도 다녀보고 집에 훈장을 앉혀 공부를 하기도 했다고 한다.[145] 당시 말만 한 총각들 틈에 끼여서 공부를 해야 하는 것이 그리 유쾌한 기억은 아니었던 듯하고 때로 '여자애가 글을 배워서 어쩌겠니'라고 시비를 당했다고 한다. 때로 학생들이 글을 제대로 못해서 종아리를 맞아야 할 경우에는 훈장은 대신 여자애에게 그들의 뺨을 후려갈기게 해서 훈장이 없을 때는 곤란한 경우를 당했다고 한다. 시대가 달라서 여학생을 받아들이면서도 못마땅해 했던 것은 아닐까? 그렇다면 이 또한 서당의 규율이 흐트러졌기 때문으로 볼 수도 있다.

개량서당으로 바뀌면서 여학생 수가 늘어난 것은 당연한 일이다. 평안북도 정주군 옥천면 당하동 벽송의숙은 구식서당에서 개량서당으로 바뀌었는데, 1922년 당시 학생 수가 남 45명, 여 20여 명이었다.[146] 이 정도의 비율이면 개량서당 가운데서도 여학생 수가 특별히 많은 곳으로 볼 수 있다. 당시 야학에서 여자 수강생을 많이 받았기 때문에 상대적으로 서당에서의 숫자는 적을 수도 있었다. 1920년대 여자야학·부녀야학 등의 수가 전체의 40퍼센트에 달했다고 한다.[147]

4

서당 구성원의
사회운동 참여

3·1운동과 서당

서당을 이끄는 지식인인 서당 훈장·교사 가운데는 사회운동에 참여한 이도 적지 않았다. 이들은 조선시대에도 훈장들이 사회 변혁에 참여했던 것처럼 자연스럽게 사회운동에 참여할 수 있었다. 한말 의병 대장 김석용金錫庸은 의병을 규합해 삼남 지방을 무대로 일본 수비대와 충돌해 많은 전공을 세웠는데, 1909년 여름 경상남도 지방으로 이주해 틈나는 대로 아동을 계몽했다고 하니 훈장을 지냈음을 알 수 있다.[148] 이들은 때로 서당교육을 통해 사회운동을 할 수도 있었다. 사숙·서당에서 학생에게 과격한 정치론을 만들어서 '아직 미숙한 학생들을' 유혹해 일신을 잘못케 하는 일이 있었다고 했다.[149] 경기도 수원군 음덕면 북양리의 백남운白南雲은 북양리서당을 설립한 뒤 학생들에게 애국하는 길을 가르치다가 주재소의 간섭과 탄압을 받았으며, 수원군 양감면 신왕리 이강년李康璉은 1918년 독주울서당을 개설해 한학과 대한역사 등을 가르쳤다가 여러 차례 훈장이 교체되기도 했다.[150] 강원도 원주 소초면의 박영하, 횡성 안흥면의 장도훈도 의병출신이었다.[151]

이 때문에 일제 경찰들은 서당교사들의 동향에도 감시를 기울였다. 1916년 전라남도 곡성군 곡성면 서당교사 박종택朴宗澤은 민영환·최익현·황현 등의 행동을 찬양한 글과 강제적인 을사조약에 대해 비판한 글, 이토 히로부미伊藤博文, 총독 하세가와 요시미치長谷川好道, 일본공사를 지냈던 하야시 곤스케林權助 등을 매도하는 글을 가지고 있었다. 경찰이 이를 발견하고 서당 학생들에게 가르칠까 두려워 소각했다고 했다.[152] 박종택의 연령이 65살인 점으로 봐서 전통서당의 훈장인 듯한데, 이들이 학생들에게 영향을 끼친다는 점에서 감시 대상이었다.

3·1운동은 당시 농촌사회에서 서당의 위상을 보여주는 계기가 되었다. 전 민족이 만세시위에 참여했으며, 이 시기에는 서당과 학생의 숫자가 많았으므로 당연히 서당과 관련된 인물들도 상당히 참여했다. 특히 서당 학생들이 많이 거론되는 것은 당시 농촌에서 개인이 참여할 수 있는 조직은 별로 많지 않았기 때문이다. 그런 점에서 향촌의 중요 조직의 하나였던 서당의 역할이 컸다. 3·1운동에서 훈장은 주

로 주도층으로, 학생들은 참가층으로 역할을 했다.

강원도 원주군 소초면에서는 4월 5일 서당 훈도 박영하朴英夏가 중심이 되었다.[153] 그는 의병장 유인석의 문인으로서 의병에 참여했다가 강도영 등 의병 출신이 많은 둔둔리에 숨어서 서당 훈도를 했었다. 그리고 평장리의 신현철·신현성·유재경·김홍렬 등과 힘을 합해 이웃 의관리·장양리·평장리 등의 주민을 선동하면서 하루 전에 미리 아래와 같은 격문을 뿌렸다.

각자가 분발하고 마음과 뜻을 다해
나라를 내 몸 사랑하듯 하라
노예로 사는 것이 죽음보다 좋을쏘냐?
죽음 속에서도 삶의 길을 찾으리라

이들은 상당히 조직적으로 준비해 만세시위를 전개했다. 격문은 만세시위의 중요한 도구이며 서당교사들은 이를 작성할 수 있는 능력이 있었으므로 자연스럽게 이 일을 맡았다. 양양군 현북면에서는 4월 7일 서면 장리의 서당 훈도 이성윤과 원일전리 훈도 박규병·박용규 등이 주민 300명을 이끌고 시위에 들어갔다. 충청북도 괴산군의 서당교사 김의현(39)도 4월 1일부터 김의대(23)에게 구술로 통문을 불러주어 작성케 하고 주민 100여 명과 함께 시위를 벌였다.[154]

격문과 마찬가지로 중요한 시위 도구였던 태극기도 서당에서 만들어지기도 했다. 평안북도 용강군 해운면 반리에 거주하는 서당교사 김정식(21)은 태극기를 만들어 서당 학생들에게 나눠주고 만세를 부르게 했다.[155] 강원도 양양에서는 서당교사 박규병(31)이 4월 6일부터 박용규·박원병 등과 함께 태극기를 제작해 이를 앞세우고 가마니 제조장의 노동자 40여 명을 비롯해 100여 명과 함께 시위를 벌였다. 성씨로 봐서는 일가친척들이 중심이 된 듯하다. 1919년 경상남도 창원부의 거촌서당에서도 태극기를 만들어 마을 사람에게 배부했다.[156]

황해도 신천군 용진면 유천리에서는 3월 19일(음력 2월 28일) 서당교사 김화선이 주동해 장꾼들을 동원했다. 이날은 아마도 장날이었던 듯하고 자연스럽게 장꾼들을 참여하게 했다. 그 밖에도 경기도 김포군 대관면 초원지리 서당교사 정인섭(36), 경기도 연천군 중면 적거리 서당교사 이홍식(36) 등도 보인다.

이렇듯 훈장들이 주로 시위를 주도하는 역할을 했다면 학생들은 참여 대중의 일원이었다. 물론 서당교사가 주도하거나 서당 학생 간에 논의해서 참여하는 경우가 일반적이었다.

봉산군 사리원에서는 3월 24일 경천리 서당교사 김해술(30)이 서당 학생 40여 명과 함께 사리원에 가까운 영천면 경천리에서 사리원 방면으로 진출하다 검속되었다. 함경북도 무산군의 남학구南學九의 사례도 흥미롭다.[157] 모범서당을 운영하는 남학구는 만세시위에 대해 이야기를 듣고는 연사면장인 남희수, 의사 서정후와 연락해서 함께 거사하기로 했다. 4월 1일로 정하고 종이로 태극기 10여 개를 마련하며 서당 학생들을 동원해 면민들에게 미리 연락을 취했다. 드디어 4월 1일 남희수·남학구는 서당 학생 조호범 외 8명과 함께 태극기를 흔들며 거리로 뛰쳐나왔다. 이에 면민 수십 명과 연사공립보통학교 학생들이 참여해 시위는 더욱 크게 일어났다. 서당 학생들을 먼저 참여하게 하고 뒤이어 보통학교 학생들의 참여로 촉발했다. 법원에서 모범 서당이라고 표현하고, 또 여기서 가르치는 남학구를 학교 교사라고 칭하고 있어서 개량서당에 대한 시각도 엿볼 수 있다.

서당 학생들이 앞장서서 더욱 적극적으로 시위를 벌인 사례도 적지 않다. 제주도에서는 3월 21일 서당 학생 500~600명이 조천리 만세동산에 주민들과 모여 사흘 간 시위를 계속했다. 음성군에서는 3월 28일 음성읍 장날을 기해 만세시위가 일어났는데, 앞장서서 선창하다가 체포된 4명 가운데 3명이 서당 학생이었다. 전날 김영익이 초선리 정기선 집 서당에 와서 서당 학생 정민영 외 2명에게 요청해 이들이 함께 나선 것이었다. 음성읍 시위는 4월 6일까지 계속되었다.

학생 가운데는 직접 주동이 되기도 했다. 3월 23일 장수군 산서면 사계리 시위에서도 서당 학생 10여 명이 주동이 되어 주민들을 동원했다. 4월 18일 보성군 보성면 옥암리에서는 서당 학생 40~50명이 주도해 시위가 일어났다. 이에 일제는 즉시 서당을 폐쇄했다.

서당에서는 선배가 접장 역할을 했듯이 이런 시위에서도 나이 많은 학생들이 앞장서서 주도했을 것으로 짐작된다. 4월 5일 시흥군 군자면 장현리의 서당 학생 권희는 20살로서 서당 학생으로는 다소 나이가 많은데 비밀 통문을 뿌리며 주민들을 주동하는 데 선봉장 역할을 했다.[158]

서당 학생들의 시위를 유림 주도의 시위와 연결해서 보기도 하지만 꼭 그렇지만은 않은 듯하다. 기독교 단체에서 서당을 운영하기도 하고 특히 개량서당인 경우에는 유림과 직접 관계가 없을 수도 있기 때문이다. 신천군 용천에서는 기독교회 소속인 서당의 학생을 중심으로 만세시위를 벌이다가 일제에 체포되었다. 재령군 청석두에서는 3월 29일 기독교도와 서당 학생을 중심으로 300명이 만세시위를 벌였다.[159]

당시 교세가 제법 컸고, 동학의 후신인 천도교에서도 적극적인 참여가 있었다. 강원도 평강군에서는 천도교인이자 서당 훈도인 권대완(평강면 상갑리 거주)이 이웃 이천군 동면 하식점리에 거주하는 이예모(31)와 함께 통문을 돌린 뒤 시위를 주도했다.[160] 강원도 화천군에서는 서당 훈도이자 천도교인인 김연건(32)이 천도교인 3명과 함께 운동을 주도했다.

이처럼 3·1운동 때 서당 조직은 여러 곳(평안도 안주·정주·중화·강서, 경기도 수원, 경상남도 함안·통영·남해·사천, 강원도 평강·철원·양양, 황해도 신천·봉산, 함경북도 무산 등)에서 3·1운동이 지속되는 데 주도적인 역할을 했다. 훈장과 교사들은 학부형, 지역 유지, 동네 사람들, 학생들을 모아 시위 대열을 조직했다.

〈표6〉 노동자들의 교육 수준

	숫자(명)	비율(%)
중등학교 졸업	170	0.35
중등학교 중퇴	339	0.7
보통학교 졸업	4969	10.3
보통학교 중퇴	3633	7.6
서당 수학	1만 1452	23.8
무학	2만 7480	57.2
합계	4만 8043	100

출전: 《동아일보》 1923년 9월 2일.

3·1운동 때 전국 각급 학교 독립운동 지역 75곳 중 12곳에서 서당 학생이 주도해 독립운동이 이루어졌으며, 피검된 인원 1만 9525명 중 서당교육을 받은 자가 3754명을 차지했고 독립운동을 전국적인 운동으로 전파하는 데 주도적인 역할을 한 것도 서당을 중심으로 교육을 받은 자였다.

서당 출신이어서 더 활발하게 사회운동에 참여했다는 의미는 아니다. 실상 조선인들이 보통학교에 적극적으로 참여하면서 여기에는 '아는 것이 힘이다. 배워야 산다'는 구호 아래 정치적 실력 양성의 동기, 상향적 사회 이동의 동기, 전통적 동기 등이 담겨 있었다.[161] 따라서 보통학교 출신도 사회운동에 적극 참여했다. 곧 신구학문에 관계없이 젊은 학도들이 실력양성론의 입장에서건 민족 감정의 입장에서건 누구나 참여했다.

당시 일반 대중의 교육 수준을 알 수 있는 자료 〈표 6〉을 살펴보자.

〈표 6〉은 당시 노동자들의 교육 수준에 관한 자료로서 일반 대중들의 교육 수준이라고도 볼 수 있다. 매년 얼마만 한 숫자가 서당을 다니고 있는가 하는 것보다 서당 수학이 교육 전부인 사람들의 숫자, 그 가운데서도 노동자의 숫자를 보여준다. 당시 일반 대중들은 무학이 거의 60퍼센트에 달했고 이를 제외하면 서당 수학이 가장 많았음을 보여준다. 따라서 이들이 시위에 많이 가담했을 수밖에 없었다.

3·1운동에 참여한 서당 구성원들의 사례를 보면 훈장의 경우 20~30대의 인물이 대부분이었다. 젊었기에 시위를 이끌어나갔을 수도 있고, 개량서당의 훈장들이 중심이어서 젊은 사람들이 많았을 수도 있다. 학생들도 어느 정도 나이가 있어서 일반적으로 어린 학생들은 아니었을 것으로 보인다.

3·1운동에 참여한 자에 대해서는 이후로도 철저하게 검열했다. 1928년 예천 읍내 대창학원 교사 가운데 3·1운동과 관련해 복역한 사람이 있다 해 퇴직을 요구하고 이 학원이 제출한 학원 인가서를 반납할 정도였다.[162] 반일적인 교사가 있으면 아예 학교를 폐쇄하는 방향으로 나갔다.

여러 사회운동

이 시기 여러 가지 사회운동과 관련해 서당교사 또는 서당 공간이 참여한 사례를 찾아볼 수 있다. 1920년 고종의 5남 의친왕 이강李堈과 관련된 사건이 발생했다. 경기도 양주군 구리면 신내리 서당교사 이정(54)은 이강의 일주逸走사건의 주모자 전협을 따르는 인물로서 1919년 11월 25일을 기약해 다시 만세운동을 계획하고 경성에 들어왔다가 체포되었다.[163] 이를 통해서 본다면 이정은 서당교사를 하면서 세력을 규합했으며 동조세력이 상당했던 것 같다. 평안남도 안주군 임석면 동호리 서당교사 안병칠(40)은 1920년 6월 11일경 조선독립단 조직전권위원장 김기어에게서 독립운동단 조직에 관한 밀어를 받은 뒤 여기에 찬동해 평안남도를 왕래하면서 참모장이 되어 여러 가지를 도모하던 중에 체포되었다.[164] 서당교사라는 신분으로서 독립운동에 직접 참여한 경우였다.

1921년 평안북도 초산군 강면 동도동에 살던 최명훈(33)은 정한국鄭韓國이라는 이가 조직한 광문교廣文敎에 가입해 표면으로는 교리를 선전하며 교인을 모집한다고 하면서 비밀히 조선독립을 위해 왕래하면서 교인들에게서 많은 군자금을 모집해 상해 임시정부로 보내다가 1921년 3월 28일 평양지방법원 신의주 지청에서 징역 3년을 선고받았다. 그는 서당교사로 항상 총독 정치에 반대해 조선독립을 희망하고 있다가 1920년 김태운의 권유에 따라 광문교에 가입해서 교장敎長이 되었다. 그 뒤 여러 곳을 다니며 조선독립을 위해 힘을 썼으며, 초산군 강면 신기동에 사는 여러 사람에게 교리를 선전하며 만일 광문교에 입교하지 않으면 독립단원에게 살해를 당할지도 모른다고 하면서 입교를 권유하고 각각 5~15원씩 모두 119원의 군자금을 모아 독립단원인 김태운에게 제공했다.[165] 광문교는 어떤 계열의 종교인지 알 수 없다. 잘 알려지지 않은 것으로 봐서 지역을 근거로 하는 종교인 듯하다. 교장이라는 지위도 어느 정도의 위치인지 알 수 없다. 동학의 육임제(교장·교수敎授·도집都執·집강執綱·대정大正·중정中正) 속에 교장이 있는 것으로 봐서 동학조직을 원용한 것일 수도 있다. 최명훈이 독립 단원 김태운의 권유를 받았다고 하고, 또 모금을 그에게 제공한 것으로 봐서 아마도 독립운동의 목적으로 의도적으로 입교했다고 볼 수 있다. 그리고 최명훈과 김태운은 같은 지식인으로서 서로 교유가 있었던 것으로 볼 수 있다. 이 경우 최명훈이 있던 서당이 한문을 가르치는 서당인지 신식 학문을 하는 서당인지, 곧 최명훈이 구식 훈장인지 신식 교사인지는 알 수 없다. 대략의 형태로 봐서 조선시대 변란에 가담한 지식인과 비슷한 양상을 띤다.

서당교사여서 사회운동에 많이 뛰어들었다기보다 지식인들의 사회운동 참여가 확대되어가는 양상에서 서당교사도 그 가운데 하나였다. 특히 개량서당은 신교육을 받은 젊은 지식인들이 참여를 많이 했기 때문에 이들이 사회운동에 나서는 사례가 많았을 것으로 보인다.

이 시기 야학운동에도 서당 또는 서당 운영자들이 어느 정도 관련이 있다. 당시 활발하게 일어났던 노동야학이 그 공간으로서 서당이 주로 활용되었다. 여기에는 물론 전통서당의 공간도 대상이 되었던 듯하다. 예를 들어 1922년 안동에서는 노동야학을 설립하고 서당을 빌려서 노비와 양반의 자녀 누구나 가르쳤는데, 집주인이 있는 것으로 봐서 개인 서당으로 보인다.[166] 그러나 대체로 개량서당과 같이 규모가 큰 경우가 주로 이용되었을 것이다.

침략전쟁기,
통제되는 서당교육

1
〈서당규칙〉을
강화하라!

4

I

〈서당규칙〉을
강화하라!

신고에서 인가제로 바뀌다

개정된 〈서당규칙〉

1930년대 이후는 일제의 침략전쟁기에 해당한다. 1929년 세계대공황이 일어나면서 이를 해결하는 방안으로 갖가지 변화가 일어났다. 일본은 1931년 만주 침략을 시작으로 침략 전쟁에 들어섰다. 이 무렵 조선에서는 농업 사정이 악화되면서 혁명적 농민운동이 일어나고, 1929년 광주학생항일운동이 일어나 서울까지도 시위가 확대되었다. 일제는 침략전쟁을 치르기 위해 식민지 조선에 대한 통제를 강화했다. 교육정책도 상당한 변화가 있었다. 1930년대 이후는 전반적으로 초등교육이 크게 팽창했다. 대략의 흐름은 1922년 2월 만들어진 〈보통학교 규정〉이 1929년 6월에 개정되었다. 1929년부터 시행된 '조선 총독부의 일반 국민교육 보급 진흥에 관한 1차계획'(1면1교제), 1934년 간이학교제, 1936년 2차 조선인초등교육 보급확충계획, 1942년 의무 교육 등을 들 수 있다.

서당제도의 변화 양상도 이러한 흐름과 무관하지 않다. 1929년 총 독부는 1918년에 발포된 〈서당규칙〉을 10여 년 만에 개정했는데, 이 는 서당에 대한 통제를 강화하려고 서당 개설의 절차를 상당히 변경 했다.

당시 서당은 1922년을 기점으로 줄어들고 있어서 1928년 서당 수 는 1만 4000여 개 정도였다. 아직 보통학교의 설치가 완비되지 못했 고 〈의무교육령〉이 실시되지 못한 상황이므로, 학무 당국은 1928년부 터 이를 지도 개량할 수 있는 서당 개량안을 준비하고 있었다.[1]

총독부 학무국은 1928년 7월 2일부터 이틀 동안 총독부회의실에 서 도시학관대회를 개최했다. 당시 교육에 관한 사무를 수행하기 위 해 총독부에 시학관, 도 단위에 도시학관道視學官을 두었다. 당시 조선 각 도의 서당에 다니며 글을 배우는 학생이 약 20만 명으로 보통학교 학생의 절반에 달했다. 이와 같이 많은 학생을 교육하는 서당에 대해 지금까지 학무 당국의 태도는 냉담했다. 중점은 장차 어떠한 방침을 강구해서든지 개량해 일반 보편적 초등교육을 베풀게 해 보자는 것 이었다.[2]

이런 방안에는 지역의 구체적인 상황이 영향을 주었다. 다음과 같은 평안북도의 사례에서 어느 정도 짐작할 수 있다.[3] 평안북도의 경우 보통학교는 모두 88개로 2만 9500여 명의 학생을 수용했고, 서당은 1730개에 학생 수가 3만 7000여 명이었다. 이 가운데 '개정서당改正書堂'은 321개라고 파악되었다. 개량서당과 같은 뜻인지 좀 더 엄밀한 기준을 가졌는지는 알 수 없다. 아직 서당 수가 절대적으로 많았으므로 서당의 학생 수용 수가 보통학교에 비해 훨씬 많았다. 따라서 제대로 학교교육을 하기 위해서는 보통학교의 증설 보급은 급무였지만 예산관계로 일시에 다수의 학교를 신설하기가 곤란했다. 도에서는 '개정서당'을 증가해 학생 수용을 늘이고 보통학교의 부족을 보충하고자 노력했다. 그러나 당시의 〈서당규칙〉에 의하면 서당의 수용 인원이 많아야 30여 명 내외였다. 이래서는 도저히 공립보통학교의 부족을 보충할 수 없으므로 〈서당규칙〉을 개정해 현재의 서당을 적당히 폐합함으로써 공립보통학교와 대략 목표를 같이하는 교육기관으로 하자는 의견이 유력했다고 한다.

이러한 과정을 거쳐서 1929년 만들어진 〈서당규칙〉 개정안이 나왔는데 그 구체적인 내용을 검토해 보자.[4]

1조 서당을 개설하고자 하면 다음 사항을 구비해 도지사의 허가를 받아야 한다.

① 명칭 및 위치

② 학동의 정수

③ 교수사항 및 교수용 도서명

④ 유지방법

⑤ 개설자 및 교사의 씨명 및 그 이력

⑥ 개설 연월일

⑦ 계절을 정하여 수업하고자 하는 자는 그 계절

전항 1호 3호 4호 및 5호에 게재한 사항을 변경하고자 할 때는 도지사의 인가를 받고, 2호 6호 및 7호에 게시한 사항을 변경한 때는 도지사에게 계출해야 한다.

1조의 2 서당에서 국어·조선어 및 산술을 교수하는 경우에는 그 교수용 도서는 조선총독부 편찬 교과서를 사용해야 한다.

2조 중 '부윤府尹, 군수郡守 또는 도사島司'를 '도지사'로 개정한다.

6조 '특별규정이 있는 경우를 제외하고 부윤, 군수 또는 도사'를 '도지사'로 개정한다.

부칙

본령은 발포일부터 시행한다.

본령 시행 시 현존한 서당은 본령에 의하여 도지사의 인가를 받은 것으로 간주한다.[5]

여기서 가장 큰 변화는 조선인이 서당을 개설하려면 종래 부윤·군수·도사에게 관련 서류를 신고만 하면 되었던 것이 개정 후에는 그보다 높은 도지사에게 인가를 받아야 했다는 점이다. 신고와 인가의 차이뿐만 아니라 관리 주체가 부윤·군수·도사 등의 차원에서 도지사로 확대되었다. 이것이 서당 전반에 미치는 영향이 컸다. 이와 함께 〈서당규칙〉 개정에 관한 건도 발표했다.[6] 아래는 당시 야마나시 한조 山梨半造 총독이 각 도지사에게 훈령으로 개정의 취지를 통지한 내용이다.

금반 〈조선총독부령 55호〉로써 〈서당규칙〉 중에 개정을 가해 금후 서당을 개설하려고 할 때는 필요한 사항을 구비해서 도지사의 인가를 받게 한다. 생각하건대 보통학교의 교육은 국운의 소장消長에 관한 가장 중요한 시설이므로써 국가 및 지방 재정의 상황에 부응해서 금후 더욱더 이의 보급 발달을 도모하지 않을 수 없음은 재언을 불요하는 사실이나 현하의 정세로서는 학령아동 전부를 수용하기에 넉넉한 시설의 실현을 보기는 아직 전도가 요원한 일이므로써 조선 특수의 교육 시설인 서당 같은 것은 원래 이것을 보통학교와 동일시할 것이 못되나 그 개설을 인정함과 동시에 국가가 이에 대해서 적당한 지도를 가함은 실로 불득이한 바이다. 이것이 대정 7년 2월 〈조선총독부령 18호〉로써 현행 〈서당규칙〉을 발포하고 또 이의 실시상 주의할 사항에 관해서 훈령을 발하므로써 서당 개설자에게 준거할 바를 명시한 까닭이다. 그 뒤 10여 년간 〈서당규칙〉의 본지가 점차 주지되기에 이르러 서당의 내용 또한 개선된 점이 없지 않다고 하겠으나 자세히 그 실황을 살펴 볼 때에 현행 규칙에 의한다면 서당을 개설할 때 단지 부윤·군수 또는 도사에게 계출만 하면 되게 되어 있으므로써 서당 남설의 폐를 불러오고 나아가서 일반 국민교육의 본지를 그르칠 우려가 없지 않다. 그리하여 금반 〈서당규칙〉 중에 개정을 가해 이러한 폐단을 바로잡고 또 서당의 감독에 유감없기를 기약한다. 당국자는 충분히 이상의 취지를 체인하고 또 특별히 아래 사항에 유의해서 대정 7년 2월 〈훈령 9호 서당규칙 발포에 관한 건〉과 서로 참간參看해서 금후 서당의 지도·감독상 유감없게 할 것을 기해야 한다.

① 서당 개설인가 신청에 제해 구신具申한 사항의 조사를 주도周到하게 할 것.
② 서당을 학교 및 강습회 등과 구별에 유의할 것.
③ 서당의 설비 및 교육의 내용에 유의할 것.
④ 적의한 방법에 의해 국민 도덕에 관한 사항을 가르칠 것.
⑤ 학동에게 비용을 받는 것은 상관이 없으니 이것 때문에 부형의 부담을 무겁게 하지 않게 유의할 것.[7]

여기서 중요한 논지는 보통학교가 부족해서 어쩔 수 없이 서당 개설을 인정하지만 1918년 〈서당규칙〉이 신고만 하면 되게 해 서당 남설의 폐를 일으키고 나아가 국민교육의 본지를 그르칠 우려가 있다는 점이었다. 1929년 당시 서당은 1만 5000여 개, 학생은 18만 9000여명에 이르렀다. 따라서 〈서당규칙〉을 개정해서 폐단을 바로잡고 서당의 감독을 유감없이 하기를 강조했다.[8] 이처럼 일제는 모든 서당에 대해 〈서당규칙개정〉에 의거해 빠른 시일 내에 학생 수, 설립자, 설비 상황, 건물 및 교실 상황, 연간 소요 경비에 대한 학생 부담 및 서당의 계속 운영 여부 등 모든 사항을 보고하게 했다. 초등교육을 확대하는 데 총독부 차원에서 양적인 측면에서 질적인 측면에 대한 고려의 방향으로 전환이라는 의미로도 볼 수 있다.

사립학교는 1908년 〈사립학교령〉에 따라 인가제를 실시했고, 1911년 〈사립학교규칙〉이 제정되면서 훨씬 강화된 조건으로 다시 인가를 받아야 했다.[9] 인가받지 못해 학교제도 밖에 존재하는 사립각종학교가 있었다. 서당도 당연히 무인가 교육기관이었다. 이제 서당까지 인가를 받아야 하는 대열 속에 포함되었다.

이 같은 논지의 연장에서 일제의 침략전쟁기에 서당에 대한 엄격한 기준을 적용한 것은 서당 그 자체보다는 사립학교 체제로 대부분 흡수된 서당에까지 사립학교 통제 정책의 영향이 미친 것으로 보인다. 그 지점이 본 절의 본격적인 전개에 앞서 먼저 분명히 전제될 필요가 있다. 즉 침략전쟁기에 일제의 보통학교 통제 정책은 이전에 비해 더욱 엄격해졌고 자율적 영역이 더욱 축소되었다. 그동안 어느 정도 '용인' 내지는 '활용'되었던 서당의 운용에 더 엄격하고 협소한 기준과 정책이 적용된 것으로 이해된다.

〈서당규칙〉 개정 후 서당의 개설과 운영이 상당히 달라졌다. 먼저 그동안 자유롭게 개설한 서당을 인가제로 바꾸면서 인가받기가 상당히 까다로워졌다. 1930년 충청북도 괴산군 장연면 장암리의 연광서당은 교사와 제반 비품도 구비한 뒤 허가원을 제출했는데도 해를 넘겨 인가를 받았다.[10] 황해도 곡산군 동촌면 오륜리도 고을에서 자금과 땅을 기증받아 50여 명을 수용할 교사를 신축하고 1933년 3월 낙성식을 거행한 뒤 개량서당 허가원을 제출했으나 불허가 되고 해를 넘겨 1934년 음력 정월 다시 허가를 제출하고 계속 기다리는 상황이었다.[11]

또한 인가제가 되면서 기준에 미치지 못하는 서당에 대한 정리가 이어졌다. 〈서당규칙〉 개정을 근거로 1929년 평안남도 학무과는 평안남도 일대에 산재한 1400개에 달하는 각 서당에 조사 사항을 7월 5일까지 기입해 제출하게 했다. 여기에는 남녀별 학생 수, 설립자 및 설비 상황, 건물 및 교실 상황, 1년 소요 경비에 대한 학생 부담, 서당 계속 여하 등이었다.[12] 곧 〈서당규칙〉에 따라 구체적인 사안을 모두 조사했다. 그 내용이 〈서당규칙〉에 어긋날 때는 곧바로 정리하겠다는 뜻으로 실제 그와 같은 방향으로 나아갔다. 그리고 명확하게 들어가 있지는 않지만 교수 사항도 포함되었을 것이다. 예를 들어 1933년 총독부 학무국 자료에 의하면 일본어와 산술을 교과에 두지 않은 서당은 아예 인가받지 못하게 했다.[13] 이 내용으로 봐서 일단 개량하지 않은 서당은 모두 인가 대상이 되지 못한 셈이다.

이처럼 〈서당규칙〉 개정은 인가제를 통해 서당을 규제할 뿐 아니라 개량서당이 더욱 체계를 갖추어서 보통학교 보조의 역할을 더욱 확고하게 하는 의미도 있는 듯하다. 평안남도는 인가제가 생긴 이후 1932

년 파악된 서당 수가 1260개였지만, 점차 보통학교 설립지에 서당 수를 늘려나간다면 앞으로 당연히 개량서당이 꽤 많이 설치될 것으로 예측되었다.[14] 같은 해 함경북도에서도 전년도에 비해 개량서당이 늘어났고 따라서 학생도 10퍼센트 정도 늘어났다고 한다.[15] 결국 인가제 이후 전통서당은 급속히 줄어들고 개량서당은 점차 늘어나가는 추세를 이룰 수밖에 없었다.

계속되는 서당정책: 학교에 준하는 교육기관으로

그 뒤로도 총독부의 서당정책은 계속 정비되었다. 1933년 경성에서 개최한 도학무과장 및 시학관 회의가 열렸다. 여기에 참석한 이와무라 도시오岩村俊雄[16] 충청남도 학무과장은 회의의 내용에 대해 "조선 서민 교육기관인 서당교육에 지도를 베풀어 시대 요구에 가장 적합한 교육방침을 수립해 금후 농촌 자제들에게 교육 보급에 철저를 기할 것과 특히 서당은 한문을 주로 하는 곳이나 이를 개량해 국어·산술을 더하는 동시에 직업교육을 농후하게 해 일반 초등교육에 합류하게 하는 것이 필요"하다고 전했다.[17] 개량서당의 교과를 직업교육까지 확대해 초등교육과정 속에 포함하겠다는 것은 개량서당의 성격을 강화하겠다는 뜻으로 보인다.

그 직후인 1933년 8월 학무국에서는 1면1교주의를 철저히 해 조선 전체 8800개의 서당을 활용해 교육의 진흥에 힘쓰겠다고 했다. 이에 따라 경비 40만 원을 다음 해 예산에 계상하고 그 가운데 경비 30

만 원으로 전국 서당 8800개 가운데 개량서당 440개를 선정해서 여기에 유자격 교원 1명씩을 배치하고 수업연한 2개년을 연장해 수신·국어·산술 등 보통학교 과정을 넣어 농촌에 실제 필요한 중견 청년 양성을 하자는 계획을 내었다.[18] 당시 《조선일보》 기사에 따르면 "자격 있는 교원을 채용해 보통학교 학과를 2개년간 수료하게 하려는 것"이라고 했다.[19] 이러한 서당은 보통학교 2년을 인정하는 셈이었다.

1933년 11월경 각 도 참여관 회의가 열렸다. 여기에서 자문 사항 가운데 서당 개선에 관한 구체적 의견이 있었다. 특히 참여관 이성근의 의견을 보면 서당제도의 근본 변경 방침이 있었다. 첫째 교육내용 개선 방안으로 〈서당규칙〉에 수업료에 관한 규정을 두고 농촌 서당에는 실습지·가정실습지를 설정해 근로정신을 고취하고 실업 관념의 양성에 노력할 것, 둘째 서당 조직 개선 방안으로 2년 내지 4년 정도로 수업연한을 정하고, 관리교육기관으로서 일반지식의 계발 양성에 노력할 것, 셋째 재정 개선으로 보통학교의 1면1교가 실현된 뒤로도 보통학교만으로 취학 희망을 모두 허용할 수 없어서 서당을 부득이 이용할 것이므로 그 재원은 학교성과금으로써 충당하라는 등이었다. 곧 농촌진흥과 자력갱생운동을 도울 인재를 양성 배출하는 데 서당이 필요하다는 것이다. 어느 정도 반영되었는지는 모르지만 당시 분위기를 파악하는 데 도움이 된다. 이어 15일 참여관 회의에서 학무과장 와타나베 도요히코渡邊豊日子가 발표한 서당 개량 방안에 의하면, 1면1교제가 달성된 1936년에도 보통학교의 취학률이 불과 26퍼센트이므로 식민통치에 필요한 최소한도의 문화를 보급하기 위한 대책이라고 했다.[20] 결국 대륙 침략을 위한 농촌 총동원을 위해 서당의 교육목표를 변경했다. 곧 일제는 서당 개량 목표를 '국민정신의 함양과 충량한 국민의 육성'이라고 명시했다. 이 목표를 달성하기 위해 서당을 '간이한 직업교육기관으로서 지방의 실정에 입각한 교육을 전수'하는 곳으로 설정했다. 이러한 방침에 따르지 않는 서당은 아예 신설될 수 없었다.[21]

그 결과인지 1933년 후반기에 도마다 서당을 통해 교육기관을 보충하려고 적극 나섰다. 평안남도는 1220개의 서당(아동 1만 8000명)을 특별개량서당, 보통개량서당, 보통서당 등 3종으로 나누었다.[22] 이 가운데 특별개량서당은 산간에 설치해 보통학교 4년 정도까지의 교육을 수여하는 동시에 상당히 보조해서 장래 이미 설치한 공립보통학교의 부속이 되게 했다. 보통개량서당은 한문·국어·산술 등을 가르치되 교사 채용에 대해서는 보통학교 졸업 이상의 학력이 있는 지방 농촌 중심의 인물을 임명한 뒤 성적이 우량한 서당에는 도비로 다소간의 보조를 하고 사정에 따라서는 교과서까지도 무료로 배포하게 했다. 보통서당은 종래와 동일하지만 부근 보통학교 교장이 감독하기로 되었다. 함경북도에서도 비슷하게 개량서당을 특별개량서당, 보통개량서당 등으로 전통서당과 구분하면서 특별개량서당을 역시 산간벽지에 설치해 보통학교 4~5학년 정도 내지 전 학년 정도의 교육을 수여하는 동시에 다소의 보조를 교부해 유지비에 충당하고, 기타 보통개량서당은 10살 미만의 아동으로 보통학교 입학예비교육과 농한기에는 성인교육을 겸행해 문맹퇴치에 주력하기로 했다.[23] 이처럼 평안남도·함경북도의 사례를 보면 특별개량서당은 보조교육기관을 넘어서 거의 보통학교 수준(4년제, 나아가서는 6년제 보통학교)으로 운영하겠다는 뜻을 담았다.

전라북도 지역에서도 서당에 대한 통제를 강화했다. 1933년에 전라북도는 서당(보통서당 182개, 개량서당 52개)을 종래에는 부근 보통학교장이 지도하기로 되었지만 실상 교장은 자기 학교를 담당하느라 서당을 지도할 여가가 없었다고 보고, 앞으로는 시학관을 담임자로 지도하게 하고 다음 해부터는 본부 방침으로 한층 철저히 지도할 수 있는 방침을 수립할 예정이라고 했다.[24] 곧 인건비를 보조해 보통학교 훈도의 자격이 있는 자를 서당 선생으로 채용하고 보통서당에도 국어 및 산술 과목을 교수해 보통학교 교육 정도와 같이할 계획이라고 했다. 그런데 위에서 언급한 서당의 숫자는 모두 234개여서 당시 전라북도 전체 서당 350개보다 훨씬 못 미친다. 이런 점에서 보통서당은 전통서당을 뜻하기보다 다른 지역에서 '보통개량서당'으로 분류한 수준을 말하는 것으로 이해된다.

충청북도에서는 1934년 '서당교육 대개혁' 또는 '보조교육기관 대개혁'이란 이름으로 진행되었다. 여기에는 여러 가지 내용이 포함되었다. 서당교사 학력이 대부분 미비하다고 해 교사 소질 향상을 꾀하고 시설에 대해서도 500원의 보조금을 도에서 각 군에 분배하고, 군청 소재지 보통학교에 개량서당의 교사들을 소집해 교수 상황을 시찰하게 하고 강습회도 개최하고 교수방법에 대한 강연도 하고 연구도 하게 했다.[25] 학생에 대해서는 군청소재지 보통학교장이 연 2~3회 시험을 시행하게 해 성적이 우수한 자는 보통학교에 입학하게 했다. 심지어 서당의 경영방법을 간이학교와 유사하게 하기 위해 간이학교 경영 취지를 설명하게 했다. 농촌진흥운동의 취지를 설명하는 것도 경영방법까지 간이학교를 본받게 설명하기로 했다. 이 같은 적극적인 운영은 조선 전체를 통해 충청북도가 처음이었다.

그 밖에 경상북도도 1933년 서당 400개, 학생 5500명에 대한 개선책을 강구했고, 같은 해 충청남도도 한문을 교수하는 서당 390개와 그 밖에 국어·산술도 가르치는 서당 80개를 개량하려고 고심했다.[26] 다만 경상북도는 총독부에서 파악한 숫자(서당 446개, 학생 5280명)에 가깝게 대상으로 삼은 반면, 충청남도는 총독부 파악 숫자인 148개보다 훨씬 많은 숫자를 대상으로 했다. 같은 해 경상남도도 다음 해에는 본부의 방침에 순응해 종래의 서당에 일대 쇄신과 개선을 하기로 결정하고 내년도 예산에 소요 경비를 계상하려고 했다.[27]

당시 1면1교제가 실현된다고 하더라도 학령아동의 취학률이 전 아동 수의 30퍼센트에도 미치지 못하는 실정에서 70퍼센트에 대한 대책이 필요했고 그것이 곧 서당교육제를 범용하는 것이었다.[28] 따라서 당국에서도 다음 해인 1934년 예산에 서당 개량비 28만 원을 계상했다.

이와 관련해 개량서당을 운영하는 교사들에 대해서도 상당히 통제를 했다. 일정한 자격을 갖춘 서당교사들은 해당 지역 내에 정주하며 일정한 농경지를 소유 또는 소작하는 모범적 영농가가 되고 동시에 농촌진흥 및 사회교화의 지도자가 되기를 희망했다.[29]

농촌진흥운동과 '진흥서당'

이 시기 또 하나 주목할 점은 농촌진흥운동이 일어나면서 이를 효율적으로 진행하기 위해 전국의 촌락 단위로 진흥회라는 관제 단체가 만들어졌다는 점이다. 이와 관련해 개량서당이 진흥회 사업의 일환으로 설치되기도 했다.[30] 전라북도 정읍군의 경우 각 읍장·면장과 진흥회장에게 통첩을 발송했는데, 가장 중요한 것은 진흥회장을 설립자로 해 도지사의 인가를 받게 했으며, 이름조차 '진흥서당'이라고 칭하며 달리 구분했다. 그 밖의 내용은 다음과 같다. 진흥서당의 수업연한은 2년으로 할 것, 교과목은 국어·서방書方·수신·산술·한문으로 할 것, 교수방법은 일몰시부터 2시간, 서당은 진흥회장의 집이나 적당한 가옥을 선정해 표찰을 걸고 실내 적당한 위치에 칠판을 설치할 것, 교사는 보통학교 졸업이상으로 선정할 것 등이었다. 1934년 충청북도 제천군 봉양면 구곡리 농촌진흥회도 개량서당을 설치하고 진흥회 간부 박승주가 무급교사로 일했다.[31] 진흥서당의 사례는 아마도 간이학교와도 연결될 수 있을 것으로 보인다.

이 시기 형성된 서당조합·서당회 같은 조직도 이 같은 농촌진흥운동과 관련이 있었던 듯하다. 제주읍의 사례를 보면, 1934년 읍장 최계순은 문맹퇴치의 제일 중요한 것이 서당 설치라고 보고 서당조합을 설치하려고 8개의 구역 조직을 만들어 계획했다.[32] 제주도 구우면에서도 당시 자력갱생의 기치 아래 농촌진흥운동을 하는 즈음에 관내각 서당조합을 창설해 온건한 서적 신문을 구독케 하며 경영에 관한 일체의 비용을 감독하고 일면으로 실업의 사상을 고취했다고 한다.[33]

서당회라는 조직도 비슷하다. 1934년 함경북도 경성군 오촌면은 각 촌락에 산재한 서당교육의 원만한 지도를 목표로 서당 관계자를 소집해 서당회를 창립하고 앞으로의 시설 방침을 협정했다.[34] 아마도 다른 면도 비슷한 형태로 진행되었을 것 같다. 면장이 서당회의 회장을 맡게 했으니 관의 통제를 받았을 것이다. 1934년 함경북도 경성군에서는 7개의 면 서당회가 연합해 군서당연합회를 조직했다.[35] 이해 12월 21일 경성공립보통학교에서 도참여관 등 30여 명의 내빈과 100여 명의 회원 – 아마도 각 서당의 대표일 듯 – 이 참여해 성대하게 발회식을 가졌다. 군수 신태진이 직접 연설을 했다. 당시 신문기사 제목이 〈1면1교 전에는 서당 사명은 중대〉라고 했듯이 마치 관에서 출정식을 하듯이 행사를 치렀다. 이처럼 면서당회에서 군서당회로 조직이 결성되면서 서당의 존재나 확산은 상대적으로 소학교·보통학교·고등보통학교 등이 부재한 '지방 교육정책'의 말단을 구성했다고 볼 수 있다.

이렇듯 1934년 들어 중앙 차원에서 개량서당을 적극적으로 개선

〈그림 24〉함경북도 경성공립보통학교에서 열린 군서당연합회에서 군수
신태진이 연설하는 광경(《매일신보》1934년 12월 24일)

하려고 시도했다. 총독부 학무국은 그해부터 내용이 충실하고 자격
이 있다고 생각되는 서당에 대해서는 보통학교의 훈도를 배치해 보통
학교에 부속되게 하고 보통학교장에게 감독의 권한을 부여하기로 했
다.[36] 서당을 공립학교기관으로 흡수하겠다는 뜻으로 볼 수 있다.

같은 해 함경북도에서는 성적이 양호한 서당에는 1종 교원을 파견
해 경비의 보조를 실행하는 한편, 서당 전임 시학관을 늘려 임시감독
으로 시찰하게 하되 부근에 있는 보통학교 교장에게 겸임하게 했다.[37]
이를 시행하려면 재정이 확보되어야 하므로 평안남도도 우수 서당을
선택한 뒤 국고와 도비로 보조금을 주어 수업연한 2개년의 간이초등

학교로 승격하는 동시에 무자격 교사를 배제하고 3종 교원의 면장이 있는 유자격 교원을 배치하게 했다.[38]

개량서당을 공립보통학교로 승격해 나가는 정책도 적극 시행했다. 1933년 강원도회의원은 회양면 상북면 도납리와 하북면 금만리의 개량서당을 보통학교로 승격했다. 평안북도도 1934년 당시의 개량서당 700개 중에서 지리적 관계를 고려해 승격하고 유자격 교원을 배치해 조선인 아동의 보통교육을 확충하고자 했다. 평안남도도 1934년 우수한 서당을 선택해 국고와 도비로 보조금을 주어 수업연한 2개년의 간이초등학교로 승격했다. 충청북도 영동군도 각 면 주요 지대에 개량서당을 설치하고 이를 통해 남녀노소 및 문맹자를 가르치고 1934년에는 준보통학교 비슷하게 정도를 높인다고 했으니,[39] 간이초등학교와 비슷한 형태가 아닐까 한다.

총독부 학무국은 1934년 서당을 개선하기로 해 예산을 일본 대장성의 승인을 얻어 다음 해부터 개선하기로 하고 서당 내용이 충실한, 곧 유자격인 곳에 대해서 보통학교의 훈도를 배치해 보통학교에 부속되게 하고 보통학교장에게 감독 권한을 부여하기로 했다.[40] 곧 특별 개량서당 정도에 해당하는 곳을 보통학교에 가깝게 활용하는 방법이었다. 한편으로는 앞서 보듯이 서당 전임 시학을 두기도 했다.[41]

1936년 들어 초등교육에 대한 변화가 일어났다. 1면1교제가 완료되었지만 보통학교 입학난은 해소되지 않았다. 보통학교는 늘어났지만 입학지원자가 훨씬 늘어났기 때문이다. 이런 상황에서 1936년 2

월 〈2차 조선인 초등교육 보급확충 계획〉을 발포했다.[42] 이런 분위기에서 서당의 역할에도 영향을 주었다.

1936년 초 신문에는 〈초등교육 2차 계획안과 교육계 권위 비판, 희망〉이라는 이름으로 여러 의견이 제시되었는데, 서당의 역할을 강조하는 의견이 많아서 흥미롭다.[43] 여자상업학교장 유전은 '시정 25년'을 넘은 시점에서 조선의 문맹을 구출하는 데 조선의 현실에 비추어 현 서당을 다소 개혁하면 많지 않은 비용으로 가능하다고 하면서 이 점에 착안을 권했다. 연희전문학교의 부교장이었던 유억겸은 "지금도 서당을 개량해 작년만 해도 800여 개를 두어서 좋은 성적을 보는 터이니 이 방식으로 서당을 간편한 방법으로 설치하게 해 동리라든지 마을이라든지 각처에 1개를 두고 보통학교에 직입하기에 적당한 교과서를 편찬해 주었으면 각기 정도에 따라 간이학교나 보통학교 등에 갈 수 있는 사람은 갈 것이고 미취학아동은 물론이고 성인 문맹도 완전히 퇴치될 것이다"라고 주장했다.

결국 문맹퇴치 등의 목적을 위해서 서당의 여러 가지 부족한 점을 오히려 이용하려고 했다. 적은 경비로서도 경영할 수 있고, 일정한 시간의 제한과 구속을 받지 않고 여가가 있는 대로 와서 배울 수 있다는 점을 활용해 문맹퇴치를 하자는 것이다.[44]

같은 해 전라남도에서도 도회가 열렸을 때 서당 확충에 대한 논의가 있었다.[45] 제주도 홍기 의원은 서당을 확충하기 위해 읍·면에서 그 부담과 제반 사무를 맡아서 처리할(掌理) 의사를 물었다. 이렇게 한다면 거의 공립의 성격을 띠는 셈이다. 학무과장은 읍·면의 사무 성질로 보아 할 수 없다고 했다. 그렇지만 서당 확충의 문제가 공공연하게 논의되어 나갔다.

서당교사강습회는 더욱 강화되고

관에서 개량서당을 통제한 방법의 하나로서 서당교사강습회를 들 수 있다. 서당교사강습회는 이전부터 있었지만 〈서당규칙〉 개정에 즈음해서 더욱 필요했고 강화된 것으로 보인다. 곧 앞서 살펴보았듯이 일제는 기존의 전통서당을 개량하거나 개량서당을 신설해 '부락개학部落皆學'의 기반을 마련하고 이를 이끌 실제적 농업지식과 지도력을 갖춘 서당교사가 필요했다.[46]

전라남도에서는 1933년 농촌교육의 철저를 기하기 위해 미취학아동의 지도 망을 신장해야 하고 그간 유명무실했던 서당 개선에 주력했다.[47] 곧 그 해부터 보통학교장과 서당 사이에 밀접한 관계를 맺어 연 3회 보통학교에서 서당교사의 강습회를 행하고 교장이 빈번히 서당을 시찰 지도해 개선을 촉구하고 도학무과에 보고하게 했다. 충청남도에서도 1934년 도내 개량서당 249개의 교원 280명의 소질을 향상하려고 강습회 등을 계획하고 경비를 각 군에 분배했다.[48] 이 해 총독부 통계로는 충청남도 서당이 165개 교원 185명이었다. 개량서당만으로도 이 숫자를 훨씬 넘어섰다. 총독부가 제대로 파악하지 못했다는 뜻도 되면서 개량서당과 교원이 상당히 확대되었음을 뜻한다. 황해도 신계군은 1934년 서당 가운데 우량서당 교원을 선출해서 강습회를 개최하기도 했다.[49] 경기도는 1935년 서당교사에게 장기간 강습회를 개최해 서당교육을 재흥하게 할 방침이라고 했다.[50] 이처럼 강습회는 도에서 시행했음을 알 수 있다. 실제 1933년 강원도 고성군 내 각 서당교사강습회의 개최 경비는 강원도에서 부담했다.[51]

서당을 인가할 때에도 군 학무계에서 주관하는 '서당교사강습회'에 서당교사가 반드시 참가하게 했다. 충청북도 충주에서도 1936년 '제일선에 서서 육영사업에 공헌하는 개량서당 및 사립학술강습소 교사' 100여 명의 소질 향상을 위해 서당교사강습회를 연다고 했는데 개량서당의 위상이 꽤 인정된 것으로 보인다.

서당교사강습회는 대체로 휴가(특히 하기휴가)를 이용해서 이루어졌는데 때로 연중 개설하기도 했다. 대체로 군 단위에서 단기강습회 형식으로 열렸는데 서당교사는 여기에 참여해 농촌 서당교사로서 필요한 지식과 기능을 배웠다.[52]

1930년대의 서당교사강습회의 모습을 한 장의 사진(〈그림 24〉)으로 확인해 보자. 〈그림 25〉는 1933년 고성군에서 열린 서당교사강습회로서 3월 29일부터 31일까지 고성보통학교에서 실시되었다. 경비는 강원도에서 부담했고 수강생은 모두 22명이었다. 과목은 교육령, 교수법, 〈서당규칙〉, 교과서취급방敎科書取扱方 등이고 강사는 오타니小谷라고 불리는 고성 군속郡屬과 사카마키 우에몬榊巻右衛門 고성보통학

〈그림 25〉보통학교에서 강습받는 서당교사(《동아일보》 1933년 4월 3일)

교 교장,[53] 그리고 이 학교 훈도인 양 아무개, 박 아무개 등이었다. 〈그림 25〉에 그 상황이 잘 담겼다. 본래 사진 제목은 〈고성서당교사와 강습생〉이라는 제목인데, '고성군 내 서당교사강습회의 교사와 강습생'이라고 제목을 붙여야 정확할 것이다. 절반은 의자에 앉았고 절반은 서 있는데, 모두 26명이어서 이 가운데 강습생 22명과 강습회를 이끈 강사 4명으로 추측할 수 있다. 오른쪽 끝에 흰색 두루마기를 입은 이가 강사 가운데 1명일 텐데 나머지 강사 3명은 강습생과 섞여 있어서 확인할 수 없다. 강습생인 서당교사들은 모두 검은 두루마기 형태의 교복에 흰 깃을 했다. 앞줄 왼쪽에서 3~6번째는 여성 교사여서 한 군의 사례지만 여성교사가 20퍼센트 정도를 차지했다. 사진 속의 모습을 앞서 1928년 전통훈장들의 강습회와 비교한다면 차이가 크다. 비록 한 장의 사진이지만 서당교사의 모습과 강사의 모습, 이들 간의 관계 등을 통해 서당의 변화를 느낄 수 있다.

군별 교육회 주관으로 실시한 서당교사강습회에서는 주로 어떤 내용을 가르쳤을까? 평안남도 중화군은 1931년 8월 15~17일 3일간 상원공립보통학교에서 풍동면·수상면·상원면·천곡면 등 4개 면에 있는 서당교사 약 70명을 소집해 강습회를 개최했다. 주관한 교장의 말에 따르면 서당교사 가운데 교과서를 충분히 해석하지 못하는 자가 많아서 강습회를 개최했다고 했다. 이 지역 서당교사는 한 사람도 빠짐없이 참석해 달라고 했듯이 아마도 모든 서당교사를 대상으로 연수를 시행하는 것을 목적으로 한 듯하다. 강설 과목은 국어·수신·산술·수업방법·실지교수법 등이었다. 대체로 일본어와 산술이 중심이었고, 그 밖에도 지역에 따라서는 수신·공민·체육·실습 등의 과목이나 교육학·교수법 등에 대해서도 조금씩 들어갔다. 앞서 이야기했듯이 초등교육의 확대를 위해 개량서당의 역할이 커졌다는 점을 알 수 있다. 개량서당의 교육이 초등교육에 준할 정도가 되게 강화한 것이었다.

1934년 영동군도 1주일간 영동공립보통학교에서 서당교사강습회를 개최했다. 간이학교를 설립하는 시점이어서 일단 개량서당을 간이학교로 나아가는 저수지 역할을 하게 방침을 세웠기에 '준보통학교'라고도 볼 수 있다. 강습 과목은 국어·산술·조선어·창가, 체조 및 훈련, 농업 등이었고, 강사는 영동보통학교·황간보통학교·용산보통학교 교장과 영동보통학교 훈도 등이었다. 이들도 영동보통학교에 합숙하면서 공부를 했다. 그다음 해인 1935년 1월에도 같은 장소에서 시행되었는데, 이때 수강자는 26명이었고 강사는 공립보통학교 훈도였으며, 과목은 국어·산술·조선어·훈련·농업으로 전년도와 거의 비슷했다.[54] 이때는 수강자를 영동 공자묘에 수용해 합숙하게 한 점이 이채롭다.

1934년 황해도 장연군은 서당 8개가 인가됨과 동시에 곧바로 교사강습회를 열었는데, 과목은 일본어·조선어·산술·실습·강연 등이었다.[55] 대체로 강습회는 인가된 직후에 개최되었다고 볼 수 있다. 1934년에는 간이학교 개설과 더불어 서당 개량에 더욱 박차를 가했기 때문에 더 철저하게 이루어졌을 수 있다.

농촌진흥운동도 간이학교 설립과 같은 맥락에서 서당교사강습회에 변화를 가져왔다. 강습회의 교육 목적과 내용에서 농촌진흥운동을 강조했다. 1934년 황해도 곡산군은 서당교사강습회를 매우 자세하게 계획했는데, 강습 과목은 국어과, 산술과, 조선어, 직업과 등으로 곡산보통학교 훈도가 맡았다. 사감으로는 군속을 별도로 두었다.[56] 그리고 별도로 과외 강연을 매일 오후 4~6시까지 진행했는데, '농촌진흥에 대해'·'실업 장려에 대해'·'제직製織공업 장려에 대해' 등을 다루었다. '강습 사항의 표준'을 보면 당해 학과의 교수방법에 관한 개념, 각 학년 과정의 주안점, 보통학교 5~6학년 교과서의 연구, 본도本道 산업 장려 방침의 개요 등으로 매우 구체화했다. 또한 회원 자격은 일단 소속으로서 군내에 있으며 국어·산술을 학과로 책정했으며, 개량서당으로 인가를 얻은 서당에 속한 교사라는 점, 그리고 교사로서의 자격은 '보통학교 6년 졸업 이상의 학력을 가진 자'라고 설정했다. 서당교사와 함께 예비 서당교사까지 포함한 것으로 개량서당의 확대를 염두에 두었다. 일과표를 보면 오전 8시 기상해서 9시까지 국민체조, 9시 30분부터 오후 4시까지 학과 강습, 오후 4시에서 6시까지 과외 강연, 그리고 저녁을 먹은 뒤 오후 7시에서 8시까지 좌담회, 8시 30분에서 9시 30분까지 자습 및 예습 등이 온종일 짜여 있었다. 앞서 전반기의 일반 서당 훈장들을 대상으로 하는 강습회와는 차이가 컸다.[57]

1935년 충주에서는 농촌진흥운동에 기여할 아동교육이론과 방법학을 수업했다.[58] '농촌진흥운동에 기여'라는 설명이 붙었지만 교육학이 중심이었다고 하겠다. 반면 함경북도 경성군에서 1935년 8월 5일에서 9일까지 5일간 열린 1회 서당교사강습회에서는 농촌진흥, 농촌경영, 조선 지방행정 개요 등에 대한 강습이 있었다.[59] 1935년 시점에서 1회라는 점이 주목된다. 실제 서당교사강습회로서 본도는 물론 전조선에서도 첫 시도라고 한 것은 서당교사강습회의 성격이 이전과 달라졌다는 의미라고 해석된다. 실제 교육개론, 수신과의 이론과 실제 훈도, 독서방법의 실제 훈도, 조선어의 실제 훈도 등 교육에 관한 내용과 함께 농촌진흥, 조선 지방행정 개요, 농촌경제 등 농촌의 현실에 대한 내용도 비중이 컸다. 이후 평가에서도 농촌진흥의 중심인물 지도를 가미한 소위 '수양단식收養團式' 강습으로 성과가 있었다. 다음

해 열린 2회 강습회에서는 더욱 다양하게 교육개론·독서방법·산술·수공手工·체조·창가·직업·갱생계획·사회사업·농사·축산·양잠·산림·수산 등 산업 전반으로 확대되었다.[60] 위에서 보듯이 농촌진흥운동이 시행된 1934~1935년 이후 서당교사강습회가 더 강화된 것으로 보인다.

경기도 시흥군도 1935년 서당, 학술강습소 경영방침 및 수신교수법, 독서교수법, 산술교수법, 실지 지도 교수 등의 교육과목과 함께 갱생계획대요, 농업일반 등의 과목을 강습하고 심지어 경찰서·전화중계소·기린맥주 등을 견학하게 했다.[61] 같은 해 함경남도 홍원군에서는 여러 과목과 함께 지방진흥 제정制定 절차가 포함되었다.[62] 그 밖에도 이 무렵 학무과장의 국체명징國體明徵[63]의 강화, 도 간부의 농촌진흥의 강화, 만주 시찰담 등 시사교육도 함께 이루어졌다.[64] 특히 종업식에는 대체로 군수·도회의원·읍장·면장 등이 참여해 지역사회에서는 매우 중요한 행사임을 알 수 있다.

침략전쟁 말기에 이르면 황국신민화정책이 서당교사강습회에도 그대로 수용되었다. 1940년 강원도 이천의 서당교사강습회에서는 침략전쟁기에 걸맞은 과목이 많이 들어 있었다.[65] 수신·국어, 경○經○, 창가唱歌를 제하고는 ○○○○○급及 ○○○○방침지도, 〈황국신민서사〉 취급방법, 황국신민체조, 회화지도 등 〈황국신민서사〉와 관련된 내용을 넣었다. 잘 알려졌듯이 〈황국신민서사〉는 1930년대 후반 중일전쟁이 시작되면서 민족말살정책의 하나로 내선일체·황국신민

화 등을 강조하면서 일본제국
주의가 암송을 강요한 글로서
1937년 10월에 총독부 학무국
에서 교학쇄신·국민정신함양
을 목적으로 보급했다. 학교·
관공서·은행·회사·공장·상
점 등 모든 직장의 조회와 각종
집회 의식에서 낭송이 강요되
었다. 여기서는 이 같은 〈황국
신민서사〉에 대한 취급방법, 회
화지도 등을 했다.

〈그림 26〉〈황국신민서사〉

　강습회는 사립학교와 서당
이 함께하기도 했다. 1933년 함경남도 삼수군 북부 4개 면의 사립학
교와 서당 교직원 30명을 초집하고 여름휴가를 이용해 강습회를 개
최했다. 과목은 산술·국어·직업체조, 및 관계 법규의 실제 취급법 등
이고 일시는 8월 8일부터 12일까지 6일간이었다.[66] 이렇게 강습회에
사립학교와 서당이 함께한 것은 당시 교육정책에서 서당의 위상에 상
당한 변화가 있었다는 것을 말한다.

　이제 강습회가 확대되면서 군내에서도 지역을 나누어 행하는 곳
도 있었다. 1933년 함경남도 북청군은 지형을 기준으로 평지대와 산
지대로 나누었다.[67] 1회 교사강습회는 8월 1일에서 5일까지 평지대의

양천공립보통학교에서 했는데 50명이 참석했다. 2회 강습회는 8월 8일에서 12일까지 산지대의 상차서공립보통학교에서 했다. 참석 인원은 20명으로 과목은 매우 다양했는데, 국어·산술, 직업과 과외 강연, 임학대의林學大意, 조림造林, 민유휴지도방침民有休指導方針, 삼림령, 단속 및 범죄수사실무, 사유임야시업제한규칙私有林野施業制限規則, 보호, 근무규정, 과외강연, 시험 등이었다. 산지대여서인지 임야 관련의 수업이 많았다.

강습회에서 서당교사들을 교육한 사람은 훨씬 다양해졌다. 우선 해당 지역의 보통학교 교장을 비롯해 학교 훈도, 그리고 행정기관, 각종 산업기관의 기술자 등이 참여했다. 일반적으로 서당 통제의 책임을 인접 보통학교장에게 맡겼으며, 교장은 관할 지역 서당을 순시·지도하고 때로 도학무과로 보고했다.[68] 따라서 교장이나 교육이 이루어졌던 보통학교의 훈도들도 마찬가지로 이전부터 교육에 참여했다. 1930년대 서당강습회에서는 행정기관 직원, 산업기관의 기술자들이 다양하게 참여했다.

이러한 강습회는 서당의 목표가 바뀌는 역할을 하지 않았을까 한다. 1935년 함경남도 단천군 복귀면 기암리의 삼공서당은 농업지식 함양과 근로정신 작흥을 목표로 해 일과 외에도 항상 모든 부업과 실습을 힘써 자급자족을 반드시 이룰 수 있게 했다.[69] 이 같은 목표는 강습회를 통해 교사들에게 끊임없이 진흥운동에 참여하게 한 교육과 관련이 있을 듯하다.

이처럼 강습회는 대체로 개량서당, 때로 사립학교를 대상으로 했다. 한편으로 전통서당에 대한 강습·지도도 있지 않았을까 한다. 때로 보통학교 교원이 순회 지도의 방식으로 전통서당에 대한 강습과 지도를 하기도 했다.[70]

강습회와 다른 교육연구회라는 조직도 만들어졌다. 1932년 함경북도 무산군 교육회의 교육연구회에는 보통학교 직원과 서당교사도 출석했다고 한다.[71] 이렇게 교육연구회에 참여하게 하는 것도 이들을 활용하는 일환이었다. 서당교육연구회라는 이름도 있었다. 1935년 함경북도 경성군은 '농촌 유일의 교육기관인 서당교육연구회'를 면내 각 서당 교원과 설립자를 모아 같은 면 부산동서당에서 개최했다.[72] 같은 해 전라북도 부안군에서는 개량서당강사협의회가 만들어졌는데, 군청 회의실에서 개량서당 강사들이 모여 협의회를 개최했다.[73]

서당교사가 아닌 학생들을 대상으로 하는 순회강연반이 있었다. 이러한 행사도 보통학교에서 시행했는데, 개량서당에서 보통학교의 보결생을 모집하기 위한 목적이 있었던 듯하다. 1932년 충청북도 괴산군 청천공립보통학교는 수 년 동안 경제 타격 때문인지 퇴학생이 격증하자 순회강연반을 두어서 개량서당에서 모집했다. 그 결과 보결생 40여 명, 신입 1년생 50~60명을 얻을 수 있었다.[74] 그러나 보통학교 보조기관으로서 서당의 역할이 커지면서 순회강연반은 서당 자체의 교육지도를 위한 방편으로 활용되지 않았을까 한다. 1935년 충청북도 충주군의 경우 각 공립보통학교 교직원이 개량서당 58개를 순회

지도했으며, 여기에는 61명의 교사, 1456명의 학생들이 있었고 학습 상태, 장부 정리, 학습 환경 정비 등도 양호하다는 평을 받았다.[75] 이 경우는 강연보다는 시설 등 교육 환경 평가에 초점이 맞춰진 듯하다.

폐쇄와 설립의
부침 속
서당

총독부, 〈서당폐쇄령〉을 추진하다

서당도 폐쇄의 대상

앞서 보았듯이 서당에 대한 총독부의 정책은 초등교육의 실태에 따라
이루어졌다. 기본적으로는 서당을 좋게 평가하지 않았다. 개량서당에
대해서는 보통학교의 교육보조기관으로서 활용할 여지가 있었지만
전통서당이나 기준에 미치지 못하는 서당도 많아서 총독부가 내세운
초등교육에 도움이 되지 않았다. 이 시기에 서당이 폐쇄된 원인은 서
당 자체의 부진이나 시설 미비 등의 내적 요인보다는 침략전쟁기 일
제 통치기관의 고압 정책의 남발과 교육보조기관에 적용되는 기준의
경직성 강화, 그에 따른 교육보조기관의 자율적 공간 축소와 같은 외

부적·정책적 영향이 컸을 것으로 생각된다. 따라서 서당 폐쇄를 통해 이런 서당을 없앤다든가, 서당 간의 통합, 개량서당으로 유도할 수도 있었다.

1930년대에 들어 '전 조선적'으로 서당강습소의 폐쇄명령이 자주 있었다고 한다.[76] 총독부는 먼저 무인가 서당에 대해서는 강경하게 폐쇄를 추진했다. 1931년에 함경남도에서 보듯이 '무인가 의숙 일체 폐쇄'가 여러 곳에서 시행되었다.[77] 도지사의 명령에 따라 경찰서나 주재소가 직접 서당을 폐쇄했다. 심지어 이러한 과정에서 '훈장'들에게 허가가 나기 전까지는 가르치지 않겠다는 시말서까지 받았다.[78] 서당 교사가 아닌 훈장이라는 표현에서 보듯이 주로 전통서당이 대상이었던 듯하다.

1932년 들어 강원도 통천군에서 인가되지 못한 서당 16개가 폐쇄되었다.[79] 통천군과 경찰 당국자가 관내 면장과 주재소 수석에게 인가되기까지 폐쇄를 명령해 500여 명의 학생들이 배움의 길을 잃었다. 1933년 함경남도 신흥군 동상면에서도 허가 없는 서당과 야학은 경찰이 폐쇄령을 내렸다.[80] 인가되지 못한 서당에 대해 곧바로 폐쇄를 한다면 대상이 엄청나게 많을 수밖에 없다. 1933년 평안남도 덕천군의 경우는 군 전체의 서당을 모두 폐쇄하고 서당 경영자를 전부 호출해 시말서를 받았다고 한다.[81] 인가 기준에 따라 폐쇄하다 보니 지역적인 사정이 고려되지 않았다. 1931년 함경남도 삼수군에서는 관흥면이라는 한 면에서 한꺼번에 25개소나 폐쇄되었다.[82] 이곳은 산간벽지의 무산농촌이어서 어린이들을 학교에 보낼 수 없어 촌에서 5~6명 단위의 작은 서당을 개설했지만 허가 없이 개설했다고 폐지되었다. 촌에서 몇 명의 아이가 모여 일어·산술·조선어 등을 연습하는 것도 금지되었다고 할 정도였다. 충청남도 당진군 신평면의 서원은 4년간 운영되었는데, 1933년에는 학생이 늘고 서당도 확충하는 상황에서 허가가 없다는 이유로 돌연 폐쇄령을 내려졌다.[83] 학생 수가 얼마만큼 늘었는지 정확하게 기술되지 않아서 학생 수 때문일 수도 있지만 이 무렵 서당의 폐쇄가 강화되었다는 의미일 수도 있을 것이다.

이처럼 인가제를 시행한 뒤 서당 신설은 매우 까다로웠다. 1933년 충청북도에서는 사설강습소, 서당 등이 문맹퇴치에 일정한 역할을 하는데도 여기에 인가제를 두어 신설에는 여러 가지 복잡한 조항으로 오랜 기간에 걸려 절차를 밟게 했고 이미 설립한 곳에 인가가 없으면 폐쇄를 하는 등 가혹한 행정을 한다고 해 인가제 철폐에 대한 주장이 제기되었다.[84] 〈조선교육령〉에 따라 처음부터 모든 학교의 설치와 폐지는 총독의 인가를 받아야 했다. 사립학교의 경우에도 인가되기까지 상당한 시일이 걸려 당초 계획한 개교연월일을 늦추는 경우가 허다할 정도였다고 한다.[85] 서당도 인가제로 바뀌면서 이 같은 행정을 이용해 시일을 지체하는 경우가 많았던 모양이다.

인가 기준으로 여러 사항이 있었다. 먼저 학무국은 일본어와 산술을 교과에 두지 않은 서당은 아예 인가되지 못하게 했다.[86] 결국 개량하지 않은 서당은 인가 기준에 들 수도 없었는데, 실제로 이렇게 시행되었다면 전통서당은 '인가 외 서당'으로 남은 셈이다. 다음으로 설립 재원이나 안정적이고 지속적인 학교 유지비의 마련이 인가 여부에 중요한 사항이었다.[87] 이제 서당에 대한 경비도 지속적으로 조사했다.

서당의 경우 학생 정원에 따른 규제도 상당했다. 1918년 〈서당규칙〉은 서당의 정원을 30명으로 못 박았지만 앞에서 보았듯이 관행으로 정원을 넘는 경우가 많았다. 그러나 〈서당규칙〉 개정 이후로는 정원 초과도 법령을 저촉한 것으로 제재를 가했다. 1932년 함경북도 웅기읍 관곡동에 신성사숙이 갓 만들어졌을 때 경흥군으로부터 서당제이므로 학생 30명 이상은 초과하지 못한다는 명령을 받았다.[88] 당시 수용 학생이 49명이었지만 이 같은 명령을 받자 어쩔 수 없이 30명 학생만으로 수업을 했다. 어떻게 30명을 추렸는지 알 수 없지만 대단히 고통을 받았을 것이다.

1933년 충청남도 대전군 산내면 무수리에 있는 여경학당은 학생 수에 따른 규제를 보여주는 대표적인 사례다.[89] 여경학당은 1932년 4월 창립 당시 〈서당규칙〉에 따라 인가되어 경영되었다. 아마도 처음에는 학생 수가 많지 않아 별 문제가 없었던 모양이다. 1933년 신학기부터 학생이 늘어서 57명에 달했다. 어쩔 수 없이 30명을 기준으로 하기 위해 4학년을 2학급으로 나누어서 수업을 했다. 그런데 학무 당국에서 〈서당규칙〉에 의해 30명을 초과한 27명을 정학 처분하라는 통지를 받았다. 학당은 27명이나 정학 처분을 해 배움의 길을 뺏기보다는 차라리 해산을 당하더라도 어쩔 수 없다고 생각하고 두려움 속에서 최후의 탄원을 당국에 제출했다. 산내면은 산이 중앙에 가로놓여 있어서 산동과 산서가 지리적으로 분리되었다. 당시 산동에 공립보통학교가 있고 학생이 60명에 지나지 않았지만 여경학당과의 거리가 준령을 넘어서 15리가량이나 떨어져서 도저히 통학할 수 없었다. 그래서 학령 초과 아동을 합해 작년에 서당을 만들었는데 이렇게 철저하게 규칙을 따른다면 교육에 중대한 문제가 생긴다고 비판했다. 여기에 대해 대전군수는 규칙이 엄연히 있는 이상 할 수 없는 일이라고 하면서 그만한 인원이면 사립학교 인가를 얻어서 전환하거나 분리해 서당 2개를 만드는 방식을 권유했다. 그러나 이는 별도의 재정이 필요하기 때문에 상당히 힘든 과정이었다.

서당의 학생 수를 제한한 이유가 무엇일까? 일단 서당이 지닌 교육환경 때문으로 볼 수 있다. 일반적으로 서당이 처한 여건이 많은 인원을 수용하기 어려웠다. 충청남도 당진군 신평면 남산서당의 경우도 1933년 학생이 60여 명으로 늘고 교원도 2명으로 확충되자 4월 말경 폐쇄명령이 내려졌다.[90] 다른 여건이 어떠했는지는 정확하게 알 수 없지만 교원이 늘어난 것으로 봐서 대체로 교육 여건도 갖추었을 듯하다. 그러나 서당은 이와 관계없이 인원을 제한해 서당이 확대되는 것을 차단한 것이 아닌가 한다. 따라서 초과 인원에 대해서는 계속 조사하고 규제했다고 보인다.

보통학교와의 거리도 규제의 대상이었던 것으로 보인다. 여기에 대해서는 명확한 규정이 있는지는 알 수 없다. 1933년 전라남도 순천에

서 '각 학교를 기점으로 1리 이내에 서당 인가를 낼 수 없다는 규정'
은 불합리하다고 한 것으로 봐서[91] 거리가 상당히 고려되었음을 알 수
있다. 곧 1보가 떨어져도 생활난 때문에 학교를 다닐 수 없는 절대 다
수의 학생은 서당에 다닐 수밖에 없었다.

주민들이 적극적으로 보통학교를 열망하면서 서당 폐쇄를 요구하
기도 했다. 1933년 평안북도 구성군 서산면에서는 다음 해 보통학교
를 설치하려고 기성회를 조직해 면민들에게 다액의 기부금을 배정해
수합 중이었는데, 학교평의회에서 서당을 전면 폐쇄하기로 결의했다.
물론 여기에 대해 서당 측은 크게 반발했다. 서산면 서당 수십 개의
당국자들은 보통학교가 설치된 다음은 학교를 보낼 수 있지만 아직
설치가 되지도 않았는데 서당을 폐쇄한다면 자제들 공부에 막대한 지
장이 있다고 반발했다. 이처럼 서당의 폐쇄에는 총독부의 교육정책이
작용하기도 했지만 보통학교를 기대하는 주민들의 내부적 동의도 더
추동했음을 짐작할 수 있다.

그 밖에도 포괄적으로 〈서당규칙〉에 대한 저촉을 내세우며 폐쇄하
는 일도 있었다. 1931년 함경북도 명천군의 양견동 사립양견의숙에
대한 폐쇄 명령이 그것이다.[92] 양견의숙은 양견농민조합에서 경영했
는데, 지난 6월경 이 조합 간부회의는 조합 명칭을 명천농민조합으로
개칭하고 새로 조직된 서당유지후원회가 의숙을 경영하게 하며 양견
농민조합 재산을 후원회에 인계했다. 그런데 동면 면장이 후원회가
유지하지 말고 양견동에 재산을 양도해 동에서 서당을 유지하는 안을

내었다. 그러던 가운데 돌연 군청에서는 〈서당규칙〉 5조에 저촉된다는 이유로 서당을 폐쇄했다. 5조는 법령 규정에 위반하거나 공공질서를 해하거나 교육상 유해하다고 인정된 때는 도장관이 서당을 폐쇄할 수 있게 했다. 상당히 의도적으로 폐쇄했음을 알 수 있다.

심지어 서당 이름을 트집 잡아 폐쇄를 명령한 사례도 있다. 강원도 김화군 서면 도창리의 도창서당道昌書堂은 1928년에 설립되었다. 그 뒤 이름을 귀창학원龜昌學院으로 바꾸었다가 이름이 다르다는 이유로 1934년 10월 폐쇄명령을 받았다.[93] 표면적으로는 '도창'을 '귀창'으로 바꾸었지만 서당을 학원으로 바꾼 것도 포함되지 않았을까 한다. 책임자도 당장에서 원장院長으로 변화가 있었다. 이름 문제로 폐쇄한 것은 드문 사례인데 아마도 서당에 대한 폐쇄가 한창 심할 무렵 이를 빌미로 함께 폐쇄한 듯하다. 5개월 정도 아무런 조치가 없이 지내다가 학원장 박귀로(당장 겸 학감, 재무 이복성)가 다시 도창서당으로 환원한 뒤 4월 1일 신학기부터 인가를 받았다.[94]

이와 함께 불온 교사가 있다는 구실로 서당을 폐쇄하기도 했다. 1932년 전라남도 광주에서는 허가 없는 서당을 개설하고 극비밀리에 청년자제에게 공산의식을 보급하며 불온 교수를 행한다는 것을 경찰에서 탐문했다.[95] 이는 관내 한학서당과 지도자의 사상·학력·신용·풍설 등을 상세히 조사한 결과로 파악했다.

이러한 분위기 때문인지 인가되지 못한 서당의 숫자가 매우 많았다. 1935년 충청남도 학무과의 조사를 보면 서당 524개 가운데 무인가 서당이 351개이어서 3분의 2에 해당할 정도였다.[96] 그만큼 인가되기가 어렵다는 것을 보여준다. 또한 설립된 서당뿐 아니라 설립하려는 서당까지 통제하기도 했다. 이를테면 조선인의 기부금 모집행위에 대해 '기부금품 모집 단속 규칙 위반'이라고 하면서 금지해 서당의 신설·증축을 방해했다.[97]

이러한 실상 때문에 총독부는 서당에 대한 통제와 폐쇄의 정책을 사용한 것으로 비치기도 했다. 통제 강화와 폐쇄로 전환된 이유에 대해서 당시 이 같은 주장이 있었다. 곧 조선에서 일본의 교육정책은 재래 조선의 낡은 교육인 소위 서당을 묶인해 동화정책을 적극으로 실시하는 보통학교교육에서 망라하지 못한 부분의 아동들을 부패한 한문교육으로써 마비되게 하는 것으로 보았다. 그런데 시세를 따라서 서당도 새 과학을 과정에 넣어 가르치는 곳이 많아지고 일제의 식민지교육정책과는 어그러진 방향으로 나아가자 총독부는 서당을 단속할 여러 가지 가혹한 단속 조건을 설정해 서당에서는 한문 외 다른 과목을 맘대로 넣지 못하게 하고 서당을 설립하는 데는 절대적 허가를 맡게 하고 교사도 당국의 인가를 얻어야 되게 만들었다.[98] 따라서 총독부의 서당정책은 당시 1만 4000개 전체 서당에 대한 '가혹한 취체'라고 보았기에 근대교육정책이라기보다 식민교육정책에 지나지 않는다고 강조했다. 당시 조선인들이 총독부의 동화정책에 맞서 서당을 새로운 방향으로 이끌려고 시도했으며 이를 총독부는 또다시 통제 강화 정책을 펼쳤다고 주장했다. 다만 앞에서 보았듯이 총독부의 정책만이 아니라 내부적으로 수용하는 주민들도 있었음을 인식할 필요가 있다.

단속 대상은 전통서당이라기보다 개량서당에 초점을 둔 듯하다. 예를 들어 1933년 '근래 도지령에 의해 개량서당 단속을 매우 엄중히 함으로써'라는 표현도 이를 말한다.[99] 전반기에는 전통서당을 없애고 이른바 근대교육정책을 위한 학교에 초점을 맞추었다면 후반기에는 늘어나는 개량서당에 대해 통제를 하는 방안으로 활용되었던 듯하다. 아무튼 이 같은 탄압정책은 '미급한 초등교육에 미력을 돕는 서당, 강습소 대공황'[100]이라고 할 정도로 교육 문제를 일으켰다.

강경과 온건의 양날

앞의 사례를 살펴보면 1930년대 총독부의 서당정책은 강경 일변도처럼 보인다. 통제를 강화하기 위해서 강경책은 필요하지만 현실적으로 서당은 취학률에 도움이 되므로 강경한 정책만을 사용하기는 어려웠다. 당시 취학률은 10~20퍼센트에 지나지 않아서 조선인들의 비판을 받는 상황이었다. 이때 철폐된 서당은 실상 불완전하다고 평가된 신식 서당까지 포함되었기 때문에 신식교육을 열망한 이들에게까지 타격을 주었다. 따라서 일방적으로 강경책만 펴기에는 어려움이 따랐다. 혹시 다른 대안을 마련하거나 취학률에 큰 영향을 주지 않는 범위에서 강경책을 편 것은 아닐까?

강경책에 대한 비판이 커지자 인가 과정 중인 곳에 한해서는 인가

될 때까지 묵인하기도 했다.[101] 1933년 충청북도에서 인가제 철폐를 강하게 요구하자 당국은 철폐까지는 어려우나 단시일 내 인가해주도록 목하 진행 중이라는 답변을 했다.[102] 1934년 강원도 양양군도 서당과 야학은 모조리 폐쇄를 당한지 오래였는데 곳곳에서 서당과 야학 허가 과정을 60건이나 군에 제출하자 신임 양양군수 장영한은 앞으로는 인허할 방침이라고 했다.[103] 통제하면서도 한편으로는 다른 방안도 고려하기 시작한 듯하다. 같은 해 황해도 장연군도 군 당국에서 서당인가 절차를 알선해 도 당국에 신청해 8개가 인가되었다.[104] 여기서는 인가와 더불어 교사강습회를 연 점도 의미가 있다.

이와 같이 총독부가 강경으로만 처리할 수 없었던 것은 무엇보다도 교육에 대한 조선인의 끈질긴 요구 때문이었을 것이다. 당시 조선인들은 1면1교제, 의무교육 등을 요구했고, 일본인과의 차별에 대해 비판했기 때문에 총독부가 이를 어느 정도 해소할 수 있어야 했다. 1932년 총독부는 상당히 적극적인 정책으로 이동열차 학교와 마을마다 개량서당을 설치할 방침을 세우기도 했다.[105] 이동열차 학교는 매일 정한 시간에 역마다 운행하며 그 부근 학생을 보통학교 3학년 정도까지 교육하려고 했으며, 또 개량서당은 재래 실적으로 보아 넓은 면에 1개 보통학교를 세우되 마을을 단위로 하는 개량서당을 많이 설치해 정규 교육을 받을 시기까지 과도기에 문맹을 타파할 계획이라는 것이다. 여기에 대해 《동아일보》는 사설을 통해 "우리들이 매년 절규해온 문맹퇴치의 의무를 당국자도 점차 감각하고 있다는 것을 증거하는 사실이라고 생각한다"[106]라고 긍정적으로 평가했다.

학무 당국의 사립학교 개선 문제에 대한 통첩에 대해 1933년 《동아일보》는 적극적인 비판과 의견 개진이 있었다.[107] 첫째 자격 교원 채용 문제인데 너무나 엄밀한 간섭주의가 재원이 빈약한 사학에 간혹 무리한 결과를 가져오는 때가 있다는 것이다. 다음으로 학교의 재정적 기초 및 제반 설비관계로 지정 수준을 너무나 높인다든지 하는 폐단이 없기를 희망했다. 이런 문제로 억압·간섭·폐쇄의 구실을 삼을 것이 아니라 반대로 보호와 방조를 해 경제 기초를 북돋워주고 발전 속도를 편달해야 한다는 것이다. 지방에 따라 서당교육에 개선을 가한 소위 '개량서숙改良書塾' 같은 것이 생겨난 것은 이 점으로 보아 고마운 일이라 하겠으나 아직도 전반적으로 사숙과 사립학교에 대한 당국의 태도는 그다지 온정적이라 보기 어렵다고 했다. 특히 조선의 사학은 그 의의가 다른 곳과 달라 대개 비영리적인 국가 교육기관의 대행인 만큼 종래와 같이 폐쇄 중심의 태도를 버리고 적극적으로 보호장려책을 강구하는 것이 가장 사리에 맞고 시의에 합하는 길이라고 했다.

총독부는 1930년대에도 1면1교제를 완전히 실현하지 못한 까닭에 종래 서당을 이용해 교육의 진흥에 힘쓸 수밖에 없었다. 1933년 9월 《동아일보》는 이런 총독부 정책에 대해 맹렬하게 비판하면서 대책을 요구했다.[108] 곧 총독부에서 다음 해부터 경비 30만 원의 예산으로 조선 전체 8800개의 서당 중에서 〈서당규칙〉에 의한 개량서당 440개를 선정해 각 서당에 유자격 교원 1명씩을 배치하는 동시에 수업연한을 2개년으로 연장해 수신·국어·산술 등 보통학교의 과정을 가르쳐서 농촌의 실제에 적당한 소위 농촌중견청년을 양성하려는 계획에 대해 결코 전적으로 만족할 수 없다고 했다. 서당을 일종의 보통학교 보조 기관으로 이용하는 이른바 '언 발에 오줌 누기'식의 미봉책만으로는 부족하다고 보고 개량서당의 계획을 근본적으로 철저하게 해 의무교육의 전제가 되게 하라고 요구했다.

결국 서당이 줄어든다면 보통학교가 충분히 늘어나야 하는데, 그 점에서 아직 부족하기 때문에 총독부는 강경책만 취하기 어려웠다. 대신 개량서당을 좀 더 활용해 미봉책으로서 운영하고자 했다.

서당설립운동을 벌이다

서당인가제에 대한 반발

서당허가제는 서당 운영에 큰 피해를 안겼다. 먼저 허가 과정이 오래 걸렸다. 학무 당국에 허가원을 제출하면 빨라야 5~6개월 지나서 허가해주었다. 허가받기까지는 휴교를 해야만 했다.[109] 1년 단위로 허가를 받아야 하는 경우도 있었던 듯하다. 이처럼 허가받는 과정이 상당히 힘들었다.

더구나 허가제에 따라 시행되었던 총독부의 서당 폐쇄 정책은 조선인들에게 상당히 반발을 받았다. 신문 지상을 통한 비판의 목소리가 높았는데, 취학아동 비율에 대해 문제를 제기하고, 의무교육에 대한 열망을 드러냈으며, 무산 아동들의 어려운 상황을 부각했다. 서당 폐쇄를 추진하자 1930년 조선인들은 그 부당성을 지적하고 일제에 서당 개량을 지원하라고 요청하기도 했다.[110]

신문도 보통학교에 들어가지 못하거나 서당강습소 등이 폐쇄되어 취학아동들이 도로에서 방황하고 있다면서 매우 감성적으로 접근했다. 무엇보다도 서당 수가 매년 줄더라도 보통학교가 늘어난다면 교육의 진보라고 하겠지만, 서당은 줄지만 보통학교가 크게 늘어나지 않는다면 교육의 퇴보라는 비판이 거셌다. 한 신문에서는 의무교육을 실시하고도 이를 보완할 수 있는 다양한 학교의 설치가 필요한데 1면 1교제도 시행하지 못했는데 강습소·서당을 무조건 폐지할 수는 없다고 했다.[111] 보통학교가 완비된 뒤로도 이 같은 교육기관이 필요하다는 뜻이어서 음미해 볼 주장이다. 아무튼 현실은 보통학교에 들어갈 자리도 없는데 서당 글도 배우지 못하게 하는 상황이어서 한 신문에서는 '밥도 안 주고 먹는 죽도 빼앗는' 것으로 비유했다.[112]

1932년 《동아일보》는 서당의 존폐 문제를 적극적으로 다루었다. 당시 전국적으로 서당·강습소의 폐쇄 명령이 빈번했다. 그 사례로서 최근 강원도 이천군 방장면의 구산·봉명·광흥의 3개 의숙을 주재소에서 폐지하려 한 일을 지적했다. 주재소 단독으로 서당을 해산할 수 있느냐 없느냐 하는 점에서 서당이 필요한데도 폐쇄를 명령해서는 안 된다고 주장했다.[113] 물론 서당교육이 교실의 불비, 훈련 부족, 양호의 부주의 등등 개선이나 폐지해야 할 점이 없지 않지만 당시 초등교육이 겨우 출발점을 떠난 시점이어서 의무교육도 실시하지 못하는 상황인 점으로 미루어 자진해 서당이라도 만들어 배우고자 한다면 당국이 암묵적으로 허락해 주는 것이 조선의 교육에 도움이 된다는 것이다.

따라서 서당정책을 빗대어 총독부를 '제압주의'라는 용어로서 비판했다. 1933년 《동아일보》는 신교육방법에 의해 보통학교가 설립되면서 서당은 자연히 소멸의 길을 걷고 있는 데다가 또 당국의 제압주의로 퇴세가 촉진되었다고 진단했다. '제압주의'를 사용하는 것은 교원의 자질이 불량하고 교육의 방법이 구식이며 학사의 설비가 불완전하다는 등의 이유를 들었다. 무산 아동이 완전한 교육을 받게 한다는 것은 실제를 무시한 이상론이라며 제압주의를 고칠 것을 요구했다.[114] 중앙고등보통학교 교장 현상윤은 1934년 신년 기고를 통해 서당교육의 가치를 인정하지 않고 한편으로는 당국의 허가 없이는 서당의 설립을 얻지 못하는 현실을 '무학의 조선'이라고 비판했다.[115]

1931년 평안북도 운산군 동신면 성지동에서는 월사금이 없어서 학교에 가지 못하는 무산 아동을 가르치기 위해 개량서당이 세워졌는데, 면장이 도지사의 인가가 없다는 이유로 폐쇄를 명했다.[116] 그러자 성지동민들은 도지사에 인가를 요청했는데, 이번에는 면장이 행정적인 경유를 거절했다고 반발했다. 면장이 이렇게 거부할 수 있는지 알 수 없지만 당시 개량서당에 대한 행정 분위기를 보여주는 사례인 듯하고 이에 동민들은 면장을 크게 비난했다.

서당 폐쇄의 사례가 많은지 신문 지상에 '도로에 방황하는 아동'이라는 기사가 자주 나온다. 이는 근본적으로 당시 취학아동 비율과도 관계있다. 신문은 학령아동 전체에서 취학아동의 비율이 얼마나 열악한가를 계속 지적했다. 이러한 상황에서 서당 폐쇄가 일어남에 따라 비판이 쇄도했다.

이 같은 서당허가제에 대한 비판운동은 점차 조직적으로 전개되었다. 1931년 경성 천도교기념관에서 조선농민사 4회 전사대표대회全社代表大會가 열렸다. 조선농민사는 1920~1930년대 천도교도들이 중심이 되어 활동한 농촌운동 단체였다. 다만 조선농민사는 총독부의 식민정책과 궤를 같이하는 가운데 이루어졌다고 평가된다.[117] 이 대회에서 의주농사義州農社는 소작제도 개선, 잠종蠶種 공동판매, 납세감하운동 등과 함께 서당허가제폐지운동을 제안했다.[118] 당시 중요한 생활에서의 문제와 함께 서당허가제가 거론될 정도로 중요한 사안으로 상정되었다. 이때 각지에서 농촌야학, 각종 교과서 집술, 농민학원 설치 건 등도 제기된 것으로 봐서 당시 농민운동 단체는 교육에 관심이 상당히 높았던 것으로 보인다.

이러한 노력 때문인지 폐쇄되었다가 다시 인가를 받은 서당도 많았다. 평안북도 태천군 송현동 태화학원은 1932년 2월 〈서당폐지령〉에 의해 폐쇄되었다가 1934년 4월 부활되었다.[119] 충청남도 당진군 신명면 남산서당은 인가가 없다는 이유로 1932년 폐쇄되었는데 2년 뒤인 1934년 설립자 등이 맹렬하게 활동해 9월 10일 인가를 받았다.[120]

모두 지역 주민이나 설립자 등에서 노력한 점도 있겠지만 1932년과 1934년 사이의 인가 정책이 조금 완화되지 않았을까 한다.

이 시기 서당설립운동은 개량서당에 해당하고 입학난 완화책으로서 서당을 설립하자는 의도였다. 곧 전라북도 남원군에서도 전통서당 세 개를 묶어서 합병 개량해 시대가 요구하는 교육기관을 만들고자 하는 여론이 높았다고 한다.

서당설립운동의 성과

1930년대 이후 보통학교의 취학이 지속적으로 늘어났는데, 이전부터 있었던 정치적 실력 양성의 동기, 상향적 사회이동의 동기에 더해 배우지 않으면 사람대접을 받을 수 없다는 동기가 강해졌다고 볼 수 있다.[121] 이는 아마도 조선 후기 평민들의 교육 열망이 높아지면서 대폭 서당이 늘어나는 양상으로 나타났다. 조선총독부는 조선인들의 향학열을 우려하면서도 조선인의 인심을 사기 위해 허용했다. 반면 조선인은 이러한 기회를 이용해 학교에 대한 요구를 지속했다.

그런 가운데 서당설립운동은 부족한 초등교육의 대안이었다. 교육에 대한 욕구가 늘어나면서 수용 능력이 지극히 부족한 점에 조선인의 반발이 심했다. 이 시기 일례를 들면 1935년 전라남도 학령아동은 30만 명이었지만 수용 능력은 1만 6000명에 지나지 않았다. 이는 결국 통치에 악영향을 주어 의무교육의 방향을 구상하지 않으면 안되었다. 사립학교와 서당은 학령아동을 수용하기 위해 절실했다. 이를테면 이때 사립학교와 서당을 합하면 수용할 수 있는 인원이 8만 2000명에 달해 학령아동의 약 28퍼센트에 해당했다. 이는 앞서 보통학교의 수용 능력이 5퍼센트 정도에 지나지 않는 것에 비하면 상당히 높은 것이었다.

이처럼 실제 입학난에 어려움을 겪으면 당국의 강경책에도 개량서당은 늘 수밖에 없었다. 평안남도 영원군의 경우 1932년 소백공립보통학교를 개교했지만 군내 5개교 가운데 유독 단급제單級制라는 구실로 입학에 제한이 있기 때문에 벽지이면서도 입학난에 헤매었다. 그러자 당국의 '불완전한 신식 서당은 철폐한다'는 방침이 있음에도 일시에 100여 아동을 위한 신식 서당이 4개나 격증했다.[122] 이는 이 시기 보통학교 증설이 총독부의 강제나 시혜에서 비롯되지 않고 조선인의 적극적인 요구에서 출발해 조선인 스스로의 운동으로 진행된 점과도 맞물린다.[123] 이를테면 설립 기금이 많으면 보통학교를 택하고 적으면 개량서당을 택할 수도 있었다.

따라서 언론도 보통학교를 기대하면서도 현실적으로 여전히 서당이 필요한 상황에서 서당 설립을 매우 강조했다. 평안북도 용천군 내중면 송산동의 개량서당은 1929년 송산동의 유지 3명이 면내의 취학 연령이지만 먼 곳의 보통학교에 통학할 수 없는 아동을 수용하기 위해 60여 명이 뜻을 모아 창립한 곳이었다. 여기에 대해 언론에서는 "향촌의 서당은 차라리 대규모의 속된 보통학교보다도 향토적 열정을 자아내는 천재의 요람이라고 볼 수 있는 전원의 교육기관일뿐더러 보통학교의 설비가 적은 조선에 있는 크게 중요성을 함유한 존재이다"[124]라고 합리화했다. 언론의 표현이지만 어쩌면 고향에서 주민들의 열정을 모아 운영했기에 '전원田園의 교육기관'으로서 그 의미를 보통학교보다 높다고 평가한 것인지도 모른다.

실제 주민들은 다양한 방법으로 개량서당 개설에 힘을 기울였다. 1930년 강릉 덕원면 초위리 문암동에는 마을 30여 가구에 미취학아동이 40여 명이 있었으나 부근에는 배울 만한 기관이 없자 유지들이 발기해 약 40명을 수용할 만한 개량서당을 창립했다. 서당의 운영자금은 동민 전체가 이곳 삼방산에서 해안으로 목재를 운반하는 노동을 해 그 노임으로 충당하기로 했다. 아동들의 교육기관을 마련하기 위해서 동 주민 전원이 노역에 참여하자는 결의를 했다는 것은 이 지역이 매우 빈곤하다는 점과 교육기관이 그만큼 절박했음을 짐작할 수 있다.

개량서당 운영과 관련해 다음 사례는 흥미롭다. 보성군 벌교면 낙성리 연평개량서당은 1928년 주민들이 설립했는데, 무산 아동의 문맹퇴치를 위해 120명에게 의무교육을 이루었다는 자부심을 가지고 있었다.[125] 3~4년간 열심히 운영해서 성적이 양호한데도 당국의 인가가 없어서 인가를 요청해 1931년 9월 15일 인가장을 얻었다고 한다. 개량서당으로서 지역의 무산 아동에 대한 의무교육이라는 목표를 설정했다는 것은 그만큼 개량서당에 자부심을 가지고 있었음을 말한다. 경상남도 남해군 서호리도 1928년 개량서당을 만들어서 1934년까지 지속했는데, 학교에 가지 못하는 아동을 위해 만들었고 보통학교를 졸업한 젊은이 3명이 함께 강의했으며, 또 무료로 강의했다는 점이 두드러진다.[126]

이처럼 개량서당도 여러 가지 점에서 사립학교의 수준은 충분히 갖추지 않았을까 한다. 이름도 서당만이 아니라 의숙·학원·사숙 등 이전 학교의 명칭으로 활용되던 용어였기 때문에 전통서당보다 '학교'에 더 가까울 수 있었다. 이처럼 지역에서 학교에 가지 못하는 아동을 위한 교육기관이라는 목표를 설정했다는 것은 이 시기 개량서당의 발전적인 면모를 충분히 찾을 수 있다.

그렇다면 〈서당규칙〉 개정 이후 서당 특히 개량서당은 어떻게 변모했을까? 자세히 알 수 없다. 다음은 한 개량서당의 한문 선생이 기자와 주고받은 의견이다.

독자: 저는 개량서당의 한문선생입니다. 하루에 학년마다每年級 2시간씩의 담임시간이 있는데 사서와 오경을 가르쳐도 그다지 효과가 없습니다. 어떤 책을 교재로 사용해야 적당하겠습니까?
기자: 당초부터 실수입니다. 개량서당이라는 보통학교와 같은 정도입니다. 보통학교에서 사용하는 한문책을 가르치시오.[127]

여기서 해당 개량서당의 실상을 몇 가지 엿볼 수 있다. 첫째 한문 선생이 별도로 있었으니 이 개량서당은 여러 명의 교사로 이루어졌음을 알 수 있다. 둘째 '매연급每年級'이라는 표현에서 서당이 여러 학년으로 구성되었음을 알 수 있다. 하루에 '매연급' 2시간의 담당시간이 있다고 했는데, 하루 최대 수업시간이 6~8시간 이상은 힘들다고 본다면 3~4학년 정도로 이루어졌을 듯하다. 셋째 한문으로 사서오경을 가르쳤다. 이는 당시 보통학교는 별도로 한문 교재가 있었던 데 비해 좀 자유롭게 가르친 셈이다. 기자는 개량서당이 보통학교와 같은 정도라고 하면서 보통학교의 교재를 사용할 것을 권했다. 다섯째 개량서당의 운영과 교육 방식이 아직은 조금 자유스럽지만 보통학교의 형태로 나아가고 있음을 알 수 있다.

서당을 농촌 발전의 길로!: 덴마크의 민중학교와 비교

이 시기 교육계에 몸담은 지식인 가운데 서당을 강조한 인사도 꽤 있었다. 배재고등보통학교 교장을 지낸 신흥우申興雨(1883~1959)는 서당을 잘 활용하면 농촌 발전을 기대할 수 있다고 했다.[128] 한때 개성 송도고등보통학교 교감을 지낸 양주삼梁柱三(1879~?)도 서당을 덴마크의 민중고등학교와 비유, 조선도 서당을 활용해 농촌 발전을 꾀하자고 주장했다.[129] 이화여자전문학교 교수 및 학감을 지낸 김활란(1899~1970)도 서당을 농촌교육의 중심기관으로 개량해 농촌을 부흥하게 하자고 했다.[130]

이렇게 서당에 대해 기대를 한 것은 당시 농촌의 개량서당 설립 분위기와 그 역할을 지켜보았기 때문일 수도 있다. 한편으로는 이 시기

농촌정책에 동조한 것으로 평가할 수 있다.

주민들이 보통학교 설립을 시도하는 것을 식민지배에 동화되는 것만으로 볼 수 없듯이 개량서당설립운동도 민족주의 방향이라든가 식민지배 동화의 과정으로만 볼 수는 없다.[131] 오히려 민족 측면보다는 계급 측면이 강할 수 있다. 보통학교와 가까운 거리에 있으면서도 생활난 때문에 학교를 다닐 수 없는 절대 다수의 아동을 대상으로 삼는 경우가 많았기 때문이다.[132] 아무리 교문을 공개하고 들어오라고 해도 수업료가 없고 밥이 없는 아동들에게는 아무런 소용이 없었다. 이런 측면에서 보통학교와 차별성이 있었던 듯하다.

이런 분위기를 보여주는 한 사례를 들어보자. 1931년 함경남도 홍원군 하룡운면 용동과 청수리 두 동리의 청년 농군 150여 명이 4월 13일에서 17일까지 파업을 했다. 여기에는 정양시형청수재正養時亨淸水齋라는 긴 이름의 전통서당이 있었다. 그런데 한학이 배척받으면서 배우려는 아이가 없자 이 지역 청년 농군들이 그들이 경영하는 야학 유지비에 서당 재산을 총합해 쓰게 해달라고 요구했다. 마을에서 운영하기 때문에 서당 대신 실제 운영이 되는 야학으로 옮겨달라는 뜻으로 보인다. 그러나 서당 관리자들이 들어주지 않자 결국 파업을 했다. 농번기에 농군들이 호미와 괭이를 버리고 파업을 하자 결국 서당 관리자들이 손을 들었다.[133] 마을 재산을 다수 아동의 교육에 도움이 되는 방향으로 운용했다. 이렇게 문제가 일단락되었지만 홍원경찰서는 10여 일이 지난 4월 24일부터 파업에 참여한 청년 30여 명을 체포해 그 가운데 7명은 검사국에 넘겼다. 농촌 동향에 주목한 것이다.

서당 수에 담긴 의미

1930년대 서당의 숫자를 1920년대와 비교해보자. 1920년대에는 1~2만 개였는데 1930년 1만 개를 약간 넘었다가 이후에는 계속 줄어들어 1935년 6209개, 1939년 4686개, 1942년 3052개로 급격하게 감소했다. 학생 수는 1930년 15만여 명에서 약간씩 줄어들다가 1933년을 기점으로 다시 늘어나기 시작해 1937년 17만 2786명까지 늘어났다가 다시 점차 줄어들어 1942년에는 15만 3784명이 되었다.

1920년대에 비해 서당 수는 상당히, 그리고 아동 수는 점차 줄어들었음을 알 수 있다. 전반적으로는 서당의 쇠퇴라고 할 수 있겠지만 몇 가지 특징을 찾을 수 있다. 첫째 서당별 학생 수가 점차 늘어났다. 곧 1930년에는 서당별 15명 수준이었는데 1942년에는 50명 수준으로

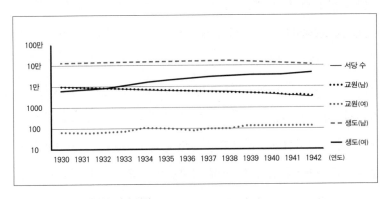

〈그림 27〉 1930년대 이후 서당 현황

늘어났다. 개량서당이 수적으로 늘어났을 뿐 아니라 규모도 성장했기 때문이다. 둘째 전체 학생 수는 줄어들었지만 여학생 수는 급증했다. 1930년에는 서당의 여학생 수가 5979명이었으나 1942년에는 4만 7751명으로 거의 8배 정도 늘어났다. 남학생 수와 비교한다면 1930 년에는 100 대 4 정도였으나 1942년에는 100 대 45로 비율을 따지면 거의 10배에 해당했다. 이는 여성의 교육 참여가 늘어났기도 했지만 서당의 실체가 점차 신식 학교에 접근했음을 보여준다.

그러나 총독부 통계의 서당 숫자는 당시 파악의 수준이 어느 정도 인지 확인하기 어렵고, 특히 1929년 〈서당규칙〉 개정으로 인가제를 시행한 뒤 서당과 강습소 등의 통계는 전부 당국의 허가를 얻은 것만 계산한 지역이 많았다.[134] 따라서 아직 허가 없이 구석구석에 설립된 서당과 강습소를 합치면 그 수가 상상 이상으로 많다고 보인다.

이로써 개량서당은 또 한 번 변화를 꾀했다. 개량서당은 보통학교· 간이학교로 바뀌어나가고 서당은 줄어들었다. 한편 개량서당 자체도 훨씬 질적·양적으로 성장했기 때문에 그 수를 정확하게 파악하기 쉬 웠다. 충청북도는 1934년 1월 말 당시 각 군별 개량서당과 재래식 서 당의 숫자를 파악했는데, 개량서당 240개(학생 수 5499명) 재래식 서당 626개(학생 수 3410명)였다.[135] 개량서당이 숫자만으로도 서당 전체 숫 자의 거의 30퍼센트에 가깝고, 서당별 학생 수는 평균 22.9명으로 재 래식 서당 평균 학생 수 5.4명에 비해 4배 정도 많았다. 1937년 충청 북도는 인가된 개량서당이 488개, 교원 수 504명, 학생 수 1만 4232

명에 달했는데,[136] 이 가운데 상당수는 초등교육을 보조하기 위해 새롭게 만들어진 것으로 보인다. 아마도 점차 개량서당 중심으로 숫자를 파악한 듯하다.

부분적으로 파악된 개량서당의 수치를 보면 몇 가지 경향을 알 수 있다. 전라남도는 1933년 2월 당시 파악된 인가 서당 수는 700여 개, 학생 수는 1만 4000여 명이었다.[137] 1932년 말 당시 서당 수는 664개, 학생 수는 1만 2146명이었다. 따라서 짧은 기간에 적어도 인가된 서당만 하더라도 수십 곳을 더 늘었다고 파악된다. 경기도는 1933년 7월 29일 당시 서당 842개, 교원 862명, 학생 9620명이었으며,[138] 총독부 통계로는 1932년 말 서당 수는 678개, 교원 700명, 학생 8507명이었으며 1933년에는 서당 506개, 교원 531명, 학생 7213명으로 대폭 줄어들었다. 이런 상황이지만 신문에 소개된 숫자는 서당 수가 오히려 164개나 늘었다. 충청남도도 1935년 11월 당시 서당 수는 524개인데 그 가운데 인가된 서당 수는 173개, 무인가는 351개였다.[139] 무인가가 훨씬 많은 셈이다. 흥미로운 것은 1934년 말 총독부가 파악한 서당의 숫자는 165개여서 앞의 숫자와 비교한다면 이는 모두 인가받은 숫자에 해당한다. 이를 본다면 총독부 《조선총독부 통계연보》의 숫자는 인가된 서당 숫자만을 파악하고 있어서 결국 개량서당 중심임을 알 수 있다.

신문에 나온 1934년 초 평안남도의 서당 숫자는 1326개인데[140] 1933년 총독부 통계는 1138개여서 200개 정도 차이가 있다. 함경남도의 서당 수도 신문에는 1934년 말 당시 754개로 나왔지만[141] 총독부의 통계는 608개로서 150개가량 차이가 있다. 신문의 통계는 어떻게 만들어졌는지 알 수 없지만 총독부에서 인가된 숫자를 기준으로 훨씬 엄밀하게 산출했던 듯하다.

비슷한 시기에 함경남도 당국에서는 도내 800여 개의 서당을 엄중 감독해 견실한 서당은 간이학교로 개정하게 하고 불충실한 서당은 폐합을 권고했는데,[142] 거의 같은 시기에 숫자가 차이가 나는 이유는 정확하게 설명할 수 없다. 어쩌면 800여 개라는 숫자의 근거는 서당 754개에다 학술강습소 82개를 합해 836개 말한 것일 수도 있다. 이 무렵 학술강습소와 서당은 큰 차이가 없고 때로는 함께 묶어서 파악했기 때문에 포함해 파악할 수도 있었다는 뜻이다.

지금은 서당, 미래는 학교

이 시기 개량서당은 주민들이 그 자체를 목표로 삼아 설립되기도 했지만 여기에 머무르지 않는 경우도 많았다. 개량서당을 토대로 보통학교로 개편하는 사례가 적지 않았다.

이미 1920년대 조선인들이 보통학교를 설립하는 운동을 전개하는 과정에서 서당에서 전환하는 사례를 다수 찾아볼 수 있다. 1921년부터 1928년까지 전국에 설립된 공립보통학교 861개 가운데 신문에 설립 사실이 실린 학교 213개를 조사한 결과 서당에서 전환한 경우가 11개였다.[143] 사립학교까지 포함하면 더 많을 것이다. 여기서는 대략 일제강점 후기 서당에서 보통학교로 전환한 구체적인 사례를 살펴보고자 한다.

서당의 발전 과정을 잘 보여주는 사례로는 황해도 안악군 안곡면 학포리 사립명진학교에 대한 기사를 통해 알 수 있다.[144] 1918년경 유명래柳明倈라는 인물이 초가삼간(건평 20평)의 서당을 세워 아동을 모아 순전히 한자를 가르치다가 1920년 전국에 향학열이 팽창하자 개량사숙으로 고쳐서 교육을 실시했다. 그러다가 다시 1922년 2정[145] 가량 떨어진 곳에 건평 92평의 교사를 건축하고 1924년 4년제 인가를 얻었으며, 1928년 건평 50평을 증축하고 1929년 6년제로 학년을 연장했다. 전통서당에서 개량서당, 그리고 4년제 사립보통학교에서 6년제 학교로 끊임없이 성장했다. 1934년 당시 학생은 252명으로 그 수가 상당했다.[146]

함경북도 성진군 학성면 쌍포동 쌍화서당의 사례도 흥미롭다.[147] 1922년 4월 유지 서인순 외 5명의 발기로 창설되어 네 칸 초가로 시작했다. 그러나 지원 학생을 제대로 수용할 수 없어서 곧바로 그해 가을 계원들의 저금과 각 촌 공유재산으로 네 칸 교실을 신축했다. 같은 네 칸이지만 규모는 큰 차이가 있었을 것이다. 여기에다가 1924년 봄에는 아라이구미荒井組[148]에서 사무실 1동과 현금 100원을 기부받아 교실을 증축까지 했지만 이것만으로 늘어나는 학생들을 수용할 수 없어서 1934년 5월 서당이사회에서 교사 신축을 결의했다. 이사장 허중갑 외 5명의 청년(이사들이 청년으로 이루어졌다는 뜻인 듯)이 각 방면으로 활동해 2000여 원의 찬조금을 얻어서 1935년 봄에 건평 54평의 신교사 건축 공사를 시작해 8월에 준공한 뒤 성진군수 대리 외 관민과 유지 500여 명이 참석한 가운데 성대하게 낙성식을 열었다. 그런데 서당이라는 이름은 그대로 사용했지만 교장이라는 호칭을 사용했다. 개량서당이지만 규모와 지역사회에서의 위상이 상당히 크다는 점과 교장이라는 호칭을 썼듯이 실질적으로는 학교임을 자부했다.

전라남도 여수군 삼산면 손죽리의 개량서당도 중요한 사례다. 1923년 유지 이병규의 후원으로 개량서당이 세워졌는데 학생이 60여 명으로 늘어나자 상급학교 진학도 필요해지고 경비를 충당할 만한 재원도 넉넉해지자 1929년 사립보통학교로 인가를 신청했다가 1932년 6월에 들어 마침내 인가를 받았다.[149]

함경북도 무산군 어하면에서도 전형적인 사례를 찾아볼 수 있다. 1932년 개량서당 설립자 강문형과 어하면장 김경수 등이 발기해 어하공립보통학교 기성회를 조직해 5000원 기금을 조성하고 학교 허가를 신청하고 교사도 신축에 착수했다.[150] 사실 수년 전부터 개량서당을 설립하고 아동교육을 실시했는데 매년 취학아동이 증가되었지만 교사가 좁고 〈서당규칙〉에 따라 받아들이지 못한 학생이 많아서 이와 같이 보통학교 설립을 추진했다.

함경북도 경성군 용성면 송향동 송평서당은 2학년제를 4학년제로 연장했다.[151] 정확하게 알 수는 없지만 4학년제로 연장된다는 것은 보통학교로 나아가는 과정으로 보인다. 함경북도 지역에서 개량서당이 많이 만들어지는 것은 석탄 채굴 때문에 노동자들이 집중함에 따라 교육 문제가 일어났기 때문이다. 함경북도 경성군에서 광산지대로 유명한 생기령에서는 동일서당이 그 역할을 하다가 1935년 크게 신축했고 1936년에는 다시 교사 증축과 기본 재산 적립을 통해 사립학교승격운동을 했다. 예를 들어 유지 22명이 공동임야 3만 4290평, 논 4458평을 학교 명의로 넘기고 금액으로 3000석을 채용해 사립학교승격운동을 벌였다.[152] 광업소는 매달 현금 15원과 학교에서 사용하는 석탄을 별도로 부담했다.

함경북도 성진군 학중면 농성동 농성서당도 흥미로운 사례다.[153] 1920년에 창립했으니 상당히 오래된 개량서당이다. 1937년 당시 학생이 200여 명에 달했으니 규모에도 상당했다. 따라서 일반의 기대가 점점 커져서 결국 사립학교로 승격하고자 했지만 여기에 따른 재원이 더 필요해서 어려움을 겪었다. 다행히 이 지역 김익준이라는 이가 서당 경영에 책임을 지고 1000원을 희사하고 설립자가 되어 4년제 농성사립학교로 승격했다.

개량서당에서 학술강습회로 전환하는 사례도 보인다. 봉화군 내성면 문단리의 문단서당은 직업과를 설치해 농작물 재배와 축산 개량을 직접 실습하는 농촌진흥운동에 발맞춘 형태였다.[154] 직업서당을 설치했다는 것은 '진흥서당'의 형태가 아닐까 한다. 그러다가 자력갱생과 농촌진흥운동으로 입학지원자가 늘어나자 '전통서당' 그대로는 학생의 수용이 곤란해 군에 인가원을 제출하고 학술강습회로 승격했다.[155]

기사는 '전통서당'이라고 표현했지만 직업과를 설치한 것으로 봐서 이전의 전통서당은 아니고 이미 상당히 개량한 수준이었는데 학술강습회 형태로 발전한 셈이다. 그런데 다시 공립보통학교로 나아갔다. 경상북도 영천사설학술강습소는 1925~1926년경 만들어졌다. 그 뒤 1928년부터 1936년까지 누차적으로 교사 등을 확보하면서 건물과 교과 내용 등이 모두 완비되어 공립보통학교 승격을 앞두었다.[156] 강습소는 학생 수로 봐서는 규모가 큰 개량서당 수준인 듯하다.

이처럼 이미 상당수의 개량서당은 학교 수준에 가까웠고 그렇게 대접을 받았다. 실제 학교와 거의 구분되지 않는 수준의 개량서당도 적지 않았던 듯하다. "함남에도 '문보열文普熱' 수강자 근 3만 명, 실력 함양에 있어 '보교생'과 무이無異"[157] 등과 같은 언론 보도가 그것이다. '문보열'은 문자보급의 열기를 일컬으며 문맹타파 열기와 같은 뜻이다. 이 기사 속 함경남도의 서당의 규모나 학생 수는 눈에 띄게 늘어났다. 가령 3년 전인 1934년의 서당현황[158]과 비교를 한다면 서당 수는 609개에서 560개로 줄어들었지만 학생 수는 1만 7810명에서 1만 8800명으로 평균 학생 수는 29.3명에서 33.6명으로 늘어났다. 실력양성에서 보통학교 학생과 다르지 않다는 것은 과장이겠지만 이런 분위기를 담은 듯하다.

이 시기 만주 신경 지역은 편의상 교사 1명이면 서당, 2명 이상이면 학교라고 한[159] 점도 참고가 될 수 있다. 이 시기 총독부도 서당과 학교를 크게 구분하지 않은 듯하다. 취직난 때문이기도 하겠지만 경성

사범학교 졸업생 3명이 1932년 만주국 서당에 취임했고 1933년 20명가량 채용할 예정이었다.[160] 서당도 일종의 학교라는 인식이 있었기 때문이 아닐까 한다.

한 가지 재미있는 사례를 덧붙이자면, 1937년 평양형무소에서 수인 남자 58명, 여자 27명을 세 학급으로 나누어 보통학교 3년 정도의 교육을 했는데,[161] 이를 서당이라고 칭했다. 곧 정규 교육기관이 아니면서 일정 정도의 교육을 하는 교육기관에 대해 서당이라는 이름을 붙였다. 따라서 이 시기에는 개량서당이 보조교육기관·간이교육기관 정도의 수준이었음을 보여준다.

간이학교로 바뀌는 서당도 있었다

간이학교는 훌륭한 일본 국민이 되게 하고, 국어를 읽고 쓰고 이야기하게 하며, 직업에 대한 이해와 능력을 갖춘 사람이 되게 하는 것을 목적으로 2년제 보통학교 완성교육기관으로 설립되었다. 1934년에 440개, 1935년에 220개, 1936년에 220개, 모두 880개를 목표로 했다.[162]

간이학교는 개량서당과 직접 관련이 있다. 서당은 '간이교육기관'[163]으로 평가받았으니 간이학교로 넘어가는 것은 자연스러울 수 있다. 이를테면 서당에서 보통학교로 가는 것은 승격이지만 간이학교는 같은 '간이교육기관'의 틀 속에서 이름을 바꿔나갔다고 볼 수도 있다.

총독부는 1934년에 제도화했지만 1933년부터 실질적으로 준비해 나갔다. 1933년 11월 총독부 학무국은 전국에 유자격 교원이 배치된 개량서당 1200여 개 가운데 440여 개 서당을 다시 간이보통학교로 승격해 2종 훈도를 배치하려고 예산까지 계상하고 각 도에서 조사를 했다.[164] 그 결과 28만 원을 서당 개량 국고보조로 계상했다.[165] 이로써 서당 하나에 500원의 보조를 주려고 계획해 숫자상으로는 560개의 서당에 혜택을 줄 수 있었다.[166] 그러나 그다음 해 실제 간이학교 설치 숫자는 384개(학생 1만 7667명)였다.[167] 여기서 《조선총독부 통계연보》와 비교한다면 1933년에는 서당 7529개 학생 14만 6901명이었고, 오히려 1931년의 경우가 서당 9208개, 학생 14만 8105명이어서 위와 비슷했다. 위에서 개량서당의 비율은 13퍼센트 정도였고, 그 가운데 36퍼센트 정도인 440개를 간이학교로 만들려고 했다. 실제로는 32퍼센트에 해당하는 384개를 간이학교로 만들었다. 그렇더라도 이 숫자는 상당한 의미가 있다. 이후 간이학교는 점차 늘어나서 1942년에는 최대 1680개 학생 수 11만 7209명에 이르렀다.

　전라북도 지역의 구체적인 실행 과정을 살펴보자. 1933년 전라북도 학무 당국은 농촌진흥책으로 서당 개선을 단행해 보통교육을 실시할 계획을 세우고 구체안으로서 서당 명칭을 간이보통학교로 바꾸는 것을 비롯해 다음과 같은 방안을 정했다.

① 서당명칭을 간이보통학교로 개칭.

② 교과목 및 매주 교수시간은 수신 1시간, 국어 1시간, 조선어 6시간, 산

술 6시간, 직업 3시간 기타 체조 및 창가 등의 과목을 수시로 적당히 과정課定으로 하고 실습은 그 시간 외에 과정으로 함.

③ 정도는 보통학교 4년 정도로 함.

④ 수업연한은 2개년으로 하고 입학 연령은 10살 이상 15살 미만으로 함.

⑤ 교과서는 4년제 보통학교용 교과서를 사용하고 1년에는 1~2학년 분을 2년에서 3~4학년 분을 과정으로해 또 농민의 일상생활에 필요한 사항을 다수 재료로 취입함.

⑥ 편성 및 수용 인원수는 단급單級편성(여러 학년이나 학급을 하나로 모아서 편성한 학급: 인용자)으로 하고 수용 인원은 70명 이하로 함.

⑦ 교사는 농민 공동으로 경영케 하고 가급적 동리 소유 가옥 및 집회장 등을 충용해 설비는 간이한 것으로 하고 직업과 실습지는 기필코 설치할 것.

⑧ 교사는 3종 훈도 이상의 자격을 갖춘 자 또는 농업농교 졸업생 등에 6개월간 간이한 교사교육을 시행한 자로 해 또 교사는 본무를 실지에 농업을 경영해 농촌에 시험하며 기술적으로 이를 지도하는 외에 농촌 청년에게 농한기를 이용해 약 4~5개월의 교육을 시행해 중견 청년의 양성에 노력해 농촌진흥운동에 공헌할 자로 함.

⑨ 설립 및 경비는 공립으로 설립될 길을 개척하기로 해 그 경비의 일부로 상당액을 국가에서 보조해 이를 완전한 발달을 조성할 것.

⑩ 지도 및 감독방법은 공립보통학교장으로서 그 지도 분담 구역을 정해 매월 1회 이상 필히 순회 지도를 실행하며 장부를 비치해 그 지도사항

을 기록케 할 것.단 부군에 있는 학술연구회 및 강습회 등을 가급적 참
가케 할 일.[168]

　이 내용을 보면 가장 중요한 부분은 서당을 곧바로 간이보통학교
로 개조해 나갔다는 점이다. 교과목, 수업 수준 등을 보통학교 4년에
맞추고 이를 2년 동안에 소화해나가기로 했다. 서당은 사립, 간이보통
학교는 공립이고 체제 자체가 달랐다. 그런데 명칭을 고치고 나서 차
츰 공립으로 전환해 나가겠다는 것이다. 상당히 편법적으로 운영한
셈이었고 또 실질적으로는 농촌 농민들에게 부담을 전가했다. 물론
이후에는 공립으로 만들어나가려고 했다. 학술연구회·강습회 등도
여기에 포함하려고 했다.
　그 직후인 1934년 1월 간이학교제도가 마련되었다.[169] 일제는 농
촌을 집중적으로 개발하고 교육시설 부족 문제를 해결한다는 미명으
로 1934년 1월 〈학비學秘 2호〉로 〈간이초등교육기관설치에 관한 건〉
을 발표했다. 초등교육기관이면서도 기존의 보통학교와는 직접 연결
되지 않았으며 서당을 전환해 간이학교를 만들려고 했다. 학무국장도
간이학교에 대해 "서당의 장점을 취하고 단점을 보완해 부락개학을
위한 방책"[170]이라고 설명했다. 간이학교는 반드시 서당만을 대상으
로 삼지 않지만 처음 설립할 때 기본 비용이 최소 300원 이상이기 때
문에 교사로 이용할 만한 건물이 있는 지역과 간이학교로 전환할 가
능성이 있는 서당이나 사립강습소가 있는 지역이 선호되었다. 미취학

학령아동에게 간단한 기초교육과 농업에 대한 이해 능력을 배양해 관제 농촌진흥운동을 추진하려는 의도였다. 총독부 계획은 당초 1군2교 설치를 원칙으로 했다가 1934년 1면1교로 확충하겠다는 계획을 세웠다. 1936년에는 다시 확충 계획을 세워 1937년 이후 매년 220개(1군당 1개)씩 모두 2200개를 증설하게 했다. 나아가 농촌에만 설립되었던 간이학교를 도시에도 설립하는 계획도 세웠다.

간이학교의 교육과정이나 교육 운영은 다음과 같이 이루어지게 했다. 첫째 수업연한은 2년, 학급 수는 1학급, 아동의 정원은 대략 80명으로 하고 첫해에 대략 40명, 두 번째 해에 대략 40명을 모집할 것(단 첫해부터 2학년을 모집할 수도 있다), 둘째 교원은 한 학교에 1명, 교과목은 수신, 국어 및 조선어, 산술 등의 3단위를 포함한 보통교과와 직업 등의 네 과목이었다. 곧 개량서당의 수준이거나 약간 상향 조정한 정도였다. 주로 벽지농촌을 대상으로 했기 때문에 서당이 중요한 대상일 수밖에 없다.

실제 함경남도 학무과장은 1934년 간이학교·공사립보통학교·서당 등을 초도순시하고는 지금부터 서당과 사립학교를 간이학교로 고치는 것이 우리 도의 학무행정에서 제일 중요하다고 했다.[171] 따라서 충청북도는 서당의 경영방법을 간이학교와 유사하게 하기 위해 간이학교의 경영취지의 내용을 설명하고 농촌진흥운동에 기여하게 노력하고자 했다.[172] 이만규도 1면1교는 2~3년 중에 완성한다 할지라도 보통교육의 보급은 지극히 어려워 아동 70~80퍼센트는 서당에 내버

려두었으니 이것이 간이학교를 세우는 이유의 하나라고 했다.[173]

　서당을 활용한 간이학교 설립 과정에 대해서는 몇 개 지역을 통해 구체적으로 살펴볼 수 있다. 평안북도는 1934년부터 한 군에 간이보통학교 2개씩 모두 38개를 신설하려 했는데, 당시 우량서당을 승격해 보충하려고 했다. 우량서당은 개량서당 가운데서도 우수한 것을 말한다고 보인다. 곧 당시 우량서당으로 분류된 서당을 간이학교로 만든다는 것이다. 평안남도는 그보다 좀 더 일찍 준비한 듯하다. 1932년 평안남도 당국의 1면1교 계획에 따르면 1933년 예정된 10개 학교 가운데 3개 학교가 간신히 개교하고 또 다른 3개교는 어느 정도까지 가능성이 있고 나머지 4개교는 전혀 희망이 없으며, 1934년 예정된 11개교도 2~3개 정도만 개교할 수 있었다. 따라서 개설 부담 능력이 없는 면내에는 종래의 서당 내용을 개선한 뒤 일부 보조를 주어 어느 정도까지의 초등교육을 실시하기로 방침을 정하고 조사에 착수했다. 그런 과정에서 간이학교 설치안이 만들어지면서 '평안남도 학무 당국에서 1300여 개 서당 중에서 우수한 것을 선발해 대체로 1만 2000~3000원 정도로 개량해 보통학교에 수용치 못하는 아동을 수용하기로 해 연구 중'[174]이라고 했다. 며칠 뒤 신문기사를 보면 이러한 계획이 더욱 명확하게 나타난다. 1326개 서당(총독부 통계 1933년 1138개)에 대해 크게 개량을 해 우수한 것을 선발해 국고와 도비로서 보조금을 주어 수업연한 2개년의 간이초등학교로 승격하고자 했다.[175] 더불어 무자격 교원을 없게 하고 3종 교원면허장을 가진 유자격 교원을 채용하게 했다. 다시 서당을 개량한 뒤 그런 우량서당 가운데 일부를 다시 간이학교로 만든다는 의도였다. 우량서당 집단은 계속 간이학교로 변환될 수 있는 저수지 역할을 한 셈이었다. 총독부는 평안남도의 기존 서당 가운데 30개를 간이학교로 할당했다고 하자 도학무과는 서당의 내용 조사를 개시했다. 한 학교에 1500원의 임시비를 투자해 교사의 개조와 내용 설비를 하게 했는데, 모두 4만 5000원을 계상했다. 그리하여 1군 평균 2교, 곧 28개를 신설했다.[176] 그리고 다음 해에는 도내 서당 1200개, 학생이 1만 9000명(총독부 통계 서당 1138개, 학생 1만 8913명) 가운데 1군1교제에 따라 14개 서당을 간이학교로 승격할 방침이었다.[177]

경상북도의 1934년 간이학교 설치안을 보면 서당 24개를 개조해 한 학교에 정원 80명씩으로 설치하기로 했다.[178] 간이학교를 설치하기 전에 먼저 서당을 정해 개조교육을 실시했다. 곧 도내 1300개의 전체 서당을 적극 원조해 '수준'을 올려서 결국 순차적으로 간이학교를 만들려는 것이었다.[179] 이를 통해 1936년 1면1교제를 완성하고 다시 1면2교제로 나아가는데 보통학교만으로는 진행하기 어려우므로 간이학교를 활용한 것이었다.

함경남도는 1935년 서당을 철저히 개량해 '준간이학교'로 향상해 수업연한 2개년 제도로 해 1년에 600원 내외의 경비로 경영할 수 있는 완전한 학교를 만들 작정이라고 했었다.[180] 다수의 서당을 준간이학교로 만들고 그 가운데 간이학교로 설정한다는 뜻인지, 그리고 평

연도	학교 수(개)	학생 수(명)			교원 수(명)
		남	여	계(학교당 학생 수)	
1934	384	1만 6393	1274	1만 7667(46.0)	395
1935	579	3만 1980	3715	3만 5685(61.6)	629
1936	746	4만 1502	6702	4만 8204(64.6)	804
1937	927	4만 9472	1만 605	6만 77(64.8)	950(7)
1938	1145	5만 9691	1만 6499	7만 6190(66.5)	1246(8)
1939	1327	6만 6582	2만 397	8만 6979(65.5)	1383(12)
1940	1488	7만 623	2만 8483	9만 9106(66.6)	1513(10)
1941	1618	7만 5800	3만 5069	11만 869(68.5)	1782(8)
1942	1680	7만 7607	3만 5602	11만 7209(69.8)	1872(4)
1943	1563	6만 1070	3만 1107	9만 2177(59.0)	1293(11)

출전: 《조선총독부 통계연보》
비고: 교원 수에서 괄호 안의 숫자는 여교원 수

안남도는 한 학교에 1500원을 계상했는데, 600원을 계상한 이유는 무엇인지 궁금하다. 다른 신문에서는 800여 개의 서당을 엄중 감독해 견실한 서당은 간이학교로 개정하고 불충실한 서당은 폐합을 권고하게 했다고 해 약간 차이가 있다.

군 단위의 시행 과정의 사례를 살펴보자. 충청북도 청주군은 농촌 서당교사의 소질 향상을 도모해 농촌의 간이교육기관으로서의 기능을 발휘케 한다는 명분으로 군내 각 서당 강사 45명을 소집해 1주일간에 걸쳐 강습회를 개최했다.[181] 이처럼 우량한 서당을 간이학교로 전환함으로써 취학아동 수를 늘리는 데 큰 역할을 했다.[182] 〈서당규칙〉 이후 서당을 통제하면서도 어쩔 수 없이 보조교육기관으로 활용하다가 이제 어쩔 수 없이 학교라는 이름을 붙이는 방향으로 전환했다고 하겠다.

간이학교는 이 같은 과정을 거쳤기에 '종래의 서당을 보통학교로 변경한 것에 지나지 않았'다는 평을 받기도 했다.[183] 본질은 서당인데 여기에 학교라는 이름을 붙인 정도라는 것이다. 이와 같은 정책을 따라 설치된 간이학교의 현황은 〈표 7〉과 같다.

〈표 7〉을 보면 몇 가지 실태를 설명할 수 있다. 첫째 매년 200개 정도의 간이학교를 일정한 기준에 따라 설치했다. 둘째 학생 수는 첫해는 평균 46명이었지만 그 뒤로는 대체로 60여 명이었다. 셋째 간이학교의 규모는 아마도 개량서당과 비슷하거나 조금 높은 수준이었던 듯하다. 넷째 교원 수도 학교당 1명 남짓해 서당과도 별 차이가 없다. 이로써 간이학교가 어떤 형태로 만들어졌는지 바로 알 수 있다.

3

서당에서 일어난
반일운동

1930년대는 일제가 대륙 침략으로 나서는 시점이었다. 이는 한편으로는 항일운동을 격화할 수 있는 기회이기도 했다.

일제 경찰은 1919년 3·1운동이나 1920년대 신간회운동에 참가한 경험이 있거나 아직 참가하고 있는 지식인들을 불온사상을 가진 인물이라고 경계했다. 따라서 이들이 교육 등에 참여하는 것을 막았다.

반면 지식인 교사와 젊은 학생들이 몸을 담는 학교는 반일운동과 반일사상의 중요한 근거지가 되기도 했으며, 이 시기 서당도 그런 역할을 했다. 특히 개량서당은 일반 학교처럼 신교육을 받은 젊은 교육자들이 교사가 되었고, 이들의 조건은 교육자로서는 가장 열악한 처지였다. 서당이라는 곳은 지역공동체의 자발적·자생적·자립적 교육 공간이어서 구성원 간의 논의 활발할 수 있었다. 앞 시기에서 3·1운동이 중요했다면 이 시기에는 1929년 광주학생항일운동이 반일운동의 확대에 큰 영향을 끼쳤다.

아도서숙 사건

1929년은 서당에서 본다면 〈서당규칙〉 개정이라는 일이 있었던 해이기도 하지만, 광주학생항일운동이 일어난 해이기도 하다. 이 사건은 광주·전라남도 지역뿐 아니라 전국적으로 영향을 미쳤다.

경상북도 영주의 시골 서당에서 일어난 반일운동도 그 가운데 하나였다. 평은면 수도리(현재 영주시 문수면) 아도서숙은 1928년 10월에 문을 열었다.[184] 1922년에서 1928년까지 이 지역 출신 김화진金華鎭이 유학하러 일본으로 갔으나 진학을 포기하고 노동에 종사하면서 노동운동을 하다가 영주청년운동의 요청에 따라 귀국해 신간회 영주지회와 영주청년동맹을 이끌면서 공회당을 건립해 여기에 아도서숙을 세웠다.[185]

아도서숙은 처음부터 개량서당의 하나로서 만들어지지 않았다. "공회당을 건립하여 모임의 장소, 배움의 장소, 단결의 장소로 하고 명칭을 아도서숙이라 하였다"고 하듯이 동리의 여러 활동의 중심공간으로 만들어졌다. 동리의 총의에 따라 운영위원을 선출하고 위원들의 성금으로 운영 관리했다. 운영위원으로는 김화진을 비롯해 김종진·김성규·김종규·김계진(이상 신간회 소속)·김명진·김광진·김희

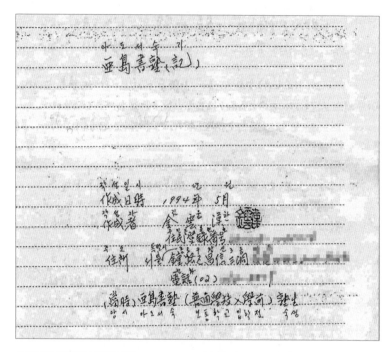

〈그림 28〉《아도서숙기》의 표지
7살 무렵 아도서숙을 다닌 김운한(1922~?)이 1994년 5월에 작성했다.

규·박찬하(전체 청년동맹 소속) 등 9명이었다. 그리고 사업으로서 다음
세 가지를 내세웠다.

첫째 글 모르는 사람에게 글을 가르치자(문맹퇴치)

둘째 우리 글로 우리를 알게 하자(민족교육)

셋째 우리의 얼을 드높여 같이 뭉치자(민족정신의 고양)

위에서 보듯이 아도서숙에서는 교육이 가장 중요했다. 이곳에서 공부한 아동들은 스스로 숙생塾生이라고 일컬었다. 학반 편성은 오전반·오후반·야간반을 두어 각자 가능한 시간에 참가해 배우게 했다. 한글과 한문은 수학 정도에 따라 수시로 반을 구분해 학습했다. 남녀노소 관계없이 배우고 토론하는 방식이었으며, 운영위원은 단결과 체력 향상에 중점을 두어 토론 학습 사이에 축구 등 운동을 권장했다. 각 반은 15~20명 정도였고 농한기에는 제한 없이 수용하고 일과 공부를 함께하는 노학병진勞學竝進의 방법을 취했다.

운영위원은 신간회와 청년동맹의 활동도 열심히했다. 특히 김화진이 1929년 3월 영주농민조합 집행위원이 되면서 서숙의 활동은 더욱 활기를 얻었다. 1929년 11월 광주학생항일운동이 일어나자 경상북도 북부 지역에서도 이에 호응해 일제 침략을 규탄하는 시위를 계획했고, 풍기 출신의 안기석이 전단 인쇄와 배포로 선전 책임을 맡았고 김화진이 동원 책임을 맡았다. 아도서숙 운영위원 전원이 각 동리·면·군을 순회 동원하다가 12월 김화진과 안기석이 체포 구금되었다. 이들이 체포되면서 시위계획은 좌절되었고 아도서숙을 중심으로 이 일대 경찰의 감시가 강화되었다. 특히 학습 장소에 경찰이 입회하고 수시로 호출해 조사했다. 1930년 10월 김화진이 10개월의 옥고를 마치고 귀향하면서 서숙은 활기를 되찾았다. 특히 당시 영주청년운동의 구심체인 청년동맹을 수습해서 재조직하고자 했다. 그러나 군 소재지에서 현판식을 가졌다가 경찰이 철거하자 김화진·김계진·김종진·

김명진을 중심으로 하는 마을 청년들의 합의로 수도리 공회당(아도서숙)에 간판을 걸고 전군 대의원대회를 강행해 재출범했다(1931년 2월). 이로써 경찰의 사찰이 서숙 위원들에게도 미쳤다. 1931년 완바오산萬寶山사건[186]이 터지면서 경찰은 국내 조선인과 중국인 간의 충돌 방지란 미명으로 서숙 운영위원 전원을 검속 유치했다. 이때 김화진은 약 1개월 김계진·김종진은 20일, 김명진·김광진·박찬하 등은 약 15일, 기타 10여 명은 7일 또는 10일간 구금되었다. 이후 여러 차례 예비 검속을 당하기도 했다.

영주 지역에서는 1929년 신간회를 만든 뒤 농민조합운동이 활발해졌으나 1930년에 들어 세 차례의 격문 사건으로 활동가들이 대거 검거되었다.[187] 1931년 신간회 해산 이후에는 기존의 영주농민조합을 대체한 새로운 적색농민조합이 결성되었다. 조직 책임자로 김화진이 선임되어 1931년 7월에 활동을 시작하면서 수도리가 영주적색농민조합의 중심지가 되었고 아도서숙의 청년들이 조합을 주도했다. 1931년 경찰의 감시와 호출 조사가 많아지다가 만주사변이 일어나면서 아도서숙의 구성원 대부분이 10일 또는 한 달간 예비 구치되었다. 그 뒤로도 이들에 대한 감시와 통제는 계속되었다. 1932년 4월에는 윤봉길 의사와 관계가 있는지를 조사하면서 구금·고문했다고 한다. 지수걸에 따르면 이 무렵 적색농민조합 및 반제동맹을 설립하기 위한 준비기관으로서 '영주군 공산주의자협의회'를 김계등·김화진·방병성 등이 중심이 되어 조직했다고 한다.[188] 당시 장기 구금자는 김화진(약 2

개월), 김종진 · 김계진 · 김명진(1개월 반), 김광진 · 김성규 · 김수규(1개월), 박찬하 · 김희규(약 15일)였고, 기타 10여 명은 산발적으로 구금 · 조사 당했다.

1932년 7월 27일 영주적색농민조합의 진로에 대해 토론하고 집으로 돌아가는 김화진을 비롯한 18명을 새벽 잠복 중이던 경찰이 검거했다(이때 봉화 · 영주 지역에서 모두 80여 명이 구금 · 취조를 당했다). 이들에 대한 이후 수형 결과는 다음과 같다.

김화진 2년 6개월
김종진 · 김성규 · 김봉손 · 김정한 · 김수규 · 김계진 · 박찬하 기소유예 9월 27일 석방
김명진 · 김광진 · 김희규 · 김수진 9월 24일 석방
기타 6명 경찰 조사 10여 일 후 석방[189]

아도서숙은 영주적색농민조합사건으로 운영위원 전원이 체포 구금되면서 중단 상태였고 이후 경찰의 감시와 탄압으로 강제 폐쇄되었다.

체포 · 구금된 인원이 다시 모인 것은 1932년 10월 초였다. 이들은 영주적색농민조합의 재건과 운동의 지속 방법을 모색하던 중 10월 5일 안상윤(안동 출신)이 궤멸된 영주적색농민조합과 반제동맹을 수도리 중심으로 재조직하기로 하고(영주적농재건투쟁위원회) 안상윤 · 김종

진·김명진 등이 중심이 되어 운동과 교양 방법을 협의·계획함으로써 영주군의 2차 적색농민조합이 출발했다.

여기에 연루된 인물들은 서당 구성원들이기도 하지만 영주적색농민조합 임원들이기도 했다. 따라서 농민조합 차원에서 활동을 했을 수도 있다. 그러나 여기서 주목하는 것은 이들이 서당 구성원이었다는 점과 서당이 지역공동체에서 중심 공간의 역할을 했다는 점이다.

사상사건과 서당

1930년대는 일본이 전시체제로 접어들었고, 앞서 보듯이 광주학생항일운동 등의 사건이 일어난 시기였으므로 사상사건에 대해 조사·통제가 심했다. 사상사건은 일반 학교에서도 유무죄와 관계없이 해임(免官)될 정도로 처벌이 엄격했다. 예를 들어 1933년 '전북적색교원사건'으로 재판에 회부되었다가 무죄판결을 받은 교원의 경우도 '일단 적색사상의 혐의를 받은 사람을 다시 채용할 수 없다'는 방침에 따라 복직하지 못했다.[190]

이렇듯 사상사건에 대해 엄격했기 때문에 직접 관련된 인물에 대한 처벌은 당연했다. 서당에서도 이러한 사상사건이 일어났다. 1930년 강원도 양양군 서면 서존리에 사는 최용복(23)은 아동에게 공산주의를 선전하고 불온한 작문을 지어 치안을 어지럽혔다고 징역 1년을 선고받았다.[191]

서당교사들은 조직적으로 학생들에게 반일사상을 고취하기도 했다. 전라남도 목포부 남교동서당은 학생이 190명에 이르렀는데, 1931년 공산주의를 고취한 사실이 발각되어 교사 3명을 검거한 뒤 서당을 폐쇄했다.[192] 학생이 190명이라는 것은 서당으로서는 대단히 규모가 컸음을 뜻한다. 이 지역은 청년회관이 있어서 목포청년운동의 중심지였다고 보인다. 서당교사들도 그 영향을 받지 않았을까 한다. 그들은 수신修身 시간에 공산주의 계급투쟁 의식을 고취하고 시험 문제로도 '왜 우리는 빈핍한가?' · '장래 어떻게 해야 하는가?' 등 사회의식과 관련된 두 문제를 냈다. 서당이 아닌 노동야학원으로 기술되기도 했는데 사실은 비슷하게 여겨졌을 수도 있고 함께 운영되었을 수도 있다.

그 연장선에서 서당적화사건도 있었다. 1932년 여름 함경북도 경성군 주을온면 각 지방에서 불온문서산포사건이 있었다. 그 용의자는 이전에 취조한 현일파玄一派 배후 비밀결사공산당 조직의 우두머리 현초득玄初得이었다. 그는 경성공립고등보통학교를 4년 다니다가 퇴학한 뒤 경성군 중평동 서당교사로 들어가서 동료 여교사 최옥란과 함께 적화의식을 불어넣었다.[193] 1933년 5월 15일 경성복심법원에서 함경북도 경성군 중평청년회 간부들의 서당적화사건에 대해 1심과 같이 구형, 판결도 구형대로 선고 곧 현초득(24) 4년, 윤회손(25) · 최장만(20) · 최천손(22) · 강정윤(27) 각각 2년을 받았다.[194] 이와 관련된 사건인지 알 수 없지만 주을온면 팔양서당교사 주붕천(22)과 학생 7~8명이 검거되었는데, 경찰이 주붕천을 항상 주시하다가 가택을 수사한

결과 많은 사상 관련 서류가 나왔다.[195]

강원도 철원군 어운면 하갈전리의 전기범(18)의 〈보안법〉위반사건
도 마찬가지였다. 그는 서당교사로 있으면서 어린 제자들에게 민족주
의 의식을 고취하는 작문을 짓게 하거나 나아가 실천하게 했다고 기
소되었다. 그도 경성지방법원에서 징역 8개월을 선고받았다.[196] 충청
남도 논산군 양촌 이지용(22)도 서당적화사건으로 분류되었고, 〈치안
유지법〉·〈보안법〉 위반, 공무집행방해 등의 사건에 대한 공소공판이
1934년 2월 26일 경성복심법원에서 열렸다.[197] 나이로 봐서 서당교사
라고 추정된다. 그는 징역 2년을 구형받았는데 변호인은 사상 전향된
형적이 현저하다는 점에서 집행유예를 요구했다. 전라북도 장수군 계
남면 서당교사 조 아무개 등 3명은 7월 19일에 검거되었다. 자세한 내
용은 없지만 사상사건으로 보인다. 이처럼 서당교사의 사상사건은 어
린 학생들에게 직접 영향을 주기 때문에 매우 주목되었다.

서당교사로서 서당 밖에서 개별적으로 활동한 사례도 있다. 1931
년에는 장단군 대남면 가곡리 김근태 방에 있던 서당교사 김봉준(47)
이 1월 중에 장단군 강상면 덕적리 1452번지 성헌영의 집에 우편으로
상해임시정부의 군자금 10만 원 강요의 협박문을 보냈다.[198] 김봉준은
장단경찰서에 체포되어 개성검사국으로 넘겨졌다. 당시 일종의 강도
행위를 통해 상해임시정부에 독립운동 자금을 마련하려 한 사건은 다
수 보인다. 이 사건은 개인적인 활동이었는지 더 자세한 내용은 보이
지 않는다.

여러 지역 연합 사건

개량서당교사 간에도 교사협의회 등의 조직이 있었듯이 사상운동도 이제 한 지역을 넘어서기도 했다.

아도서숙 사례에서 보듯이 서당교사들은 다른 조직에도 참여해 적극 활동했다. 평안북도 의주군에는 의주청년위원회 조직이 있었던 듯하다. 1932년 청년위원장과 집행위원 등 6명이 경찰에 체포되었는데 집행위원장을 비롯해 집행위원 3명이 서당교사 출신이었다.[199] 모두 24~26살의 청년으로 체포 취조를 받다가 신의주검사국에 〈치안유지법〉 위반으로 송치되었다. 이들은 농촌적화를 계획해 첫 번째 수단으로 서당교사의 직무를 이용해 농촌의 아동들에게 공산주의를 주입했다. 특히 집행위원장 김치중을 비롯한 서당교사들은 당국의 엄중한 경고를 서너 차례나 받았음에도 지속적으로 각지 농촌 등지를 순회 강연해 적색사상을 선전했다. 서당교사 3명이 참여했다는 것은 당시 서당 규모로 봐서는 한 곳이 아닐 가능성이 크다. 당시 서당 간에도 서로 연결이 되지 않았을까 한다.

1932년 전라남도 일대에는 더 큰 규모의 사상활동이 있었다. 전남 농민협의회는 각처에 세포기관을 두고 5월 1일 노동절에 격문을 선포하고 농촌에 서당을 설립해 어린이들이 좌익사상을 고취하게 했다. 이에 관계자는 백십수 명 가운데 31명은 구속되고 45명은 불구속으로 〈치안유지법〉 위반으로 송치되었다.[200] 이들의 주거지는 광주 13

명, 순천 3명, 곡성 4명, 나주 2명, 보성 4명, 목포 2명, 광양·구례·담양 각 1명이었다. 직업은 무직 13명, 농업 12명, 고등보통학교 학생 2명, 은행원·정미업자·면서기·양말제조업자 각 1명이었다. 나이는 고등보통학교 학생 2명은 18, 19살이었고 30대 4명, 나머지는 모두 20대였다. 이들에게는 농촌에서 서당 설립을 통해 좌익사상을 불러일으키려는 목표가 있었다. 이들의 직업이 다양한 것이 흥미롭다. 이들이 서당에 관심을 가지는 것은 직접 서당교사가 되기보다 자금 등을 지원해 서당 설립을 하려는 의도로 보인다.

그 이면에는 더 큰 운동이 있었다. 광주학생항일운동 이후 이 일대의 조직을 망라해 비밀결사를 조직하려는 움직임이 나타났다. 1931년 대구에서 조직된 공산주의자협의회 간부 김상혁·이우적 등이 광주에 잠입했고, ML계[201] 강달영은 1930년 광주에 잠입했다. 이들은 광주의 공산주의자들과 함께 연락해 전남노농협의회 임시사무국, 전남농민조합, 광주노동조합, 사회과학연구회 등을 조직하고 《노동신문》을 발행하는 등의 활동을 했다. 이런 가운데 위와 같이 서당을 설립하려는 운동을 했다. 곧 위의 인물들은 전라남도 일대 공산주의자들이었다. 이들이 사회주의를 고취할 목적으로 서당을 선택한 것이 흥미롭다. 일반 학교보다 상대적으로 자유롭고 더 깊은 곳까지 침투할 수 있었기 때문이 아닐까 한다.

광주에서 또 다른 서당사상운동이 있었다. 앞서 보았듯이 1932년 광주 시내에 허가 없이 서당을 개설하고 극비밀리에 청년에게 공산의식을 보급하며 불온 교수를 행한다는 것을 경찰서에서 탐문했다고 한다.[202] 이 때문에 경찰서에서 관내 한학서당과 지도자의 사상·학력·신용 풍설 등을 상세히 조사했다. '한학서당'이라고 하지만 사상, 학력 등을 언급하는 것으로 봐서 전통서당이라기보다는 개량서당을 가리킨다고 보인다.

1934년 전라남도 보성에서는 서당을 세워 적색교육으로 농민·광부를 적화한다고 청년남녀 30여 명을 검거하는 일이 있었다.[203] 이 경우도 앞서 전라남도 지역의 분위기와 서로 연결된 듯하다.

전라남도 영광군 염산면 개량서당교사 김용근(24)은 1937년 중일전쟁 당시 서당 학생에게 유언비어를 퍼뜨렸다고 해 〈보안법〉 및 〈육군법〉 위반죄로 징역 6개월을 받았다.[204] 서당교사들의 의식적인 교육운동이 활발했던 반면 통제도 그만큼 심한 상황으로 볼 수 있다.

적색노조·농민조합처럼 적색서당교원사건도 발생했다. 1933년 8월 황해도 내 서당교사를 중심으로 한 적색비밀결사사건이 있었다. 서당 교원으로서 학생들에게 적화사상을 선전하는 동시에 동지를 규합해 비밀결사를 조직하고 실천운동을 계획하다가 경찰에 발각되어 사리원서에 검거된 사건이다.[205] 이를 봉산개량서당 적색교원동지회 사건이라고 불렀는데 봉산 지역이 중심이었을 수 있다. 1934년 2월 20일 예심이 종결되어 예심에서 심리한 11명 가운데 김가진·김형도·정진용·이상룡·장동엽 등 5명이 유죄로 결정되어 공판에 회부되었다. 가장 중요한 인물인 김가진은 1918년 평양노동조합사건으로 평양형무소에서 2년간 복역을 하고 출옥해서 황해도 농촌을 순회하며 비농 자제들을 상대로 무산교육에 열중했다(특히 신계군 적여면 대정에서 서당교사를 했다고 한다). 그러다가 1932년 7월경에 서흥군 화원면 증락리 계명학원 서당교사 김형도와 결탁한 뒤 공산주의의 실현을 목적으로 위 관계자를 망라해 비밀결사(비밀결사교원동지회)를 조직하고 확대·강화하고자 10월 14일에 평산군 세목면 운봉리 정진용, 문무면 청수리 장동엽, 신암면 주상리 이상룡 등 3명의 개량서당 강사를 확보했다. 1933년 1월까지 계명학원에서 비밀회합 협의를 해 계명학원의 소유 토지 1만여 평을 중심으로 아마도 공산촌을 건설하고자 의식분자 40여 명을 규합한 뒤 기관지로《화원火園》을 비밀 출판해 선전해 왔다. 주로 서당 학생들을 중심으로 적색을 조직해 불온한 사상을 고취해왔다. 이처럼 의식적 농민을 획득해 서당 소유 토지로써 공산블록을 건설하려고 했으므로 일제의 〈치안유지법〉을 위반했고,《화원》이라는 책자를 별도로 만들어서 아이들을 가르치려 했으니 일제의 〈출판법〉 위반에 해당했다. 해주지방법원에서 이들은 〈표 8〉과 같은 구형과 선고를 받았다.

　이 가운데 김형도는 이후 불복 상고해 좀 더 자세한 기록이 남아 있다. 그는 정주 오산고등보통학교 4년을 중도에 퇴학하고 낙촌서당교사가 된 후 1932년 7월 27일부터 김가진 등 5~6명과 협의해 교동지회를 조직했다. 또 같은 서당 재산을 양수해 토지 1만 평으로 공산주의 촌락의 건설을 획책했으며, 평산군 신암면 주상리 창동학원에서는

지역	이름	나이(살)	구형(년)	선고(년)	비고(년)
신계군 적여면 대정리	김가진	31	7	5	
서흥군 화회면 증락리	김형도	33	5	3	
평산군 세곡면 운봉리	정진용	31	5	3	
평산군 신암면 주상리	이상룡	34	3	2	집행유예 5
평산군 문무면 청수리	장동엽	34	3	2	집행유예 5

출전: 《매일신보》 1934년 8월 24일, 30일; 《조선일보》 1934년 8월 23일.

농민 40여 명을 규합해 장학계를 조직해 공산주의를 선전했다. 이와 별도로 개량서당 대성의숙 학생 30여 명으로 토요소년회를 조직해 소년을 좌익적으로 훈련하며 《학원》이라는 기관지를 발행해 선전했다고 한다.[206] 이 사건은 서당을 중심으로 발생한 최대의 사건으로 꼽힌다.

지역으로 본다면 제주도가 당시 교육운동이 매우 활발했던 곳이다. 앞서 전라남도 일대에서도 노동절을 기념해 격문 살포가 일어났듯이 1935년 제주에서도 5월 소년데이(노동절)에 애월면 하귀리 소년소녀들이 줄을 맞춰 아마도 〈국제가〉를 부르며 마을을 행진하는 일이 벌어졌다.[207] 경찰이 긴장해 주모자 10명을 검거해서 취조한 결과 유력한 불온단체가 개입된 것을 밝혀냈다. 곧 애월면 하귀리 강문일 등 4명이 공산주의적 좌익교화를 하려고 야학교를 개설하고, 한편으로는 서당을 설립해 〈국제가〉·〈단결가〉 등 좌익 노래를 가르치며 전위분자의 양성에 노력하고 적화와 주의선전에도 노력했다. 야학·서당 등을 활용해 좌익교육을 했다.

사건이 발발했을 때는 당사자를 곧바로 처벌하지만, 때로 단지 서당교사의 사상을 문제 삼아 서당 개설을 허가하지 않는 경우도 있었다. 여수읍 오림리의 서당의 경우 1933년 4월 25일 허가원을 제출했는데 소식이 없어 8월 2일 다시 제출했는데도 소식이 없어서 문의하니 10월 순사부장이 찾아와서 서당폐쇄명령을 내렸다. 교사 최개동의 사상을 문제 삼은 듯하다.[208]

앞 시기와 마찬가지로 이 시기에도 지식인들이 사회운동에 많이 참여했고, 서당교사도 그 가운데 하나였다. 당시 보통학교 교사들의 참여는 많이 보인다. 1933년 전라북도에서 교원 수십 명이 공산당재건운동을 전개했고, 경상남도에서도 교사들의 적화운동이 있었다.[209] 경상남도의 경우 조직이 상당히 치밀하며 여러 지역과 연결이 잘 이루어졌다. 서당의 경우에도 조직이 어느 정도 있었는지는 알 수 없다.

서당 출신 학생들이 사회운동에 참여하는 사례도 주목할 필요가 있다. 함경남도 정평군의 혁명적 농민조합은 1930년에서 1939년까지 4차에 걸쳐 운영되었다.[210] 그 가운데 경찰에 검거된 간부들의 판결문을 통해 1차 농민조합(1930년 6월~1931년 2월)의 간부 구성을 살펴보면 서당 출신 1명, 보통학교 졸업 2명, 고등보통학교 중퇴 및 졸업 3명, 고등학원 수학 1명, 전문부 중퇴 1명이었다. 2차 농민조합(1932년

7월~1933년 11월)의 경우 공판 회부자들의 학력을 보면 무학 1명, 서당 및 사설강습소 26명, 보통학교 중퇴 및 졸업 29명, 고등보통학교 중퇴 및 졸업 6명 등이었다. 전반적으로 1차 농민조합 간부들보다 교육 수준이 훨씬 낮으며, 특히 서당과 사설강습소 출신의 비중이 상당히 높은 것을 알 수 있다. 이는 1차 농민조합 때부터 활동해온 빈농 출신의 활동가들이 부상했기 때문이다.

이 같은 사건들이 일어나면서 총독부는 보통학교 교사뿐 아니라 서당교사들의 사상에 대해서도 주목했다. 1934년 총독부 학무국은 각 도 학무과장과 도시학관회의를 5월 18일부터 3일간 개최해 보통학교 교사들의 적화운동에 가담해 비밀결사, 학생에 대한 사상 고취와 함께 서당과 강습소에 대한 단속 지도, 서당교사들의 사상 경향을 중시해 대책을 세울 것 등을 논의하기로 했다. 그리고 6월 20일 회의에서는 학무과장, 시학관들을 모아 교원적화방지책으로 서당·강습소 등에 대해 사상 감독을 철저하게 할 것을 요구했다.[211]

개량서당, 이름과 실제: 서당인가 학교인가?

1
개량서당의
형성

보론

2
개량서당의
설립과 운영

개량서당의
형성

전통서당을 활용하다

앞서 보았듯이 개량서당은 한말 시기부터 다양한 방식으로 이루어
졌다. 1910년 일제강점 직전 《대한매일신보》의 논설 〈사숙 개량할
의논〉에서 다양한 방식의 개량화를 거론하고 있다.[1] 곧 첫째는 사숙
을 폐지하고 자제를 학교로 보내며, 만일 그 근처에 학교가 없으면
사숙을 철폐하고 학교를 설립하게 해 사숙을 철폐하는 것이 우선이
었다. 그러나 학교도 없고 경비가 없어서 학교를 설립하지 못하겠거
든 사숙의 제도를 개량해 한문 서적만 가르치지 말고 신학문에 관한
과정을 설립하며 한문 학구가 아닌 신지식이 있는 교사를 초빙해 내
외국 지리, 역사·국어·산술·체조 등 과정의 대강이라도 배우게 했

다. 다만 지금 신교육이 발달하지 못한 시대에 많은 사숙에서 신학문 교사를 초빙하려면 사람이 없을 것이라는 우려가 있으나 실은 그렇지 않다고 하면서 오늘날에 약간 신지식이 있는 사람을 구하기가 매우 어렵지는 않은 데다가 사숙의 학구라고 하더라도 약간의 시간을 들여서 신학문을 공부하면 어린 아동을 가르칠 수 있다는 것이다. 여기서 당시 개량화의 추세와 방향을 읽을 수 있다.

그러면 개량서당이 만들어지는 다양한 과정을 통해 개량서당의 구체적인 모습을 찾아보자. 먼저 기존의 전통서당을 개량서당으로 만든 경우를 들 수 있다. 이미 어느 정도 재정과 시설, 학동이 확보되어 있으므로 손쉽게 만들 수 있었다.

서당의 개량은 한말 시기부터 있었지만 〈서당규칙〉이 서당의 개량에 영향을 미친 듯하다. 제주의 사례를 보면 〈서당규칙〉 직후 1918년 제주도 우면에서 강응세라는 이가 발기해 서당의 구제도를 개량해 국정교과서를 응용해서 가르치기 시작했다.[2] 개인이 아니라 마을이 운영하며 규모도 제법 큰 서당인 듯하다. 또한 정의면 고성리 정경용, 구좌면 행원리 홍순중 등도 같은 과정을 밟아 모범적으로 개량조직하고 있다고 했다.

1921년 전라남도 여수군 돌산면 돌산친목회는 신교육 보급을 위해 죽포리에 있는 전통서당을 개량서당으로 개편했다. 학부형회는 교실 증축과 교사 초빙을 위해 의연금 400원을 기부했다. 이들은 사립학교 설립인가원을 제출할 계획까지 마련하는 등 중장기적인 방안을 모색했다. 평안북도 정주군 옥천면 당하동 벽송의숙은 구식서당이었는데, 1924년 유지 김영순 등이 중심이 되어 교실을 증축하고 개량서당제로 교육했다. 평안남도 대동군 고평면 평천리 기성의숙箕城義塾은 1919년 5월 유지들이 발기해 종래 서당을 개량해 만들었다. 1923년 5월 22일 창립 4주년 기념일 오전에는 기념식을, 오후에는 축하공연으로 소인연극을 행했는데 성황을 이루었다고 한다. 기념식과 기념연극공연을 할 만큼 규모가 갖추어졌음을 알 수 있다. 이런 경우 주민들이 적극적으로 서당을 개량해 나간 사례라고 하겠다.

황해도 연백군 송봉면 청송리에 사는 유성석은 동리에 교육기관이 없고 또 보통학교에는 통학하기 어려운 상황을 고려해 전통서당을 개량했다.[3] 곧 '청송리개량서당'이다. 지명을 붙인 것인지 이름으로 정한 것인지는 알 수 없다. 개량서당을 언제 만들었는지는 알 수 없지만 1923년 봄 교사를 건축해 낙성되면서 한층 쇄신되었다. 그 뒤 교사 홍순양을 초빙했으며, 학령 관계로 입학치 못하는 아동 60여 명을 모집해 '급성교육急成教育'을 행한 결과 성과가 좋았다. 급성교육이란 아마도 보통학교 과정을 짧은 기간에 교육한다는 의미인 듯하다.

평안남도 성천군 삼덕면 문원리에서는 1922년 홍범계를 조직해 서당제도를 개혁해 모범사숙을 신설했다고 한다. 정확한 내용은 알 수 없지만 전통서당에서 개량서당으로 변모한 것으로 보인다. 기존 서당의 하나일지라도 주민들이 근대교육기관을 갈구해 적극적으로 개량해서 상당한 변화를 이끌어냈다. 따라서 상당한 비용을 별도로 모금

해야만 가능했다.

서당을 개량하는 방법은 하나의 서당만을 대상으로 삼지는 않았다. 군·면 단위에서 여러 개의 전통서당을 통합해 한 개 또는 여러 개의 개량서당으로 만들기도 했다. 먼저 면리 단위의 통합 사례를 살펴보자. 함경남도 영흥에서는 1919년 봄 구성구 성사리 각 마을에 있던 서당을 모두 통합해 송행재松行齋라는 하나의 서당식 교육기관을 만들었다.[4] 이때 이미 개량서당을 넘어선 '최초의 계획'이 있었다고 한다. 그 결과 일면으로는 송행재를 현상 유지하면서 일면으로는 장래 발전을 위해 기초 공작에 힘을 써 1924년 가을에 내용을 개혁하고 외관을 일신해 보명학원을 세웠다. 서당을 통합할 때 이 같은 계획까지 세웠으며, 이러한 단계와 지속적인 추진이 필요한 중요한 이유는 구역의 협착에 따른 재정의 문제를 손꼽았다.

평안북도 구성군 사기면에서는 1925년 면장이 전통서당 8개를 개량해 2개의 개량서당으로 만들었다. 산술적으로는 4개의 전통서당으로 하나의 개량서당을 만든 셈인데 실제로는 그보다는 기존 서당의 위치와 학동 수 등을 고려해서 두 그룹으로 나누었을 것이다. 나아가 군 단위에서 적극적으로 개량을 구상해 통합한 경우도 있다. 평안북도 벽동군은 1927년 8면에 산재한 100여 개의 전통서당을 2~3개 또는 3~4개를 병합해 40개의 개량서당을 만들었다. 많게는 4개까지 통합하기도 했지만 대략 2~3개를 합한 경우가 많았음을 알 수 있다. 여러 개의 서당을 통합했으므로 재정은 어느 정도 해결될 수 있겠지만

통학 거리 등 고려할 사항이 많았다. 이처럼 군 전체에서 서당 개량이 이루어진 것은 군 단위의 계획이 있었다.

평안남도 성천군의 경우 자료가 좀 더 자세해 이런 측면을 살펴볼 수 있을 듯하다. 이곳에서는 1925년 군 전체 200여 개의 서당을 개량하는 데 몇 가지 원칙을 세웠다.[5] 첫째 공사립보통학교에서 10리 내지 20리 이내에는 서당을 금했다. 보통학교 취학에 걸림돌이 되지 않게 하려는 것이었다. 둘째 종래 소규모의 서당은 1개 이나 교통의 관계를 고려해 정리하게 했다. 곧 소규모 서당은 1개 이 전체를 통합하거나 교통 실태를 고려해서 몇 개씩 통합하는 방법을 썼던 듯하며, 반면 규모가 큰 서당은 독자적으로 정비했다는 뜻으로 보인다. 셋째 교실의 개량 교구의 설비는 위생에 적합하게 할 것 등을 정했다. 1908년 〈서당 관리에 관한 건〉 이래로 위생 문제는 지속적으로 제기되었다. 근대학교에서는 위생 문제가 중요하다는 점을 통해 기존 서당과는 차별화를 꾀한 듯하다.

평안북도 정주군 고현면의 경우 개량서당을 설치한 방법을 잘 보여준다. 1923년 유지 홍종식을 비롯해 여러 사람이 발기해 같은 면 탄우동에 있는 관란재觀瀾齋를 고현개량서당으로 만들어 2월 25일에 개학했다. 이름을 통해서도 고현면의 중심 교육기관의 역할을 했음을 알 수 있다. 이때 학생이 60여 명에 달했으며, 기본 자산은 각 서당 재산과 고현면 홍씨 문중 재산 3000여 원이었다. 이로써 개량서당 재정을 감당했다.[6] 곧 탄우동 관란재를 개량서당으로 고쳐서 운영하되, 주변 여러 서당이 여기에 통합되면서 이들 서당의 재산이 기본 재산이 되었다고 해석된다.

제주도의 경우 개량서당이 매우 발달했다. 제주읍 화북리에서는 1921년 종래 한문사숙을 이 내 몇몇 유지의 발론으로 각 사숙 경영자를 망라해 3월 5일 신교육기관인 화북의숙을 설립했다. 별도의 건물을 세운 듯하며 여러 사숙의 경영자를 망라해서 만들었으니 통합·개량의 방식이었다. 이처럼 면·군 단위에서 적극적으로 '서당의 개량'에 나섰고 대체로 하나의 서당을 개량하는 차원보다는 대체로 통합개량의 방식을 많이 선택했다. 이럴 때 만들어지는 개량서당은 마을 또는 문중공동체에서 운영하는 제법 큰 규모의 서당이거나 별도의 건물을 세워 만들었다. 따라서 소규모의 자영서당이 곧바로 개량되기는 어려웠다.

전통서당을 개량서당으로 활용하는 것은 서당을 정비하는 일도 함께 이루어지므로 군 단위의 행정력이 동원된 것으로 보인다. 주로 북부 지역에서 사례가 더 많은 것 같다. 이렇게 만들어진 개량서당은 앞서 보았듯이 좀 더 규모가 커지면 사립학교로 확장되기도 했다. 함경남도 갑산군 보흥리는 흩어져 있는 서당 8개를 합해 용광학교勇光學校를 설립했다.[7] 이 경우도 개량서당 과정을 거쳤을 수도 있고 곧바로 사립학교로 나아갔을 수도 있다.

새롭게 설립한 개량서당

기존 서당을 개량하는 방향으로 나아가기도 했지만 새롭게 개량서당을 설립하는 형태가 더 일반적이었던 것으로 추정된다. 사실 개량서당이 교육제도 속에 들어 있지 않았으므로 처음부터 개량서당을 목표로 하기보다 보통학교 설립을 최종 목표로 해 개량서당이 만들어졌을 것으로 보인다.

전라남도 여수군 화정면 낭도리는 아동의 교육기관이 없음을 유감으로 생각해 마을 유지 20여 명이 발기해 4000여 원의 기본금을 모집해 130여 평의 터에 25평의 집을 짓고 1922년 11월에 개교했는데(낭도리 개량서당), 당시 통학 학생이 100여 명에 달했다.[8] 정확한 사항은 알 수 없지만 기본금을 새롭게 모금하고 교사를 건축한 것으로 보아 새롭게 서당을 만든 것으로 보인다.

전라북도 무주군 적상면 삼류리도 1923년 구장 정병모 외 3명이 발기해 학생 20명을 수용할 수 있는 개량서당을 설치하기로 했다.[9] 그런데 의연금을 모은 실태를 보면 해당 지역인 삼류리 1구뿐 아니라 삼류리 2구, 방리리 1~2구, 삼가리 등도 동중洞中의 이름으로 참여했다. 이는 개량서당에 대한 기대가 컸기 때문에 설치된 지역뿐만 아니라 취학할 수 있는 지역을 포괄했다고 하겠다.

이렇게 비용을 모아 새롭게 개량서당을 설립한 것은 학교의 역할을 할 수 있으리라는 기대 때문이었다. 따라서 제주도 구좌면에서 보듯이 1921년 개량서당을 설립하고 보통학과를 가르쳤다. 1922년 전라남도 고흥군 도북면은 교통이 불편하고 교육기관이 없음을 일반인들이 유감으로 생각해 대규모의 개량사숙을 설립하고 교사를 초빙해 학생 140여 명에게 보통학교의 과목을 교수했다.[10] 이렇게 개량서당을 설립한 것은 보통학교에 해당하는 교육을 운영하기 위한 방편이었다.

따라서 새롭게 개량서당을 설립한 사례 가운데는 사립학교나 강습소를 세우려던 당초 계획이 변경되어 개량서당을 설립하기도 했다. 평안북도 용천군 양하면 신서동 기독교회는 1926년 강습소를 설립하려다가 도 당국이 허가해주지 않아 부득이 개량서당을 설립키로 했다. 경기도 안성군 일죽면 화곡리에서는 유지들이 문맹퇴치를 위해 학원을 설립키로 하고 13년간이나 자금을 저축해 교실을 신축하고 고액(연봉 180원)의 유급 교원도 채용했는데, 당국에서 허가해 주지 않아서 개량서당이라는 이름으로 학생들을 가르쳤다.[11] 이런 경우 이름은 개량서당이지만 실제 지향하는 것은 학교였다.

개량서당은 얼마나 될까?

개량서당은 규모와 상관없이 서당 속에 포함되어 파악된다. 그것은 실제 보통학교에 가깝다고 하더라도 보통학교의 기준에 미치지 못했기 때문에 학교의 이름을 얻을 수 없었다.

1920년대 중반까지는 서당이 늘어났는데 개량서당이 많았을 것으로 보인다. 예를 들어 경기도의 경우 1913년도 서당 수는 1980개, 교사 수 2998명, 남학생 1만 6867명, 여학생 131명, 경비 8만 2076원 등으로 전해에 비해 서당 167개, 학생 2260명이 증가했는데, 그 이유로서 시세 진보로 농업 자생하는 사람이라도 자제 교육의 필요를 깨달아 이런 기관을 설하고 한문·국어·산술 등을 학습한 경향 때문이었다.[12] 이는 곧 개량서당을 말한다.

전체 서당 가운데 개량서당의 비율은 어느 정도였을까? 시기와 지역에 따라 차이가 있었다. 지역 사례를 살펴보자. 1921년 경성부 내의 전체 서당은 142개였는데, 여기서 한문만 교수하는 117개가 전통서당에 해당할 것이며, 한문·일본어 및 산술을 교수한 곳이 19개, 한문, 산술을 교수한 곳이 6개 등으로 모두 25개가 개량서당으로 볼 수 있다.[13] 비율로 따지자면 17.6퍼센트 정도였다. 1935년에는 개량서당 178개(31퍼센트), 전통서당 392개(69퍼센트) 등 모두 570개였다.[14] 서당이 전체적으로 늘어났고 개량서당은 훨씬 늘어났음을 알 수 있다. 경성이라는 특별한 지역이어서 일반화하기는 어렵지만 개량서당이 갈수록 늘어났음을 보여준다.

1918년 〈서당규칙〉이 발포된 뒤 신고한 서당 2만 1619개 가운데 한문 외 일본어·산술 등 다른 학과를 가르친 개량서당은 2286개(10.6퍼센트)였다.[15] 그런데 교사는 2만 1758명(이 가운데 여성 25명)으로 1개에 평균 1명이었고, 학생 수는 25만 2595명(이 가운데 여학생 1079명)으로 1

개 평균 12명이었으며, 학생 30명 이상은 544개, 그리고 경비 총액은 1년 123만 3618원으로 1개 평균 56원이었으며, 이미 출자한 면리민의 부담, 교육회 보조기부금, 잡수입 등으로 유지했다. 여기서 먼저 교사의 경우 전통서당은 훈장 1명이라고 상정해 서당별 1명을 제하면 139명밖에 남지 않는다. 개량서당이 2286개나 되는데도 1명 이상의 개량서당은 최다 139개밖에 되지 않는다. 이는 개량서당이라고 하더라도 94퍼센트 이상은 교사 1명으로 운영했다는 뜻이다. 이런 점에서 개량서당 또한 규모에서는 크게 차이가 나지 않았음을 알 수 있다.

1930년대에 들어서면 개량서당의 비율을 좀 더 확인할 수 있다. 1932년 당시 전국 서당 9208개 가운데 개량서당은 1200개(13퍼센트) 정도였다.[16] 물론 이 숫자는 당국이 인정한 숫자일 것이므로 이들 외에도 개량서당식의 교육을 하는 곳도 있었을 것이다. 또한 이 시기 개량서당이 질적으로나 양적으로나 이전 시기보다 훨씬 발전했기 때문에 숫자의 의미가 훨씬 크다고 평가하고 싶다.

1933년 전북은 개량서당이 50개(21.5퍼센트) 전통서당이 183개로 (78.5퍼센트) 합쳐서 233개였고, 경북은 개량서당이 90개(22.5퍼센트) 전통서당이 310개로(77.5퍼센트) 합쳐서 400개였다. 1930년대 남부 지역은 약 20여 퍼센트 정도였다.

교육 내용에서 본다면 경기도는 교육을 맡은 전체 교사 600명 가운데 한학 교사는 426명(71퍼센트)[17]이라고 해 신식 교사가 30퍼센트 정도는 차지했음을 알 수 있다. 개량서당이라고 하더라도 위에서 보듯이 교사 1명이 대부분이어서 신식 교사의 비율만큼 개량서당이 차지했다고 볼 수 있다.

1930년대에 들면 서당 수에 대비해 학생 수는 점차 늘어났다는 점이 개량서당의 비율이 늘어났음을 가리킨다. 곧 서당이 점차 대형화되었다는 뜻이다. 그렇지만 서당 전체의 수는 줄어들었고 개량서당도 줄어들지 않았을까 한다. 1930년대에 들어서는 개량서당이 점차 줄어들어서 1935년 개량서당은 전해에 비해 1000여 개가 폐지되었는데,[18] 이는 1934년 간이학교제도가 만들어지면서 개량서당을 간이학교로 만들어나갔기 때문으로 보인다. 따라서 근대교육기관이라는 측면에서는 서당의 개량이 더 진전되었다고 하겠다.

2

개량서당의
설립과
운영

개량서당을 만든 사람들

앞서 보았듯이 개량서당의 시작은 전통서당과 크게 차이 나지 않는 경우가 많았다. 서당교사가 재래식 전통서당을 운영하다가 신학문의 필요성을 느껴 신교과를 추가로 가르치는 방식이 있다.[19] 이는 훈장 직영에서 그대로 개량서당으로 이어지는 가장 간단한 방식이 되겠다. 그러나 이런 경우는 많거나 오래 유지하기 어려울 수 있다. 특히 개량서당이 본격화되면서 규모가 커지고 신식교육을 받은 교사를 초빙해야 했기 때문에 그 비용을 감당하기 어려웠다. 따라서 전통서당의 경우도 마을·문중 등이 중심이 되어 만들기도 했는데 개량서당에서는 이 같은 면리 단위의 공동 운영이 더욱 강화되었으리라 본다.

개량서당의 주체를 좀 더 세분해 살펴보자. 첫째 전통서당의 재산이나 촌락 공유재산을 근간으로 수리·확장하거나 다른 서당을 통폐합해 개량서당으로 전환하는 방식이 있다.[20] 이 경우 대체로 재산을 어느 정도 확보한 마을이나 문중 중심의 서당이다. 여기에 해당하는 사례는 보론 1장의 '전통서당을 활용하다'는 소절에서 찾을 수 있다.

1930년대에도 개량서당은 여전히 동리 공동경영이 상당했던 것 같다. 첫째 평안북도 구성군 관서면 대우동에서는 1929년부터 명성의숙이 운영되었다.[21] 개설 시점이라든가 서당 학생이 30명에 달하는 것으로 봐서 개량서당으로 보인다. 그런데 구장 김석환이 1933년 의영재를 신설하고는 명성의숙의 총재산 100원에 대해 동리의 공동경영이니 반분해달라고 요구한 일이 벌어졌다. 신설하면서도 이전의 서당에 대해 재산을 분할해 달라고 할 정도로 동리의 공동경영이 일반화되었다고 해석할 수 있다.

둘째 동네 유지들을 중심으로 주민들이 재산 정도에 따라 갹출해 기금을 모아 설립하기도 했다. 부족할 경우 몇 년간 식리 활동을 해 기금을 확충해 설립하기도 했다.[22] 강원도 이천군 방장면 구당리는 서당계를 조직해 개량서당의 건립기금 2000원을 마련했다.[23] 당시 규모로 볼 때 2000원은 적지 않은 금액이었는데 계를 통해 모금한 것이었다.

셋째 동리에서 별도로 벌금이나 노역을 통해 재정을 확보하는 방법이 있었다. 경기도 수원군 마도면 석교리 구장 강주희는 동회를 열고 소비절약과 금주금연의 필요를 주장해 60여 호가 일치단결하고 만일 어기는 자에게는 벌금 1원씩 징수하며 술·담배를 하는 대신에 동내에 소규모의 공동서당을 설립하기로 했다.[24] 신구학문을 가르친다고 했으니 개량서당을 뜻한다. 개량서당을 설립하기 위해서도 한 동리 전체가 공동 참여해 일정한 조건을 내걸어 벌금의 형태로 자금을 모아나갔다. 신문·잡지 열람까지도 포괄했으니 서당이 마을에서 근대문화를 수용하는 창구 역할을 했다.

벌금보다 더 적극적인 방법은 공동 노역을 통한 재정 확보일 듯하다. 충청북도 제천군 봉양면에서는 구체적인 사례가 잘 드러나는데 면민이 공동노역 소득금을 기부해 모범서당 한 동을 건축했다.[25] 이곳을 지나는 박달재 2등도로에서 일정 기간 도로공사 노역을 한 임금 1271원 61전 5리를 모두 기부했다. 그 뒤 서당 유지비는 면내 거주자에게 호당 30원씩 징수하고 1920년에 이르러서는 기본금으로 면내 거주자 호당 평균 2원꼴로 모두 4000원을 징수해 이자를 늘려 썼다. 전라남도 진도군 임회면 남동리에서는 기본금 수백 원을 적립해서 그 이자와 해안 수입의 몇 부분을 수합해 개량서당을 설립했다.[26] 바닷가이기 때문에 해안 수입이라는 것은 마을 공동 생업의 일부분을 희사한 것이라고 하겠다. 앞서 나왔듯이 강릉군 덕원면 초위리 문암동에서는 연중 몇 차례 동민 전체가 이곳 삼방산에서 물길을 따라 해안으로 운반되는 목재를 반출해 그 노임으로 경영하기로 했다.[27] 이 같은 방식은 다른 지역에도 상당히 자극이 되었던 듯하다. 충청남도 연기군은 문중, 마을 유지, 진흥회가 함께 주체가 되어 개량서당을 새로이 설립하거나 재래의 전통서당에서 탈피해 개량서당화하기도 했다.[28] 이렇게 주민들이 재원 마련뿐 아니라 때로 운영에도 참여한다면 '교육 자치의 실현'으로 해석할 수도 있다. 앞서 여수군 돌산면의 경우 개량서당을 설립한 주체가 돌산친목회였는데, 주민들이 만든 조직이라면 결국 주민 중심으로 교육 활동이 이루어진 셈이다.[29]

넷째 개신교 중심의 종교 조직이나 선교 기관에서 개량서당을 설립한 방식이다.[30] 한말 이래 주로 기독교 중심의 종교 조직에서 적극적으로 참여했다. 《황성신문》 사장인 남궁억은 자기 향리인 홍천군 서면 모곡리에 사유재산 3500원을 들여 교회 부속 서당을 설립했다.[31] 남궁억은 여기서 학생들에게 조선독립사상이 함양되게 하고 교정에는 무궁화를 기르고 축제일에 일장기를 게양하지 않는 등의 활동을 했으므로 서당을 설립한 목적이 잘 드러났다. 그 뒤 남궁억은 춘천야소교회와 학부형에게서 2000원의 기부를 받아 사립학교로 변경했다.

성공회가 활발했던 강화군의 송해면 솔정리 성공회 내에는 성루시아서당을 만들었다.[32] 충청북도 진천군 만승면 광혜원리는 성공회와 기타 일반 유지의 발기로 서당을 신설했다. 개학 중 유지비는 성공회에서 매년 50원씩, 그리고 학생에게서 1명당 매월 10전씩 징수해 사용했다.[33] 성공회와 학생 수업료가 각각 절반 정도 되지 않았을까 한다. 평안북도 구성군에서는 다양한 사례가 보인다. 읍내에는 천도교 청년회에서 임시강습소를, 남시南市에는 기독교회의 주최로 여자서당을 개설했고, 탑동에는 천도교 전교실傳敎室의 전교사 및 유지의 발기로 '귀진강당歸眞講堂'을 만들었다.[34] 강당이라는 이름을 사용했으나 개량서당을 가리키는 것으로 보인다.

다섯째 지역 조직 가운데 청년회에서 중요 역할을 한 경우가 종종 있다. 여기에는 일단 청년이라는 용어가 한말 일제강점기 들어와서 만들어졌기에 근대의 산물이라 하겠다. 청년회는 지방 유지, 개신교 신자, 구락부俱樂部 모임, 보통학교 동창회 등 다양한 사례가 보인다.[35] 참여 연령도 넓은 경우 15~40살이었다. 특히 이 시기 신식교육을 앞서 받아서 배출된 젊은이들이 각 지역에서 청년 조직을 만들어서 여러 가지 사업을 벌였다. 그 가운데 하나가 교육이었고 여기에는 각종 학교 및 강습소·야학·서당 등의 개설까지 포함되었다. 전라북도 이리의 광희서당은 이리기독청년회에서 경영했다. 자선음악회를 조직하는 등 활발하게 활동했다.[36] 기독교 조직이면서 근대교육을 먼저 받은 청년회라는 조직이 앞장선 듯하다. 그리고 경상북도 상주군의 함창청년회에서도 서당 존폐의 건을 다루었다.[37] 1930년대에도 이런 모습이 지속되었다. 함경북도 길주군 장백면 영호동에서는 실업청년회가 서당 경영에 나서 경운제초 등 공동 출역으로 교육자의 생활의 안정을 지속하고 학생에게서 수업료 징수를 하지 않았다.[38] 함경북도 경성군 용성면 송향동 송평서당은 송평청년회가 경영했는데 다시 송평장학회가 조직되어 인수·경영했다.[39] 함경남도 홍원군 용원면 동촌리 동촌개량서당은 개량서당의 운영 실태를 꽤 상세하게 보여준다. 동촌개량서당은 1928년경 동리 한영직·한철건·한영빈 등이 세워서 동리 미취학아동 70여 명을 가르쳤다.[40] 성씨가 같은 것으로 봐서 동족마을이었을 수도 있다. 처음에는 야학부를 설치하고 운영하다가 1933년도부터 진흥회가 창립되면서 청년부·부인부·교화부를 두어 동내 청년들과 같은 면 공립보통학교 교사들이 지도·후원했다. 모든 비용은 청년부에서 부담했다.

이 같은 과정에 군수·면장 등 행정기관장들이 이를 적극적으로 추동하려는 모습이 적지 않게 나타난다. 총독부 교육정책의 일환일 수도 있고 주민들의 바람을 담았을 수도 있다. 강원도 평강군 군수 오태환은 서당 개량 의견서를 당국에 제출하고 각 면리에 신칙해 서당을 개량하게 했다.[41] 실제 면리 단위에서 직접 개량을 담당했겠지만 군수의 신칙이 큰 역할을 했다. 평강군은 그 결과 15개 지역에서 개량서당이 만들어졌다.[42] 함경북도 경성군 어랑면장 출신 차원순이 용평서당을 개설했다.[43] 이 경우는 퇴임한 이후인 듯하다. 그는 면장 재임시 교육 등 공로가 있었기 때문에 그 연결선상에서 서당을 개설한 것 같다.

1930년대에는 정책적으로 개량서당을 개설해 보통교육정책에 활용해 나가는 양상이었으므로 군에서 직접 설치하는 양상도 보였다. 1934년 충청북도 영동군에서는 군내 교육기관의 보충기관으로 각 면 주요 지대에 개량서당을 설치했다.[44] 군청이 서당 개설의 주체가 될 수 있었음을 보여준다.

1930년대에는 관변 조직이 늘어나면서 서당을 경영한 사례도 보인다. 전라남도 장흥에는 장동면 조양리 조양민풍진흥회가 경영한 서당이 있었다.[45] 이 서당은 인가되지 않았던 듯한데 규제가 심했는데도 관변 조직이어서 문제없이 운영되었는지도 모른다. 교풍회·진흥회 등 다양한 명칭의 진흥회는 이후 농촌진흥회로 일원화되었다. 서당기성회를 조직해 기금을 모은 곳도 있었다. 황해도 옹진군 북면 웅현리는 과수원이 발달한 이른바 문화농촌이지만 지세적 관계로 농촌아동의 취학이 곤란해 서당조차 없어서 김자구라는 여성이 시가 3000여 원의 토지를 내놓아 1936년 5월 10일 서당기성회를 조직했다.[46] 기성회는 회장, 부회장, 재무위원 2명, 위원 8명으로 갖추었으며 12월에는 회장, 부회장, 회계, 서기 등으로 변경되었다. 이처럼 기성회는 활발하게 운영되었으며 이들도 상당한 액수를 희사했다. 강화 길상면 동검리 주민들은 3년전인 아마도 1934년부터 개량서당을 준비했는데 이때 기성회를 만들고 주민 120호를 모두 회원으로 하고 할당해 돈을 모으고 주민들이 직접 건축공사에 노력봉사를 해 10평의 양옥 교사를 만들었다.[47] 여기도 기성회는 회장 부회장 평의원 5인 간사 3인 등으로 구성되었다.

1930년대 함경북도 무산군 연사면 신초동에서는 주재소 순사가 개량서당 설립에 참여한 점이 흥미롭다. 순사 정삼도는 기본 재산 1500여 원으로 교사를 건축하고 개량서당 인가를 받아 개교했다.[48] 학생 수가 150여 명에 달했다니 개량서당으로서는 규모가 큰 편이었으며 2명의 교사를 채용했다. 그는 노평이라는 곳에도 개량서당을 개설했다. 아마도 순사로서 부임지와 관련해 개량서당 개설에 적극 참여한 듯하다.

개량서당은 대체로 사립학교를 목표로 한 경우가 많았기에 사립학교와 주체, 재원 마련방식도 비슷했다. 다만 규모나 학생 수는 차이가 있었기에 비용도 차이가 있었다. 비슷한 시기의 사례를 들어보자. 황해도 서흥군 화회면은 모범서당을 설립했는데, 교사 증축 의연금이 모두 28명에게서 137원이 모금되었다. 이는 1명당 4~5원 정도였다.[49] 평안북도 중화군 당정면은 신성의숙을 설립했다가 이를 '당정학교'라는 이름으로 형태를 바꾸었다.[50] 이 과정에서 기부로 거둔 총액은 44명에게서 2만 5000원으로 평균 500원이었다. 특히 최고 금액을 기부한 3명은 각 3500원이었다. 하나의 사례지만 서당과 학교는 규모에서 큰 차이가 있었다고 하겠다.

강원도 김화군 근북면에서는 1925년 제3 개량서당을 세웠다. 면장 이상휘가 유지들과 면소에서 회의하고 개량사숙 창립 계획을 세웠는데 이때 구체적인 규정까지 만들었다.

〈규정〉

본 개량사숙은 주로 성암 및 산현리의 학령아동을 교수함으로 목적하고 기타 지원자는 입학을 허하며 교사의 위치는 성암리 내 수양정垂陽亭(동 이름-인용자)에 두어 근북면 제3 개량서당이라 칭함.

1. 입학아동에 대하여는 당분간 학력 연령에 하등 제한을 두지 않고 또 정

원의 제한이 없음.

1. 교과서는《천자문》·《계몽편》·《명심보감》·《소학》및 사서삼경으로 하고《통감》·《사략》은 이를 약하며 기타 교과서는 보통학교에 준하여 4학급제로 함.

1. 교원은 한문교사 1인 기타 교과서 교수 1인으로 하여 당분간 근북면장의 추천 알선을 청하기로 함.

1. 수업료는 아동 1인에 대하여 정조正租 또는 속粟 1석으로 하고 한 집의 통학 아동이 1인 이상 될 때는 1인을 늘일 때마다 반액만 증가하기로 하여 이로써 교원 봉급에 채우기로 하고 기타 비용은 비품 소모품 모두 학부형의 평균 부담으로 하고 교원의 식료食料는 1인 1개월 백미 4두씩 증급增給하되 이 또한 각 학부형의 평균부담으로 하고 또 간사 약간 인을 두어 결의로써 장래 유지방법을 장리掌理케 함.

1. 기타 교사의 준비 및 수선 방법에 관하여는 리 내 일반의 갹출금으로써 하기로 하고 당분간 각구各區 동장으로써 갹출금 모집 및 학령아동 모집의 임무를 담당하게 함.[51]

위에서 근북면 제3 개량서당이라고 이름붙인 것은 정확히 알 수는 없지만 같은 면내 개량서당을 여러 개 설치하면서 번호로 구분한 듯하다. 따라서 적어도 2개의 개량서당은 이미 있었다고 봐야 한다. 당시 김화군 근북면에는 금곡리·백덕리·유곡리·율목리·두촌리·성암리·건천리·산현리 등이 있었다.[52] 제3 개량서당은 성암리·산현리 두

개 동리의 학생들을 대상으로 했으므로 1~2개량서당은 나머지 여섯 개 동리를 나누어 관할했다고 보인다. 이런 점에서 면 단위에서 개량 서당 운영 계획이 상당히 잘 이루어졌다고 하겠다.

1항을 보면 학령에 제한을 두지 않았으며 정원의 제한까지 두지 않는다고 한 것은 앞서 1918년 〈서당규칙 발포에 관한 건〉에서 제한을 둔 것과는 차이가 있다. 당시 관행이었던 것 같다. 2항에서 보듯이 전통적인 한문교육을 수용하되 경서 중심으로 하고 역사류는 제외했다. 이는 아마도 보통학교의 교과서를 통해 근대교육을 할 수 있었기 때문으로 보인다. 4학급제로 한다는 것은 4년제 보통학교에 준하기 때문이다. 3항에서는 신식 교사의 채용에 면장의 추천 알선을 받는 것은 개량서당의 설립에 면장의 역할이 컸기 때문이다. 4항에서 수업료를 곡식으로 계산한 것으로 보면 1년 단위라고 판단된다. 통학 아동이 한 집에 1인 이상일 경우 반액으로 한 것은 보통학교와 차이가 있는지 알 수 없다. 여기에 교사의 식료를 학부형들이 나누어 내게 했으니 추가 부담이 좀 더 발생했다. 5항에서 교사를 마련하고 수선하는 방법은 동리 내 갹출금으로 한다고 했듯이 학교를 동리에서 공동 운영했음을 알 수 있다. 각 구 동장이 갹출금이나 아동 모집을 맡았고 간사 약간 인이 재정을 맡았다.

규정을 살펴보면 면립으로 면내 3~4개의 개량서당을 설립했고 재정은 해당 동리의 주민들이 자치적으로 운영했음을 알 수 있다. 이처럼 후원회나 학부형들이 적극 운영에 관여하는 모습은 보통학교에서도 찾아볼 수 있는데,[53] 그만큼 당시 교육에 대해 절박했음을 보여준다. 이 규정을 통해 당시 개량서당은 면립 또는 군립으로까지 나아갔음을 알 수 있는데, 이는 이립의 형태로 설치되기도 한 전통서당보다 한 걸음 나아갔다고 평가할 수 있다.

유림회가 개량서당 설립을 주도한 특이한 사례도 존재했다. 이를테면 1921년 평남유림회가 내세운 신계획에 따르면 유림의 개선을 내세우면서 "각 촌락의 서당제도를 고쳐서 종래 구학문만 숭상하던 습관을 폐하고 상당한 신지식이 있는 자를 초빙해 교수하게 해 보통학교의 보급에 진력하게 할 터"라고 했다.[54] 연결선에서 1922년 평남유림연합회는 ①각지 청년 단체를 후원할 일, ②각 군 서당제도를 개량할 일, ③각지 고학 청년에게 학비를 보조할 일, ④각 교와 강습소 설립에 노력할 일, ⑤각 군에 순회 강연할 일 등을 결의했다.[55] 유림회가 교육에 대해 매우 적극적이었고 그 가운데 서당제도 개량에도 힘을 썼음을 알 수 있다. 평안남도라는 지역 특성 때문일 수도 있는데 전통적인 유림회에서 적극적으로 새로운 시대에 맞게 서당교육에 대해 개혁이 필요하다고 판단한 듯하다. 실제로 앞서 보았듯이 평남유림회는 강습회도 개최했다.[56]

개량서당은 전통서당보다 경비 면에서 훨씬 구체적이었고 규모도 컸다. 교사도 대부분 새로 확대해서 지어야 했고, 신학문을 배운 교사를 초빙해야 했다. 따라서 경비가 부족해서 폐쇄되는 경우가 많았다.

개량서당의 모습은 어떠했을까? 앞서 여러 차례 설명되었지만 개량

〈그림 29〉 동창서당 졸업식 기념사진(《동아일보》 1934년 3월 29일)

서당은 1920년대보다 대체적으로 규모가 훨씬 커졌다고 보인다. 〈그림 29〉를 보면 학생들의 모습이 이전 서당 학동들과 확연히 다르다는 점을 보여준다. 30명 정도의 학동들이 두 줄로 아마도 의자를 놓고 앉아 있는 듯하고 그뒤 몇 명은 서 있고 한 명은 주저앉아 있다. 그 뒤로는 10여 명의 어른들이 서 있다.

먼저 학생들을 주목해 보자. 30명의 숫자는 당시 개량서당의 구성과 연결된다. 검은 색 옷을 입은 학생들이 뒷줄에 몇 명 앉아 있고 나머지는 흰색 또는 밝은 색의 옷을 입었다. 일종의 교복인 듯하다. 대부분 모자를 쓰고 있고 모자에는 모두 흰 테가 둘러진 듯하다. 모자를 쓴 학생들에 대한 선망이 있어서 개량서당에서도 사용한 것같다. 세 번째 줄 가운데에는 땋은 머리에 치마저고리를 입은 여학생이 4명 정도 있다. 이들도 교복에 상응하는 복장을 한 것인지는 잘 알 수 없다. 일제강점기 초기와는 달리 1930년경에는 개량서당도 상당히 발전했기에 상당히 많은 개량서당이 보통학교와 비슷한 복장을 선호했을 것으로 보인다.

다음은 두루마기를 입은 어른들을 살펴보자. 여기에는 일단 교사들이 있을 것이다. 그렇지만 개량서당에서 교사의 숫자는 일반적으로 2~3명을 넘지 않았다. 나머지는 학부형뿐 아니라 서당 설립과 운영에 관계있는 사람들이라고 판단된다. 일반적으로 개량서당의 경우에 설립자, 학교 운영자, 기부금 납부자 등이 있다. 때로 협의회를 구성했을 때 임원들도 있을 수 있다. 이들은 대체로 지역 유지였으며 근대교육을 거친 인물도 상당수 있었다. 그러나 때로 면리 단위에서 공동 투자하거나 공동 노역을 통해 기금을 마련한 사례도 있었으므로[57] 자녀를 교육한다는 개인적인 동기를 초월해 지역 주민들이 '공동체적인 가치'를 목적으로 참여한 경우도 있었을 것이다.

이들은 모두 교육 주체여서 앞의 피사체로서 찍힌 전통서당의 사진과는 달리 주체적으로 기념사진을 찍었다. 더구나 졸업식이라는 일련의 성과를 담았기에 더 당당할 수 있었다.

개량서당 내에서도 여러 가지 수준의 차이가 있을 수밖에 없었다. 수준에 따라 모범개량서당과 일반개량서당 등으로 구분하기도 한다.

사립학교 수준이거나 사립학교로 운영되다가 당국의 인가를 받지 못하거나 반납하면 거꾸로 서당의 형태로 운영할 수밖에 없었다. 이를테면 신의주의 광성의숙은 사립휘동학교와 사립경신학교가 모두 학무 당국의 인가까지 받아 운영되다가 1912~1913년경 어쩔 수 없이 당국에 인가증까지 바치게 되어 그때부터 서당으로 운영했다.[58] 당국의 학교 인가를 받지 못하면 서당 형태로 운영될 수밖에 없을 텐데 이때의 서당은 당연히 개량서당일 수밖에 없다. 아무튼 두 학교가 모두 서당형태로 운영되다가 1925년경 가을부터 이 두 서당은 합쳐져 광성의숙이 되었다. 특히 1926년 봄에는 신임 이사들이 노력해 기부금 인가를 얻어서 수천 원의 기부금을 비롯해 상당한 교실도 준비하고 교원도 3~4명이나 되었으며 학생도 150~160명에 달했다고 한다. 이는 사립학교 수준으로 다시 성장했다는 뜻으로 보인다.

개량서당은 전통서당과 조직에서 상당히 차이가 있었다. 학교처럼 운영 조직이 구성되었다. 충청남도 논산군 광석면 광리의 배영학당은 당장과 학감學監을 두고 재무, 평의원을 갖추기도 했다.[59] 경기도 개성군 영남면 용흥서당은 당장-학감을 두었는데 면장이 당장을 맡았다.[60] 사실 이 점은 통계로 나타나지 않는 부분이다. 서당에 대한 통계는 학생과 교사에 관해서만 나타나기 때문이다. 따라서 개량서당도 대부분 교사 1명이었지만 이 같은 운영 조직에서 전통서당보다 근대학교 조직을 많이 수용했으리라 여겨진다. 1930년대의 사례를 보면 개량서당의 임원이 사립학교와 큰 차이가 없었다. 강원도 김화군의 도창서당은 당장 겸 학감 박귀로, 재무 이복성 등으로 구성되었다.[61] 일반 보통학교의 운영체제를 활용한 것으로 보인다.

서당 간에 조직을 구성하는 경우도 이전과 다른 측면으로 보인다. 앞에서 보았듯이 1923년 여수군의 여러 동리 교사들이 삼일면 흥국사에 모여 교원연구회를 조직하고 종래의 개량서당을 학술강습소로 변경하는 동시에 보통학교 과정에 준하는 속성교육을 실시하기로 결의하고 있다.[62] 교원연구회는 개량서당의 교사들이 만든 서당 간 자발적인 조직으로 보인다. 함경남도 삼수군 관흥면 사립동흥학교에서도 면내 신구교육의 조화를 꾀하고 점차 신문화의 보급을 도모키 위해 같은 면 내 29개 이 36개 서당의 교사는 통상 회원으로 면리원 및 신교육자는 찬성회원으로 해 교육연구회를 조직했다.[63] 1926년 3월 3일 교육연구회 창립총회를 개최했는데 신구교육자 간친·융화와 서당교육자 개선을 위해 서당교사강습회를 연 3회, 서당 학생시합회를 연 2회 개최할 것 등 토의하고 임원 선거를 했다. 임원으로는 회장, 부회장, 총무 겸 연사, 연사 겸 감찰원, 서기, 고문, 감찰원 외 15명 등으로 상당히 조직의 면모를 갖추었다. 군 단위 조직의 사례인데 다른 지역도 충분히 가능했을 것이다.

시기는 잘 알 수 없지만 안동에서는 경북안동청년회가 30여 학술강습소, 개량사숙 등을 망라한 안동강습회연합협의회를 조직해 야학운동을 시행했다.[64] 이 경우는 민간 차원에서 구성된 조직이라고 하겠다.

학교 건물

개량서당은 시설의 측면에서도 이전 서당과 차이가 있다. 전통서당은 훈장의 집이나 마을 어느 집 사랑채, 문중의 재실 등을 활용하면 되었지만, 개량서당은 근대학교의 보조기관이기도 했기에 어느 정도 시설을 갖추어야 인가를 받을 수 있었다. 평안북도 초산군 남면 용상동의 다락재는 1926년 제반 시설을 개혁하고 개량서당의 인가를 받아 〈서당규칙〉에 의한 신교육을 실시했다.[65] 따라서 건물 내부도 학생들의 연령과 학습 성취도에 따라 구분해 학급을 만들기도 했는데, 이러한 분할 개념은 교육 질서를 보장한다. 서당은 아이들이 뒤엉켜 앉아 시끄럽게 공부하고 주위를 산만하게 했다. 학교의 분리된 시공간은 이를 방지할 수 있었다.[66] 개량서당도 근대학교의 이러한 체계를 수용하려고 했다.

함경북도 경흥군 경흥면 고읍동 남문외 용천서당은 1926년 5월에 창립되었는데 4년제 학교에 해당하는 수준이었다. 유지 최명환 외 수십 명의 알선으로 창립하고 교사는 이병만 외 여러 명이었고 학생은 50여 명이었다. 교사나 학생 숫자로 봐서 일반 서당의 수준은 훨씬 뛰어넘었다. 그러다가 건축비 약 5000원을 들여서 목제 양옥으로 교사를 건축했다. 〈그림 30〉에서 왼쪽으로 교사가 보인다. 사진이 흐려 확인하기 어려우나 하나의 건물이거나 앞부분의 건물은 1층이고 뒷부분의 건물은 2층으로 된 별도의 건물로 볼 수도 있다. 하나의 건물이

〈그림 30〉 용천서당 낙성식과 운동회(《동아일보》1927년 9월 11일)

라면 양식이 독특하고 두 개의 건물이라면 개량서당의 규모로서 매우 큰 편이다. 창문의 숫자로 봐서는 교실이 여러 개 있음을 알 수 있다. 곧 학년별로 수업이 이루어졌음을 짐작할 수 있다. 아마도 공립보통학교에 미치지 못했겠지만 일반 사립학교 규모는 된 듯하다.

이처럼 공간의 측면에서도 기존 서당과 매우 달라졌다. 학생 수, 반편성, 위생 등을 고려하면 공간이 차지하는 비중이 커졌다. 충청남도 연기군의 육영의숙의 경우 개설 6개월 만에 학생 수가 많이 늘어나자 다시 증축했다고 한다. 평안북도 구성군의 귀진강당은 운동장과 운동기구가 갖추어져 있었고, 용천서당은 〈그림 30〉에서 보듯이 넓은 운동장이 있어서 낙성식을 마친 뒤 곧바로 운동회를 열 수 있었다. 용천서당은 성내와 성외가 갈려 성내에서 2600여 원, 성외에서 1500여 원의 건축비를 들여 별도로 만들려고 했는데 이것이 통합되어 성내에 용천서당이 만들어진 것으로 보인다. 건축비가 약 5000원이었다고 하니 규모가 상당함을 짐작하게 한다. 평안북도 개천군 북정면 남리 와 용담리 등 두 개의 이는 1925년 개량서당 기성회를 조직하면서 땅 을 1900평을 구입했는데 교실은 17평이었다.[67] 넓은 땅에는 운동장 이 들어섰다.

앞서 보았듯이 1922~1923년 여수의 경우 개량서당의 규모는 기본 금이 적은 경우 500원, 많은 경우 1만 4500원에 이르렀다. 특히 초도 개량서당의 경우 기본금 1만 4500원에 땅 600평, 기와집 220평을 건 축할 정도였으니 상당히 큰 건물이었다.[68]

개량서당은 건립 위치도 상당히 중요했다. 전통서당은 마을 단위나 개인이 열기 때문에 장소가 특별히 문제될 일이 없었지만 개량서당은 여러 마을을 통합해서 여는 경우가 많았다. 이런 경우 어느 장소에 설 치할 것인가를 둘러싸고 갈등이 생길 수 있었다. 대표 사례가 함경북 도 경흥군 고읍동의 경우다. 고읍동은 경흥공립보통학교가 설치된 경 흥동과 30리의 거리여서 통학할 수 없었기 때문에 개량서당을 설치 했다.[69] 그런데 성내는 60여 호이고 성외는 50여 호인데 건축 위치를 서로 자기 지역으로 하자고 주장해 알력이 있었다. 보통학교 설립 때 에도 이 같은 위치 선정을 둘러싼 다툼이 발생했는데, 경찰이 발포해 사망사건이 일어났을 정도였다.[70] 경흥동은 공립보통학교 교장의 간 섭으로 성내 중앙에 자리를 정했다고 한다. 그 지역의 보통학교 교장 이라면 교육적 판단을 할 수 있는 위치에 있다고도 할 수 있다. 당연히 성내는 환영했지만 성외 주민들은 극도로 강경해 교장의 조치를 비난하고 성내 태도에 반발해 성외도 별도로 공비를 들여서 교사를 신축하고자 착수를 했는데 결국 하나로 합쳐진 것으로 보인다.[71]

공립학교는 입학 연령이 정해져 있는 데 비해 개량서당은 제한이 없었다. 다만 전통서당과 달리 일정한 교과가 있기 때문에 어린 학생들이 다녔다. 그리고 개량서당은 때로 보통학교를 다니고 싶어도 당시 3면1교제여서 학교가 거주지에서 매우 멀리 떨어져 있는 경우가 많아서 어린 학생들은 통학하기 어려웠다.[72] 따라서 이런 경우에는 어쩔 수 없이 근처의 개량서당을 택해야 했다.

〈그림 31〉을 보면 앞의 개량서당과는 여러 가지 차이가 있다.[73] 이 서당은 1922년에 설립되었으니 1936년 당시 15년의 전통을 지녔다. 또한 모범서당이라는 이름이 붙은 점을 주목해야 한다. 모범서당은 개량서당 가운데 관에서 우수하다는 인정을 받은 경우에 해당한다.[74] 앞에서 나온 각 도 참여관 회의의 서당 개량에 대한 논의에서 서당교사는 고등보통학교나 농업학교 등 중등이상의 학교를 졸업한 자 또는 보통학교 교사 자격을 가진 자를 채용할 것, 교과서는 한문이 아니라 일본어·산술·조선어와 기타 각 지방 실정에 적합한 실업 과목으로 총독부 편찬 교재를 사용할 것, 학생 연령은 10~14살로 제한할 것, 경비는 보통 서당이 1년에 약 400~500원을 써왔는데 이 정도를 중요한 서당에는 국비나 지방비로 보조할 것, 또 모범서당을 한 면에서 한 곳의 표준으로 설치하게 할 것 등이었다. 귀산모범서당은 여기에 해

〈그림 31〉 1936년 2월 공주 귀산모범서당 개교 기념식(국가기록원 소장)

당한 경우이므로 거의 보통학교 수준이 아니었을까 짐작된다.

〈그림 31〉에서 보듯이 학교 건물은 널찍하게 5칸으로 이루어졌으니 제법 크고 높이도 상당하다. 또 상당히 넓은 창문이 있어서 채광도잘 되었을 것이다. 가운데 입구 부분에 포치porch 형식의 지붕을 구성한 것은 서양식 건물이나 일본식 건물에 보이는 것으로 아마도 전통목구조 건물에 부분적으로 외래적 요소를 채용한 듯하다. 옆에는 창고 또는 변소로 보이는 부속 건물도 있다.

사실 전통서당과 달리 건물 규모가 커진 것은 여러 가지 의미가 있었다. 먼저 근대교육을 받은 교사를 채용하기 위해서는 이전보다 비용이 많이 들고 따라서 서당의 규모를 늘려서 비용을 마련해야 했다. 특히 1930년대 서당에 대한 통제가 강화되면서 서당 인가를 받기 위해서는 적절한 건물이 반드시 필요했다. 이러한 건물을 마련하기 위해서 면리민들이 피땀을 흘렸다.

〈그림 32〉 명천 하고면 암방동의 암방서당 개회식(《조선일보》 1935년 1월 20일)

하나의 사례를 보자. 〈그림 32〉의 암방서당은 마을 주민이 27년 전에 계를 조직하고 10전씩 모은 기금 수천 원으로 이 같은 제법 규모 있는 서당으로 창설되었다.[75] 암방동은 150호 주민 900여 명의 작지 않은 촌이었지만 수십 년 전만 해도 언문도 알지 못한다고 할 정도로 이른바 '무식촌'이었다. 이에 동리인 20여 명이 발기하고 후원해서 청년야학계를 조직하고 계원이 1명당 10전씩 모집, 동리 기부 5원까지 합해 20여 년간 수천 원을 모아 음력 2월 서당을 설립하고 8월에 준공해 이렇게 개회식을 거행했다. 그야말로 오랜 기간 동리의 숙원사업으로서 설립할 수 있었다. 주민 다수의 교육열이 높았는데 이런 점에서 개량서당은 이 시기 민중교육기관으로 규정할 수 있다.

사진이 흐려서 잘 보이지 않지만 앞에 앉은 인물들은 학동과 교사들로 보이고 뒤의 수십 명의 인파는 이 마을 사람이자 10전씩을 기부한 '청년야학계' 계원들이 아닌가 한다. 자신들의 피땀 어린 힘으로

〈그림 33〉 신흥서당 5주년 기념사진(경연희 소장)

만든 서당 건물 앞에서 모두 모여 기념사진을 찍었다. 앞의 서당과 비교한다면 건축구조도 세련되고 규모도 훨씬 큰 듯하다. 이미 이 시기에 들면 개량서당이 강습소 → 간이학교 → 보통학교로 발전해 나간 경우가 많기 때문에 거의 학교 수준의 시설을 갖춘 곳도 있었다. 황해도 수안의 경도서당도 1936년 들어 신교사 여덟 칸을 신축했다.[76] 당시로 봐서는 상당한 규모라고 볼 수 있다.

괴산군 연풍면 유하리 신흥서당의 5주년 기념사진(1939)이다. 1934년에 설립한 것으로 추측되며 설립자는 경성중이다. 앞줄 가운데는 설립자와 교사 등이 앉았는데 이들을 제하고 거의 60명에 가까운 학생들이 있다. 앞줄은 16명의 여학생이 앉아있으며 뒷줄에도 몇 명의 여학생이 확인되는데 실제로 남녀 비율은 거의 1대 1이라고 한다(경성중 씨 아들 증언) 앞줄에 앉은 어른 가운데 2인이 교사인데 그 가운데 멜빵을 맨 인물 박우당(1917~1996)이 확인된다. 그는 괴산군 장연면 방곡리에서 태어나서 방곡리서당에서 공부하고 수안보보통학교를 졸업하였다. 1937년 봄에 괴산군 연풍면 유하리 청주 경씨 부인과 결혼하였고 그 후 인근 장연면 광진리에 있는 진대사립학교에서 교편을 잡았다가 1939년 폐교가 되자, 처가가 있는 유하리 내응마을로 와서 신흥서당에서 교사를 하였다. 이곳은 경씨 집성촌이었고 문중에서 서당을 만들었다. 가운데 어른 가운데 가장 오른쪽이 설립자 경성중이고 그 오른쪽은 경성중 씨 딸 경연희(1933년생)라고 한다. 아버지의 권유로 7살의 나이로 서당을 다녔는데 당시 학생들은 7~12살 정도였다고 한다. 수업은 월요일부터 토요일까지 오전만 했고 국어와 산수를 가르쳤지만 한문은 가르치지 않았다고 한다. 교재는 철필로 써서 인쇄해 만들었으며 교육방식은 전통식으로 개별학습이었다고 한다. 이곳을 다닌 학생들은 연풍보통학교로 편입하였다고 한다. 경성중의 딸도 8살까지 신흥서당을 다니다가 9살 때 연풍보통학교로 다녔는데 1940년 들어서 서당이 폐쇄되었던 시점이 아닐까 한다.

교사校舍는 초가지붕이지만 건물이 꽤 크고(30평 정도) 높아서 문중의 아이들의 교육을 위해 기금을 내어 별도로 만들었을 것이다. 입구에 포치 형식이 잘 드러나며 건물 왼쪽은 커다란 유리창이 설치되었는데 비해 오른쪽은 창문없이 벽으로만 이루어진 독특한 모습이다. 내부는 마루로 이루어졌고 교실과 별도로 옆에 교사들이 쓰는 방이 하나 더 있다고 한다. 입구에 걸린 큼직한 간판에는 '괴산군 연풍…' 까지 보이는데 아마도 '괴산군 연풍면 신흥서당' 정도로 기재되었을 듯하다. 마을에서 가장 큰 건물로서 공회당이라고 불렸듯이 마을의 각종 모임에도 활용했을 것으로 보인다.

개량서당은 단순히 겉모습뿐 아니라 내부도 대체로 근대식이었을 것이다. 황해도 옹진군의 개량서당에는 읍내 오태승이라는 이가 목공장을 찾아가서 200여 명 아동이 사용할 책상과 의자 등을 만들어서 보냈다고 한다.[77] 서당이 200명을 수용하는 건물이라면 규모도 크고 또 책상과 의자를 사용할 수 있게 근대적으로 내부 시설했다는 것이다. 의자를 사용하는 것은 과거 서당에서 소수의 학동들이 둘러앉아 공부하는 방식과 달리 다수의 학생을 수용하고 또 교사가 통제하기 쉽게 배치한다는 뜻이다.

임시로 다른 건물을 서당으로 활용하기도 했다. 전통시대에 재실을 이용해 교육했듯이 이 시기에는 마을 공회당 같은 곳을 이용했다. 전라남도 여수군 쌍봉면 만산리는 종합 촌락으로 선정되었는데 마을 공회당을 이용해 보통학교에 입학하지 못한 아동들을 위해 국어·산술·조선어 등을 수학하게 했다.[78]

전통서당에서 개량서당으로 넘어가는 데에도 이 같은 건물이 기준이 되었다. 전라남도 순천군 북창면 북창리 한학자 김은학金殷學이 사랑방에서 학동 20여 명을 모아 한학을 가르치다가 1934년 봄 사재 500여 원을 들여 금천재라는 서당을 신축해 학동은 40여 명으로 늘어났다.[79] 잇달아 야학부를 설치해 농부들에게 신구학문을 강습했고 여기에는 훈장인 김은학의 아들이 역할을 했으니 개량서당으로 변화되었다고 보인다.

이제 개량서당은 제법 넓은 공간을 확보했기에 활용도가 커졌다. 야학을 설립하는 것은 흔했고, 연합 활동의 공간으로도 활용되었다. 1935년 함경남도 홍원군 용원면 동촌은 야학회 7주년 기념식을 동촌 개량서당에서 개최했다.[80] 여기에는 모두 100여 명이 참석했는데 이 같은 행사가 가능할 만큼 컸다. 1936년 함경남도 강원군 동암면은 산음서당에서 농촌진흥 마을 부인 계몽강습회를 열어서 가정주부 40여 명이 참가했다.[81] 이 같은 계몽강습회의 공간으로 활용되었다.

이 같은 건물을 건축하는 일이 가능해진 것은 교육에 대한 필요성이 커졌기 때문이기도 하지만 산업이 발전하면서 투자의 통로가 더욱 다양해졌기 때문이기도 하지 않았을까 한다. 조금 앞선 시기인 1923년 함경북도 경성군 생기령 광업소 용도계 주임인 윤복련尹福連이 기금 3500원을 모아 생기령서당을 세웠다.[82] 함경남도 단천군 수하면 운승리에서는 1935년 사금광주 김두원은 단천군 수하면 운승리 홍신서당에 50원을 교육비로 기부했다.[83] 개량서당이 지역의 새로운 유지들과도 연결되면서 발전해 나갔음을 보여준다.

개량서당 내부의 모습을 보여주는 사진은 잘 보이지 않는다. 〈그림

〈그림 34〉 한 개량서당의 수업 장면
학생들의 복장이나 자세, 건물의 구조로 봐서 일제강점기 초기 개량서당의 모습일 듯하다.

34〉는 갓 쓰고 도포 입고 꼿꼿한 자세로 가르치는 선생과 10여 명의 학생이 앉아 있어서 전통서당처럼 보이기도 한다. 그런데 학동 가운데는 교복을 입고 있고 벽에는 이들이 쓰고 온 모자가 걸려 있다. 모자의 모습과 모표는 일정해서 거의 교모처럼 사용한 듯하다. 교육받는 모습도 전통서당처럼 각자 다른 책을 가지고 진도를 나가는 모습이 아니라 모두 학교의 교실처럼 가지런히 앉아서 같은 책으로 같은 진도를 나가는 것으로 보인다. 전통서당의 경우 실내에서 교육장면을 촬영한 사진이 전혀 없다. 서당 내부에서 촬영하기에는 공간이 충분

하지 않기 때문이다. 이 사진은 일제강점기의 모습으로 보이고 이런 점은 적어도 개량서당이어야 가능할 듯하다.

다음은 건물을 주목해 보자. 사진 우측 기둥 하부에 있는 홈은 일반적으로 건물을 개조하거나 다른 건물에서 부재를 가지고 와서 사용한 경우에 남는 흔적이다. 판재는 19세기 조선의 건축자재 시장에서 많이 유통되던 품목으로 전국적으로 다양한 유형의 건물 벽체에 사용되었다. 판재는 두껍고 판재를 맞대어 시공했다. 일본 판재는 좀 더 얇고, 시공 방식이 다르다. 건물 용도는 벽체 구성 및 마룻바닥을 통해 추정해볼 때 전방(가게), 초가집의 대청, 곡식을 보관하던 마루창고 등이었던 것 같고, 이를 일부 개조한 것으로 보인다. 창을 비교적 크게 만들어서 채광에도 신경을 쓴 듯하다.

사진을 찍은 정확한 시기는 언제쯤일까? 한 가지 흥미로운 것은 사진 왼쪽 위에 붙은 시 속에 '윤 4월'이라는 표현이 보인다. 이것이 실상황을 적은 것인지 확실치 않지만 만일 사실이라면 1900년대 전반기에 윤 4월이 있는 해는 1906, 1924, 1944년인데 아마도 1924년으로 봐야 하지 않을까 한다. 앞서 여러 개량서당의 외형과 거의 비슷하다. 이런 점도 개량서당의 가능성을 높였다.

학생과 규율

학생 수와 학년

개량서당의 학생도 보통학교처럼 비슷한 연령 중심으로 들어온 듯
하다. 학생 수는 보통학교보다 적지만 기존의 서당보다는 상당히 늘
어났다. 함경북도 명천군의 경우 학생 대운동회에 참석한 학교의 학
생 수를 볼 때 사립학교는 용천학교 100명, 호남학교 130명, 광진학
교 140명, 명동학교 150명으로 평균 130명 수준이었고, 서당은 용산
서당 60명, 명덕의숙 60명, 덕천의숙 60명 등으로 60명 수준이다.[84]
서당의 학생 수는 사립학교의 절반이지만 60명은 적지 않은 숫자다.
개화군 북면은 개량서당 세 곳의 학생이 116명이라고 해 한 곳이 거
의 40명에 달했다.[85] 경기도 강화군 송해면 솔정리 성루시아서당은
남녀학생이 100여 명에 이르렀는데 성당이어서 특별한 사례가 아닐
까 한다.[86]

개량서당은 이전 서당에 비해 전체 학생 숫자가 많은데, 한편으로
는 이전과 달리 학년별 구성이 이루어지기도 했다. 함경남도 홍원군
보청면 동상리 배영의숙의 경우 학년 구성을 어느 정도 알 수 있는데,
학생 수는 86명인데 보통학교 1학년 정도의 학생이 46명, 2학년 26명,
3학년 8명, 여학생이 1학년에 6명이었다.[87] 서당이지만 아마도 4년제
를 지향한 것으로 보이는데 남학생은 기존 서당 학습 등에 따라 학년
을 나누었고 여학생은 서당 경험도 거의 없기 때문에 1학년만으로 구

성되었다고 보인다.[88]

　개량서당에서 학생들을 모집할 때 1학년이 아닌 다양한 학년으로 뽑는 경우도 있었던 듯하다. 함경남도 고원군 상산면은 개량서당을 세워 3반으로 나누어 학생모집을 했다.[89] 3반이라는 것은 한 학년을 세 반으로 나누어 모집했다는 것은 아니라 1, 2, 3학년 과정으로서 모집한 듯하다. 아마도 기존의 서당 등의 학력을 인정해서 학년을 달리 편성했을 것이다. 이를테면 강원도 평창군 진부면 개평 동산 양리개량서당은 학생을 갑을 조로 나누었는데, 갑조는 보통학교 3학년 정도 을조는 1학년 정도로 했다.[90] 앞에서도 나왔듯이 강원도 김화군 근북면 제3개량서당의 경우 한문을 제한 기타 교과서는 보통학교에 준해 4학급제로 했다.[91] 이는 결국 4년제 보통학교에 맞춰 4학급으로 나눈다는 뜻이다.

　〈그림 31〉을 보면 2월 추운 날씨에 아침 일찍 모여서 기념식을 진행했다. 다른 기념사진과는 달리 〈그림 31〉은 직접 기념식을 진행하는 과정을 보여준다. 아마도 여러 과정을 많은 사진으로 담았을 것이다. 게다가 도열한 학생 전체를 사진에 담았기 때문에 다른 사진보다는 훨씬 넓은 전경을 담았다. 그러다 보니 서당 주변의 환경까지도 어느 정도 포괄했다.

　먼저 70~80여 명의 학생이 7~8줄로 줄지어서 있는데 학급 구분일 듯하다. 모범서당이어서인지 학생 수가 매우 많은 편이다. 또한 오른쪽으로 갈수록 키가 큰 점으로 봐서 왼쪽은 하급생, 오른쪽은 상급

생임을 짐작케 한다. 다만 줄 수만큼 학급이 구분되었는지는 알 수 없다. 왼쪽과 오른쪽 끝줄은 여학생들로 보인다. 왼쪽은 하급생 오른쪽은 상급생인데 모두 합하면 20명 정도로 전체 25퍼센트 정도인 듯하다.[92] 앞서 동창서당에 비한다면 여학생 비율이 훨씬 높다. 다른 사진과는 달리 학생들은 모두 앞을 향해 도열해 있고 그 앞에는 교사를 비롯한 학교운영자들이 서 있다.

학생들의 복장은 통일되지는 않았지만 어느 정도 색상을 맞추었고 머리에는 모두 검은 교모를 썼다. 학생 무리의 앞에는 학생 대표들이 서 있다. 똑바로 부동자세로 서 있는 모습이라든가 학생들을 통솔하는 모습으로 봐서 상당한 규율을 엿볼 수 있다.

규율

개량서당의 규율은 잘 알 수 없다. 일반화하기는 어렵지만 한 신문은 개량서당의 규율과 교육방법은 학교보다 못하지 않다고 썼다.[93] 학생들의 모습도 흔히 전통서당에서 보이듯이 상투를 틀고 머리를 땋거나 까까머리를 하는 등의 다양한 모습이 아니라 모두 단발을 하고 교복을 입고 상당히 비슷한 모습이었다. 이 점은 어느 정도 규율로써 이루어졌다고 볼 수 있다.[94] 전통서당에 다니는 학생들이 보통학교 학생들을 부러워하는 이유 가운데 '검은 두루마기에 학생 모자'가 있는데[95] 개량서당은 전통서당과는 달리 그 욕망을 채워주었다. 교과내용만이 아니라 이런 규율로도 보통학교를 모방하려고 했다. 다만 보통학교의 규율처럼 자세하게 규정되었는지는 잘 알 수 없다. 또한 서당 간의 규율의 편차도 컸다.

수업료(또는 월사금)는 서당의 조건에 따라 차이가 있었다. 경기도 개성군 영남면 용흥서당은 월사금이 80전이었다.[96] 1년에 10원 정도이다. 전라남도 여수군 소라면 복산리 개량서당은 '월사금이 불과 몇 원'이다라고 했다.[97] 액수가 적다는 뜻을 담고 있다. 1924년 인천의 사례를 보면 서당 17개에 교사 18명, 학생 325명(남 290, 여 35명), 1년 간 수업료 수입액은 2158원이었으므로 1명당 평균 1년 6.6원(한 달 55 전)이었다. 앞서 용흥서당보다 낮은 액수다. 공사립 보통학교의 경우 수업료를 받지 않는 곳이 많았다고 하므로[98] 개량서당의 경우도 기부 금으로 운영할 경우는 수업료를 받지 않았을 수도 있다.

학생들의 동향과 관련해 재미있는 사례로는 서당 학생들도 동맹휴 학을 했다. 평안북도 벽동군 송서면 송동서당에서 1928년 교사 최석 주가 항상 음주하는 등 교육을 열심히 하지 않은 데다가 학생 8명이 장난친다고 질책을 심하게 하자 학생들이 휴학했고 그 뒤 일시 해결 되었다가 다시 동맹휴학이 일어났다.[99] 7월 20일경부터 동맹휴학상 태였는데, '서당에도 맹휴병 감염'이라는 신문 제목으로 본다면 일반 사회 분위기가 서당에도 영향을 미친 게 아닐까 한다.

과목 운영과 교사

주요 과목

학과 과목과 교사는 학교기관에서 그 비중이 매우 높다. 먼저 과목을 살펴보자. 개량서당은 이전 서당의 한문 중심에서 탈피해 신교과를 가르쳤다. 곧 《천자문》·《동몽선습》 등 경사 학습에서 탈피해 산술·조선어·일본어·이과 등 실용성이 많은 신교과도 함께 가르쳤다.

이때의 신교과는 당연히 이 시기 보통학교와 관련 있다. 이를테면 1910년대 보통학교는 간이실용을 표방한 4년제 학교였다. 교과는 수신·국어, 조선어 및 한문, 산술·이과·창가·체조·도화·수공·재봉수예·농업초보·상업초보 등으로 구성되었다. 물론 일본어가 가장 큰 비중을 차지했으며, 그다음이 산술과 조선어 및 한문이었다. 당시 보통학교를 나온 이가 교사를 맡는 경우가 많았으므로 보통학교 규정에 맞춰 가르치기도 했으리라 생각한다.[100] 다만 개량서당은 보통학교와 같이 다양한 과목을 운영하기는 어려웠으며, 앞서 몇 가지 과목을 중심으로 했다.

당시 총독부 교육정책으로나 사회적 현실 속에서나 '일본어 배우기' 열풍은 대단했다. 공립보통학교에서도 이미 국어 주당 시간이 10시간으로 조선어 및 한문 6시간보다 두 배나 되었다.[101] 조선어와 함께 한문이 교과로 포함된 것은 서당을 지향하는 조선인을 보통학교로 끌어들이기 위한 유인책이었을 것으로 보인다.[102] 개량서당은 시간

배정을 어떻게 했는지는 모르겠지만 아무튼 일본어는 가장 중요한 과목이었을 것으로 보인다.

〈서당규칙〉도 일본어를 강조했다. 물론 일본어를 가르치지 않는 개량서당도 있었다. 앞서 1921년 경성부 사례에서 보듯이 한문과 더불어 산술 정도만 가르친 서당도 있었다. 일어에 대해 반감을 가졌거나 가르칠 수 있는 여건을 갖추지 못했을 수도 있다. 그러나 숫자에서 보듯이 한문·일어·산술을 함께 가르치는 곳이 월등하게 많았다. 오늘날로 말하자면 국영수 중심의 서당인 셈이다.

개량서당과 한문의 관계도 매우 중요하다. 개량서당에서 한문을 탈피한다는 것은 한문만 가르치지 않는다는 뜻일 수도 있는데, 서당에 따라서는 한문교육 자체를 꺼리는 곳도 있었다. 1917년 제주도 구좌면 연평리에 기존 서당을 개량하고 보통학교 과정에 의해 국어·산술·지리·역사를 교수했다.[103] 여기서는 아예 한문이 빠져 있었다.

그러나 앞에서 보았듯이 대부분의 개량서당에서 한문은 거의 과목으로 설치되었다. 다만 전통서당과는 달리 한문 일변도가 아닐뿐더러 교재도 약간 차이가 있었다.

앞서 개량서당은 한문에 대해 상당히 체계적으로 교육하면서 나머지는 보통학교에서 시행하는 교육을 거의 활용했다. 그런데 여기에 학교와 서당의 교과 운영과 그에 대한 인식의 차이가 담겼다. 학교는 개별 분과 학문에 기초한 여러 개의 교과를 배우게 계획했다. 따라서 한문도 하나의 교과목으로 인식했다. 서당에서는 조선어·산술·일본어 등을 가르치지만 이들 과목을 한문 교과와 동등한 지위를 가진 가치 체계로 인식했다고는 볼 수 없다.[104]

앞서 1930년 한 신문에서 개량서당의 한문 선생이 사서와 오경을 가르치는 데 효과 없으니 어떤 교재를 사용해야 하느냐고 묻자, 기자는 당초부터 사서오경을 가르친 것은 실수이고 보통학교에서 사용하는 한문서를 가르치라고 했다. 따라서 개량서당에서는 이전 전통서당의 한문교육과는 차이가 있다.

〈그림 34〉를 보면 얼핏 보기에 한문 수업으로 보인다. 실제 왼편 상단에 붙은 종이에는 시 몇 편이 적혀 있다. 왼쪽 글은 목단牧丹이라는 제목으로 시귀가 쓰여 있다. 왼편에 90도 방향을 틀어서 붙어 있는 종이에는 청앵聽鶯, 목단牧丹이라는 제목의 다른 시가 있다. 계속 글을 덧붙인 듯하다. 잘 알려지지 않은 시여서 유명한 문인들의 작품은 아닌 듯하다. 또한 모란이라는 시가 두 작품이 나오는 것으로 봐서 아마도 학생들의 작품인 듯하다. 개량서당이라도 한문에 대한 비중이 상당하다는 증거가 아닐까 한다.

한문·조선어·일어·산술까지는 기본 과목인데, 평안도 성천군 삼덕면 문원리의 모범사숙은 여기에 더해 지지·역사 등을 가르쳤다.[105] 아마도 학교를 지향했기 때문에 거의 학교 수준으로 가르친 것 같다. 이처럼 보통학교 교재를 사용하므로 총독부는 보통학교의 교과서를 준비할 때 일반 학교뿐 아니라 서당의 수요까지 포함하게 했다.[106] 교과서를 통해 서당을 통제하려는 정책을 엿볼 수 있는 측면이다. 이처

럼 교과교육에서 개량서당도 점차 보통학교 규정과 동일한 방향으로 나아갔을 것으로 보인다.[107]

　흥미로운 것은 앞서 신문에서 독자들과 문답하는 난을 통해 또 다른 독자가 모범서당에서 《노동독본》을 가르치는 것이 좋으냐고 하니 기자는 '적당하다'고 답변했다. 《노동독본》은 《국어독본》·《한자초보》 등과 함께 조선교육협회에서 발간한 책이었다.[108] 초학자에게 문자를 알리는 동시에 종래의 미신과 구습을 깨뜨리고 새생활을 지도하기 위해 전기·이과·지리·역사 등의 생활상식을 담은 실용적 독본이라고 한다. 조선교육협회가 야학·강습소·서당 등에서 사용하게끔 발간한 듯하다.

　개량서당은 이처럼 새로운 과목이 추가되었을 뿐 아니라 또한 수업방법에서도 이전과는 큰 차이가 있다. 전통서당의 가장 특징은 개인별로 학업을 진행한 것인데, 개량서당은 보통학교를 본받아 함께 모여 시간 단위로 교사 한 사람이 다수의 학생에게 통일된 내용을 전달하는 집단적 수업방식을 이용했다. 따라서 한 서당의 수업 수준이 서로 균질화되었을 것으로 보인다. 이는 나아가 전체 개량서당의 수준도 거의 비슷했을 것이다. 또한 하루에도 여러 과목을 나누어 배웠다. 다만 수업시간은 서당에 따라, 학동들의 연령에 따라 차이가 있었다. 예를 들어 평안남도 성천군 영천면 대평리 죽교의 개량서당은 어린 학생들에게 두 시간 공부하게 했다.[109] 그리고 교육의 목적도 고전의 암기에서 벗어나 새로운 교과에 대한 이해 중심의 교육이 되었다.

수업기간도 일정하지는 않았을 것인데, 1928년 3월 22일 자성군 자하면 연풍동 서당인 영명숙 졸업수여식에 3년생 9명, 2년생 15명에게 수업증서를 수여했다.[110] 정확한 뜻은 알 수 없지만 아마도 수준에 따라 2~3년 동안 수업했다는 뜻으로 해석된다. 이처럼 일정한 기간을 공부한 뒤 정해진 날짜에 졸업식을 하고 이에 따른 졸업증서를 수여했다는 점이 전통서당과 차이가 있다. 다만 조선종이에다가 붓으로 조잡하게 써서 학생들이 졸업증서를 받자마자 찢어버렸다고 해 아직은 제대로 격식을 갖추지 못한 듯하다.

교사

이처럼 개량서당은 점차 신식 학교의 형태를 취했는데 교육 담당자에서도 차이가 있었다. 다양한 과목, 특히 신식 공부를 가르칠 수 있는 교사가 필요했다. 개량서당은 훈장이 아니라 교사라고 칭한다. 그만큼 자격과 과목 운영이 달라졌기 때문이다. 기존의 훈장이 새로운 과목을 공부해서 가르치기도 했다. 이를테면 평강군에는 개량서당이 상당히 있었지만 교사들은 대부분 한학자여서 군 당국이 소학용 서적 같은 것을 배부하면 한 구석에 처박아 두고 군이나 교육기관에 있는 사람이 순시를 하면 가르친다고 허언을 했다.[111] 아마도 초기에는 신교육을 받은 교사를 제대로 채용하기 어려웠기 때문에 이러한 경우도 허용되었을 것이다. 초기에는 도청에서 순회교사를 배치하여 가르친 사례도 있었다. 경기도청에서는 관내 사립학교와 사숙 생도에게 일본어와 수신과를 가르치기 위해 1911년 가을부터 순회교사를 배치하였다.[112] 성적이 양호하였고 계속 실시하기 위해 각 부윤, 군수에게 통첩하고 사립학교와 서당 소재의 위치, 교사의 이름 등을 조사하였다. 또다른 방법은 서당 생도를 보통학교에 소집하여 강습을 하였다. 경기도 수원군 오산면의 오산공립보통학교에서는 서당 생도들을 학교로 불러들여 일본어를 강습했다.[113] 이 학교가 개교하던 1913년 9월 28일부터 연말까지 서당 생도 47명을 가르쳤으며, 1914년 9월 20일부터 12월 27일까지 14차례 가르쳤다고 한다. 이같은 방법은 어느 정도 지속되었는지 알 수 없다. 개량서당은 일반적으로 보통학교 졸업 이상의 학력을 요구했다.[114] 교사를 더 적극적으로 확보하기 위해 강습회를 열거나 시험을 보기도 했다. 강습은 군 당국이 주로 시행했으며 길게는 몇 개월씩 하기도 했다.[115] 시험도 군이 시행했는데 평강군의 경우 앞에서 언급했듯이 1917년 군수 오태환이 적극적으로 서당 개량에 나섰기 때문인지 1918년에도 5월 27일에서 2일간 면서기와 서당교사 시험을 함께 군청에서 군서기가 집행했는데, 과목은 한문·작문·주산·필산·국어해석·면행정(면서기에 해당한다) 등이었다.[116] 1922년에도 4월 21일 보통학교 강당에서 오전 10시에서 오후 2시까지 시험을 봐서 수험자 60여 명 가운데 50여 명이 합격했다. 이 경우 공식적인 시험인지 알 수 없다. 1931년 삼척에서는 군이 주재해 삼척군 내의 개량서당 교원인정시험을 봤다고 한다. 이 경우는 군에서 인정하는 시험인 셈이었다. 실제로 전라남도 여수군 소라면 복산리의 이선우라는 이는 군 보통학교를 졸업했지만 집안이 빈한해서 더 공부하기 어려워지자 이 마을 전통서당을 개량서당으로 변경해 직접 교사를 맡았다.[117] 제주도 구좌면 연평리 개량서당은 제주농업학교 졸업생을 초빙해서 교수하게 했다.[118] 제주도 출신의 전문학교 학생을 교사로 모신 것이다.

기존 사립학교의 선생을 초빙하기도 했다. 1921년 용천군 농면 태평동 태동서당은 4~5년 전에 같은 군의 양광면 산대동 사립보신학교에서 열성적으로 학생들을 가르친 최종범이라는 인물을 초빙했다. 그는 술·담배를 완전히 끊고 신문과 잡지를 많이 구독했으며, 서당교육의 학과도 한층 개량해 시대 요구에 적당한 공부를 힘썼다고 한다.

개량서당의 교사들이 이전 훈장들과는 자격 요건이라든가 교과 과목에서 상당히 달라졌지만 실제 교사 간에는 상당히 편차가 있었다. 1930년대 들어서도 자격 기준이 지역별로 약간 차이가 있었지만 상당히 엄격해졌다. 예를 들어 1933년 총독부의 개량서당교사 자격 기준을 살펴보면 지역마다 약간 차이가 있지만 몇 가지 기준이 있다.[119] 첫 번째 확실한 것은 교사 자격 소지자다. 보통학교 교사 자격 소지자라고 해 보통학교와 기준이 같았다. 두 번째는 교사 자격이 없을 때는 학력인데 여기에도 추가 사항이 있었다. 보통학교 졸업 이상 학력 소지자 중 농촌 중심인물 적격자 또는 감독관청 추천자(평안남도, 보통개량서당)라는 추가 사항이 덧붙었다. 다만 황해도는 농업학교 및 농업보습학교 졸업생, 농촌지도경험자를 내세워서 농업과 관련지었다. 세 번째는 서당교사를 위한 제도를 통과한 경우다. 서당교사양성강습회 수료자, 도에서 실시하는 서당교사 자격시험 합격자에 대해서는 상당히 여러 지역에서 수용했다. 그 밖에 충청북도처럼 3년 이상 교직경력자를 내세운 경우도 있었다. 이 경우도 학력은 적어도 보통학교 이상이니까 교직을 할 수 있었다.

모범서당·특별개량서당·지정개량서당 등의 경우는 기준이 좀 더 높다. 충청남도는 보통학교 퇴직, 현직 훈도를, 전라남도는 공립학교 교사 유자격자(가능하면 현임 훈도)를, 강원도는 서당교사 시험 합격자로 만 20살 이상이고 사상 신원이 확실한 자를 요구했다.

1936년 평안남도에서는 서당과 사립학교의 교사 소질 향상을 목표로 앞으로 검정시험제도를 실시해 소질이 부족한 교원은 모두 면직하려고 했다. 교육 당국은 서당과 사립학교를 거의 비슷한 수준으로 인정하고 다루려 한 것이 아닐까 한다.

1935년 경기도는 개량서당 178개, 전통서당 392개로 모두 570개였는데, 서당교사 600명의 학력을 보면 중등교육을 받은 자 20명(3퍼센트), 초등교육을 받은 자 152명(25퍼센트), 이전 보통학교 교사 2명(1퍼센트), 한학 전공자 426명(71퍼센트)이었다.[120] 여기서 전통서당은 대부분 한학 전공자이고, 개량서당은 근대교육을 받은 자와 일부 한학 전공자일 것이다.

서당교사의 급료는 이전 '훈장'시대보다 상당히 높았던 듯하다. 1933년 총독부에서 제시한 기준은 월 급료가 경기 30원, 충북 25원,

충남 20원, 경북 30원, 황해 12.5원, 평남 30원 등이었다.[121] 최하 12.5원이지만 대체로 20~30원 정도였다. 실제 지급받는 액수는 그것보다 낮았던 듯하다. 1932년 경기도 안성군 일죽면의 개량서당은 교사의 연봉이 180원이었다.[122] 월 15원이었으니 위의 경기 30원에 비교한다면 절반 정도다. 1935년 경기도의 경우 교사들이 받는 보수는 연 60~200원이었다[123]고 하니 안성군의 사례와 비슷했다. 이처럼 개량서당은 교사들의 급료에 대한 부담이 컸다. 따라서 재정상 모두 유급교원을 두기는 어려웠다. 그래서 1923년 함경남도 홍원군 보청면 동상리 배영의숙은 3명의 교사 가운데 1명은 유급이지만 2명은 명예교사였다.

운동회와 학예회

운동회

개량서당은 학업을 넘어서 여러 가지 활동을 하게 했다. 전통서당도 가끔 개교식을 하고 놀이나 탁족하러 야외로 나가기도 했는데 개량서당은 개교식, 운동회, 졸업 행사를 공개적으로 했다. 특히 운동회는 서당을 지역사회에 홍보하고 주민을 통합 단결하는 활력소 역할을 했다. 운동회는 근대적인 행사로서 달리기·구기 등 다양한 근대 운동경기를 했다. 게다가 학생들만이 아니라 주민들이 운집해 주민 행사로 치르는 모습은 비슷했다. 다만 한말 서울에서 열렸던 분위기와는 다른 듯하다. 국경일에 열린다든가 태극기를 걸어놓고 애국가를 부르고 애국심을 고취한다든가 하는 일은 일제강점기에는 행해지지 않았기 때문이다.

개량서당의 처지에서는 운동회를 단독으로 치르기는 어려웠다. 인 원이라든가 조건으로 봐서 서당 간에 연합으로 시행했다. 한말에도 연합운동회가 많았는데 단합된 힘을 보여주기 위해서였다.[124] 그런 전 통이 지방의 학교·서당에도 영향을 미친 모양이다. 이렇게 연합으로 하는 운동회는 '대운동회'라는 이름이 붙었다.

연합운동회는 서당 간의 연합으로 치르기도 하고 공사립학교와 함 께 치르기도 했다. 1914년 청주보통학교에서 군내 공사립학교 서당 연합운동회가 열렸으며, 1920년 함경북도 명천에서 기미청년구락부 의 주최로 학생 대운동회를 개최해 사립학교 네 곳과 서당 세 곳이 함 께 참가했는데 아마도 군내의 교육기관이 모두 참여한 것으로 보인 다. 1922년 영광에서는 군내 각 공사립학교와 각 단체 연합경기대회 가 열렸는데 여기에는 공사립학교와 개량서당이 다수 참여했다. 개량 서당도 학교의 일원으로 함께 참여했다. 1922년 경기도 개화군 북면 에서는 음력 5월 5일 단양가절을 이용해서 면사무소 주최로 열렸기 때문에 면내 개량서당 3개가 서당연합대운동회를 개최했다. 1922년 합천군에서는 삼일의숙과 구음의숙의 연합운동회가 열렸고,[125] 1931 년 평안북도 희천군 서면에서는 6월에 개량서당 7개의 운동회가 열 렸으며, 9월에는 4개의 개량서당 생도 160여 명이 공동운동장에서

연합대운동회가 열렸다.[126] 면 단위의 연합운동회가 보편화된 것으로 보인다. 교육기관 간에 평상시 서로 논의가 있었는지 한 곳에서 주최를 하면서 다른 곳을 초청했는지 모를 일이다. 1923년 아산군 수치면 백암리 모범서당의 대운동회는 본 서당 학생 80여 명과 온양공립보통학교 학생 100여 명, 음봉면 동암리·삼거리, 탕정면 매곡리 각 모범서당 학생 300명이 참여해 대단히 성대하게 열렸다. 관람객이 수천 명이었다고 하니 여러 지역 주민들이 몰려든 셈이었다. 이처럼 운동회는 5~6월이나 11월 등 봄·가을에 열린 듯하다. 그래서 춘기대운동회·추계대운동회라는 이름이 붙었다.[127] 1922년 영광군 내 각 공사립학교와 각 단체가 연합해 영광육상경기대회가 열렸는데, 여기에 송죽·오동·남창·금계 등 4개 개량서당이 참가했다. '육상경기대회'는 운동회와는 격이 다른지 알 수 없지만 여기에도 개량서당이 포함되었다는 점에서 학교기관으로 인정을 받았던 것이다.

일반적으로 운동회에는 많은 학생뿐 아니라 수백 수천의 관중이 운집했다. 1920년 함경북도 명천군 서면 운동회에는 700명의 학생과 남녀 관중 만여 명이 모였으며, 경기도 개화군 북면에서는 학생이 116명, 관중은 수천 명에 달했다고 한다. 과장이 있겠지만 이 정도 숫자면 그 지역 면민만이 아니라 소문을 들은 다른 지역 주민이 많이 참여했다고 하겠다. 연천군 백학면 두일리 고촌동에 세워진 개량서당의 운동회에서 서당 학생 50여 명과 함께 이를 지켜보던 다른 학교 학생 수십 명이 참여해 관중 700여 명 앞에서 40여 종의 경기를 치렀다.[128]

그야말로 크게는 군, 작게는 면 단위 주민들의 대동제인 셈이었다.

운동회는 상당히 조직적으로 진행되었다. 명천군 서면의 운동회에서는 주요 임원까지 구성되었으며, 개화군 북면의 회장 조성준이 개회사를 했는데 운동회를 위해 별도의 조직이 이루어졌다는 뜻이다.

진행 경기도 다양했다고 하나 정확한 종목은 알 수 없다. 한말에는 달리기·체조·멀리뛰기·축구·타구·송구와 전통경기인 씨름·각력·각희·그네뛰기·줄다리기 등을 했다고 하는데,[129] 이렇듯 한말에 근대 운동경기를 많이 수용했기 때문에 참고가 되었을 것이다. 다만 모두 함께한다는 차원에서 운동경기뿐 아니라 놀이 등도 포함된 듯하다.

명천 서면에서는 도보경주 및 학술 경쟁이 있었고 점심시간에는 학생 1명이 '금일의 운동'이라는 제목으로 강연을 했다. 개화군 북면에서는 먼저 여학생 수십 명이 창가를 했고, 남녀 학생을 5조로 나누어 20여 경기를 했다. 1922년 합천군 삼일의숙과 구음의숙의 연합운동회에서는 오전에는 30여 종목을 진행했고 오후에는 축구대회를 열었다고 한다. 구체적으로 어떤 종목인지 알 수는 없지만 매우 다양했음을 알 수 있다. 1931년 희천군 서면 개량서당 7개의 운동회에서는 각종 경기 가운데 최종으로 단체 계주를 했다. 단체 경기에 강조점을 둔 듯하다. 경상북도 경산군 안심면 신기동의 춘기대운동회에서는 주악을 한 후 60여 종의 경기종목을 치렀다고 한다.[130] 또한 다양한 경기를 소화했음을 알 수 있다.

함경북도 경성군 어랑면의 연합운동회 사례를 살펴보자. 경성군 청년동맹 어랑지부에서 주최해 1926년 봄부터 운동회가 시작된 듯하다. 1927년에는 4월 13일 이암서당 외 5개 서당이 참가해 경기했으며, 그 가운데 용양서당은 전해부터 2연승을 했다. 기사에 '최종 월계관은 용양군龍陽軍에'라고 했듯이 치열한 경기와 올림픽처럼 시상식을 갖춘 모양이다. 1928년에는 5월 26일 동일청년회 운동장에서 7~8개 서당이 참여할 예정이며 2연승을 한 용양서당을 상대로 다른 서당도 운동연습을 열심히 하고 있다고 했다.[131]

경기에 따른 시상까지도 했던 것 같다. 한말 시기인 1907년 강화군에서 열린 대운동회에서는 공책 등을 상으로 주었다고 하니[132] 이미 오래전부터 관행이 되었을 수도 있다. 앞서 소개된 사례에서 이와 관련된 내용을 찾아보자. 1922년 개화군 북면 운동회에서는 '일등 상이 많은' 것을 헤아려 우승기를 수여했으니, 일등 상을 하나하나 챙긴 듯하다. 우승기를 수여한 경우는 여러 곳에서 보인다. 경기도 연천군 백학면 두일리 고촌동에 세워진 개량서당은 우승에 따른 우승기까지 수여했다. 1920년 명천군에서는 서당과 학교가 함께 운동회를 열었지만 학생 수가 많은 편인 광진학교가 학생 수가 많은 덕인지 우승기를 받았다. 앞서 개화군 북면에서는 일등 상이 많은 가토미리 화성의숙이 우승기를 받았다. 그 밖의 대부분의 운동회에서도 이 같은 우승기를 수여했다고 하니 관례가 된 듯하다. 운동기구를 유지들이 기부하는 모습에서 볼 수 있듯이[133] 이 시기에는 이미 운동 또한 교육의 일환이라는 점을 인식했음을 알 수 있다. 지금은 지극히 당연한 표현이겠지만 '체육은 운동으로 인함을 절실히 각오'[134]했다고 한다.

운동회는 운동경기를 통한 체육활동일 뿐 아니라 학교 홍보에도 큰 도움이 되었다. 무엇보다도 개화군 북면의 1922년 서당연합대운동회에서 보듯이 "이 운동회로 개량서당에는 학생이 일일 증가해 장래의 문화 발전의 효력이 다할 줄로 면민은 믿는다더라"[135]라고 해 개량서당의 발전에 도움을 기대했다. 실제로 그뒤 학생 수가 늘어났다고 하므로 홍보에 상당히 도움이 되었음을 알 수 있다. 1931년 희천군 서면 운동회에서는 면장 백상훈이 관중들에게 지방풍속 개량과 그 밖의 제반 사항에 대해 연설했다고 한다.[136] 면장으로서는 면의 다양한 발전 가운데 교육의 일환으로서 서당에 관심을 가지고 있었을 것이며, 이런 행사를 면의 다양한 정책을 홍보하는 기회로 삼았던 듯하다.

흥미로운 것은 이 같은 운동회가 열릴 수 있는 공간이 개량서당에 있었다는 점이다. 곧 명천군은 신창동 운동장, 개화군은 가토미리에 양산광장이 있었다. 경기를 할 수 있는 넓은 공간을 닦아놓았던 듯하다. 앞서 보았듯이 1923년 연천군 백학면 고촌동 개량서당의 추계대운동회는 '서당 운동장'에서 개최했다. 서당의 운동장으로서 운동회를 열 정도의 공간을 확보했던 셈이다.

경기를 할 수 있는 운동장을 만드는 일은 쉽지 않았다. 전통적으로는 운동장이라는 개념도 없었기 때문이다. 1928년 함경북도 경성군 어랑면 부산동 중산리 광흥서당에서는 서당을 유지하기 위해 간사회를 조직했고 간사회는 11월 13일 임시대회를 개최해 서당 운동장을 수보하기로 결정했는데, 11월 15일부터 25일까지 마을 63호가 매호 평균 11일씩 부역하는 방식으로 진행했다. 이때 자갈돌 3000여 수레로 파인 땅을 메웠다. 이 같은 노력은 교육환경으로서 운동장의 중요성을 알았기 때문이다.

강변·벌판 등 열린 공간을 운동장으로 이용하기도 했다. 경상북도 경산군 안심면 신기동에 있는 개량서당의 주최로 1926년 5월 15일에 북강변 벌판 운동장에서 춘기대운동회가 개최되었다. 이런 넓은 벌판을 이용했음에도 주민들이 입추의 여지없이 모여들었다고 할 정도로 큰 행사가 되었다. 이 경우는 자체 운동장이 없었을 경우도 있겠지만 더 넓은 공간, 곧 운동경기 자체의 공간보다 주민들과 함께할 수 있는 공간을 선택한 듯하다.

〈그림 31〉의 공주 귀산모범서당에서 중요한 점은 넓고 잘 다져진 마당을 갖추었다는 점이다. 왼쪽 담이 학교를 구분하는 담이라면 전체 마당의 면적이 상당함을 알 수 있다. 특히 여기서 왼쪽 뒷면으로 야산이 보이는 것으로 봐서 읍내가 아닌 외곽 지역에 넓은 터를 구한 것을 보인다. 그 목적은 졸업식과 같은 행사를 넘어서 운동회까지 염두에 두었을 것이다. 예를 들어 이미 1922년 합천의 구음의숙은 의숙 앞 광장에서 연합운동회를 열 정도로 넓은 공간이 있었다. 이런 점에서 볼 때 개량서당을 계획할 때는 대체로 운동장까지 염두에 두었

〈그림 35〉 지역 주민들과 함께하는 소학교운동회(김태웅, 《우리 학생들이 나아가누나》, 서해문집, 85쪽)
운동장의 주변 환경과 지역 주민들이 둘러싼 모습은 개량서당과도 비슷한 듯하다.

다고 보인다. 개량서당의 운동회에 관한 사진이 없다는 점이 아쉽다. 1931년 희천군 서면에서는 개량서당 7개의 운동회가 열렸는데, 이렇게 개량서당 자체적으로 운동회가 열린 것은 어쩌면 개량서당도 이제 넓은 공간을 확보했기 때문이 아닐까 한다. 이런 점에서 귀산모범서당이 왜 널찍한 운동장을 확보했을까 충분히 생각할 수 있다.

운동회와 관련해 〈그림 35〉도 주목할 필요가 있다. 1927년 9월 2일 오전 10시에 2000여 명의 귀빈을 모시고 낙성식을 성대히 거행한 뒤 오후 2시부터 5시까지 학생운동회를 열었다. 학교를 건축한 지 얼마 되지 않아서 운동장을 귀산모범서당처럼 잘 정리하지 못했지만 넓은 공간을 확보해 여러 가지 행사를 하는 데 요긴하게 사용했다. 안쪽에서 이루어지는 경기를 둘러서서 보는 장면인지 정확히 알 수 없는데, 다만 학생들뿐 아니라 일반민들도 함께 참여한 듯하다. 이처럼 행사과정을 직접 찍은 사진은 드문 듯하다.

학예회

운동회 못지않게 중요한 행사는 학예회가 아닐까 한다. 교육의 성과를 평가받음으로써 피교육생이 자신감을 가지게 하고 한편으로는 지역의 결속을 다지는 모임으로서 역할을 했다. 1934년 충청북도 괴산군 문광면에서는 농촌진흥에는 문맹퇴치가 급무라고 면내 6개 서당 학생들을 10월 14일 집합하게 해 학예회를 개최해 매우 성황을 이루었다. 면장 한성우가 발기했다고 하니 면장이 연합학예회를 이끈 셈이었다. 군수 이하 내빈도 참석했으며 성적이 우량한 서당은 특히 면장의 표창장을 받았다.

이리기독청년회가 운영한 광희서당은 남녀야학부를 조직해 이를 유지하는 방책으로 자선음악회를 조직했다. 곧 10월 18일 이리좌극장에서 공연을 했는데 이리좌극장은 이리문화센터와 같은 곳으로 유명한 공연이 많이 이루어진 곳이었다. 공연에서 광희서당 여학생들이 합창을 했는데, 서당에서 신식 음악을 가르쳤으며 공연할 정도로 수준이 높았다는 점이 놀랍다.

강화군의 성루시아서당은 '교육사상을 선전'하기 위해 1922년 2월

〈그림 36〉 1906년 해성재 학생들의 소풍(계산 주교좌 대성당 역사관)

11일 학예회 겸 교육강연회를 개최했는데, 남녀 300여 명이 참여했다. 이를 통해 학생이 남녀 100여 명에 이르렀고, 일반 청중에게서 의연금도 적지 않게 들어왔다고 한다.

학예회·음악회·강연회 등은 학생들의 교육 성과를 보여주는 장이기도 했지만 개량서당 차원에서도 홍보를 위한 큰 행사였다. 여러 종류의 기념식이나 운동회·학예회와 같은 행사는 서당을 홍보하는 중요한 기회였다. 1934년 황해도 수안군 공포면 기내리 숭명서당이 신설되면서 개교식이 열렸는데, 이때 참석한 지태화(수안군 대천면 남정리 245번지 거주)는 신계군 사지면 산북리에 있는 토지 2만 2604평과 수안군 공포면 영천리에 있는 토지 3714평 모두 당시가 1154원에 달하는 땅을 기부했다. 운동회·학예회 등의 행사도 주민들이 대거 참여하고, 나아가 이런 기부의 역할도 했다고 본다.

소풍도 서당의 중요한 행사 가운데 하나였다. 〈그림 36〉은 대구 해성재 학생들이 소풍 간 사진이다. 모든 교사와 학생들이 함께한 행사이며 이들은 대열을 맞춰 행진하듯이 소풍을 갔다. 종교기관에서 운영했기에 앞서나갔을 수도 있는데 일제강점기 개량서당에서는 소풍도 정규 행사로 치러졌을 것으로 보인다.

교육기관으로서의 서당

서당은 우리나라의 독특한 교육기관으로서 조선시대에서 한말과 일제강점기에 이르기까지 그 흐름을 찾아볼 수 있었다. 또한 서당이라는 명칭은 지금도 우리 문화 속에서 일정한 상징성을 띠고 살아남아 있다.

서당은 문자 그대로 책을 읽는 집이니 서사·서재 등과 마찬가지로 고전을 중심으로 공부하는 일반적인 명칭으로 사용할 수 있다. 한편으로는 조선시대 이래 독특한 교육기관으로서 자리 잡으면서 그 고유한 명칭으로 사용하고 있다. 물론 이 책에서는 후자로서의 역사를 정리했다. 후자의 경우에도 서당의 교육상 포괄하는 범주가 넓다. 학자들의 일반적인 학문 공간에서 어린 학생들에 대한 초보적인 수업에 이르기까지였다. 사실 조선시대에도 넓은 범주로 많이 사용했다. 그러나 점차 어린 학생들에 대한 교육기관으로 정착되어갔다.

서당은 귀향한 관리 등이 주로 설치해 국가의 교육체계에는 들어 있지 않았다. 고려시대에도 과거가 있었으니 이때에도 서당처럼 사적인 교육기관이 있었을 것으로 추측된다. 그러나 조선시대 유학을 정치이념으로 삼은 사족들이 정치를 운영했기 때문에 이들 중심의 교육기관으로서 서당이 발전했다고 하겠다.

조선시대에도 서당은 지속적으로 변화해 왔다. 조선 초기 유교가 정치이념으로 자리 잡고 과거를 통해 관료들을 채용하자 유교경전에 대한 공부의 필요성이 커졌다. 서울에서도 과거를 위해 학동들을 모아 가르치기 시작했고, 사림이 등장하면서 본격적으로 서당이 만들어지기 시작했다. 따라서 이 시기 서당은 과거를 대비하는 정도로 상당히 수준이 높았다. 따라서 서당은 국립·관립의 교육기관과는 거리가 먼 사립교육기관이었다. 또한 국가의 교육체계에도 서당은 들어 있지 않은 임의로 설치한 교육기관이다.

16세기 사림파 학자들은 고향에서 또는 지방관으로 내려가서 유교 공동체를 형성하려고 노력했다. 그런 가운데 교육의 측면에서 서당을 세웠다. 여러 이름 있는 선비가 학문 겸 교육의 일환으로 서당을 운영했으며, 이는 학파의 형성과도 연결되었다. 이 시기 서당은 고을의 선비들을 양성했고, 서원과 서로 연결될 정도로 수준이 높았다. 이황이 제자를 기르던 도산서당이 이후 도산서원이 된 것이 그러한 사례에 속한다. 따라서 서당의 운영이나 학생들도 거의 서원과 비슷하다고 하겠다.

조선 후기에 들면서 서당에도 큰 변화가 있었다. 이전에는 수령이든 학자든 군현 단위에서 서당이 운영되었다고 한다면 이제 동리를 기준으로 설치 운영되었다. 그리고 한 개인이 설치하기도 했지만, 마을 단위나 문중 단위에서 기금을 마련해 설치하는 일이 많았다. 이런 의미에서 서당은 사립이기도 하지만 이립里立·족립族立과 같이 표현할 수 있는 서당도 상당수 있었다. 따라서 공립기관적인 성질을 가졌다는 주장도 있다.¹ 또 하나는 양반 자제만이 아니라 평민·서민의 자제들도 참여했고 생계를 위한 직업으로서 훈장이 많이 나왔다. 이제 몇 개 마을에 하나의 서당이 있을 정도로 일반화되었으며, 지역문화의 구심점 역할을 했다. 특히 마을서당은 작은 공동체 단위로 공적인 기능을 했다. 이런 과정에서 서당에 참여하는 범주는 넓어졌고, 특히 초학의 학동들이 가학을 대신해 입학했으며, 오히려 기존의 과거 중심, 학문 심화의 목적인 서당은 특별한 존재가 되었다. 따라서 이후에는 서당은 초학에 대한 교육을 중심으로 운영되었다.

한말 시기에 들어가서도 대부분의 전통서당이 그대로 유지되었지만, 일부 서당은 개량의 길을 걷기도 하고 각종 사립학교로 대신하기도 했다.

서당을 개량하려는 시도는 한말 때부터 보인다. 국가도 정책적으로, 그리고 지방관들도 열심히 했다. 그러나 개량서당이 본격적으로 만들어지기 시작한 것은 일제강점기였다. 개량서당은 우리가 생각하는 서당과는 많이 다르다. 처음에는 일본어·산술 등의 교과를 가르치는 것에서 시작해 나중에는 건물의 규모, 교육방법, 교재, 교육내용 등 모든 방면에서 차이가 있었던 것 같다. 물론 정규 교육기관이 아니었기 때문에 개량서당 내에서도 차이가 있어서 모범서당 등의 이름도 보인다. 보조교육기관에서 간이교육기관까지로 표현되었다. '반半학교'라는 표현도 보이듯이 서당의 이름만 빌린 실질적인 학교 수준까지 올라가기도 했다. 총독부가 서당을 개량하려는 정책을 끊임없이 시행했지만 민간에서도 면리 단위에서 적극 참여하기도 했다. 일제강점기 후반에 들어 총독부의 지시를 받아 군이 개량서당을 간이학교로 전화해 나간 것도 어쩌면 자연스러울 수도 있다. 다만 학교라는 이름을 붙였을 때는 그에 걸맞게 체계를 갖추어야 했고 통제를 받았다.

근대사회 이후로도 서당이라는 이름의 교육기관은 여전히 다양한 수준을 지니고 있다. 또한 서당이라는 이름이 아니더라도 비슷하게 운영되었던 강습소·야학 등도 실제로는 같은 범주에서 묶을 수 있다. 반면 일제의 통제를 피하기 위해 학교 대신 서당의 명칭을 선택한 경우는 이름으로 서당의 범주에서 파악할 수밖에 없다. 그러나 애초 서당이 지닌 폭이 매우 넓다는 점을 이해한다면 크게 무리한 일은 아닌 듯하다.

국가 정책과 서당

국가는 서당을 어떻게 바라보았을까? 조선시대에는 국가에서 군 단위까지 향교라는 교육기관을 두었고 여기에는 일정한 학력을 가진 사람들이 들어갔다. 당시에는 국가에서 면리 단위까지 간여할 능력이 없었고 또 그럴 필요까지 느끼지 못했다. 그러다가 조선 후기에 들면서 면리까지 교육기관을 구성하려는 시도를 한두 차례 했고 지식인들이 그 방안을 제시하기도 했지만 실제 제대로 운영되지 못했다.

앞서 언급했듯이 조선 후기 서당은 수준의 폭이 넓지만 초등교육의 비중이 가장 컸다. 왜냐하면 대부분의 학동은 서당을 거치기 때문이다. 다만 서당은 사립이기 때문에 국가 또는 관의 관리를 전혀 받지 않았다. 다만 일부 수령이 서당설립에 나섰고 일부 학자가 서당을 관립으로 체계화해나갈 것을 주장했다. 만일 그런 정책이 정착되었다면 오늘날 서당이 교육체계 속에 더욱 깊숙이 들어왔을 수도 있었다.

근대에 들면서 국가가 체계적으로 인적자원을 관리하고 또 좀 더 어린 나이부터 포괄할 필요성을 느꼈다. 국가는 차츰 학교를 세우거나 서당을 개량하려는 정책을 시도했다. 기존의 서당의 규모, 교육방식, 교육내용으로는 국민교육이 어려웠기 때문이다.

한말과 일제강점기로 가면서 서당의 변화는 더욱 커졌다. 근대화와 더불어 정부도 근대교육정책을 수용하려 했지만, 서당은 이런 체제 속에서 제외되었다. 〈흥학훈령〉 등 전통교육을 개선하고 체계화하려는 노력이 있었고, 그 속에서 서당까지 포괄하는 교육체계를 구상하기도 했으나 넓게 시행되기는 어려웠다. 통감부 시기에 들면서 서당에 관한 〈훈령(〈서당 관리에 관한 건〉(1908))〉을 내려 서당을 일시에 폐지하면 수많은 아동이 공부하는 길을 잃기 때문에 신식으로 개량하게했다. 지방관들도 사립학교를 설립 운영하면서 서당에 대해서는 폐지하거나 개량을 했다. '폐사입공廢私立公'이라고 했듯이 공립으로 학교를 세우는 데 중점을 두었다. 때로 서당에 사립학교라는 이름만 붙인경우도 있을 정도였다.

일제강점기에 들어서서 〈조선교육령〉을 중심으로 근대교육체계를다시 형성했고, 이에 따라 보통학교를 설치해 초등교육을 전임하게했다. 서당에 대해서는 〈서당에 관한 주의의 건〉(1911)에서 보듯이 어쩔 수 없이 두면서 개량하려고 했다. 그러나 식민교육에 대해 저항하면서 보통학교는 거부했는데, 이로써 한때 서당이 초등교육의 대세를점했다. 이는 교육체계 밖의 교육이었다. 그러나 곧 근대교육의 필요성을 느끼고 보통학교로 이동하자 보통학교는 점차 초등교육을 장악하게 되었다.

1918년 〈서당규칙〉이 제정된 것은 '서당의 정의를 내려 그 지도계몽의 방도를 표시'하고자 했듯이[2] 서당을 구체적으로 어떻게 관리할것인가에 대한 기본 틀을 세우려 한 것으로 보인다. 때로 탄압으로 비치고 때로 인정하는 것처럼 보이는 것은 그들 입장에서 조금씩 차이가 있었기 때문이다. 1910년대에 개량서당에 대해 총독부는 일본어

보급 수단으로 더 의미를 두었을 수 있다. 따라서 서당의 체계나 요건에 대해서는 직접 통제하지 않았다. 그러나 대체로는 서당은 폐지되어야 할 존재로 생각했다.

반면 1929년 〈서당규칙〉 개정에서 비롯된 1930년대 총독부의 서당정책은 방임 중심에서 통제를 거쳐 적극 활용으로 바뀌어나갔다. 1930년대 개량서당은 초등교육, 곧 보통학교를 대신하는 역할을 했던 것으로 보인다. 이 시기에 들면 초등학교 의무교육이 거의 상식이된 상황이었기에 초등교육 기회의 실질적인 확충이 필요했다. 자신들의 기준에 따라 활용하거나 기준에 맞지 않으면 심한 통제를 했다. 이를테면 몇 년이나 유지되던 서당을 돌연 폐쇄한 경우도 있었다. 한편으로는 경비를 자체적으로 마련하기 때문에 허용하는 측면도 있지않았을까 한다. 다만 보통학교와는 달리 힘이 약하기 때문에 학부모연합회와 같은 조직은 만들지 못한 듯하다. 반면 진흥회·군청 등 관이나 관변에서 서당을 만들려고 참여하기도 했다. 아무튼 총독부는적극적으로 서당을 개량해 간이직업교육기관으로 활용했고 이는 결국 간이학교와 연결되었다. 이처럼 폐지보다는 교육기관으로 활용하는 데 초점을 맞춘 것은 일단 상당히 개량되었다는 점과 한편으로는침략전쟁기 대중교육의 필요성 때문에 더 적극적으로 활용했다고 보인다.

큰 흐름을 보자면 일제강점기 1918년 〈서당규칙〉 발포 이래 꾸준히 진보해 1922년까지 수가 늘어났다가 그뒤 감소했지만 1933년 이후 재차 증가하는 경향을 보였다. 1938년 당시 서당 수 5681개, 교원 수 6211명, 학생 수 17만 2786명으로 평안북도·함경남도·황해도·평안남도 일대에 제일 많았다. 특히 북부 지역의 특성이 있으리라 생각한다. 함경남도의 경우 '글 기근 함경남도' '문맹지옥 함경남도'라고 하면서 '불타는 문보열文普熱, 곧 문자보급율과도 연결지었다. 실제 북부 지방은 행정단위에서 체계적으로 또는 적극적으로 개량서당을 설치한 모습을 찾아볼 수 있다. 가령 한 신문에서 "함남의 초등교육에 획시대적인 기획"이라고 하면서 적극적인 서당개선을 통해 주목할 만한 성과를 거두었다고 했다.[3] 이렇게 격증한 서당에 대해 총독부 학무국은 적극적으로 보호 조장했다. 개량서당 가운데에도 수준이 달라서 모범서당 등으로 구분되기도 했다.

1930년대 이후로는 대륙침략을 위한 농촌총동원에 활용하기 위해 서당을 대개혁해 개량서당의 상당수를 간이학교로 만들어서 부족한 교육기관을 직접 메우는 방향으로 나아갔다. 한편 지속적으로 시행했던 서당교사강습회 등은 서당에 대한 통제의 장치이기도 했다. 반면 전통서당은 이 같은 교육체계와는 별도로 일제 말까지도 상당수 남아 있었다.

서당의 사회적 기능

조선시대 서당은 유교의 보급과 함께 과거의 단계적 공부를 통해 관직으로 나아가는 길을 추구하는 데 어느 정도 기여를 했다. 기본적으로 서당은 유교경전을 공부하고 내면화함으로써 유교정치를 실현하는 데 실핏줄 역할을 하면서도 공부하는 곳으로 끝나지 않았으며 지역공동체의 중심 역할을 했다. 따라서 공동체에서 함께 비용을 마련하고 계를 통해 운영했다.

조선 후기에 들면 평민·중인들도 사회·욕망의 중심지로서 서당을 주목했다. 이들은 생활에 필요한 문서를 작성하기 위한 기본적인 지식을 습득하기 위해서도 필요했다. 이들도 개별적으로 참여할 수도 있었고 별도로 서당을 만들어 운영하기도 했다. 따라서 단순히 교육만이 아니라 신분을 대신하는 구심점 역할을 했다.

특히 한말과 일제강점기에 이런 역할이 더 심화되기도 했다. 변화하는 사회에서 교육의 역할이 컸다. 물론 변화를 위험하게 생각하면서 변화에 맞서 기존 사회를 지켜내기 위한 역할도 있을 수 있다. 그러나 점차 변화를 당연시하면서 이에 맞추어 적응해 내기 위해 교육을 활용했다. 물론 이 시기에 들면 보통학교의 역할이 매우 커지고 중심적 역할을 했다.

전체적으로 본다면 초등교육은 보통학교가 주된 정책과 조선 주민들이 대응했던 중심이었고 서당은 주변이라고 하겠다. 보통학교를 세울 수 없거나 이용하기가 불편한 지역과 계층은 서당이나 개량서당을 활용해 그 역할을 맡겼다. 그리고 이 시기의 서당은 개량서당에 더 초점이 맞춰졌다. 그런데 개량서당이라고 부르기도 하지만 서당이라는 용어 속에 포괄되기도 한다. 개량서당이라고 부르더라도 이 속에는 설립의 목적과 수준이 담겨 있지 않았다.

개량서당도 초기에는 서당이 근대교육을 활용하면서 개량되는 점에 초점을 맞추었다면, 점차 보통교육이 확대되어나가지만 보통학교가 충분히 담당하지 못하는 상황에서 지역의 의무교육을 담당하는 역할이 강화되었다. 이를테면 개량서당이 지역에서 학교를 가지 못하는 아동들을 위한 교육기관으로서 위상을 지니기도 했다. 이를테면 마을 중심지에 공회당 등의 건물과 함께 개량서당이 세워졌다는 글도 있는데, 곧 개량서당은 지역의 공공사업이라는 인식 기반이 형성되어 지역교육공동체로서 자리 잡았다.

일제의 침략전쟁 과정에서 관제농민운동인 농촌진흥운동 시기에는 진흥서당이라는 이름으로 활용했다. 개량서당이 지닌 지역에서의 기능을 관제운동의 차원에서 역할을 하게끔 시도한 것이었다.

개량서당과 사립학교의 경계는 무엇일까? 어쩌면 조선시대로 본다면 서당이 곧 사립학교였다. 어쩌면 개량서당과 사립학교를 명확하게 구분한다는 것은 무리라고 하겠다.

실제 개량서당은 한문보다 일본어·산술 등 새로운 교과를 중심으로 가르쳤고, 수업방식도 이전처럼 개인별 수업이 아니라 보통학교와 마찬가지로 시간 단위로 교사 한 사람이 다수의 학생에게 통일된 내용을 전달하는 집단적 수업방식을 이용했다. 이런 점에서 이미 근대 교육기관으로 변모했다고 하겠다. 또한 당시 서당의 운영은 교사 1명이 책임을 졌다. 따라서 신식 교사가 들어오면 한문보다 실제로 새로운 교과를 중심으로 교육될 수밖에 없었다. 이런 점에서 신식 과목 교사와 한문 교사를 따로 두는 사립학교보다 더 근대교육 중심의 방식을 취할 수도 있었다.

한말 일제강점기 서당에 관한 사료에 서울 지역의 서당 이야기는 많이 나타나지 않는다. 근대교육기관이 서울 중심으로 집중되고 서당은 지방의 교육기관, 그것도 보통학교가 중심이라면 주변부로서 자리매김하는 정도였다.

서당이라는 이름의 교육기관에 대해 오랜 기간을 살펴보았다. 일제강점기 개량서당의 실제 모습은 전통서당과는 상당히 달랐다고 하겠다. 그러나 주민이 참여해 공동체적인 교육 행위를 이끌어간 것은 과거 전통에서 계속된 것은 아닐까 한다.

아니면 자주적이고 공동체적인 주민 교육 행위의 표출이라는 점에서 본다면 전통서당의 운영방식은 조금 형태를 달리해서 사립학교·보통학교 등으로 이어져간 것은 아닐까 한다. 실제 운영 상황을 두고 본다면 개량서당과 사립학교, 간이학교와는 거리가 멀지 않다고 하겠다.

식민지지배를 받았다는 점과, 특히 1930년대 침략전쟁기라는 점에서 반일운동과 관련해서 서당의 역할에 대해 관심을 가질 수 있다. 따라서 서당의 경우 일반적이지는 않지만 지역에서 근거지 역할을 하기도 했다. 서당교사들이 조직을 하거나 운동조직에서 서당을 이용하려는 움직임도 있었다. 대표적인 것이 광주·전라남도 사례였다.

일제강점기 지식인 윤치호는 "조선왕조 치하에서는 수천 명에 지나지 않는 양반들만이 글방에서 아무짝에도 쓸모없는 한서를 배웠다"라고 했다.[4] 윤치호는 옛 서당교육은 나룻배와 오솔길이고 총독부의 근대교육은 다리와 신작로라고 비교했다. 그런데 과연 조선시대에는 소수의 양반만이 서당에서 공부를 했는지? 그리고 아무짝에도 쓸모없는 글이었는지? 서당은 윤치호가 말했듯이 일부 양반 자제만이 걸은 '오솔길'은 아니었다. 초기에는 그랬을지 몰라도 조선 후기에는 이미 많은 학동이 함께 걸으면서 제법 '큰 길'이 되었다. 한말을 거쳐 일제강점기가 되어 신작로가 뚫리면서 옛길이 되고 상대적으로 덜 찾는 길이 되고 말았지만 그래도 길은 길이었다. 오히려 길에서 완전히 밀려난 건 지금이 아닐까?

머리말

1 《맹자》〈양혜왕〉에 나오는 "獨樂樂과 與人樂樂이 孰樂이니잇고" "與少樂樂과 與衆樂樂이 孰樂이니잇고"를 개구리 울음소리로 비교했다.

2 《동아일보》1921년 4월 13일.

3 특히 조선 후기는 정순우·전경목, 한말은 구희진·김태웅, 일제강점기는 박종선·오성철·노영택·강명숙·김형목 등의 연구에 도움을 많이 받았다.

1. 전통사회 서당의 여러 모습

1 정순우, 《서당의 사회사》, 태학사, 2013, 43쪽.

2 정순우, 《서당의 사회사》, 태학사, 2013, 53~55쪽.

3 정순우, 《서당의 사회사》, 태학사, 2013, 91~96쪽.

4 오수경, 〈청계 김진의 선비의식과 서당교육〉, 《퇴계학》7, 1995, 46쪽.

5 정순우, 《서당의 사회사》, 태학사, 2013, 111~118쪽.

6 채광식, 〈하곡서당 사적고〉, 《상주문화연구》13, 2004, 146~147쪽.

7 강경모, 〈상주의 서당교육고찰〉, 《상주문화연구》12, 2002, 104쪽.

8 홍사철, 〈양동의 서당에 관한 연구〉, 《경주문화》8, 2002, 311~313쪽.

9 이타가키 류타 저, 홍종욱·이대화 역, 《한국 근대의 역사민속지》, 혜안, 2015, 81~83쪽. 신잠은 상주에 오기 전 부임지 태인에서도 서당을 세웠다고 한다(강경모,

〈상주의 서당교육고찰〉, 《상주문화연구》 12, 2003, 93쪽).

10 이타가키 류타 저, 홍종욱·이대화 역, 《한국 근대의 역사민속지》, 혜안, 2015, 81~83쪽.

11 정약용 저, 다산연구소 역주, 〈예전육조 흥학조〉, 《역주목민심서》, 4권, 49쪽.

12 정약용 저, 다산연구소 역주, 〈예전육조 흥학조〉, 《역주목민심서》, 4권, 56쪽.

13 오수경, 〈청계 김진의 선비의식과 서당교육〉, 《퇴계학》 7, 1995, 46쪽.

14 한편 정극인丁克仁은 향교에서 교임을 맡았는데 그 뒤 중앙 관리로 발탁되었다가 말년에 낙향해서 가숙에서 학동들을 모아 글을 가르쳤다(정순우, 《서당의 사회사》, 태학사, 2013, 63쪽). 바로 연결되지는 않았지만 관학과 사학을 모두 경험한 사례다.

15 정순우, 《서당의 사회사》, 태학사, 2013, 176쪽.

16 구희진, 《한국 근대개혁기의 교육론과 교육개편》, 서울대 박사학위논문, 2004, 19~28쪽.

17 구희진, 《한국 근대개혁기의 교육론과 교육개편》, 서울대 박사학위논문, 2004, 33쪽. 한말 유학자 이승희李承熙가 서당과 관학교육기관을 연결해 초등에서 고등교육기관까지 설립하자는 구상(구희진, 《한국 근대개혁기의 교육론과 교육개편》, 서울대 박사학위논문, 2004, 75쪽)도 이와 연결될 듯하다.

18 위백규, 〈가숙학규〉, 《존재집》 권18.

19 최익한, 〈조선 문학사와 한문 문학〉, 《역사과학》 1, 1955.

20 김준형, 《조선후기 단성 사족층 연구》, 아세아문화사, 2000, 145~146, 215쪽.

21 정약용, 〈예전육조 과예조〉, 《목민심서》.

22 조규익, 《봉건시대 민중의 저항과 고발문학: 거창가》, 〈거창부폐장초居昌府弊狀草〉, 월인, 2000, 191쪽.

23 정진영, 〈섬, 풍요의 공간〉, 《고문서연구》 43, 2013, 254~256쪽.

24 유배객이 서당을 운영한 경우는 많은 듯하다. 정약전도 1807년 대흑산도 사미촌(현 신안군 흑산면 사리)으로 이주한 뒤 복성재復性齋라는 서당을 짓고 학생들을 가르쳤다고 한다(정약용 저, 다산학술문화재단 편, 《다산간찰집》, 사암, 2012, 169쪽). 모래언덕서당이라는 뜻의 사촌서당沙邨書堂이라는 정약용의 글씨가 걸려 있다.

25 홍명희의 《임꺽정》을 보면 교리 이장곤이 유배지에서 도망하면서 서당에서 밥을 얻어먹고 잠을 자는 장면이 나온다(홍명희, 《임꺽정 1》, 사계절출판사, 2014(개정판 4판),

49쪽).

26 족보나라-성씨 자료실 http://board.hometer.com/read.asp?MType=&table=h
    ometer&page=6&m_no=10&str1=&str2=

27 전경목, 〈서재 경영과 교육 활동〉, 《승총명록으로 보는 조선후기 향촌 지식인의 생활
    사》, 한국학중앙연구원 출판부, 2010, 134쪽.

28 이만규, 《조선교육사》, 거름, 1988, 179쪽. 한편 일제강점기 박달성은 간단하게 개인
    이 경영하는 독서당獨書堂과 공동이 경영하는 공동서당으로 나누었다(박달성, 〈세계
    와 공존키 위하야 교육문제를 재거하며 위선 서당개량을 절규함〉, 《개벽》 5, 1920). 훈장자영,
    유지독영은 독서당에 해당하고 나머지는 공동서당이라고 하겠다.

29 정순우, 《서당의 사회사》, 태학사, 2013, 284쪽.

30 전경목, 〈서재 경영과 교육 활동〉, 《승총명록으로 보는 조선후기 향촌 지식인의 생활
    사》, 한국학중앙연구원 출판부, 2010, 139쪽.

31 이태준, 《사상의 월야》, 깊은샘, 1988(복간본), 26~27쪽.

32 정순우, 《서당의 사회사》, 태학사, 2013, 309~310쪽.

33 정순우, 《서당의 사회사》, 태학사, 2013, 226~231쪽. 문중에서 '고산서당수호절목'
    까지 만들어서 교육에 대한 관심을 보여주었다.

34 정순우, 《서당의 사회사》, 태학사, 2013, 227~231쪽.

35 이연숙, 〈동족마을의 서당 설립과 근대적 변화〉, 《조선시대사학보》 37, 2006, 118~
    128쪽.

36 뒤 시기 송동재가 보유했던 교재가 주로 사서, 오경, 《강목》·《통감》, 당시, 중국 역사
    서 등이어서 초보 단계의 《천자문》·《동몽선습》, 사략 등이 없는 점으로 볼 때 초등 서
    당은 아니었다고 볼 수 있다.

37 정약용 저, 다산연구회 역, 《목민심서》〈공전육조 천택조〉 5책, 221쪽.

38 옥영정 외 저, 《승총명록으로 보는 조선후기 향촌 지식인의 생활사》, 한국학중앙연구
    원 출판부, 141쪽.

39 김홍식, 《세상에서 가장 재미있는 소리·판》 어젠다, 2103, 119쪽.

40 《추안급국안》 165책, 5월 20일.

41 심지연, 《역사는 남북을 묻지 않는다》, 소나무, 2001, 56쪽.

42 〈大丘訓長原情〉, 《相思洞記》(정순우, 〈조선조 교사와 훈장의 삶〉, 규장각한국연구원 편,

《조선 전문가의 일생》, 글항아리, 2010, 18~21쪽에 자세히 소개되었다).

43 이영춘, 《강정일당》, 가람기획, 2002, 18쪽.

44 이경민, 〈천수경조〉, 《희조일사》.

45 이상수, 《어당집》 권17 〈습료편〉.

46 김병연 저, 이명우 편, 《김삿갓 시집》, 집문당, 2000, 188쪽.

47 정약용, 〈예전육조 과예조〉, 《목민심서》.

48 "또한 촌 백성들은 법례도 모르고 문자도 모르므로 혹 촌 서당의 훈장이 그 소장을 대신 꾸미게 되는데, 이들은 도도평장의 형편이니 어찌 이문吏文을 알 것인가?"(정약용 저, 다산연구회 역, 《목민심서》〈형전육조 청송조(상)〉, 4책, 249쪽).

49 이옥 저, 실시학사 고전문학연구회 편역, 《이옥전집 2》, 휴머니스트, 2009, 129~130쪽.

50 김병연 저, 이명우 편, 《김삿갓 시집》, 집문당, 2000, 91쪽.

51 장신강, 《농재잡사》, 〈자탄사〉. 문장은 필자가 약간 손질했으며, 연무기에 대한 한자어 또한 필자의 추정이다. 윤병용, 《농재 장신강의 가사문학연구》, 서울대 석사학위논문, 2015에서 《농재잡사》의 문학사적 가치를 잘 설명했다.

52 김병연 저, 〈훈계훈장〉, 이명우 편, 《김삿갓 시집》, 집문당, 2000, 85쪽.

53 《추안급국안》 165책.

54 《추안급국안》 191책.

55 정순우, 《서당의 사회사》, 태학사, 2013, 281~285쪽. 낙산시사는 숙종 때 임준원林俊元이 중심이 된 문인들의 모임을 가리킨다. 한국민족문화대백과사전http://100.daum.net/encyclopedia/view/14XXE0011586.

56 정진영, 〈섬, 풍요의 공간〉, 《고문서연구》 43, 2013, 254쪽.

57 김경천 저, 이대형·이미라·박상석 역주, 《손와만록》, 서울대학교 출판문화원, 2015(전경목, 〈조선후기에 서당 학동들이 읽은 탄원서〉, 《고문서연구》 48, 2016, 261쪽 재인용).

58 정진영, 〈섬, 풍요의 공간〉, 《고문서연구》 43, 2013, 255쪽. 10여 명이라고 했으나 10명이 되지 못하는 경우도 적지 않은 듯해서 표현을 약간 바꾸었다.

59 절일제는 정월 7일(8일제), 3월 3일(삼일제), 7월 7일(칠석제), 9월 9일(구일제) 등이다.

60 《논어》, 〈학이〉.

61　단어 구절을 점이나 부호 등으로 표시하는 방법을 말한다.

62　정순우, 《서당의 사회사》, 태학사, 2013, 73쪽.

63　김병연 저, 이명우 편, 《김삿갓 시집》, 집문당, 2000, 91쪽.

64　당나라 때 형성된 율시와 절구의 통칭으로, 구수句數·자수字數와 평측平仄·용운用韻 등에 비교적 엄격한 규정이 있다.

65　전경목, 〈조선후기에 서당 학동들이 읽은 탄원서〉, 《고문서연구》 48, 2016, 266쪽.

66　전경목, 〈서당학동이 읽은 필사본 '용례집'의 내용과 특징〉, 《한국고전연구》 34, 2016, 281쪽.

67　전경목, 〈서당학동이 읽은 필사본 '용례집'의 내용과 특징〉, 《한국고전연구》 34, 2016, 318쪽.

68　정순우, 《서당의 사회사》, 태학사, 2013, 169~171쪽.

69　정순우, 《서당의 사회사》, 태학사, 2013, 194~196쪽.

70　최근 연구에서는 〈서당도〉가 김홍도 작품이 아니라 모본이라고 보고 있다(강관식, 《《단원풍속도첩》의 작가비정과 의미 해석의 양식사적 재검토〉, 《미술사학보》 39, 2012, 173쪽).

2. 밀려오는 근대, 바뀌는 서당

1　구희진, 《한국 근대개혁기의 교육론과 교육개편》, 서울대 박사학위논문, 2004, 42~46쪽.

2　위영, 〈제3장 근대의 배움과 가르침〉, 국사편찬위원회 편, 《배움과 가르침의 끝없는 열정》, 두산동아, 2005, 223~224쪽.

3　《한성순보》 1884년 2월 21일(음), 〈각국학업소동〉, 〈학교〉.

4　《한성순보》 1884년 7월 11일(음), 〈태서각국소학교〉; 《한성주보》 1885년 12월 21일(음), 12월 28일(음), 1886년 1월 12일(음).

5　구희진, 《한국 근대개혁기의 교육론과 교육개편》, 서울대 박사학위논문, 2004, 65쪽.

6　위영, 〈제3장 근대의 배움과 가르침〉, 국사편찬위원회 편, 《배움과 가르침의 끝없는 열정》, 두산동아, 2005, 235쪽.

7 국사편찬위원회 편, 《개화기의 교육》, 국사편찬위원회, 2011, 53쪽.

8 오횡묵, 《지도군총쇄록》 1896년 9월(구희진, 《한국 근대개혁기의 교육론과 교육개편》, 서울대 박사학위논문, 2004, 139쪽). 오횡묵은 1887년 정선 군수 당시 고을 내 서당, 서재와 훈장, 재장을 관에서 인정하고 공적권위를 부여했다. 이는 사적인 교육활동을 공적인 교육체계로 포섭하는 시도로 파악할 수 있다(박수정, 〈조선후기 수령 오횡묵의 교육행정 활동 분석〉, 《교육행정학연구》 26, 2008, 148쪽). 그는 그 뒤 경상도 자인현, 함안군, 고성부 등에서 수령으로 나아가서도 서당에 대해 이렇게 적극적으로 활동했다.

9 《황성신문》 1899년 2월 18일.

10 구희진, 《한국 근대개혁기의 교육론과 교육개편》, 서울대 박사학위논문, 2004, 176쪽.

11 《황성신문》 1899년 1월 16일.

12 위영, 〈3장 근대의 배움과 가르침〉, 국사편찬위원회 편, 《배움과 가르침의 끝없는 열정》, 두산동아, 2005, 244쪽.

13 구희진, 《한국 근대개혁기의 교육론과 교육개편》, 서울대 박사학위논문, 2004, 204쪽.

14 구희진, 《한국 근대개혁기의 교육론과 교육개편》, 서울대 박사학위논문, 2004, 253쪽.

15 구희진, 《한국 근대개혁기의 교육론과 교육개편》, 서울대 박사학위논문, 2004, 224쪽.

16 《황성신문》 1902년 12월 9~12일.

17 구희진, 《한국 근대개혁기의 교육론과 교육개편》, 서울대 박사학위논문, 2004, 272쪽.

18 국사편찬위원회 편, 《배움과 가르침의 끝없는 열정》, 두산동아, 2005, 250쪽.

19 《관보》 1980년 9월 1일(국사편찬위원회 편, 《개화기의 교육》, 국사편찬위원회, 2011, 347~350쪽). "이미 7월에 학부 고등관들이 작일 회동해 사립학교에 보조금 지발할 일과 사숙에 시행할 조건을 논의했으며"(《대한매일신보》 1908년 7월 4일), "곧이어 학부에서 규정한 각 사숙의 실시할 규칙을 일간 관보에 반포한다고 했다"(《대한매일신보》 1908년 7월 8일).

20 《관보》 1980년 9월 1일(국사편찬위원회 편, 《개화기의 교육》, 국사편찬위원회, 2011,

350~353쪽).

21 국사편찬위원회 편,《개화기의 교육》, 국사편찬위원회, 2011, 349쪽.

22 《관보》1980년 9월 1일(국사편찬위원회 편,《개화기의 교육》, 국사편찬위원회, 2011, 363~364쪽). 이와 함께 〈사숙규칙〉이 만들어진 듯하다(《대한매일신보》1908년 8월 29일, '각 사숙에 대하여 학부에서 규칙을 제정하여 부령으로 반포한다는데…').

23 《관보》1980년 9월 1일에는 국한문으로 실렸고,《대한매일신보》1908년 9월 13일자에 국문으로 실렸다. 〈서당통칙〉(《황성신문》1908년 8월 29일)은 이 내용의 일부로 보인다.

24 이 사진들은 1911년 총독부 시정엽서에서도 똑같이 활용되고 있다(권행가 저, 〈일제시대 관광엽서와 기생 이미지〉, 김영나 편,《한국근대미술과 시각문화》, 조형교육, 2002, 323쪽).

25 계봉우, 〈학교의 폐해〉,《태극학보》26, 1908.

26 김형목, 〈대한제국기 강화지역의 사립학교설립운동〉,《한국독립운동사연구》24, 2005, 15쪽.

27 《황성신문》1906년 3월 21일.

28 《황성신문》1906년 6월 20일.

29 《대한매일신보》1907년 8월 4일.

30 《황성신문》1908년 3월 17일.

31 《황성신문》1908년 11월 20일.

32 《황성신문》1906년 6월 19일.

33 《황성신문》1908년 11월 10일.

34 《황성신문》1910년 1월 12일.

35 《황성신문》1908년 4월 30일.

36 《황성신문》1908년 6월 4일.

37 《대한매일신보》1908년 6월 27일, 28일.

38 《황성신문》1908년 7월 3일.

39 《동아일보》1927년 6월 15일.

40 《동아일보》1927년 6월 28일.

41 《대한매일신보》1908년 7월 2일.

42 《황성신문》1908년 4월 30일. 반대로 이와 같은 분위기에 반발해 학교를 폐지하고 사

숙을 확장하려는 노력도 있었다. 아마도 종교적인 분위기(태극교종) 때문으로 보이는 데(《황성신문》 1910년 3월 22일), 일반적인 상황은 아니었다.

43 《대한매일신보》 1908년 8월 16일.

44 《황성신문》 1899년 4월 18일.

45 사도세자와 경빈 박씨 소생인 은전군恩全君 이찬李禶의 양손자였던 완평군完平君 이승응李昇應의 집안을 가리킴.

46 《대한매일신보》 1908년 5월 8일.

47 《매일신보》 1914년 11월 8일.

48 《황성신문》 1907년 5월 8일.

49 《황성신문》 1907년 10월 11일.

50 《황성신문》 1909년 7월 20일.

51 《대한매일신보》 1910년 5월 6일. 당시 남양군에는 서여제면의 홍대필洪大必이 설립한 사숙에 70여 명, 서면 장외동의 정태환鄭台煥이 설립한 사숙에 100여 명, 오산리 유지들이 설립한 사숙에는 50여 명, 쌍부 한각리의 최정래崔正來가 설립한 사숙에서 30여 명이 각각 교수를 받았다고 하는데(화성시사편찬위원회, 《화성시사》, 2006), 모두 개량서당으로 보인다.

52 《황성신문》 1909년 11월 13일.

53 한국민족문화백과사전 http://encykorea.aks.ac.kr/Contents/Index?contents_id=E0048245

54 《동아일보》 1934년 3월 30일.

55 대구대교구사 편찬위원회, 《대구본당 100년사 1886-1986》, 대건출판사, 1986, 213쪽. 해성학교는 1930년 폐교되었다.

56 김형목, 《교육운동》, 독립기념관 한국독립운동사연구소, 2009, 41쪽.

57 《대한매일신보》 1908년 9월 16일.

58 최명환, 〈20년 전 한국학계 이야기 …〉, 《별건곤》 2-3, 1927.

59 박인덕, 〈사진자전, 파란 많은 나의 반생〉, 《삼천리》 10-11, 1938.

60 《황성신문》 1905년 6월 1일.

61 《황성신문》 1907년 12월 19일.

62 계봉우, 〈학교의 폐해〉, 《태극학보》 26, 1908.

63 《대한매일신보》1908년 12월 20일.

64 《대한매일신보》1910년 5월 7일.

65 정선문화원 편, 이명래 역, 《정선총쇄록》, 정선문화원, 2002, 67, 97~99쪽.

66 정진영, 〈서평: 정순우, 《서당의 사회사−서당으로 읽는 조선교육의 흐름》(서울: 태학 사, 2012), 506쪽〉, 《역사학보》 218, 2013, 514쪽.

67 엘리자베스 키스, 엘스펫 K. 로버트슨 스콧 저, 송영달 역, 《코리아: 1920-1940》, 책 과 함께, 2006, 58쪽.

68 혼마 규스케 저, 최혜주 역주, 《조선잡기》, 김영사, 2008. 1894년 일본 《이륙신보二六 新報》에 연재하고 곧바로 간행한 책을 번역했다.

69 박현순 외, 《코리안의 일상》, 청년사, 2009, 313쪽.

70 진성이씨 우포파 http://cafe.daum.net/lhl0775/SS1r/15

71 김구 저, 도진순 주해, 《백범 김구 자서전 백범일지》, 돌베개, 1997, 30~37쪽.

72 훈장 전봉준에 대해서는 별도의 논문을 작성한 적이 있는데 여기서는 그 내용을 다듬 어서 활용했다. 송찬섭, 〈농민전쟁기 훈장과 학동의 일상〉, 《역사연구》 25, 2013.

73 《전봉준공초》.

74 박문규, 《석남역사》, 1951(박명규, 〈자료소개〉, 《한국학보》 19-2, 1993). 이하 박문규에 대한 이야기는 모두 이 책에 근거했다.

75 菊池謙讓, 《近代朝鮮史》 下, 1937, 216쪽(조경달 저, 허영란 역 《민중과 유토피아》 역사 비평사, 2009, 116쪽).

76 《전봉준공초》.

77 平山勝敏, 〈東學運動의 史的考察〉, 《半島史話와 樂土滿洲》, 1943, 590쪽.

78 平山勝敏, 〈東學運動의 史的考察〉, 《半島史話와 樂土滿洲》, 1943, 590쪽.

79 박문규, 《석남역사》, 1951

80 거창군사편찬위원회, 《거창군사》, 거창군, 1997, 961쪽.

81 한국정신문화연구원 편, 《지운 김철수》, 한국정신문화연구원, 1999, 115·170쪽.

82 허근욱, 《허헌》, 지혜내, 2001, 21쪽.

83 《대한매일신보》1907년 3월 20일. 이때 액수는 신화新貨였다.

84 《대한매일신보》1907년 4월 14일.

85 강명숙, 《사립학교의 기원》, 학이시습, 2015, 175쪽.

86 강명숙, 《사립학교의 기원》, 학이시습, 2015, 170~173쪽, 〈표 6-3〉 사립 각종 학교 교원구성의 실태 참조.

87 허근욱, 《민족주의자 허헌》, 지혜내, 2001

88 김구 저, 도진순 주해, 《백범 김구 자서전 백범일지》, 돌베개, 1997, 30~34쪽.

89 전경목, 〈조선후기 학동들의 탄원서 학습〉, 《전북사학》 49, 2016.

90 박문규, 《석남역사》, 1951.

91 菊池謙讓, 《근대조선사》 하, 1937, 216쪽(조경달 저, 허영란 역 《민중과 유토피아》 역사비평사, 2009, 116쪽).

92 平山勝敏, 〈東學運動의 史的 考察〉, 《半島史話와 樂土滿洲》, 1943, 590쪽.

93 이 해 영남과 호남에 큰 흉년이 들었다고 한다(《비변사등록》 고종 25년 9월 22일).

94 중국 송나라 때에 소미 선생 강지江贄가 사마광의 《자치통감》을 요약한 책으로 《천자문》, 《동몽선습》 등을 거쳐 초학 교재로 사용했다. 정확한 책명은 《소미가숙통감절요少微家塾通鑑節要》다.

95 평안북도 선천군의 김창곤金昌坤도 1853년 8월 수청면 안산리 인남재, 1859년 9월 수청면 가물리 수남재, 1862년 수청면 안산리 하림재로 옮겨 다니면서 공부를 했다(강명숙, 《사립학교의 기원》, 학이시습, 2015, 175쪽). 이 또한 수준에 따른 이동으로 판단되며 그런 점에서 요즘의 초등학교, 중학교, 고등학교 수준으로 비교할 수 있다.

96 19세기 말에 작성된 《호구총서戶口總書》에는 마고리 승연리 구성리 전천리 토고리 산치리 등이 있었다.

97 정순우, 《서당의 사회사》, 태학사, 2013, 194~196쪽.

98 이연숙, 〈동족마을의 서당 설립과 근대적 변화〉, 《조선시대사학보》 37, 2006.

99 오횡묵은 이숙에 대한 관의 적극적인 관리와 감독이 필요함을 역설하면서 성적을 평가하게 했는데 〈그림 15〉와 비슷하다. "각 이숙의 학도가 관동에 상관없이 성명과 그 연기年紀를 기록하고 성책해 보고하게 하라. 또한 하나는 모든 서재의 벽에 걸어 매일매일 청강한 사람의 등수를 통, 약, 조, 불로 표시하고 또한 고과한 결과를 상지상上之上부터 삼하三下까지 그 사람의 이름 밑에 기록하고 매월 말에 최우등자를 보고해오면 친히 시험해 보고 시상할 것이니 이를 잘 알아서 준행하게 하라"(《지도군총쇄록》 1896년 7월 3일(정순우, 《서당의 사회사》, 태학사, 2013, 453쪽 재인용).

100 《동아일보》 1930년 4월 2일.

101 이윤재, 〈납량잡담, 나의 가장 통쾌했던 일〉, 《동광》 16, 1927. 이 글에서 서당을 회고
하면서 '선생님'이라는 표현을 쓰는데 한말 학교가 만들어지면서 서당의 훈장에 대해
서도 선생이라는 표현을 썼거나 아니면 뒷날 회고하기 때문에 이런 표현이 자연스럽
게 나오는 것일 수도 있다. 다른 글에서도 '서당의 선생'이라는 표현이 나온다(곡산에
서 외별, 〈나날이 잘못 되어가는 시골, 그립든 시골을 대하고서〉, 《개벽》 39, 1923).

102 《월간중앙》, 1978, 1월호 별책부록(노영택, 《일제하 민족교육운동사》, 탐구당, 1979, 125쪽
재인용).

103 《동몽선습》(人之於世最貴者以其人倫也君臣父子人倫之大者 君仁臣直父慈子孝然後乃成
家國能逮無 彊之福).

3. 식민지 서당, 활로를 찾아 나서다

1 조동걸, 《한국계몽주의와 민족교육》, 역사공간, 2010, 146~148쪽.

2 隈本繁吉, 〈敎化意見書〉, 35~40쪽(강명숙, 《사립학교의 기원》, 학이시습, 2015,
26~27쪽 재인용).

3 오성철, 《식민지 초등교육의 형성》, 교육과학사, 2000, 2쪽.

4 《조선총독부관보》 1913년 6월 4일.

5 강명숙, 《사립학교의 기원》, 학이시습, 2015, 36쪽.

6 《조선총독부관보》 1913년 5월 20일.

7 《조선총독부관보》 1913년 6월 4일.

8 오성철, 《식민지 초등교육의 형성》, 교육과학사, 2000, 22쪽.

9 《매일신보》 1913년 9월 24일.

10 《동아일보》 1921년 4월 3일.

11 《동아일보》 1921년 4월 8일.

12 《동아일보》 1923년 3월 4일.

13 오성철, 《식민지 초등교육의 형성》, 교육과학사, 2000, 142쪽 〈표 4-11〉.

14 1920년도 보통학교 학생 입학자 전체 3만 6998명 가운데 2만 4238명(65.5퍼센트)이
서당을 경유한 학생이었다(《조선총독부관보》 1920년 11월 10일).

15 〈서당에 관한 주의의 건〉.

16 《매일신보》 1911년 8월 27일, 〈잡보〉.

17 서당을 가리킴. 학부 편, 《한국교육》, 학부, 1909. 3월에도 '서방 또는 서당이 있'다고
    적었다(국사편찬위원회 편, 《개화기의 교육》, 국사편찬위원회, 2011, 200쪽).

18 《매일신보》 1913년 9월 24일.

19 《조선총독부관보》 1917년 12월 31일.

20 《매일신보》 1917년 2월 20일.

21 《매일신보》 1916년 5월 31일.

22 《매일신보》 1918년 2월 21일.

23 도지사의 감독하에서 섬의 행정 사무를 맡아보던 지방관. 일제 강점기에서는 도 아래
    지방행정기구로서 부, 군이 있었으나 1915년부터 道島가 포함되었다(4월 30일, 지방
    관관제 개정, 〈칙령 66호〉).

24 〈서당규칙〉(《조선총독부령 18호》)

    1조 서당을 개설한 때는 각호를 구해 부윤, 군수 또는 도사에게 계출해야 한다.

        1. 명칭, 위치

        2. 학동의 정원

        3. 교수용 서적 명

        4. 유지방법

        5. 개설자, 교사의 씨명 및 이력서

        6. 한문 외 특히 일본어, 산술 등을 교수할 때는 기 사항

        7. 계절을 정하고 수업하는 것에 대해서는 기 계절

            전항 각호를 변경한 때는 부윤, 군수 또는 도사에게 계출함이 가함. 단 개설자,
            교사 변경의 계출에 대하여는 이력서를 제출해야 한다.

    2조 서당을 폐지한 때는 개설자가 지체 없이 차를 부윤, 군수 또는 도사에게 계출해야
        한다.

    3조 서당 명칭에는 학교와 유사한 문자를 사용함을 부득함. 서당은 명칭을 표기한 표
        찰을 보기 쉬운 장소에 걸어두어야 한다.

    4조 금고 이상의 형에 피처한 자 또는 성행이 불량한 자는 서당 개설자 또는 교사가
        됨을 부득함.

5조 다음의 경우에 도장관은 서당의 폐쇄 또는 교사의 변경 기타 필요한 조치를 취할
    수 있음.
1. 법령규정에 위반한 때
2. 공안을 해하며 또는 교육상 유해하므로 인한 때
6조 서당은 특별한 규정이 있는 경우를 제외하고 부윤, 군수 또는 도사의 감독에 속
    한다.

부칙
본령은 발포일부터 이를 시행한다.
본령시행지제에 존재한 서당은 본령시행일로부터 6월 내로 1조의 사항을 부윤, 군수
또는 도사에게 계출해야 한다.

《조선총독부관보》 1918년 2월 21일.

25 노영택, 《일제하 민중교육운동사》, 탐구당, 1979, 85쪽.
26 〈훈령 제9호 서당규칙 발포에 관한 건〉 1918년 2월.
27 《매일신보》 1918년 2월 22일.
28 박현순 외, 《코리안의 일상》, 청년사, 2009, 36쪽.
29 강명숙 외, 《침탈 그리고 전쟁》, 청년사, 2009, 257쪽. 한편 이 사진이 비슷한 시기 다
     른 신문, 이를테면 *The illustrated london Newsion*(1894년 8월 18일)에도 실린 것을
     보면 일본인 사진사 작품이 외국의 여러 신문에 유포된 것으로 볼 수 있다.
30 '릭린'라고 쓰였는데 무슨 의미인지 알 수 없다(《매일신보》 1918년 2월 22일) 새 법령이
     '도래渡來'했다는 의미를 어설프게 '래래來來'로 표기한 오기는 아닐까 한다.
31 비교되는 사례가 박인덕(1896~1980)이 1903~1904년경 아버지가 돌아가시고 공부
     를 하려고 해도 다닐 만한 학교가 없어서 외가의 일가 오라버니 되는 분이 훈장을 하
     는 서당에 남복을 입고 두 해 동안 글을 배웠다고 한다(박인덕, 〈사진자전, 파란 많은 나
     의 반생〉, 《삼천리》 10-11, 1938).
32 《매일신보》 1918년 3월 9일.
33 1919년 6월 2일 경기도 제일부장으로 조선총독부 사무관 스도가 임명되었다(《조선총
     독부관보》 2068호 1919년 7월 3일).
34 《동아일보》 1920년 7월 4일.
35 《동아일보》 1921년 4월 6일.

36　《동아일보》1921년 5월 4일.

37　박달성, 〈세계와 공존키 위하야 교육문제를 재거하며 위선 서당개량을 절규함〉, 《개벽》5, 1920.

38　1917년에도 전국 서당 2만 4274개, 교원 2만 4507명, 학생 26만 4835명인데, 황해도와 전라남도가 가장 번성했다(《매일신보》1917년 9월 22일).

39　《매일신보》1919년 8월 20일. 박달성의 글에 따르면 13도 299군 2516면 2만 8014개의 동리와 비교한다면 1도 1663개, 1군 98개, 1면 8개 1이 1개가 조금 못되는 숫자이고, 1개 서당에 학생 수를 10명씩 잡는다면 전체 서당 아동 수는 21만 6290명이 된다고 보았다(박달성, 〈세계와 공존키 위하야 교육문제를 재거하며 위선 서당개량을 절규함〉, 《개벽》5, 1920). 박달성은 전체 아동 수에 대한 자료를 보지 못한 듯하다.

40　《매일신보》1921년 1월 15일.

41　《동아일보》1922년 8월 17일.

42　이타가키 류타 저, 홍종욱·이대화 역, 《한국 근대의 역사민속지》, 혜안, 2015, 285쪽.

43　《매일신보》1915년 2월 17일.

44　《매일신보》1917년 1월 19일.

45　《매일신보》1917년 2월 7일.

46　《매일신보》1918년 2월 23일.

47　조동걸, 《한국계몽주의와 민족교육》, 역사공간, 2010, 157쪽,

48　강명숙, 《사립학교의 기원》, 학이시습, 2015, 53쪽.

49　《매일신보》1918년 2월 23일.

50　노영택, 《일제하 민중교육운동사》, 탐구당, 1979, 108쪽. 다만 한국사 부분을 삭제한 다음 허가를 받기도 했다(노영택, 《일제하 민중교육운동사》, 탐구당, 1979, 109쪽).

51　《매일신보》1913년 9월 24일.

52　《매일신보》1914년 4월 25일.

53　김광규, 《일제강점기 조선인 초등교원 시책연구》, 서울대 박사학위논문, 2013, 180쪽.

54　《매일신보》1912년 3월 14일.

55　《매일신보》1913년 4월 20일.

56　《매일신보》1918년 3월 9일, 12일.

57 《매일신보》 1918년 5월 19일.

58 《동아일보》 1923년 3월 10일.

59 《조선일보》 1927년 2월 11일.

60 《매일신보》 1928년 8월 12일.

61 1930년 10월 총독부의 지방관제가 개정되어 〈칙령 208호〉 조선인 교육의 실정을 시찰하고 지도감독을 하기 위해 도시학관 전임 13인을 설치했다.

62 《매일신보》 1926년 1월 25일, 2월 20일.

63 《매일신보》 1926년 2월 20일.

64 《동아일보》 1923년 5월 30일.

65 《매일신보》 1912년 1월 27일.

66 김형목, 《교육운동》, 독립기념관 한국독립운동사연구소, 2009, 25쪽.

67 1932년 기록에는 15년전 손죽리의 가장 유력자인 이병규의 후원으로 개량서당이 만들어졌다고 한다(《동아일보》 1932년 4월 3일).

68 《동아일보》 1923년 4월 3일.

69 《황성신문》 1907년 10월 11일.

70 《매일신보》 1917년 2월 7일.

71 《동아일보》 1923년 3월 16일.

72 《동아일보》 1923년 4월 25일.

73 《동아일보》 1923년 3월 16일, 4월 25일.

74 《매일신보》 1933년 3월 13일.

75 《매일신보》 1934년 1월 27일.

76 《매일신보》 1933년 11월 25일.

77 《동아일보》 1927년 10월 2일.

78 《조선일보》 1925년 3월 7일.

79 《동아일보》 1925년 4월 13일.

80 《동아일보》 1926년 7월 3일.

81 《동아일보》 1927년 7월 16일. 신익은 주익면의 한 지명으로 나중에 신익면이 되었다.

82 《중앙일보》 1932년 3월 19일.

83 《조선일보》 1925년 3월 13일.

84 《동아일보》1923년 4월 3일.

85 《동아일보》1923년 5월 30일.

86 《조선일보》1933년 12월 12일.

87 《동아일보》1927년 12월 2일.

88 《매일신보》1919년 5월 14일.

89 《동아일보》1923년 8월 11일.

90 리진호, 〈광복이전 제천 교육사〉《지역문화》6, 2007, 151~153쪽.

91 리진호, 〈광복이전 제천 교육사〉《지역문화》6, 2007, 156~157쪽.

92 제주도 교육위원회, 《제주교육사》, 제주도교육위원회, 1979, 70~71쪽(정선영, 《일제 강점기 제주도 개량서당 연구》, 제주대 석사학위논문, 2007, 38쪽 재인용). 폐교와 함께 제주공립보통학교에 흡수된 듯하다.

93 《동아일보》1925년 11월 17일.

94 김형목, 《교육운동》, 독립기념관 한국독립운동사연구소, 2009, 107쪽.

95 《동아일보》1926년 1월 24일.

96 TS生, 〈농촌의 모범인물 홍성두군을 소개함〉, 《개벽》2, 1920, 107쪽.

97 《조선일보》1924년 5월 23일. 그러나 한편으로 넓은 범주에서 강습소 서당까지 포괄해 학교라고 부르기도 한 듯하다(《동아일보》1934년 3월 29일).

98 《시대일보》1924년 5월 12일.

99 《조선일보》1923년 2월 17일; 《매일신보》1933년 8월 19일.

100 《동아일보》1922년 5월 29일.

101 정긍식, 〈일제하 전남농촌의 교육실태〉, 전남대학교 호남문화연구소 편, 《전남 무안군 망운지역 농촌사회구조변동연구》, 전남대학교 호남문화연구소, 1988, 106쪽.

102 《동아일보》1921년 5월 3일.

103 《매일신보》1921년 1월 18일, 19일. '학구'는 서당교사를 낮춰보는 뜻도 있는 듯하다. 글을 쓴 파주 보통학교 교사 성낙영은 이후 교육공로자로 훈8등장을 받았다(《매일신보》1932년 10월 14일).

104 이돈화, 〈신조선문화건설에 대한 도안〉, 《개벽》4, 1920.

105 박달성, 〈세계와 공존키 위하야 교육문제를 재거하며 위선 서당개량을 절규함〉, 《개벽》5, 1920.

106 김기전, 〈농촌 개선에 관한 도안〉, 《개벽》 6, 1920.

107 묘향산인, 〈격변 중에 있는 평북지방을 잠깐 보고〉, 《개벽》 12, 1921.

108 김병준, 〈유림제현에게 일언을 고합니다〉, 《개벽》 25, 1922.

109 오성철, 《식민지 초등교육의 형성》, 교육과학사, 2000, 213쪽.

110 《동아일보》 1921년 12월 22일, 1924년 1월 15일.

111 《동아일보》 1927년 2월 27일.

112 김형목, 《교육운동》, 독립기념관 한국독립운동사연구소, 2009, 206쪽.

113 《동아일보》 1926년 2월 20일.

114 《동아일보》 1927년 8월 13일.

115 신규식 외, 〈대동단결선언문서〉, 1917(독립기념관 소장).

116 이타가키 류타 저, 홍종욱·이대화 역, 《한국 근대의 역사민속지》, 혜안, 2015, 206~ 208쪽.

117 《동아일보》 1930년 4월 2일, 〈박노아(25세) 나의 십 세 전후(1)〉.

118 〈학교는 눈물인가? 한숨일런가?〉, 《신동아》 1936년 6월, 18~19쪽.

119 夜雷, 〈속토분록〉, 《개벽》 16, 1921.

120 이병기 저, 〈1923년(癸亥)〉, 정병욱·최승범 편, 《가람일기》, 신구문화사, 1976, 182쪽.

121 리진호, 〈광복이전 제천 교육사〉, 《지역문화연구》 6, 2007, 150쪽.

122 정긍식, 〈일제하 전남농촌의 교육실태〉, 전남대학교 호남문화연구소 편, 《전남 무안군 망운지역 농촌사회구조변동연구》, 전남대학교 호남문화연구소, 1988, 107쪽.

123 이병기 저, 〈1927년(丁卯)〉, 정병욱·최승범 편, 《가람일기》, 신구문화사, 1976.

124 《조선일보》 1920년 7월 30일.

125 오성철, 《식민지 초등교육의 형성》, 교육과학사, 2000, 7쪽.

126 오성철, 《식민지 초등교육의 형성》, 교육과학사, 2000, 117쪽.

127 정관해, 《관란재일기》(소인호, 〈일제하 근기 지식인의 삶과 사유, 《관란재일기》〉, 《한국학연구》 25, 2006. 333쪽).

128 《동아일보》 1921년 5월 6일.

129 이미륵 저, 박균 옮김, 《압록강은 흐른다》, 살림, 2016, 110~111쪽.

130 《매일신보》 1920년 6월 10일.

131 김태웅, 《학생들이 나아가누나》, 서해문집, 2006, 119쪽. 이정근은 화성시 팔탄면 가재리 출생으로 3·1운동이 일어나자 3월 30일 발안 장날을 기해 제자 동지와 수천 명의 군중을 선두에서 이끌며 독립만세를 외치며 결사적인 시가행진을 전개하다가 발안주재소에 이르러 대치 중 일본헌병들의 총검에 사망했다.

132 이상구·설한국·함윤미, 〈미국과 한국의 초기 고등수학 발전과정 비교연구〉, 《수학교육논문집》 23-4, 2009, 981쪽.

133 김태웅, 《학생들이 나아가누나》, 서해문집, 2006, 120쪽.

134 《동아일보》 1925년 12월 4일.

135 조선총독부중추원, 《중추원조사자료》, 1924 (국사편찬위원회 한국사데이터베이스 중추원조사자료 http://db.history.go.kr/item/level.do?sort=levelId&dir=ASC&start=-1&limit=47&page=1&pre_page=0&setId=-1&prevPage=1&prevLimit=20&itemId=ju&types=&synonym=off&chinessChar=on&brokerPagingInfo=&levelId=).

136 김부자 저, 조경희·김우자 역, 《학교 밖의 조선여성들》, 일조각, 2009, 84쪽; 오성철, 《식민지 초등교육의 형성》, 교육과학사, 2000, 118쪽.

137 윤남의, 《윤봉길 일대기》, 정음사, 1975, 9∼30쪽

138 추석민, 〈정승박문학 속의 식민지 양상〉, 《한일군사문화연구》 14, 2012, 236쪽.

139 곡산에서 외별, 〈나날이 잘못되어가는 시골, 그립던 시골을 대하고서〉, 《개벽》 39, 1923.

140 조동걸, 《한국계몽주의와 민족교육》, 역사공간, 2010, 161∼162쪽.

141 《매일신보》 1920년 1월 15일.

142 《동아일보》 1928년 1월 29일.

143 박사직, 〈부인교육 문제로 동의하야, 일반인사의 가결을 촉함〉, 《개벽》 9호, 1921.

144 《동아일보》 1926년 2월 10일.

145 최정희, 〈여류작가의 장편자서전〉, 《삼천리》 13-4, 1941.

146 《동아일보》 1922년 6월 14일.

147 김부자 저, 조경희·김우자 역, 《학교 밖의 조선여성들》, 일조각, 2009, 85쪽.

148 《매일신보》 1913년 12월 6일.

149 《매일신보》 1911년 12월 3일.

150 이제재, 《수원의 옛 문화》, 효원문화인쇄, 1995, 505~506쪽.

151 조동걸, 《한국계몽주의와 민족교육》, 역사공간, 2010, 159~160쪽.

152 〈불온문서발견과 조치, 야학회개최〉, 《지방민정휘보》, 비 13165/경고기발 577(국사편찬위원회, 한국사데이터베이스 http://db.history.go.kr/id/haf_107_0420).

153 남부희, 〈3·1운동과 유교계의 성격〉, 《경대사학》 3, 1987, 40쪽.

154 남부희, 〈3·1운동과 유교계의 성격〉, 《경대사학》 3, 1987, 39쪽.

155 노영택, 《일제하 민중교육운동사》, 탐구당, 1979, 125쪽.

156 《동아일보》 1920년 7월 4일.

157 〈남학구 등 판결문〉, 1919, 형공 832호(공훈전자사료관 http://e-gonghun.mpva.go.kr 에서 검색).

158 남부희, 〈3·1운동과 유교계의 성격〉, 《경대사학》 3, 1987, 61쪽.

159 남부희, 〈3·1운동과 유교계의 성격〉, 《경대사학》 3, 1987, 41쪽.

160 남부희, 〈3·1운동과 유교계의 성격〉, 《경대사학》 3, 1987, 21쪽.

161 오성철, 《식민지 초등교육의 형성》, 교육과학사, 2000, 187쪽.

162 《동아일보》 1928년 7월 10일.

163 《매일신보》 1920년 1월 14일.

164 《매일신보》 1920년 10월 11일.

165 《동아일보》 1921년 5월 5일.

166 《동아일보》 1922년 8월 31일.

4. 침략전쟁기, 통제되는 서당교육

1 《매일신보》 1928년 3월 13일.

2 《동아일보》 1928년 6월 28일.

3 《동아일보》 1928년 6월 26일.

4 《관보》 1929년 6월 17일, 〈부령 55호〉.

5 《관보》 1929년 6월 17일, 〈부령 55호〉.

6 《관보》 1929년 6월 17일, 〈총독부훈령 25호〉.

7 《조선총독부관보》 1929년 6월 17일(정병욱,《일제강점기의 교육》, 국사편찬위원회, 2010, 539쪽).

8 《동아일보》 1929년 6월 22일.

9 강명숙,《사립학교의 기원》, 학이시습, 2015, 51~52쪽.

10 《동아일보》 1390년 2월 11일.

11 《동아일보》 1934년 3월 17일.

12 《동아일보》 1929년 6월 25일.

13 조선총독부 학무국,〈서당개선에 관한 구체적 의견〉, 1933, 3쪽.

14 《매일신보》 1932년 3월 9일.

15 《매일신보》 1932년 3월 16일.

16 총독부 도시학관으로 1933년 4월 7일 충청남도에 근무를 명령받았다(《조선총독부관보》 1873호 1933년 4월 10일).

17 《매일신보》 1933년 6월 2일.

18 《동아일보》 1933년 8월 30일.

19 《조선일보》 1933년 8월 31일.

20 조선총독부 학무국,〈서당개선에 관한 구체적 의견〉, 1933. 와타나베는《朝鮮の回顧》(和田八千穗, 藤原喜藏 編, 近澤書店, 1945)를 남겼다. 그는 1934년에 작성한 글(〈非常時における朝鮮の初等敎育〉,《文敎の朝鮮》 1934년 1월)에서도 1만에 이르는 서당의 개선을 일제히 하기는 어렵지만 조직과 교육내용을 개선해 서당의 건전한 발달을 조장해 보통학교 교육의 발달과 비슷한 교육의 보급 및 교육기관을 확장해 마을에 공부를 하지 못하는 집이 없게 하자고 주장했다.

21 1930년대 들어와서 서당의 감독 단속 기능은 더욱 발휘되어, 해당 지역 공립보통학교장은 물론 부윤·군수가 각 서당을 감독 단속할 수 있게 했고 도시학을 증원해 서당을 지도·감독했다(이명화,《1920년대 일제의 민족분열통치》, 독립기념관 한국독립운동사연구소, 2009, 188쪽).

22 《매일신보》 1933년 11월 25일.

23 《매일신보》 1933년 12월 3일.

24 《매일신보》 1933년 12월 12일.

25 《매일신보》 1934년 7월 7일, 8월 11일.

26 《매일신보》 1933년 12월 3일.

27 《매일신보》 1934년 12월 4일.

28 《매일신보》 1933년 11월 30일.

29 조선총독부 학무국, 〈서당개선에 관한 구체적 의견〉, 1933. 당시 만주의 사례를 보면 개량서당에 대한 총독부의 정책을 이해하는 데 도움이 될 듯하다. 총독부는 만주에서 보통학교와 보조서당으로 구성하고 철저히 통제했다. 이곳에서는 서당도 대체로 총독부 주도로 이루어진 것 같다. 아마도 조선의 서당에 대해서도 원칙적으로는 총독부 주도로 이끌어나가려고 했을 것이다.

30 《매일신보》 1933년 12월 13일.

31 《동아일보》 1934년 10월 13일.

32 《매일신보》 1934년 12월 3일.

33 《매일신보》 1934년 11월 7일.

34 《매일신보》 1934년 11월 27일.

35 《매일신보》 1934년 12월 24일.

36 《매일신보》 1934년 1월 17일.

37 《매일신보》 1934년 1월 18일. 여기서 1종 교원은 경성사범학교 연습과 졸업생을 말하며, 다른 사범학교 졸업생은 2종 교원, 3종 교원은 3종 교원 시험 합격자와 공립사범학교 강습과 졸업생이었다(김광규, 《일제강점기 조선인 초등교원 시책연구》, 서울대 박사학위논문, 2013, 188쪽).

38 《매일신보》 1934년 1월 27일.

39 《매일신보》 1934년 6월 25일.

40 《매일신보》 1934년 1월 17일.

41 《매일신보》 1934년 1월 18일.

42 오성철, 《식민지 초등교육의 형성》, 교육과학사, 2000, 95쪽.

43 《매일신보》 1936년 1월 27일.

44 《매일신보》 1936년 1월 30일.

45 《매일신보》 1936년 3월 6일.

46 박종선, 〈일제 강점기(1920~1930년대) 조선인의 서당개량운동〉, 《역사교육》 71, 1999, 56쪽.

47 《매일신보》1933년 2월 7일 ; 《조선일보》1933년 2월 8일.

48 《동아일보》1934년 7월 13일.

49 《동아일보》1934년 8월 21일.

50 《매일신보》1935년 1월 24일.

51 《동아일보》1933년 4월 3일.

52 때로 매년 2개월 도의 농사시험장에서 영농방법을 배우며 근로정신을 함양하는 도 주최의 장기강습회도 있었다(조선총독부 학무국, 《書堂改善に関する具体的意見》, 1933(박종선, 〈일제 강점기(1920~1930년대) 조선인의 서당개량운동〉《역사교육》71, 1999, 60쪽 재인용).

53 국사편찬위원회 한국사데이터베이스 조선총독부 및 소속 관서 직원록 참조.

54 《매일신보》1935년 1월 18일.

55 《조선일보》1934년 7월 24일.

56 《매일신보》1934년 1월 29일. 8월에도 곡산공립보통학교에서 8월 26~31일까지 군내 18개 서당교사강습회가 열렸다고 하니(《조선일보》1934년 8월 2일), 동계·하계 방학 중에 계속 개최한 것이 아닐까 한다.

57 이 시기 전통서당을 대상으로 한 교사강습회도 운영되었다. 1935년 강릉에서는 야학교 개교식 이후 한문서당교사강습회가 있었다(《매일신보》1935년 1월 20일). 1월 11일부터 3월 10일까지였으며 매일 정오부터 오후 3시 30분까지 했다(《매일신보》1935년 1월 21일). 이때 수강생은 20명이었다.

58 《매일신보》1935년 7월 31일.

59 《매일신보》1935년 8월 9일.

60 《매일신보》1936년 8월 4일.

61 《매일신보》1935년 8월 22일.

62 《매일신보》1935년 8월 29일.

63 '국체명징'은 일본 천황이 절대적인 권한을 가지는 정치체제를 명확하게 인식하게 한다는 뜻.

64 《매일신보》1935년 7월 31일, 8월 1일.

65 《조선일보》1940년 1월 26일.

66 《매일신보》1933년 8월 4일.

67　《매일신보》 1933년 8월 5일.

68　《조선일보》 1933년 2월 8일.

69　《매일신보》 1935년 10월 6일.

70　《동아일보》 1934년 7월 13일.

71　《매일신보》 1932년 9월 20일.

72　《매일신보》 1935년 10월 28일.

73　《매일신보》 1935년 11월 16일.

74　《매일신보》 1932년 3월 4일.

75　《매일신보》 1935년 9월 28일.

76　《동아일보》 1932년 1월 20일. 야학에 대한 폐쇄는 1920년대에도 자주 보인다(《동아
　　일보》 1926년 5월 12일, 13일, 8월 5일 등).

77　《동아일보》 1931년 11월 24일.

78　《동아일보》 1931년 11월 27일.

79　《동아일보》 1932년 1월 28일. 이때 16개 가운데 오류야학·야학원 등의 이름이 있는
　　것으로 봐서 야학도 서당으로 취급된 것으로 보인다.

80　《동아일보》 1933년 3월 22일.

81　《동아일보》 1933년 5월 31일.

82　《조선일보》 1931년 12월 12일.

83　《동아일보》 1933년 5월 7일.

84　《동아일보》 1933년 1월 22일.

85　강명숙, 《사립학교의 기원》, 학이시습, 2015, 57쪽.

86　조선총독부 학무국, 〈서당개선에 관한 구체적 의견〉, 1933, 3쪽.

87　강명숙, 《사립학교의 기원》, 학이시습, 2015, 58쪽.

88　《중앙일보》 1932년 2월 18일.

89　《동아일보》 1933년 6월 2일.

90　《동아일보》 1933년 5월 7일.

91　《동아일보》 1933년 10월 25일.

92　《동아일보》 1931년 10월 2일.

93　《조선일보》 1935년 3월 17일.

94 《조선일보》 1935년 4월 29일.

95 《매일신보》 1935년 11월 15일.

96 《매일신보》 1935년 11월 15일. 1934년 총독부 통계에 따르면 충청남도 서당 수는 165개여서 인가 서당 173개와 비슷하다. 따라서 이 무렵 총독부 통계는 인가 서당 중심이었다고 볼 수도 있다. 흥미로운 것은 대전부는 14개가 모두 인가를 받은 데 비해 논산·부여·서산·당진 등은 거의 인가되지 않았다. 결국 인가·비인가는 서당의 개량 여부와 연결되었을 수 있다.

97 《동아일보》 1930년 9월 20일.

98 《선봉》 1930년 7월 25일.

99 《조선일보》 1933년 10월 9일.

100 《조선일보》 1935년 7월 5일.

101 《동아일보》 1932년 2월 6일.

102 《동아일보》 1933년 1월 22일.

103 《조선일보》 1934년 1월 24일.

104 《조선일보》 1934년 7월 24일.

105 《동아일보》 1932년 5월 19일.

106 《동아일보》 1932년 5월 20일.

107 《동아일보》 1933년 7월 12일.

108 《동아일보》 1933년 9월 1일.

109 《조선일보》 1937년 7월 5일.

110 《동아일보》 1930년 9월 20일.

111 《동아일보》 1931년 9월 1일.

112 《동아일보》 1933년 3월 2일.

113 《동아일보》 1932년 1월 20일.

114 《동아일보》 1933년 2월 25일.

115 《동아일보》 1934년 1월 1일.

116 《동아일보》 1931년 8월 13일.

117 지수걸, 〈조선농민사의 단체성격에 관한 연구〉, 《역사학보》 106, 1985.

118 《경종경고비 4278호》 1931년 4월 8일.

119 《동아일보》1934년 5월 21일.

120 《동아일보》1934년 11월 29일.

121 오성철, 《식민지 초등교육의 형성》, 교육과학사, 2000, 200쪽.

122 《동아일보》1932년 9월 24일.

123 오성철, 《식민지 초등교육의 형성》, 교육과학사, 2000, 69쪽.

124 《매일신보》1932년 4월 5일.

125 《매일신보》1931년 10월 8일.

126 《매일신보》1934년 8월 16일.

127 《동아일보》1930년 2월 27일, 〈독서고문〉.

128 《조선지광》75, 1928.

129 《동아일보》1930년 1월 24일, 4월 5일.

130 《동광》4-2, 1932 ; 《동아일보》1933년 1월 1일 ; 《학해》, 1937.

131 오성철, 《식민지 초등교육의 형성》, 교육과학사, 2000, 72쪽.

132 《동아일보》1933년 5월 16일.

133 《조선일보》1931년 5월 4일.

134 《동아일보》1931년 12월 16일.

135 《매일신보》1934년 4월 8일. 3월 말 통계로는 개량서당 249개, 교사 280명, 아동 수 5773명이었다(《매일신보》1934년 7월 7일)

136 《매일신보》1937년 6월 19일.

137 《조선일보》1933년 2월 8일.

138 《조선일보》1933년 7월 29일.

139 《매일신보》1935년 11월 15일.

140 《매일신보》1934년 1월 27일.

141 《조선일보》1935년 3월 2일.

142 《매일신보》1935년 4월 25일.

143 오성철, 《식민지 초등교육의 형성》, 교육과학사, 2000, 27쪽.

144 《중앙일보》1931년 12월 12일 ; 《조선일보》1934년 10월 7일.

145 1정은 거리를 재는 단위의 하나로 360자를 말함. 약 109.1m.

146 교주 유명래는 명진학교에 많은 회사를 했으며, 1931년에는 10주년 기념식을(《중앙

일보》1931년 12월 13일), 1935년에는 3000원을 들여 교실 두 칸을 증축하자 동창회는 기념비를 건립해 유명래에게 감사를 표시했다(《조선중앙일보》1935년 3월 20일).

147 《조선일보》1935년 8월 19일.

148 아라이 하쓰타로荒井初太郎(1868~1945)가 세운 회사. 그는 고향에서 토목청부업을 시작해 한말 한국에 진출, 경부선 등을 공사했으며, 1920년대는 조선 토목청부업계의 핵심 인물이 되었다.

149 《동아일보》1932년 6월 16일.

150 《매일신보》1933년 7월 1일. 함경북도 경성군 어랑면 용평서당도 어랑면장을 지냈던 차원순이 사립학교로 승격하려고 노력했다(《동아일보》1937년 12월 29일).

151 《조선일보》1934년 3월 23일.

152 《조선일보》1936년 3월 4일. 다른 신문은 1923년 기금 3500원으로 생기령서당을 세우고 1936년 기금 1만원을 모아 사립생기령학교로 승격했다고 한다(《동아일보》1937년 12월 29일).

153 《조선일보》1937년 8월 9일.

154 《매일신보》1935년 4월 7일.

155 《매일신보》1935년 9월 11일.

156 《조선일보》1937년 8월 11일.

157 《조선일보》1937년 12월 20일.

158 국사편찬위원회 편,《일제강점기의 교육》2010, 567쪽.

159 정미량,《조선족 근현대 교육사》, 살림터, 2016, 74쪽.

160 《조선일보》1933년 1월 12일.

161 《조선일보》1937년 7월 15일.

162 조동걸,《한국계몽주의와 민족교육》, 역사공간, 2010, 315쪽.

163 《조선일보》1936년 12월 12일.

164 《조선일보》1933년 11월 1일.

165 《조선일보》1933년 11월 30일. 전체 서당 수는 9200여 개, 학생 수 15만 명 정도였다.

166 《조선일보》1933년 12월 2일.

167 김광규,《일제강점기 조선인 초등교원 시책연구》, 서울대 박사학위논문, 2013, 59쪽.

168 《매일신보》1933년 12월 17일.

169 오성철, 《식민지 초등교육의 형성》, 교육과학사, 2000, 92쪽; 김광규, 《일제강점기 조선인 초등교원 시책연구》, 서울대 박사학위논문, 2013, 53~93쪽.

170 노영택, 〈일제하의 서당연구〉, 《역사교육》 16, 1974, 64쪽.

171 《매일신보》 1934년 7월 21일.

172 《매일신보》 1934년 8월 11일.

173 이만규, 《조선교육사》 2, 거름, 1988, 210쪽.

174 《조선일보》 1934년 1월 21일.

175 《매일신보》 1934년 1월 27일; 《조선일보》 1934년 1월 27일.

176 《매일신보》 1934년 12월 14일.

177 《매일신보》 1934년 12월 14일. 이 기사에 따르면 '작년 1군 평균 2교를 신설했고, 올해는 1군1교제에 따라 14개를 간이학교로 승격할 방침'이라고 했다. 여기서 작년이라는 것은 아마도 학년제에 따라 실제로는 1934년 초를, 그리고 올해는 1935년 초를 가리키는 듯하다. 《조선일보》 기사에는 "명년도 14개 간이학교를 증설한다"고 기술되어 있다(《조선일보》 1934년 12월 20일).

178 《조선일보》 1934년 4월 6일.

179 《조선일보》 1935년 12월 21일.

180 《조선일보》 1935년 3월 2일.

181 《동아일보》 1938년 8월 2일.

182 《동아일보》 1934년 10월 18일.

183 《조선일보》 1934년 4월 3일.

184 김운한, 《아도서숙기》, 1994.

185 신간회 소속이라는 것만으로도 교육운동에 참여하는 것으로 파악하고 탄압한 듯하다. 예를 들어 1928년 달성군은 능인야학당에 참여하는 이재희라는 인물이 신간회원이라는 이유만으로 권고사직하게 했다(《동아일보》 1928년 4월 28일). 비슷한 사례로서 상주에서 자양학원을 설립하고 신간회에 입회한 여석훈에 대해 군청은 교육사업과 사회청년운동 가운데 하나를 선택하라고 해서 그는 교육사업만을 택했다(여석훈, 《오광자소》, 1951년경, 28쪽(이타가키 류타 저, 홍종욱·이대화 역, 《한국 근대의 역사민속지》, 혜안, 2015, 245쪽 재인용).

186 1931년 7월 2일 중국 지린성 창춘현 완바오산 지역에서 한인 농민과 중국 농민 사이

에 일어났던 충돌 사건.

187 지수걸, 《일제하 농민조합운동연구》, 역사비평사, 1993, 448쪽.

188 지수걸, 《일제하 농민조합운동연구》, 역사비평사, 1993, 449쪽.

189 《동아일보》 1932년 8월 2일. 지수걸에 따르면 김봉호·김계등·김화진·박병성·김준상 등 3년, 권태동 2년 6개월, 이상을 1년 6개월이었다고 해 인명과 수형 기간에 차이가 있다(지수걸, 《일제하 농민조합운동연구》, 역사비평사, 1993, 449쪽).

190 김광규, 《일제강점기 조선인 초등교원 시책연구》, 서울대 박사학위논문, 2013, 162~163쪽.

191 《매일신보》 1930년 6월 27일.

192 《동아일보》 1931년 9월 7일; 《매일신보》 1931년 9월 19일; 《대구일보》 1931년 9월 29일. 신문에 따라 3명의 이름이 허봉길·박운암·서양봉 또는 정학현·박운암·허봉길 등으로 나와 약간 차이가 있다.

193 《매일신보》 1932년 12월 27일.

194 《조선일보》 1933년 5월 9일; 《동아일보》 1933년 5월 16일. 현초득에 대해 《동아일보》는 4년, 《조선일보》는 3년이라고 보도했다.

195 《동아일보》 1933년 10월 5일.

196 《조선일보》 1933년 7월 14일.

197 《조선일보》 1934년 2월 27일.

198 《매일신보》 1931년 7월 22일.

199 《매일신보》 1932년 5월 28일.

200 《매일신보》 1932년 7월 27일.

201 1926년 9월 결성된 3차 조선공산당의 주도 세력.

202 《매일신보》 1932년 12월 2일.

203 《동아일보》 1934년 8월 22일.

204 《매일신보》 1937년 10월 14일. 김용근(1917~1985)은 그 뒤 목포 유달국민학교에서 교편을 잡았다.

205 《매일신보》 1934년 2월 27일, 8월 24일; 《동아일보》 1934년 4월 30일; 《조선일보》 1934년 8월 23일.

206 《신한민보》 1935년 1월 3일; 《동아일보》 1934년 4월 30일, 11월 23일.

207 《매일신보》 1935년 8월 16일.

208 《동아일보》 1934년 11월 18일.

209 오성철, 《식민지 초등교육의 형성》, 교육과학사, 2000, 418쪽.

210 지수걸, 《일제하 농민조합운동연구》, 역사비평사, 1993, 206~234쪽.

211 《동아일보》 1934년 6월 21일.

보론. 개량서당, 이름과 실제: 서당인가, 학교인가?

1 《대한매일신보》 1910년 5월 7일.

2 《매일신보》 1918년 3월 5일.

3 《동아일보》 1923년 8월 4일.

4 《동아일보》 1933년 6월 2일.

5 《동아일보》 1925년 3월 2일.

6 《동아일보》 1923년 3월 19일.

7 〈모던―복덕방〉, 《별건곤》 35, 1930.

8 《동아일보》 1923년 1월 23일.

9 《조선일보》 1923년 4월 14일.

10 《동아일보》 1922년 10월 30일.

11 《동아일보》 1932년 10월 5일.

12 《매일신보》 1914년 5월 20일.

13 《동아일보》 1921년 4월 27일 2면, 〈京城府內書堂數〉.

14 국사편찬위원회 편, 《일제침략하 한국36년사》 2, 국사편찬위원회, 1967, 159쪽.

15 《매일신보》 1919년 8월 20일. 김부자 저, 조경희·김우자 역, 《학교 밖의 조선여성들》, 일조각, 2009, 83쪽.

16 《동아일보》 1933년 11월 1일.

17 《동아일보》 1935년 1월 24일.

18 《동아일보》 1936년 2월 1일 좌담회. 김태영이 "현하 정세로서는 개량서당 등을 자꾸 줄여가는 것"이라고 하자 유억겸은 "재작년보다 작년에는 개량서당이 1000여 개가

폐지되었"다고 했다.

19 《동아일보》 1925년 1월 14일, 1926년 1월 4일.

20 《동아일보》 1923년 8월 4일, 1924년 3월 7일.

21 《매일신보》 1933년 8월 25일, 11월 3일.

22 《동아일보》 1921년 6월 14일.

23 《동아일보》 1928년 1월 14일.

24 《동아일보》 1923년 4월 26일.

25 리진호, 〈광복이전 제천 교육사〉《지역문화》 6, 2007, 151~153쪽.

26 《조선일보》 1925년 5월 19일.

27 《매일신보》 1930년 7월 11일.

28 이연숙, 〈동족마을의 서당 설립과 근대적 변화〉,《조선시대사학보》 37, 2006, 129쪽.

29 《동아일보》 1921년 12월 18일.

30 《동아일보》 1926년 7월 12일.

31 《매일신보》 1933년 12월 14일.

32 《동아일보》 1922년 2월 20일.

33 《동아일보》 1934년 1월 31일.

34 묘향산인, 〈격변 중에 있는 평북지방을 잠깐 보고〉,《개벽》 12, 1921.

35 김형목,《교육운동》, 독립기념관 한국독립운동사연구소, 2009, 230~250쪽.

36 《동아일보》 1921년 10월 24일.

37 《동아일보》 1922년 2월 25일.

38 《매일신보》 1934년 5월 8일.

39 《조선일보》 1934년 3월 23일.

40 《조선일보》 1935년 2월 15일.

41 《매일신보》 1917년 2월 7일.

42 몇 년 뒤인 1922년 평강군의 서당 또는 개량서당이 70여 개라고 했으니(《매일신보》 1922년 2월 2일) 시기의 변화가 있었겠지만 적어도 개량서당이 20여 퍼센트는 되었다.

43 《동아일보》 1937년 12월 29일.

44 《매일신보》 1934년 6월 25일.

45 《동아일보》 1933년 5월 28일.

46 《동아일보》 1936년 5월 15일. 이 기사에는 학원설립기성회라고 했으나 7개월 뒤 다른 신문에는 서당기성회라고 못박았다(《조선일보》 1936년 12월 15일).

47 《조선일보》 1937년 7월 2일.

48 《매일신보》 1933년 11월 27일.

49 《동아일보》 1922년 8월 16일.

50 《동아일보》 1922년 7월 31일.

51 《조선일보》 1925년 12월 9일.

52 越智唯七, 《朝鮮全道府郡面里洞名稱一覽》, 中央市場, 1917, 897쪽.

53 오성철, 《식민지 초등교육의 형성》, 교육과학사, 2000, 60쪽.

54 《동아일보》 1921년 4월 25일.

55 김병준, 〈유림제현에게 일언을 고합니다〉, 《개벽》 25, 1922.

56 《동아일보》 1923년 5월 30일.

57 보통학교에 노동력을 기부한 사례는 오성철의 연구(오성철, 《식민지 초등교육의 형성》, 교육과학사, 2000, 75쪽)에 보인다.

58 《동아일보》 1928년 5월 3일.

59 《조선일보》 1923년 11월 11일.

60 《조선일보》 1924년 5월 23일.

61 《조선일보》 1935년 4월 29일.

62 《동아일보》 1923년 4월 3일.

63 《동아일보》 1926년 3월 23일.

64 강정숙, 〈일제하 안동지방 농민운동에 관한 연구〉, 《한국근대농촌사회와 농민운동》, 열음사, 1988, 357쪽.

65 《동아일보》 1927년 12월 15일.

66 최지현, 《근대소설에 나타난 학교》, 동국대 석사학위논문, 2004, 8쪽.

67 《조선일보》 1925년 4월 28일.

68 《동아일보》 1924년 1월 15일.

69 《조선일보》 1926년 7월 1일, 1927년 2월 11일.

70 오성철, 《식민지 초등교육의 형성》, 교육과학사, 2000, 77쪽.

71 《동아일보》 1927년 9월 11일.

72 《매일신보》 1923년 12월 3일.

73 다음 글에서 〈그림 30〉이 처음으로 소개되었다(김태웅, 〈한국 근현대 역사사진의 허실과 정리 방향〉,《역사교육》 119, 2011, 227~228쪽).

74 앞서 함경북도 경흥군 경흥면 고읍동의 서당은 경흥공립보통학교로부터 모범서당으로 지정받았다고 한다(《조선일보》 1927년 2월 11일). 야학 가운데도 '모범야학'이라는 표현이 있었다(《동아일보》 1928년 8월 17일).

75 상주 도곡서당도 재산 4000원 이상이었다(《매일신보》 1935년 3월 23일).

76 《조선일보》 1936년 5월 18일.

77 《매일신보》 1936년 4월 18일.

78 《매일신보》 1932년 12월 14일.

79 《매일신보》 1935년 10월 12일.

80 《매일신보》 1935년 2월 16일.

81 《매일신보》 1936년 8월 4일.

82 《동아일보》 1937년 12월 29일.

83 《매일신보》 1935년 11월 13일. 같은 지역에 있는 운승간이학교로 50원을 기부해 교육사업에 많이 참여하고 있음을 보여준다.

84 《동아일보》 1920년 7월 1일.

85 《매일신보》 1922년 6월 10일.

86 《동아일보》 1922년 2월 20일.

87 《조선일보》 1923년 11월 11일.

88 평안북도 정주 벽송의숙의 경우 여학생이 남학생의 절반 수준이어서 상당히 많은 경우에 속한다(《동아일보》 1922년 6월 14일).

89 《조선일보》 1925년 3월 13일.

90 《조선일보》 1926년 6월 6일.

91 《조선일보》 1925년 12월 9일.

92 지역과 시기에 따라 차이가 있을 텐데 대전 서정서당은 남학생 15명, 여학생 15명으로 같았는데(《매일신보》 1935년 7월 30일), 이런 경우는 특별하지 않았을까 한다.

93 《조선일보》 1921년 7월 30일.

94 하동 북천면의 옥정강습회(개량서당인 듯)의 경우 아동과 청년들이 일제히 '단발착모

斷髮着帽'해 출석·청강했다고 한다(《동아일보》1922년 7월 1일).

95   유광열, 〈기자생활 10년 비사, 조선 신문의 초창시대〉,《동광》37, 1932년.

96   《조선일보》1924년 5월 23일.

97   《조선일보》1923년 2월 14일.

98   강명숙,《사립학교의 기원》, 학이시습, 2015, 75쪽.

99   《매일신보》1928년 8월 13일.

100 《조선일보》1923년 2월 14일.

102 김형목,《교육운동》, 독립기념관 한국독립운동사연구소, 2009, 45쪽.

102 오성철,《식민지 초등교육의 형성》, 교육과학사, 2000, 23쪽.

103 《매일신보》1917년 5월 18일.

104 강명숙,《사립학교의 기원》, 학이시습, 2015, 197쪽.

105 《동아일보》1922년 1월 16일.

106 《동아일보》1921년 12월 27일.

107 《조선일보》1923년 2월 14일.

108 김형목,《(한국독립운동의 역사 35) 교육운동》, 독립기념관 한국독립운동사연구소,
     2009, 165쪽.

109 《매일신보》1923년 12월 3일.

110 《매일신보》1923년 4월 2일.

111 《매일신보》1922년 2월 2일.

112 《매일신보》1912년 5월 12일.

113 이제재, 1995,《수원의 옛 문화》효원문화인쇄, 1995, 505쪽.

114 《매일신보》1934년 1월 29일.

115 《매일신보》1921년 8월 8일.

116 《매일신보》1918년 5월 1일.

117 《조선일보》1923년 2월 14일.

118 《매일신보》1917년 5월 18일.

119 조선총독부 학무국,《書堂改善に関する具体的意見》, 1933(박종선, 〈일제 강점기
     (1920~1930년대) 조선인의 서당개량운동〉,《역사교육》71, 1999, 60쪽 재인용).

120 《동아일보》1935년 1월 24일.

121 조선총독부 학무국, 《書堂改善に関する具体的意見》, 1933(박종선, 〈일제 강점기 (1920~1930년대) 조선인의 서당개량운동〉, 《역사교육》 71, 1999, 63쪽 재인용).

122 《동아일보》 1932년 10월 5일.

122 《매일신보》 1935년 1월 24일.

124 김태웅, 《학생들이 나아가누나》, 서해문집, 2006, 103쪽.

125 《동아일보》 1922년 5월 13일.

126 《동아일보》 1931년 9월 20일.

127 《조선일보》 1923년 11월 26일, 1926년 5월 19일.

128 《조선일보》 1923년 11월 26일.

129 김태웅, 《학생들이 나아가누나》, 서해문집, 2006, 87쪽.

130 《조선일보》 1926년 5월 19일.

131 《조선일보》 1927년 4월 17일, 1928년 5월 5일. 어랑면은 용양서당 외에도 용평서당 (1928년 12월 1일)과 광흥서당(1928년 12월 9일)에 관한 기사에서도 볼 수 있다.

132 김태웅, 《학생들이 나아가누나》, 서해문집, 2006, 105쪽.

133 《동아일보》 1922년 7월 1일.

134 《조선일보》 1923년 11월 26일.

135 《매일신보》 1922년 6월 10일.

136 《매일신보》 1931년 6월 13일 3면.

맺음말

1 최익한은 "전촌全村이 합의해 숙사塾舍를 건축하고 일정한 재정을 갹치醵置해 리중 里中의 자제를 교육하므로 일종 '공립기관적 성질'을 가졌다"고 했다(최익한, 〈조선과 거교육제도소사〉, 《춘추》 1-2, 1941).

2 岡久雄, 《朝鮮教育行政》, 帝國地方行政學會朝鮮本部, 1940, 236쪽(노영택, 《일제 하 민중교육운동사》, 탐구당, 1979, 56쪽 재인용).

3 《부산일보》 1935년 1월 26일.

4 윤치호 저, 김상태 편역, 《물 수 없다면 짖지도 마라》, 산처럼, 2012, 411~412쪽.

참고문헌

자료

신문 및 잡지

《관보》《대구일보》《대한매일신보》《동광》《동아일보》《매일신보》《별건곤》《삼천리》《선봉》《시대일보》《신동아》《신한민보》《조선일보》《조선중앙일보》《조선지광》《태극학보》《한성순보》《한성주보》《황성신문》

조선시대 자료

《비변사등록》

《추안급국안》, 한국학문헌연구소, 아세아문화사, 1978 / 전주대학교 한국고전학연구소, 흐름출판사, 2014

《호구총서》, 서울대학교 규장각, 1996

구상덕, 《승총명록》, 한국정신문화연구원, 1995

김경천 저, 이대형·이미라·박상석 역주, 《손와만록》, 서울대학교 출판문화원, 2015

오횡묵, 《지도군총쇄록》, 목포대학교 도서문화연구소, 1993

_____, 정선문화원 편, 이명래 역, 《(국역) 정선총쇄록》, 정선문화원, 2002

위백규 저, 강동석 외 옮김, 《존재집》1-6, 전주대학교 한국고전학연구소, 흐름, 2013

이경민, 《희조일사》, 임형택 편, 여항문서총서, 여강출판사, 1986

이옥 저, 실시학사 고전문학연구회 편역, 《(완역) 이옥전집》2, 휴머니스트, 2009

장신강, 《농재잡사》

정약용 저, 다산연구소 역주, 《역주목민심서》1-6, 창작과비평사, 1978~1985

_____, 다산학술문화재단 편, 《(《여유당전서》 미수록) 다산간찰집》, 사암, 2012

조선총독부 관련 자료

《私立學校設置認可》

《조선총독부 통계연보》

《조선총독부관보》

岡久雄, 《朝鮮敎育行政》, 帝國地方行政學會朝鮮本部, 1940

高橋濱吉, 《朝鮮敎育史考》, 帝國地方行政學會朝鮮本部, 1927

大野謙一, 《朝鮮敎育問題管見》, 朝鮮敎育會, 1936

渡邊豊日子, 〈非常時における朝鮮の初等敎育〉, 《文敎の朝鮮》 1934년 1월

越智唯七, 《(新舊對照)朝鮮全道府郡面里洞名稱一覽》, 中央市場, 1917

조선총독부 중추원, 〈雜記 및 雜資料 (其2)〉, 《중추원조사자료》, 1924

조선총독부 학무국, 〈書堂改善に関する具体的意見〉, 1933

和田八千穗·藤原喜藏 編, 《朝鮮の回顧》, 近澤書店, 1945

기타

국사편찬위원회 편, 《개화기의 교육》, 국사편찬위원회, 2011

김구 저, 도진순 주해, 《(백범 김구 자서전) 백범일지》, 돌베개, 1997

김운한 《아도서숙기》(필사본), 1994

박문규, 《석남역사》(필사본), 1951

수원시사편찬위원회, 《수원시사》(下), 수원시, 1997

순천대학교박물관, 《옛문서로 만나는 선비의 세계》, 순천대학교박물관, 2005

신규식 외, 〈대동단결선언문서〉, 1917(독립기념관 소장)

오영섭, 〈유교의 항일민족운동〉, 《일제하 경기도 지역 종교계의 민족문화운동》, 경기문화
　　　재단, 2001

이미륵 저, 박균 옮김, 《압록강은 흐른다》, 살림, 2006

이병기 저, 정병욱·최승범 편, 《가람일기》(Ⅰ) 1923년 2월 27일, 신구문화사, 1975

이태준, 《사상의 월야》, 을유문화사, 1946

정병욱, 《일제강점기의 교육》, 국사편찬위원회, 2010

혼마 규스케 저, 최혜주 역주,《조선잡기: 일본인의 조선정탐록》, 김영사, 2008

단행본

강명숙 외,《침탈 그리고 전쟁》(《서양인이 만든 근대 전기 한국 이미지 Ⅲ》), 청년사, 2009

강명숙,《사립학교의 기원》, 학이시습, 2015

거창군사편찬위원회,《거창군사》, 거창군, 1997

구희진,《한국 근대개혁기의 교육론과 교육개편》, 서울대학교 박사학위논문, 2004

국사편찬위원회 편,《배움과 가르침의 끝없는 열정》, 두산동아, 2005

규장각한국학연구원 편,《조선 전문가의 일생》, 글항아리, 2010

김병연 저, 이명우 편,《(방랑시인) 김삿갓 시집》, 집문당, 2000

김부자 저, 조경희·김우자 역,《학교 밖의 조선여성들》, 일조각, 2009

김준형,《조선후기 단성 사족층 연구》, 아세아문화사, 2000

김태웅,《우리 학생들이 나아가누나》, 서해문집, 2006

김형목,《교육운동》(한국독립운동의 역사 35), 독립기념관 한국독립운동사연구소, 2009

노영택,《일제하 민중교육운동사》, 탐구당, 1979

대구대교구사 편찬위원회,《대구본당 100년사 1886-1986》, 대건출판사, 1986

박현순 외,《코리안의 일상》(《서양인이 만든 근대전기 한국 이미지》Ⅱ), 청년사, 2009

심지연,《역사는 남북을 묻지 않는다》, 소나무, 2001

엘리자베스 키스·엘스펫 K. 로버트슨 스콧 저, 송영달 역,《(영국화가 엘리자베스 키스의) 코리아: 1920-1940》, 책과 함께, 2006

여수항일운동사편찬위원회편,《여수항일운동사》, 도서출판 선인, 2006

오성철,《식민지 초등교육의 형성》, 교육과학사, 2000

옥영정 외《승총명록으로 보는 조선후기 향촌 지식인의 생활사》, 한국학중앙연구원 출판부, 2010

윤남의,《윤봉길일대기》, 정음사, 1975

이만규,《조선교육사》, 거름, 1988

이명화,《1920년대 일제의 민족분열통치》(한국독립운동의 역사 5), 독립기념관 한국독립운

동사연구소, 2009

이영춘, 《강정일당》, 가람기획, 2002

이제재, 1995, 《수원의 옛 문화》 효원문화인쇄, 1995

이타가키 류타 저, 홍종욱·이대화 역, 《한국 근대의 역사민속지: 경북 상주의 식민지 경험》, 혜안, 2015

정미량, 《(발로 찾아 쓴) 조선족 근현대 교육사》, 살림터, 2016

정순우, 《서원의 사회사》, 태학사, 2013

제주도 교육위원회, 《제주교육사》, 제주도교육위원회, 1979

조규익, 《봉건시대 민중의 저항과 고발문학: 거창가》, 월인, 2000

지수걸, 《일제하 농민조합운동연구》, 역사비평사, 1993

한국정신문화연구원 편, 《지운 김철수》, 한국정신문화연구원, 1999

허근욱, 《민족변호사 허헌》, 지혜내, 2001

홍명희, 《임꺽정》1(봉단편), 사계절출판사, 2008(개정판 4판)

논문

강경모, 〈상주의 서당교육고찰-영천자 신잠 목사의 18서당을 중심으로〉, 《상주문화연구》 12, 2002

강관식, 〈'단원풍속도첩'의 작가비정과 의미 해석의 양식사적 재검토〉, 《미술사학보》 39, 2012

강정숙, 〈일제하 안동지방 농민운동에 관한 연구〉, 《한국근대농촌사회와 농민운동》, 열음사, 1988

고동환, 〈조선후기 도시경제의 성장과 지식세계의 확대〉, 한림대학교 한국학연구소 편, 《다시, 실학이란 무엇인가》, 푸른역사, 2007

권오봉, 〈퇴계서당교육의 전개 과정〉, 《퇴계학보》 72, 1991

권행가 저, 〈일제시대 관광엽서와 기생 이미지〉, 김영나 편, 《한국근대미술과 시각문화》, 조형교육, 2002

김경수, 〈서당교육의 가치에 대한 일고찰〉, 《교육연구》 22, 1988

김광규,《일제강점기 조선인 초등교원 시책연구》, 서울대 박사학위논문, 2013

김무진, 〈조선후기 서당의 사회적 성격〉,《역사와 현실》16, 1995

김태섭,《일제하 민족교육의 변천에 관한 연구: 서당 및 야학을 중심으로》, 동국대학교 석
　　　사학위논문, 1984

김태웅, 〈한국 근현대 역사사진의 허실과 정리 방향: 국사 개설서와 7차 교육과정 교과서
　　　를 중심으로〉,《역사교육》119, 2011

김택규, 〈조선시대 향촌서당의 기능: 17세기의 사회적 배경과 향촌교화를 중심으로〉,《비
　　　교민속학》7, 1991

김형목, 〈3·1운동 이전 진주지역의 야학운동〉,《숭실사학》22, 2009

＿＿＿, 〈대한제국기 강화지역의 사립학교설립운동〉,《한국독립운동사연구》24, 2005

＿＿＿, 〈일제강점 초기 개량서당의 기능과 성격〉,《사학연구》78, 2005

남부희, 〈3·1운동과 유교계의 성격: 서당참가와 관련하여〉,《경대사론》3, 1987

노영택, 〈일제하의 서당연구〉,《역사교육》16, 1974

리진호, 〈광복이전 제천 교육사〉,《지역문화연구》6, 2007

＿＿＿, 〈광복이전 제천 교육사〉《지역문화연구》6, 세명대학교 지역문화연구소, 2007

박경연, 〈조선시대 초학교재로서의《明心寶鑑》성격 연구〉,《한국교육사학연구》9, 1999

박균섭, 〈도산서당 연구: 교육공간의 구조와 성격〉,《한국학연구》39, 2011

박근복,《일제시대의 서당교육에서 민족교육의 전개과정 연구》, 강원대학교 석사학위논문,
　　　2007

박래봉, 〈일제통치하의 서당교육의 실태 - 제주도 Ⅰ〉,《한국교육사학》6, 1984

박맹수, 〈동학농민혁명기 전라도 지식인의 삶과 향촌사회〉,《개벽의 꿈, 동아시아를 깨우
　　　다》, 모시는사람들, 2011

박수정, 〈조선후기 수령 오횡묵의 교육행정 활동 분석〉,《교육행정학연구》26, 2008

박종선, 〈일제 강점기(1920~1930년대) 조선인의 서당개량운동〉,《역사교육》71, 1999

배현숙, 〈조선조 서당의 서적 간행과 수장에 관한 연구〉,《서지학연구》35, 2006

소인호, 〈일제하 근기 지식인의 삶과 사유,《관란재일기》〉,《한국학연구》25, 2006

손인수, 〈한국사학사〉,《사학》1, 1976

＿＿＿, 〈한국사학사〉,《사학》2, 1977

송찬섭, 〈농민전쟁기 훈장과 학동의 일상: 고부지역 전봉준과 박문규의 사례〉,《역사연구》

25, 2013

_____, 〈일제강점기 개량서당의 형성과 실상 – 사진자료를 중심으로〉, 《역사연구》 27, 2014

여영기, 〈15-16세기 동몽훈도 연구〉, 《교육사학연구》 21-1, 2011

오경택, 〈조선시대 서당 연구의 현황과 과제〉, 《전북사학》 31, 2007

오성철, 〈식민지기 초등교육 팽창의 사회사 – 전북지역 사례연구〉, 《초등교육연구》 13-1, 1999

오수경, 〈청계 김진의 선비의식과 서당교육〉, 《퇴계학》 7, 1995

우용제, 〈조선 후기 서당교육의 양면성〉, 《교육사학연구》 4, 1992

유용식, 〈1910년대의 식민지 교육과 민족교육에 관한 일 고찰〉, 《한국교육문제연구》 7, 1992

윤병용, 《농재 장신강의 가사문학연구》, 서울대학교 석사학위논문, 2015

이경숙, 《일제시대 시험의 사회사》 경북대학교 박사학위논문, 2007

이광린, 〈서당에서 학교로 = 한말의 교육〉, 신구문화사 편, 《(한국현대사 3) 민족의 저항》, 신구문화사, 1969

이문원, 〈서당의 민족교육〉, 국사편찬위원회 편, 《한민족독립운동사 2》, 국사편찬위원회, 1987

이상구·설한국·함윤미, 〈미국과 한국의 초기 고등수학 발전과정 비교연구〉, 《수학교육논문집》 23-4, 2009

이연숙, 〈동족마을의 서당 설립과 근대적 변화: 연기군 동면 결성장씨가를 사례로〉, 《조선시대사학보》 37, 2006

이용길, 〈조선전기 교육보급을 통한 대중교육의 전개〉, 《한국교육사학》 20, 1998

이욱, 〈18세기 가학 전승과 문중서당〉, 《국학연구》 18, 2011

이종각·피정만·조남국, 〈강원도 서당교육에 관한 연구〉, 《강원문화연구》 13, 1994

이진석, 〈일제하의 개량서당에 관한 연구〉 1-5, 《교육연구》 104-108, 1977

이진호, 〈수원 지방 서당사 – 성현서당을 중점으로〉, 《경기향토사연구》 2, 1998

이항재, 〈일제의 대한국 서당교육정책〉, 《사학》 41, 1987

_____, 〈충남지역 서당교육에 관한 연구〉 (Ⅰ), 《한국교육사학》 18, 1996

이희재, 〈조선시대 유교의 동몽 교육〉, 《공자학》 16, 2009

임선애, 〈지식구조의 재편성과 근대지식인 되기: 《압록강은 흐른다》를 중심으로〉, 《어문학》

91, 2006

장승희, 〈전통윤리의 교육방법에 관한 연구: 조선시대 서당교육을 중심으로〉, 《도덕윤리과
　　　교육》 14, 2002

장윤수, 〈조선시대 서당교육의 교학이념〉, 《초등도덕교육》 9, 2002

장재천, 〈서당의 교육과 풍속 및 놀이〉, 《한국사상과 문화》 48, 2009

전경목, 〈서당학동이 읽은 필사본 '용례집'의 내용과 특징〉, 《한국고전연구》 34, 2016

_____, 〈조선후기 학동들의 탄원서 학습〉, 《전북사학》 49, 2016

_____, 〈조선후기에 서당 학동들이 읽은 탄원서〉, 《고문서연구》 48, 2016

정긍식, 〈일제하 전남농촌의 교육실태〉, 전남대학교 호남문화연구소 편, 《전남 무안군 망운
　　　지역 농촌사회구조변동연구》, 전남대학교 호남문화연구소, 1988

정석종, 〈홍경래의 난〉, 《전통시대의 민중운동》 하, 풀빛, 1981

정선영, 〈일제강점기 제주도 개량서당 연구〉, 제주대 석사학위논문, 2007

정순우, 〈17세기 서당경영과 향촌지배층의 동향〉, 《교육이론》 1-1, 1986

_____, 〈19세기 서당설립과 향촌사회의 동향〉, 한국정신문화연구원 사회·민속연구실 편,
　　　《전통사회의 가족과 촌락생활》(한국의 사회와 문화 16), 한국정신문화연구원, 1991

_____, 〈군사부일체 사회의 버팀목, 그러나 불우한 삶 – 조선조 교사와 훈장의 삶〉, 규장각
　　　한국학연구원 편, 《조선전문가의 일생》, 글항아리, 2010

_____, 〈조선전기 영남지역 평민층에 대한 교화와 교육〉, 《정신문화연구》 22-3, 1999

_____, 〈조선후기 '영견일기'에 나타난 학교의 성격: 제의적 기능과 그 의미를 중심으로〉,
　　　《정신문화연구》 19-4, 1996

_____, 〈초기 퇴계학파의 서당 운영〉, 《정신문화연구》 24-4, 2001

정재걸, 〈한국 근대교육의 기점에 관한 연구〉, 《교육사학연구》 2·3, 1990

정재철, 〈일제의 학부참여관 및 통감부의 대한국식민지주의 교육부식정책〉, 《한국교육문
　　　제연구》 1, 1984

_____, 〈한국에서의 일제식민지시대 교육사 연구 동향〉, 《한국교육사학》 22-2, 2000

정진영, 〈서평: 정순우, 《서당의 사회사 – 서당으로 읽는 조선교육의 흐름》(서울: 태학사,
　　　2012), 506쪽〉, 《역사학보》 218, 2013

_____, 〈섬, 풍요의 공간 – 19세기 중반 한 유배객의 임자도 생활〉, 《고문서연구》 43, 2013

조성일, 《1920년대 민족교육의 성격에 관한 연구: 서당·야학을 중심으로》, 한양대학교 석

사학위논문, 1991

지수걸, 〈조선농민사의 단체성격에 관한 연구: 천도교청년당과의 관계를 중심으로〉, 《역사
학보》 106, 1985

채광식, 〈하곡서당 사적고〉, 《상주문화연구》 13, 2004

최익한, 〈조선 문학사와 한문 문학〉, 《력사과학》 1, 1955

_____, 〈조선과거교육제도소사〉, 《춘추》 1-2, 1941

최지현, 《근대소설에 나타난 학교: 이태준, 김남천, 심훈의 장편소설을 중심으로》, 동국대
학교 석사학위논문, 2003

추석민, 〈정승박문학 속의 식민지 양상 - 《서당》을 중심으로〉, 《한일군사문화연구》 14,
2012

피정만, 〈서당 훈장의 구술사적 연구 - 일제 강점기 이후를 중심으로〉, 《한국교육사학》 30-
1, 2008

한상규, 〈소눌 노상직의 서당교육론: 자암서당일록을 중심으로〉, 《문화전통논집》 9, 2001

홍사철, 〈양동의 서당에 관한 연구〉, 《경주문화》 8, 2002

찾아보기